投资银行理论与实务

（第二版）

主　编　杨晓丽
副主编　王　露

扫码申请更多资源

南京大学出版社

图书在版编目(CIP)数据

投资银行理论与实务 / 杨晓丽主编. —2 版.
南京:南京大学出版社,2024.7. —ISBN 978 - 7 - 305
- 28160 - 0

Ⅰ. F830.33

中国国家版本馆 CIP 数据核字第 2024ZD2691 号

出版发行　南京大学出版社

社　　址　南京市汉口路 22 号　　邮　　编　210093

书　　名　投资银行理论与实务
　　　　　TOUZI YINHANG LILUN YU SHIWU

主　　编　杨晓丽

责任编辑　武　坦　　　　　　　编辑热线　025 - 83592315

照　　排　南京开卷文化传媒有限公司

印　　刷　南京人文印务有限公司

开　　本　787 mm×1092 mm　1/16　　印张 16　字数 420 千

版　　次　2024 年 7 月第 2 版　2024 年 7 月第 1 次印刷

ISBN 978 - 7 - 305 - 28160 - 0

定　　价　48.00 元

网　　址:http://www.njupco.com

官方微博:http://weibo.com/njupco

官方微信号:njuyuexue

销售咨询热线:(025)83594756

再版说明

在经济全球化越来越深入的背景下,以"大智移云"(大数据、智能化、移动互联网和云计算)为特征的信息科学技术的广泛运用对金融领域正在产生重大的甚至颠覆性的影响,中国金融也更深入地融入经济全球化的洪流中,金融领域发生着一些重大变革。在此过程中,投资银行作为金融中介必将发挥不可替代的作用,相关教材内容更需要与时俱进。

《投资银行学理论与实务》教材在第一版的基础上,更新的内容包括注册制的推行、经纪业务的改革等,更新了部分案例,同时结合实际,更新了相关文件、数据,体现本课程跨学科、应用性和时代性特点。尤其是结合本课程性质,在教材中增加了思政教学目标,突出立德树人要求,让学生了解行业相关的国家战略、法律法规和相关政策,深入社会实践、关注现实问题;培养学生的独立思考能力及实际分析解决问题的能力,培育学生经世济民、诚信服务、德法兼修的职业素养。发挥课程思政的育人作用。

本书编者从事"投资银行理论与实务"教学近二十年,对投资银行理论与实务有较为深入的思考,积淀了较为丰富的教学经验。本书力争做到内容讲述深入浅出,言简意赅,重点突出,条理清晰,力求结合实际,方便学生掌握相关理论与知识。

本教材适合高等院校经济金融专业的学生使用。学生通过学习,掌握投资银行相关的理论和业务技能,在未来的实际工作中熟练地运用相关理论和技能为资本市场服务。

杨晓丽

2024 年 5 月

前　言

投资银行是资本市场的灵魂。现代意义上的投资银行已经有一百多年的历史了,百年以来,随着投资银行的蓬勃发展,投资银行的神秘面纱逐渐清晰地展现在世人眼前,尤其是2008年金融海啸的发生,使得投资银行成为关注的热点。在资本市场高度发达的今天,它已经从单纯经营证券承销、捐客业务的机构发展成为资本市场上最活跃、最具影响力的高级形态的中介机构。《投资银行理论与实务》是适应我国资本市场发展而设置的一门理论和实务较强的应用类课程,是高等院校金融学类专业必修的主干课程之一。本课程系统地介绍了投资银行的发展历程及其经营管理理论,以及投资银行的证券发行与承销、证券交易、收购兼并、基金管理、风险投资、项目融资、资产管理和资产证券化等业务运作过程中的相关理论与实务操作。

一本好的教材,既要有理论基础做骨架,又要有案例做补充,使理论和案例有机结合,达到"学以致用"的目的。本教材的主要特色表现为:一是从理论和实务两个层面对投资银行及其业务进行系统、全面的介绍,使其内容更加丰富。二是有很强的时效性,尤其是增加了近年来投资银行经营管理理论中的新观点和新方法,以及国内外投资银行经营管理实践中的新变化和新发展,站在历史演变的视角分析投资银行的知识结构。

为便于学习和掌握,本书在编写过程中注重引发学习兴趣,突出实践环节,强化学习效果。在教学实践中,本课程与证券投资学、金融工程学、金融市场学等存在着一定交叉,通过不同课程之间的统筹协调,全书内容集中在两大部分十个章节上:第一部分是投资银行的组织运营内容,从投资银行的产生和发展开始,介绍投资银行的组织结构和人力资源管理,投资银行的风险管控与外部监管,分析了投资银行的业务管理和资金筹措渠道;第二大部分是投资银行的相关业务,包括投资银行的发行和承销业务、证券交易业务、兼并与收购业务、基金与基金管理业务、衍生品业务以及投资银行的创新业务。

本教材每章前配有本章概要和学习目标，章内根据内容需要配有相关专栏和综合案例，章后配有重要概念及复习思考题。本教材可作为高校经济管理专业学生教材，也可供从事金融工作的人员作为研究参考或工作指南，以及投资银行从业人员的培训教材。

最后，我们要感谢各方对本教材的支持与帮助，尤其感谢每一届使用本教材的同学。由于时间和水平所限，书中不足之处恳请读者批评指正。

编　者
2019 年 8 月

目　录

第一章　投资银行的产生与发展

本 章 概 要

　　投资银行是一国金融体系的重要组成,是活跃在资本市场的主要金融机构。在发挥金融中介作用的过程中,投资银行的运作方式与商业银行有很大的不同:投资银行是直接融资的金融中介,而商业银行则是间接融资的金融中介;投资银行和其他金融机构之间存在着竞争与合作的关系。

　　现代意义上的投资银行,主要是由欧美18世纪、19世纪众多销售政府债券和贴现企业票据的金融机构演变而来。其经历着由合到分再到合的过程,其发展战略随着金融市场的变化而不断改变。本章基于投资银行的内涵和特点,梳理了投资银行的历史演进,对投资银行的发展战略和经济功能进行了分析。

学 习 目 标

- 掌握投资银行的内涵与分类;
- 区分投资银行与商业银行;
- 了解国内外投资银行的发展历程;
- 掌握投资银行的经济功能。

教 学 思 政 目 标

　　1. 通过案例讨论等,正确认识中国证券市场和证券公司的发展,鼓励学生将所学知识融会贯通,用以分析现实问题,提高学生理论联系实际的能力,提升整体专业素质,培养具有良好的职业操守和职业素养的金融人才。

　　2. 通过国内外投资银行发展历程介绍,结合我国市场经济体制与宏观投资体制历史演变过程,培养学生的国际视野和民族自信。

第一节　投资银行概述

一、投资银行的内涵和特点

(一) 投资银行的内涵

由于历史发展的原因,投资银行的称谓不尽相同。美国称之为投资银行,日本称之为证券公司,英国称之为商人银行,德国称之为私人承兑公司,中国香港称之为吸储公司,法国称之为实业银行,等等。在实际的商业中,许多此类机构并不在名称中冠以"银行"二字。例如,美国的摩根士丹利(Morgan Stanley)、雷曼兄弟公司(Lehman Brothers Holdings)、日本的日兴证券公司和大和证券公司等。称谓的不同在某种意义上反映了投资银行在各国业务范围的不同。因此,要想给投资银行下一个精确的定义并不容易。

从投资银行业发展的历史沿革来看,最初的投资银行是以证券承销和证券经营为主业,参与资金配置,为投资者服务。随着金融理论的不断推出、金融机构日趋多样化、金融工具日益复杂、金融市场全球化扩展,投资银行在最广阔范围内以灵活多变的形式参与资本市场的资源配置,是资本所有权与使用权交易的中介,成为资金提供者和资金需求者之间重要的联系纽带。因此,从这个角度看,现代意义上的投资银行是从事证券承销与交易、企业兼并与重组、项目融资、基金管理、风险投资、财务顾问等多种业务的非银行金融机构,其至少包含四层含义:一是机构层次,是指作为资本市场的直接金融机构的金融企业;二是行业层次,是指投资银行的整个行业;三是业务层次,是指投资银行所经营的业务;四是学科层次,是关于投资银行的理论和实务的学科(包括《证券学》《证券投资学》等)。

美国著名金融专家罗伯特·库恩将投资银行的定义按照业务涵盖的范围大小,分为以下四个层次。

最广泛的定义:包括金融机构的全部业务,从国际承销业务到零售交易业务,以及其他许多金融服务业(如不动产和保险)。

第二广泛的定义:包括所有资本市场的活动,从证券承销、公司融资到并购,以及基金管理和风险投资。但是,向散户出售证券和抵押银行、保险产品等业务不包括在内。如果是投资银行家为自己的账户而投资和经营的商人银行(不同于英国"商人银行"的概念)则应包括在内。

第三广泛的定义:只限于某些资本市场活动,着重证券承销和公司并购,但基金管理、风险投资等不包括在内,按照公司方针主要用于支持零售业务的研究不包括在内。

最狭义的定义:严格限于证券承销和在一级市场上筹措资金和在二级市场上进行证券交易和经纪业务。

根据投资银行业的发展,目前普遍接受的定义是第二广泛的定义,它较为准确地描述了投资银行的业务范围,即在资本市场为各种投融资主体提供中介服务的金融机构。

(二)我国投资银行的"名"与"实"

成立于1981年的中国投资银行是目前我国唯一冠以"投资银行"名称的金融企业。其实它是我国政府指定向国外筹措建设资金,以办理外汇投资信贷为主,兼营其他金融业务的一家专业银行。从1998年12月11日起,中国投资银行经中国人民银行批准正式并入国家开发银行。所以,该家"中国投资银行"并非我们所要进行研究的"投资银行"。

目前,我国的投资银行是指从事资本市场中介业务的金融机构,包括综合类证券公司和经纪类证券公司。而按罗伯特·库恩对投资银行的严格定义,那些在"证券市场中仅起交易润滑剂作用"的证券经纪公司不能称作投资银行,则在我国众多证券经营机构中,只有具备证券承销资格的综合类证券公司才能称为"投资银行"。我国基本能与国际接轨的典型的投资银行是中国国际金融有限公司,简称"中金公司"。中金公司是由中国建设银行、中国国际经济技术投资担保公司与美国的摩根士丹利集团、新加坡政府投资公司合资组建的我国第一家按国际惯例组成的投资银行。

（三）投资银行的特征

投资银行是一国金融体系的重要组成，是活跃在资本市场的主要金融机构。在投资银行运作过程中体现出以下鲜明的特征。

1. 角色的多元化

投资银行作为资本市场的核心，在实际经营过程中一个显著的特征就是角色的多样化。在服务对象和层次上，不仅面对机构投资者，也面向个人投资者；不仅能为融资者服务，同时也为投资者服务。在服务内容上，投资银行不仅具有发行证券业务、证券经纪业务，而且同时为企业提供理财、融资及参与企业改组、并购的咨询、策划与组织等服务；在投资方面，投资银行利用其机构的综合优势，不仅代理社会个人投资者、机构投资者进行理财和投资，而且自身进行自营有价证券业务和对风险投资进行参股和控股，从而多元化和多途径来谋求自身的不断发展。

2. 业务的广泛性

从业务品种上来看，投资银行业务几乎涉及所有的金融领域。它们不但经营传统的证券发行、证券承销与经纪业务，而且还开展公司兼并收购、风险投资、财务顾问、投资咨询等业务，并且后者在现代投资银行业务中所占比重在不断增加；投资银行业务不仅向多元化发展，而且随着业务的不断拓宽，其服务的范围也越来越广泛。

3. 操作的专业性

投资银行操作的专业性体现在两个方面：一是投资银行内部专业化。由于投资银行经营的业务多元化，使得它涉及的业务内容越来越多，分工也必须越来越细，而且对投资银行从业人员的素质要求也必然越来越高。二是投资银行的专业化。随着各个投资银行经营业务的不断拓展，一些投资银行在某些业务上所具有的优势逐步体现出来。

4. 发展的创新性

作为金融市场最具有活力和创新性的行业，投资银行不断给市场提供新的金融产品，起着金融工程师的核心开发作用。同时，投资银行的自身发展也离不开金融业务创新和金融衍生工具的创新。

二、投资银行与商业银行的区别

（一）投资银行和商业银行的比较

投资银行和商业银行是现代金融市场中两类最重要的中介机构，从本质上来讲，它们都是资金盈余者与资金短缺者之间的中介：一方面使资金供给者能够充分利用多余资金以获取收益，另一方面帮助资金需求者获得所需资金以求发展。从这个意义上来讲，两者的功能是相同的。

然而，在发挥金融中介作用的过程中，投资银行的运作方式与商业银行有很大的不同：投资银行是直接融资的金融中介，商业银行则是间接融资的金融中介。投资银行的金融中介作用如图 1-1 所示。

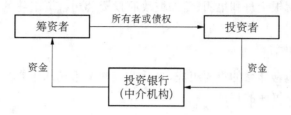

图 1-1 投资银行的金融中介作用

商业银行则不同,商业银行同时具有资金需求者和资金供给者的双重身份,对于存款人来说它是资金的需求方,存款人是资金的供给者;而对于贷款人而言,商业银行是资金供给方,贷款人是资金的需求者。在这种情况下,资金存款人与贷款人之间并不直接发生权利与义务关系,而是通过商业银行间接发生关系,双方不存在直接的合同约束,因此这种融资方式被称作"间接融资方式"。

除了功能上的差别,投资银行和商业银行还有其他方面的区别,表 1-1 中对投资银行和商业银行做出了简要的比较。

表 1-1 投资银行和商业银行对比表

项 目	投资银行	商业银行
本源业务	证券承销	存贷款
功能	直接融资并侧重长期融资	间接融资并侧重短期融资
业务概貌	复杂,无法用资产负债表反映	体现为表内业务或表外业务
利润来源	佣金	存贷款利差
经营方针与原则	在控制风险的前提下注重开拓	追求收益性、安全性、流动性三者结合,坚持稳健原则
宏观管理	证券管理机构	中央银行

具体来说,商业银行与投资银行有以下七个方面的差别:

(1) 从融资的方式来看,投资银行进行的是直接融资,并侧重长期融资;而商业银行进行的是间接融资,并侧重短期融资。

(2) 从基础业务来看,投资银行的基础业务是证券承销;而商业银行的基础业务是存贷款。

(3) 从业务活动的领域来看,投资银行主要是在资本市场开展业务;而商业银行主要是在货币市场开展业务。

(4) 从利润的来源来看,投资银行是靠收取客户支付的佣金;而商业银行靠的是存贷款之间的利率差。

(5) 从经营的理念上来看,投资银行倾向于业务开拓和获取风险收益;而商业银行追求的是安全性、盈利性和流动性的结合,坚持稳健性的原则。

(6) 从监管机构来看,投资银行的监管机构主要是证券监督委员会;而商业银行主要是受中央银行的监督和管理。

（7）从风险特征来看，一般情况下，投资银行的投资人面临的风险较大，投资银行的主要收入来源是佣金，其自身风险较小；商业银行的存款人面临的风险较小，商业银行的主要收入来源于利息差，其自身风险较大。

（二）投资银行和其他金融机构的关系

投资银行作为金融市场中的重要机构之一，和其他金融机构之间存在着竞争与合作的关系（见表1-2）。

表1-2　其他主要金融机构和投资银行的关系示意表

金融机构	与投资银行的关系
商业银行和其他储蓄机构	① 有些商业银行和储蓄机构通过信托业务提供经纪服务，这与投资银行存在着激烈的竞争； ② 许多商业银行为商业票据和国债进行承销，与投资银行的承销业务存在竞争； ③ 商业银行的许多咨询业务，尤其是针对兼并与收购的财务顾问服务，是投资银行强劲的竞争对手； ④ 在许多金融市场上，尤其是在国际金融市场上，商业银行与投资银行业务活动已经看不出区别； ⑤ 在实行全能银行制（Universal Bank）的国家中，商业银行和投资银行合为一体； ⑥ 许多商业银行设立了从事投资银行业务的子公司，而投资银行也收购了一些陷入财务困难的储蓄机构
共同基金	① 投资银行帮助共同基金进行证券买卖（即证券经纪）； ② 投资银行可以组织和管理自己的基金； ③ 投资银行代客户管理基金
保险公司	① 投资银行作为保险公司的财务顾问，向其建议购买何种股票，保持怎样的资产组合为好； ② 投资银行帮助保险公司进行证券买卖； ③ 投资银行作为保险基金管理人的顾问，向其建议如何在金融市场上利用风险控制工具规避利率、汇率等风险； ④ 投资银行承销的证券中，尤其是私募发行的证券，有很大一部分由保险公司购买； ⑤ 投资银行在自己发起组织基金时，与保险公司存在激烈的竞争； ⑥ 投资银行在兼并与收购融资中，经常依靠保险公司提供的资金； ⑦ 有些投资银行已经与保险公司合并，希望借此提供更广泛的服务
养老基金	① 投资银行作为养老基金的顾问，向其建议买卖何种证券，保持什么样的证券组合； ② 投资银行帮助养老基金买卖证券； ③ 投资银行作为养老基金的顾问，向其建议如何利用风险控制工具规避市场风险； ④ 养老基金是投资银行承销的各类证券的主要购买者之一

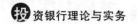

三、投资银行的类别

(一) 投资银行的一般分类

投资银行作为资本市场上的主要金融中介机构,主要是从事证券发行、承销、交易、企业重组并购、投资分析、风险投资、项目融资等业务,在推动一国经济发展中发挥着独特而重要的作用,占有举足轻重的地位。但在资本市场中,并不是每一家投资银行都参与所有的投资银行业务。根据其规模大小和业务特色,当前国际上投资银行主要有以下四种类型。

1. 独立投资银行

这种形式的投资银行在全世界范围内广为存在,美国的高盛公司、美林公司、摩根士丹利公司、第一波士顿公司,日本的野村证券、大和证券、日兴证券、山一证券,英国的华宝公司、宝源公司等均属于此种类型,并且它们都有各自擅长的专业方向。

2. 商人银行

商人银行是指经营部分银行业务的金融机构,主要办理承兑和经营一般业务,对国外的工程项目提供长期信贷和发放国外贷款。在20世纪60年代以后,还办理外汇交易,为客户保管证券,替一些基金会从事投资等。目前,这种形式的投资银行主要是商业银行对现存的投资银行通过兼并、收购、参股或建立自己的附属公司形式,从事商人银行及投资银行业务。这种形式的投资银行在英、德等国非常典型。

3. 全能型银行

全能型银行又称“综合型商业银行”,其业务广泛,经营的主动权和灵活性大,不但从事短期资金融通业务,而且从事长期信用业务或直接投资于工商企业,同时还经营信托、租赁、证券等业务,并提供代理、咨询等服务。这种类型的投资银行主要在欧洲大陆,它们在从事投资银行业务的同时也从事一般的商业银行业务。

4. 金融控股公司

金融控股公司是指依法设立的,通过控股银行、保险、证券子公司,至少从事一种以上金融业务的公司,是金融业实现综合经营的一种组织形式。作为控股公司的一种,母公司和其金融子公司均为独立的企业法人,都可以独立开展业务,并有能力承担相应的民事责任。金融控股公司实现了“集团混业、经营分业”,综合了分业与混业的优点,兼顾了金融效率与安全。由于控股权的存在,金融控股公司的母子公司之间形成控制与被控制、支配与被支配的关系。随着2008年金融危机的爆发,美林、雷曼倒台,而高盛和摩根士丹利也转型为金融控股公司。

(二) 美国投资银行的分类

1. 特大型投资银行

能被称为特大型投资银行(Bulge-bracket Firms)的,必须在规模、市场实力、客户数目、客户实力、信誉等方面均达到卓然超群的水平,如美国的5大投资银行:美林、摩根士丹利、高盛公司、雷曼兄弟和贝尔斯登。

2. 大型投资银行

大型投资银行(Major Bracket Firm)也提供综合性服务,但与特大型投资银行相比,它在信誉和实力上要略逊一筹。在美国,被归入大型投资银行行列的有培基证券(Prudential)、普惠证券(Paine Webber)等。

特大型和大型的投资银行是一国投资银行业的核心。特大型和大型投资银行掌握着几千亿美元的财产,在一国经济和金融中有着举足轻重的作用。

3. 次大型投资银行

次大型投资银行(Sub-major Bracket Firms)指一些以本国金融中心为基地的、专门为某些投资者群体或较小的公司服务的投资银行。它们一般规模较小,并在组织上多采取合伙制。

4. 地区性投资银行

地区性投资银行(Regional Firms)是一群专门为某一地区的投资者和本地区中小企业或地方政府机构服务的投资银行。它们一般不在全国和国际金融中心设立总部甚至分支机构。这类投资银行的信誉和实力都比较薄弱。

5. 专业性投资银行

专业性投资银行(Specialized Firms)往往也被称为投资银行界的专卖店。它们专攻一个或几个业务领域,在这个或这些领域具有优势。例如,仅经营和买卖某些行业证券(如钢铁公司股票、高科技股票、银行债券等)或仅进行技术性承销的投资银行。另外还有一种以高质量投资分析和投资研究著称,而投资银行业务是其投资分析和研究拓延的研究性投资银行,也属于此类。

6. 商人银行

在英国,投资银行习惯上被称为商人银行(Merchant Bank)。在美国,商人银行是指专门从事兼并、收购(Merger & Acquisition, M&A)与某些筹资活动的投资银行。在此所指的商人银行是后一类概念。美国的商人银行有时候也用自有资金购买证券,这类业务也被归入商人银行业务。美国著名的商人银行有黑石集团(Blackstone Group)、瓦瑟斯坦·潘里拉公司(Wasserstein, Porella & Co.)。

(三)我国投资银行的种类

1. 综合类证券公司

(1)综合类证券公司的业务范围。《证券法》第129条规定,综合类证券公司可以经营证券经纪业务、证券自营业务、证券承销业务、经国务院证券监督管理机构核定的其他证券业务。

(2)综合类证券公司的设立条件。《证券法》第121条规定,设立综合类证券公司,必须具备下列条件:① 注册资本最低限额为人民币5亿元;② 主要管理人员和业务人员必须具有证券从业资格;③ 有固定的经营场所和合格的交易设施;④ 有健全的管理制度和规范的自营业务与经纪业务分业管理的体系。

我国大部分券商都是综合类券商,如中信证券、国泰君安、广发证券、申万宏源、招商证券、海通证券、华泰证券等。

2. 经纪类证券公司

(1)经纪类证券公司的业务范围。《证券法》第130条规定,经纪类证券公司只允许专门从事证券经纪业务。

（2）经纪类证券公司的设立条件。《证券法》第122条规定,设立经纪类证券公司,必须具备以下条件:① 经纪类证券公司注册资本最低限额为人民币5 000万元;② 主要管理人员和业务人员必须具有证券从业资格;③ 有固定的经营场所和合格的交易设施;④ 有健全的管理制度。

根据中国证券业协会2018年资料显示,目前公司名称中还保留"经纪"二字的券商有长财证券、川财证券、大同证券、财达证券、航天证券、华创证券、天源证券、华弘证券、西藏证券、众成证券、和兴证券、开源证券、诚浩证券、五矿证券14 家。

综合案例1-1

黑石集团的发展

1985年,华尔街新开了一家小型的并购公司,4个人,40万美元,谁也不曾想到正是这个不起眼的并购公司,20多年后一举成为业务覆盖私有股权投资基金、房地产基金以及对冲基金、债务投资等诸多领域,资产规模超过800亿美元的PE天王。"黑石"一词源于两大创始人——史蒂夫·施瓦茨曼和彼得·彼得森对于两人祖籍的纪念:他们二人的姓氏中分别嵌着德文的"黑色"和希腊文"石头"。

黑石的第一桶金,是彼得森利用与Sony公司总裁盛田昭夫的朋友关系,抢得收购代理权,代表Sony公司出价20亿美元收购哥伦比亚唱片公司。此后,他们便萌生了创立私募基金的想法。黑石在当时的华尔街尚属无名之辈,在募资过程中吃了不少闭门羹,"被我们视为最可能点头的19家客户,一个个拒绝我们。总共有488个潜在投资人拒绝我们。"美国保险及证券巨头保德信公司给黑石带来了转机,保德信副董事长凯斯当时说:"我喜欢你们两个家伙,我会给你们1亿美元。"黑石的第一只基金吸引了32个投资者,包括大都会人寿、通用电器公司、日兴证券以及通用汽车公司的退休基金,黑石的好运气从此开始。在盛行敌意融资并购的20世纪80年代,彼得森和施瓦茨曼就为公司发展定下了一条基本准则:坚持不做敌意收购。他们还发现,运用彼得森强大的人脉关系网和他们每一单收购生意中的相关公司建立友善关系至关重要,而且无往不胜——这一条现在已经成为"黑石"的标志性策略,使"黑石"成为一个连对手都愿意与之打交道的公司。

自1987年进入该行业以来,黑石集团已成为全球最大的私募股权基金公司之一。截至2007年5月1日,该集团通过其企业私募股权基金进行的交易为112宗,总投资规模达214亿美元,企业总价值约为1 990亿美元;通过其房地产投资基金进行的交易为214宗,总投资规模达133亿美元,企业总价值超过1 022亿美元。企业私募股权基金和两家房地产投资基金是各自领域集资规模最高的基金,截至2007年5月1日,累计投资规模分别达196亿美元和72亿美元。

2007年5月,筹备中的中国国家外汇投资公司斥资30亿美元,购入黑石集团约10%的股份。9月10日,黑石集团和中国蓝星集团正式签约,黑石集团出资6亿美元购入蓝星20%的股权。中国蓝星(集团)总公司是由中国化工集团公司管理的大型国有企业。公司2005年总资产300亿元,销售额300亿元。蓝星先后成功收购法国安迪苏集团100%的股权,全资收购法国罗地亚公司有机硅业务。蓝星集团旗下拥有星新材料、沈阳化工和蓝星清洗三家上市公司。

黑石牵头的基金财团与中国最大的农产品市场运营商之一的寿光物流园达成协议,将在寿光物流园香港上市之前,对其进行大约6亿美元的投资,占寿光物流园30%的股权。此次注资是由黑石牵头,包括Capital Group Cos、刘央的西京投资入股在内的财团共同投资。黑石对寿光农产品的下注,成为其在中国的首次Pre-IPO式交易,同时也是其在中国的第二个重大投资。

目前,黑石集团是全世界最大的独立另类资产管理机构之一,也是一家金融咨询服务机构。

其另类资产管理业务包括企业私募股权基金、房地产基金、对冲基金的基金、优先债务基金、私人对冲基金和封闭式共同基金等。黑石集团还提供各种金融咨询服务，包括并购咨询、重建和重组咨询，以及基金募集服务等。黑石集团总部位于美国纽约，并在亚特兰大、波士顿、芝加哥、达拉斯、洛杉矶、旧金山、伦敦、巴黎、孟买、香港和东京设有办事处。

第二节　投资银行的历史演进与发展

投资银行原始形态可以追溯到 3 000 多年前在美索不达米亚平原上出现的金匠，当时的货币主要以贵金属为主，所以，金匠能够利用职务之便帮助商人进行资金融通。随着商品经济日益发展和金融意识的不断启蒙，一些有先见之明的商人开始为工商业提供有利可图的融资业务，并不断拓展以融资业务为核心的其他金融业务，于是，这些商人便演变成为汇票经纪人或银行家，他们与金匠家族合而成为早期的商人银行。

到了 18 世纪的后期，伦敦成为欧洲和国际的贸易金融中心，其核心地位维持到第一次世界大战。随着伦敦在国际金融市场中的地位不断上升，商人银行获得了很大的发展。最早出现的商人银行是巴林兄弟公司。拿破仑战争期间，英国的商人银行得到了充分的发展。19 世纪的欧洲，一些有能力影响和控制各大公司财务状况和经营状况的大投资银行，如巴林家族、海姆布鲁斯家族和罗斯柴尔德家族，已在欧洲资本市场乃至整个国民经济生活中发挥举足轻重的作用。

国际贸易持续发展，从事承兑业务的商人银行逐渐成为贸易商和海外私人客户的顾问，许多国家的政府在发债时也向它们咨询，伦敦因此成为主持发行外国政府债券的世界金融中心，这使得英国商人银行以及欧洲各国债券市场规模空前扩大，各种银行和非银行类金融机构得以蓬勃发展。第一次世界大战爆发后，英国作为国际贸易中心的地位开始下降。外汇控制以及海外银行进入全球贸易市场竞争，使得欧洲政府转向依靠美国银行发行债券，英国商人银行的地位随之衰落。

第二次世界大战结束后，英国在国际金融市场的地位下降极大地影响了商人银行的发展。英镑作为国际通货已经无法实行自由兑换，作为国际贸易工具的伦敦票据交易量也在萎缩。英国政府对资本发行和外汇交易进行了严格的控制，禁止伦敦继续作为外国债券的发行中心，而这些业务都被纽约全盘接收。欧洲商人银行没有及时调整发展策略，将业务拓展到迅速发展的美国证券市场，致使其最终失去了全球资本市场的王者地位。

现代意义上的投资银行的产生，主要是由欧美 18 世纪、19 世纪众多销售政府债券和贴现企业票据的金融机构演变而来的。投资银行的早期发展主要得益于以下 4 个方面：第一，贸易活动的日趋活跃；第二，证券业的兴起与发展；第三，基础设施投资项目兴起的高潮；第四，股份公司制度的发展。

一、国外投资银行的发展

国外投资银行的发展经历了以下几个阶段。

（一）早期发展阶段

跨越大西洋的英美贸易在 18 世纪得到快速发展，日益繁荣的英美贸易也推动了商业、贸易和银行业在美国的发展,为美国投资银行业快速崛起创造了有利环境。美国投资银行业产生后,加入了与英国等欧洲老牌商人银行竞争的行列。美国的投资银行不仅从事贸易、承兑汇票、持有汇票和为贸易融资的业务,而且自19世纪七八十年代开始大量进入政府债券、铁路债券的发行和销售业务中,在迅速占领本土市场后,它们又向英国乃至欧洲大量派出投资银行家,设立分支机构和营运场所,这些美国投资银行后来发展成为立足美国的国际商号。美国最杰出的投资银行家当数成立于1880年的J.P.摩根公司。1879年,摩根利用与英国的天然联系,在伦敦为拥有美国最早铁路主要股票的范德比尔德家族所控制的纽约中央铁路公司包售25万股股票,此举不仅使摩根公司得到了推销费,而且受持股者的委托还获得了拥有在中央铁路委员会中的代表权,并在金融事务上提供咨询和指导。从此投资银行家纷纷仿效这种做法,拉开了金融控制工商业时代的帷幕。

(二)迅速发展阶段

在美国,早期投资银行有的是与商业银行相融合,但更多的是保持独立形态。这种分离不是依靠法律规定,而是历史自然形成的。商业银行与投资银行各自业务较明确,前者经营业务是较典型的资金存贷和其他信用业务,后者主要是证券承销等业务。在20世纪初,美国金融市场的主体是商业银行,商业银行也经营投资银行业务。20世纪20年代,银行家还起着一个特殊作用,在新政之前银行活动被公认为对平衡美国政府的资产负债表有很大帮助。随着美国逐渐变成一个长期资本净出口国,投资银行家获取了大量的证券承销费用收入,为富国和穷国承担债券发行业务。这种债券即所谓"扬基债券",外国公司或其他国家用美元借款,由美国投资者认购其发行的债券。在当时自由主义经济盛行之时,投资银行家的这种业务大大提高了美国的经济福利水平,为资本主义发展奠定了坚实基础。

本来商业银行是不允许承销股票的,但商业银行分支机构从1927年开始从事股票发行业务,所有银行都尽量从其银行总部借款参与股票炒作。1929年以前的投资银行其发展特征可以概括为以下几点:

(1)投资银行是在与商业银行"融合—分离—融合"中产生和发展的。

(2)投资银行业务为债券和股票承销以及证券批发零售,与商业银行形成鲜明对比。

(3)世界经济发展使企业直接融资规模不断扩大,为投资银行业务飞跃发展提供了条件。

(4)投资银行业务发展初期的回报很高,既可获发行差价,又可得到佣金。高额利润驱使各类金融机构,尤其是商业银行大刀阔斧地闯进投资银行领域,两者融为一体。

(5)商业银行参与投资银行业务主要途径是:通过对企业贷款或股权投资,参与竞争企业债券、股票发行主承销权;并从银行信贷和股权参与部门中分化出证券推销部门来从事投资银行业务,其后证券推销部门独立出来成为投资银行,投资银行仍然保留银行称谓与此有直接关系。

(6)为了业务竞争和争夺高额利润,各银行机构四处罗织资金大肆拓展各类业务,当时的证券金融机构成了业务万能的机构。

(三)世界经济大危机中的投资银行

在1929年以前,由于美国规定发行新证券的公司必须有中介人,因此在其后几十年里,许多行业垄断公司的形成和发展都有投资银行参与催生和运作,投资银行控制了这些公司的债券和股票发行,成为不可一世的金融寡头。在同一金融实体中,投资银行业务与商业银行业务混合在一起必然带来隐患，证券市场的迅猛扩张和膨胀背后必定潜伏着萧条和危机。首先体现在商业银行的主要资产业务是贷款和投资，商业银行业务最禁忌的是将短期资金来源作为长期资金使用，然而在竞争压力和利益驱动下，商业银行业务最终还是跨出了禁忌线。为了争夺对企业发行债券或股票的主承销权，商业银行竞相向企业贷款和股权投资，以加强与企业的合作关系；为了在二级市场上获取证券差价暴利，不惜大量投入资金以低买高卖股票。这样，一方面商业银行短期资金大量涌入证券市场，造成证券市场的虚假繁荣和空前高涨；另一方面金融机构在证券市场中的赢利产生了示范效应，促使更多的居民纷纷到银行提款投入证券市场，银行被迫采取抛售所持证券和收回老贷款等办法来缓和资金紧张，从而又造成证券市场上价格暴跌和信用链的断裂，最终导致了经济危机。

从 1929 年年末到 1933 年年末，美国商业银行数目由 23 695 家减少到 14 352 家，其中停业银行 7 763 家，合并银行 2 322 家，四年之内净减近万家银行，出现了世界金融历史上空前绝后的惨状。这场由证券市场大崩溃引起的西方经济大衰退，严重地打击了整个世界经济。沉重的代价促使人们进行深刻的反思。在对证券市场和银行业务活动进行精密的调查之后，美国政府认识到银行信用的盲目扩张和商业银行直接或间接地卷入风险很大的股票市场，是 1929 年股市大崩溃的罪魁祸首。一旦处于全国经济核心地位的银行倒闭，整个经济便不可避免地陷于崩溃。因此，美国国会通过了《1933 年银行法》，其中主要条例是集中地对证券投资活动的布局和渠道做了大规模调整，制定了证券投资活动的根本原则。这些原则通常被称作《格拉斯—斯蒂格尔法》(Glass Steagall Act)，它将商业银行业务和投资银行业务截然分开，从而根本上确定了投资银行的地位。同样，在认识到投资银行与商业银行混业经营、混业管理的缺陷之后，英国在 1933 年也将投资银行业务和商业银行业务分开，并进行分业管理。从此，一个崭新的、独立的投资银行业在经济大危机的废墟中崛起。

投资银行和商业银行分业经营之后，许多既从事商业银行业务又从事投资银行业务的大银行将两种业务分离开来，成立了专门的投资银行和商业银行。例如，J.P.摩根公司根据《1933 年银行法》关于商业银行业务和证券业务必须分离的决定，于 1935 年决定维持原有的商业银行业务，而部分高级合伙人和职员退出公司，成立摩根士丹利证券公司，由此，前者成为专业的商业银行，后者成为专业的投资银行。

（四）大危机后投资银行的发展

第二次世界大战结束后，美国证券市场更是突飞猛进。20 世纪 50 年代末，美国的股价和交易量同步增长，1963 年股票交易量首次超过 1929 年的水平，从 1963 年到 1968 年交易量增长了 3 倍。在此过程中，美国投资银行获得了迅猛的发展，为其成为世界上最具典型性、实力最雄厚的投资银行奠定了坚实的基础。投资银行和商业银行分别在证券领域和信贷领域，为美国经济发展和成为世界头号强国做出了重大的贡献。

但是，随着证券交易额的大幅上升，证券交割制度的落后就愈显突出，从而对美国投资银行的发展造成了严重伤害。1968 年 12 月未交割金额达 41 亿美元，清算的差错率高达 25％～40％，人工交割的落后和未交割业务的堆积使 100 多家投资银行因此倒闭。这次投资银行危机促使了证券业电子技术的普遍运用。此外，美国政府于 1970 年颁布了《证券投资者保护法》，设立了与商业银行存款保险制度类似的"投资银行保险制度"，并在此基础上建立了"证券投资者保护协会"(Securities Investors Protection Corporation，SIPC)。

20 世纪 70 年代以来,为了同其他金融机构竞争,投资银行不断在市场上推出各种各样的金融创新产品以争取顾客。例如,抵押债券、杠杆收购(Leveraged Buyout,LBO)及其相关金融产品;期货、期权、互换等金融衍生工具等等。投资银行开拓性的工作,使得金融行业尤其是证券行业变成了变化最快、最富革命性和最富挑战性的行业之一。同时,金融创新的突飞猛进,也反映了投资银行、商业银行、储贷机构、保险公司、信托公司等正在绕过传统的严格的分业管理体制的约束,互相进入对方的地盘,金融竞争趋于越来越白热化。面对这种形势和不断加剧的来自国外金融机构的竞争,实行分业管理的国家都不得不重新审视以往的金融管制政策,投资银行和商业银行业务出现了再度融合的趋势。

第二次世界大战后,随着日本经济从废墟中迅速崛起,日本投资银行也异军突起,成为国际投资银行界不可忽视的一支力量。

在国内金融市场日趋饱和的前提下,发达国家投资银行积极向新兴证券市场进军,如墨西哥、新加坡、韩国、印度、印尼等国乃至中国的台湾、香港地区及大陆内地的证券市场,并取得了可观的利润。整个 20 世纪 80 年代和 90 年代的上半期,投资银行都在一个不断变化的环境中发展壮大,新的金融工具、新的业务领域、新的金融市场、新的金融体制使得投资银行业经历着日新月异的变革。

和发达国家的成熟资本市场相对应,新兴市场(Emerging Market)是对发展中国家和地区创立时间短、发展速度快的资本市场的称呼。第二次世界大战之后国际投资银行界的一个重要特点,就是在发展中国家和地区涌现了一批新兴市场和活跃于这些新兴市场的投资银行。在 20 世纪 70 年代前后,处于东南亚的东盟各国纷纷引入投资银行。新加坡的第一家投资银行是创立于 1970 年 3 月的渣打投资银行(The Chartered Merchant Bankers Limited);泰国的第一家投资银行是于 1969 年 3 月成立的泰国投资证券有限公司(Thai Investment and Securities Co.,Ltd)。国际货币市场的充分流动性、东盟国家旺盛的贷款需求以及新加坡、中国香港证券市场的繁荣,吸引了大量的国外金融机构涌入东盟各国。不过,其中绝大多数机构由于受到东道国对国外资本控制权方面的限制,采用了购买持有东道国其他投资银行类的非银行金融机构的股份方式进入东盟各国的金融市场。东盟各国的投资银行业在 1973 年至 1974 年发展至阶段性顶峰,以后各国都开始限制新进入者的数量(新加坡例外)。

在其他新兴市场,以国内业务为主的投资银行业也迅速得到发展,在亚洲,这类投资银行发展最为成功的是韩国。

（五）管制放松后的投资银行

20 世纪 80 年代,随着金融管制的放松,投资银行在竞争中不断进行创新,其业务构成和资本结构也都在创新的过程中发生了很大的变化。金融脱媒、放松管制以及金融技术的发展,给投资银行带来了巨大的发展机会,投资银行也在竞争中逐渐学会了快速满足顾客的需求,为顾客提供更好的产品和价格。例如,通过大宗交易适应机构投资者,通过包销、过桥贷款等手段方便客户的融资和交易。

可以说 20 世纪 80 年代是金融创新的十年,70 年代出现的金融技术在 80 年代得到了迅速发展,利率及货币互换以及抵押贷款的证券化这两种早期的金融衍生产品将金融业引入一个新的纪元。整个欧洲、亚洲以及拉丁美洲的国有企业的私有化浪潮将投资银行推向了国际舞台。80 年代以来,投资银行的国际业务更是取得了惊人的进展。许多投资银行建立并逐步完善了全球的业务网络；国际业务规模也迅速膨胀，不仅在国际金融市场上经营传统的投资银行业务，还在国际范围内从事兼并与收购、资产管理、财务咨询、证券清算、风险控制、资金借贷等活动；全球投资银行，如高盛、摩根士丹利等都建立了负责协调管理全球业务的专门机构；不仅如此，投资银行还拥有大量的国外资产，在国际范围内从事资产组合管理和风险控制等活动。

1999 年 11 月，克林顿政府颁布了《金融服务现代化法》(*The Financial Services Modernization Act*，又称为 *Gramm-Leach Bliley Act*)，这标志着禁锢美国金融业达半个多世纪的分业经营的金融体制被彻底打破，银行、证券公司、保险公司等共存于金融控股公司下，开始了混业经营，极大地促进了美国投资银行的业务创新。投资银行面对商业银行的竞争，大力拓展传统投资银行以外的业务，其凭借强大的客户关系、信息和分析能力开始从事"买方"(buy-side)业务(即用投资者委托的资金购买金融资产)，特别是投资银行纷纷上市融资后，资本金规模普遍大幅提高，大部分投资银行都开展了自营交易、投资业务，充分体现了"卖方"和"买方"业务逐渐互相渗透、融为一体的趋势。

这一时期，投资银行的业务主要有以下几项：传统投资银行业务，这是投资银行的传统业务之一，主要包括承销、财务咨询、公司借贷等；自营业务，是指公司作为委托人为客户买卖金融资产而获得的收入以及利用自身资金交易获得的收入；资产管理费用，这是向机构或个人客户收取的资产管理、账户管理及服务的费用。二十多年来，美国投资银行的业务发生了很大变化，其收入也迅猛增长，这种增长实际上得益于其收入结构的变化。

从 1975 到 1996 年的 20 多年间，投资银行的业务收入从以投资银行传统的承销和经纪业务收入为主转变为以其他业务收入为主。1975 年，承销收入和佣金收入占总收入的比例分别为 13.3％和 49.9％，其他收入仅占 9.9％；到 1996 年，承销收入和佣金收入占总收入的比例分别为 9％和 15.4％，而其他收入则上升到 47.6％；到 2007 年，承销收入和佣金收入占总收入的比例分别为 5.59％和 11.5％，其他收入上升到 63.6％。

进入 21 世纪后，随着金融创新的发展，投资银行的业务更是发生了巨大的变化。从证券行业业的业务构成来分析，现代投资银行已经完全不同于传统的投资银行。从 2001 年到 2007 年，佣金的收入基本保持在 1％~20％，承销的收入保持在 5％~8％，交易的收入或损失与证券市场有关，保持在 7％~14％，2007 年的收益还是负的，保证金利息在 2％~7％；共同基金的销售收入占 5％~8％，资产管理费在 6％~8％，变化不大；研发收入和商品费用所占收入比例都很少，分别不超过 1％和 3％；只有有关证券的其他收入占比在逐年提高，到 2007 年已经占到 49.55％。在华尔街，五大投行的排位依次是高盛、摩根士丹利、美林、雷曼和贝尔斯登，从五家投行的业务收入构成来看，也可以得出这一结论。

（六）2008 年金融危机后的投资银行

2008 年开始的金融危机席卷全球，世界金融体系遭受巨大冲击，各国经济破坏严重，度日艰难，本次危机对世界影响深远。华尔街独立投行成为重灾区。贝尔斯登被摩根大通收购，雷曼兄弟破产。美林被美洲银行收购，高盛和摩根士丹利转为银行控股公司。传统的美国独立投行不复存在。

金融危机后，美国资本市场将迎来新监管的时代，美国推出了自"大萧条"以来规模最大的监管改革，如 2011 年通过的《Dodd-Frank 金融改革法案》，要求金融机构把场外交易的衍生工具转入交易所，以加强此类产品的监管及透明度。美国商品期货交易委员会(CFTC)也把利率、信贷、商品及其他衍生工具纳入规管范围,要求资产总值 100 亿美元以上的银行必须向交易所提供交易抵押品,这将直接增加银行交易成本,减少其贷款资金。掌控美国市场逾九成半现金及衍生工具交易的高盛、摩根士丹利、美银美林、摩根大通、花旗等 5 家银行首当其冲。限制自营交易的"沃克尔法则"(Volcker Rule)则对高盛、摩根士丹利等投行业务带来较大影响。欧洲也在 2010 年 9 月推出监管改革法案,包括把所有标准化场外衍生品纳入交易所或者电子交易平台,通过中央清算所清算;全面禁止 CDS(信用违约互换)类型产品的"裸卖空";规范对冲基金经理、私募基金及其他替代投资行为,以降低风险和避免业内薪酬过高;计划建立自己的评级公司,并从 2011 年起把穆迪和惠誉等评级机构集中由欧盟监管。这些监管的变化都将深刻影响国际投行业务模式的发展。这一阶段,投资银行的发展呈现混业发展趋势;不断走向国际化,在全球范围开展业务;投资银行业务发展呈网络化趋势;向多样化和专业化方向发展。对投资银行业加强监管是近年全球投资银行发展的最重要趋势。

二、投资银行在我国的发展

我国投资银行起步较晚,从 1987 年中国第一家证券公司"深圳经济特区证券公司"成立开始,到 1990 年上海和深圳两大证交所成立,直到 1995 年才有了第一家具有国际模式的投资银行——中国国际金融公司(建设银行在香港上市的子公司);1998 年有了第一家真正意义上的合资投行——工商东亚(工商银行和香港最大的私有独立银行"东亚银行"联合收购了英国老牌投行 NatWest Securities 在亚太的业务而成立);2002 年,中国银行出巨资在港上市"中银国际证券公司"。这三家投行主要业务也只是为国内企业在香港主板和创业板市场上市做 IPO,国内企业想去伦敦或纽约上市还暂时需要依靠外资投行担当承销商的角色。经过三十多年的发展,我国的证券公司呈现出持续高速的发展格局,已全面涉猎证券承销、证券交易、证券自营、基金管理、企业并购和财务顾问等投资银行业务领域。

在三十多年的发展历程中,我国投资银行的发展大致可以分为以下三个阶段:

第一阶段:1987—1989 年。这一阶段是证券公司发展的起步期,其特点是证券公司作为证券市场不可或缺的重要组成部分实现了零的突破,证券公司数目增加较快,但各公司的资产规模较小,业务很单一。我国第一家证券公司是 1987 年 9 月 27 日经中国人民银行批准,深圳市十二家金融机构出资组成的全国第一家证券公司——深圳经济特区证券公司。之后,各省陆续组建了一批证券公司、信托投资公司、财务公司、保险公司、中小商业银行以及财政系统陆续设立了证券营业网点。这些机构的出现形成了证券公司的雏形,在我国证券市场的早期探索试验中扮演了重要角色。

第二阶段:1990—2006 年,也是股权分置改革前的阶段,是证券公司的快速增长期。这一阶段,上海、深圳证券交易所先后正式营业,各证券经营机构的业务开始转入集中交易市场,其特点是证券公司的数目大量增加,资产也同时迅速扩张。但由于这一阶段我国股票市场上市公司股权处于分置状态,我国股市上有三分之二的股权不能流通,造成同股不同权、同股不同利等弊端,在很多方面制约了资本市场的规范发展和国有资产管理体制的根本性改变,也直接影响着证券公司的健康发展。

第三阶段:2006 年至今。2005 年 5 月 9 日开始的股权分置改革,截至 2006 年年底,沪深两市已完成或者进入改革程序的上市公司共 1 301 家,占当时应改革上市公司的 97%,对应市值占比 98%,未进入改革程序的上市公司仅 40 家,股权分置改革任务基本完成。这一阶段,证券公司间的竞争加剧,通过兼并重组和系统内的整合,证券公司的数量有所下降,但资产规模大大提高,证券公司传统业务的竞争更加激烈,传统业务利润率有所降低。随着我国证券行业创新业务的不断开展,特别是随着融资融券、股票质押式回购交易、约定购回式证券交易等资本中介业务的快速发展以及证券期货互联网业务的出现,证券公司的收入结构将逐步升级,收入来源将更加多样化。

综合案例 1-2

罗斯柴尔德家族:欧洲唯一的强权

只要我能控制一个国家的货币发行,我不在乎谁制定法律。

那些少数能理解这个系统(支票货币和信用货币)的人,要么是对这个系统所产生的利润非常感兴趣,要么就是非常依赖这个系统的施舍(政治家),这个阶层的人是不会反对我们的。在另一方面,绝大多数的人民在智力上是不足以理解基于这个系统所衍生出的资本所带来的巨大优势,他们将承受压迫而且毫无怨言,甚至一点都不会怀疑这个系统损害了他们的利益。

——梅耶·罗斯柴尔德

一、罗斯柴尔德起家的时代背景

老罗斯柴尔德生长在工业革命、金融业空前繁荣的时代,全新的金融实践和思想从荷兰和英国向全欧洲辐射开来。随着1694年英格兰银行的成立(Bank of England),一个远较过去复杂得多的金钱的概念和实践被一大批富于冒险精神的银行家创造了出来。在17世纪的一百年中,金钱的概念和形式都发生了深刻变化,从1694年到1776年亚当·斯密的《国富论》问世时,人类历史上银行发行的纸币量第一次超过了流通中的金属货币总量。工业革命所产生的对铁路、矿山、造船、机械、纺织、军工、能源等新兴行业空前巨大的融资需求与传统金匠银行的古老低效和极为有限的融资能力之间产生了日益尖锐的矛盾。以罗斯柴尔德家族为代表的新兴银行家,抓住了这一历史性的重要机遇,以对自己最为有利的方式,全面主导了现代金融业的历史走向,而所有其他人的命运则不得不或毫无知觉地被这种制度所决定。

1625年以来的两次内战和政局动荡使英国国库空虚,1689年,威廉一世入主英国(由于娶了英王詹姆士二世的女儿玛丽才得到的王位),他面对的是一个烂摊子,再加上他与法国路易十四正在进行战争,这使得威廉一世四处求钱几近饥不择食的程度。这时,以威廉·帕特森(William Paterson)为首的银行家向国王提出一个从荷兰学来的新生事物:建立一个私有的中央银行——英格兰银行,来为国王庞大的开支进行融资。

这家私人拥有的银行向政府提供120万英镑的现金作为政府的"永久债务"(Perpetual Loan),年息8%,每年的管理费4 000英镑,这样每年政府只要花10万英镑就可以立刻筹到120万英镑的现金,而且可以永远不用还本钱!当然政府还要提供更多的"好处",那就是允许英格兰银行发行国家认可的银行券(Bank Note)。人们长久以来就知道金匠银行家(Goldsmith Banker)最有利可图的就是发行银行券,这些银行券其实就是储户存放在金匠那里保管的金币的收据。由于携带大量金币非常不便,大家就开始用金币的收据进行交易,然后再从金匠那里兑换相应的金币。时间久了,人们觉得没必要总是到金匠那里存取金币,后来这些收据逐渐成了货币。聪明的金匠银行家们渐渐地发现每天只有很少的人来取金币,他们就开始悄悄地增发一些收据来放贷给需要钱的人并收取利息,当借债的人连本带息地还清借据上的欠款,金匠银行们收回借据再悄悄地销毁,好像一切都没发生过,但利息却是稳稳地装进了他们的钱袋。一个金匠银行的收据流通范围越广,接受程度越高,利润就越大。而英格兰银行发行的银行券的流通范围和接受程度都是其他银行远远无法比拟的,这些国家认可的银行券就是国家货币。

英格兰银行的现金股本向社会招募,认购 2 000 英镑以上的人,有资格成为英格兰银行的董事(Governor)。一共有 1 267 人成为英格兰银行的股东,14 人成为银行董事,包括威廉·帕特森。1694 年,英王威廉一世颁发了英格兰银行的皇家特许执照(Royal Charter),第一个现代银行就这样诞生了。

英格兰银行的核心理念就是把国王和王室成员的私人债务转化为国家永久债务,由全民税收做抵押,由英格兰银行来发行基于债务的国家货币。这样一来,国王有钱打仗或享受了,政府有钱做自己爱做的事了,银行家放出了他们日思夜想的巨额贷款,得到了可观的利息收入,似乎是一个皆大欢喜的局面,只有人民的税收成了抵押品。由于有了这样强大的新的金融工具,英国政府的赤字直线上升,从 1670 年到 1685 年,英国政府财政收入是 2 480 万英镑,从 1685 到 1700 年,政府收入增加了一倍多,达到了 5 570 万英镑,但英国政府从英格兰银行的借贷从 1685 到 1700 年暴涨了 17 倍多,从 80 万英镑涨到了 1 380 万英镑。

更妙的是,这个设计把国家货币的发行和永久国债死锁在一起。要新增货币就必须增加国债,而还清国债就等于摧毁了国家货币,市场上将没有货币流通,所以政府也就永远不可能还清债务,由于要偿还利息和经济发展的需要,必然导致需求更多的货币,这些钱还得向银行借债,所以国债只会永远不断增加,而这些债务的利息收入全部落入银行家的钱袋,利息支出则由人民的税收来负担。从此以后,英国政府就再也没有还清债务,到 2005 年年底,英国政府的欠债从 1694 年的 120 万英镑增加到了 5 259 亿英镑,占英国 GDP 的 42.8%。如此看来,为了这样大的一笔巨款,如果有谁胆敢挡了私有化的国家银行之路,砍掉个把国王的头或刺杀若干个总统的风险,实在是值得冒一下。

二、罗斯柴尔德的兴起

法国大革命和拿破仑战争(1792—1815)给罗斯柴尔德家族带来了发财致富的良机。迈耶及长子阿姆谢尔·迈耶坐镇在法兰克福,而内森·迈耶于 1804 年在伦敦建立分行,詹姆斯于 1811 年在巴黎扎根,萨洛蒙和卡尔于 19 世纪 20 年代分别在维也纳和那不勒斯建立办事机构。在战争年代,他们向交战国的王公贵族提供贷款,贩卖与走私棉、麦、军火等主要物资,办理不列颠群岛与欧洲大陆之间的国际汇兑。战后,该银行集团除继续国际业务往来外,逐渐卷入经营政府有价证券及保险、工业企业的股票。他们就这样成功地适应了欧洲的工业革命,以铁路、煤炭、钢铁、金属器材等方面投资促进了欧洲经济的发展。19 世纪 50 年代以后,该集团业务仍有发展,在石油及有色金属领域占有重要地位。但因英、法、德等国家新的股份银行及商业银行相继兴起,开始打破其垄断局面。至 19 世纪后期,欧美财团资金雄厚,财势日盛,影响超过了罗斯柴尔德集团。值得提出的是,阿姆谢尔·迈耶为其家族企业制订的"联合经营各类业务"及"不追求额外利润"两条指导原则,世代相传,对保持其企业长期不衰起了很大作用。罗斯柴尔德家族第一代以异乡人出现于各国,在语言不通、不谙地方习俗的情况下,排除当地金融界的猜忌与竞争,终于取得显要地位。第二代(五兄弟的子侄)恪守家世传统,事业更加兴旺。

他们对所在国家的政治经济都具有很大影响。罗斯柴尔德家族常在堂表亲属之间通婚，双方大都是犹太人，极少例外，因此，尽管支脉庞大，世系后嗣始终保持团结一致，特别是在纳粹时期，他们协力适应风暴，克服困难，极为显著。他们一家享有崇高荣誉，迈耶的五个儿子均被授予奥地利帝国男爵勋位。该家族在英法的成员，多以科学家或慈善家著称。

工业革命在欧洲迅猛发展、金融业空前繁荣的时代，全新的金融实践和思想从荷兰和英国向全欧洲辐射开来，一个人类历史上前所未有的金融帝国拉开了它的序幕。

三、罗斯柴尔德家族的发展

（一）像变形虫般适应环境

第二次世界大战结束也意味着冷战的开始。此时的罗斯柴尔德家族已经传到第六代，其金融王朝的建立也有200多年。经历了无数次惊涛骇浪，每当时代变迁的时候，罗斯柴尔德家族总能依靠强劲的适应能力而得以生存、壮大。

每当时代发生重大转折的时候，媒体总是对罗斯柴尔德家族冷嘲热讽，认为这个古老的家族很快就会像恐龙一样走下历史舞台，但每次都会猜错。这正是因为它们低估了罗斯柴尔德家族变形虫般适应环境的能力。凭借着"弹性"和"英勇"这两件世传的精神武器，家族很快融入了战后的时代潮流，继续在商海中如鱼得水。

（二）低调行事，却无所不在

罗斯柴尔德家族表面上看是变小了，实际上却变得更大了。与张扬的美国资本主义不同，罗斯柴尔德家族行事低调，一般人只是在读历史书的时候才能碰见它。但实际情况是，它无所不在。

罗斯柴尔德家族的银行始终拒绝上市，这意味着它根本不用公布年报。二百多年来，他们一共在地球上投资了多少生意，赚了多少钱，只有家族核心成员才清楚。它在世界经济界的影响，也只有极少数细心的专业人士才能发现。他们拥有对世界金融、战争等方面敏锐的洞察力和早于任何个人及国家的消息和情报。同样，对于以互联网为代表的新经济，罗斯柴尔德家族到底参与多深，也只有极少数人才能发觉蛛丝马迹。实际上，2004年为英国政府的移动通信3G牌照拍卖充当融资顾问的，便是罗斯柴尔德家族——不过这条消息在《华尔街日报》上绝对看不到。有这么一句话：在金融界你不知道罗斯柴尔德家族就像作为一个士兵却不知道谁是拿破仑，研究物理学的人不知道爱因斯坦一样不可思议。

罗斯柴尔德银行集团的业务主要是并购重组——帮助大企业收购兼并其他的企业或者对其资产结构进行重组。罗斯柴尔德的并购重组业务主要在欧洲，在2006年世界并购排行榜上可以排到第13位。

罗斯柴尔德在亚洲有一个办公室——香港，名为"荷兰银行—罗斯柴尔德"，亚洲的业务处于荷兰银行的控股之下，因为发言权不大，某些人事权，都是由荷兰银行主管的。

罗斯柴尔德家族的产业规模已经很小，罗斯柴尔德银行集团一年的营业额不到100亿美元，利润不到30亿美元，估计其资本总额不会超过300亿美元，不到欧美大银行的一个零头。然而大多数人认为，作为老牌金融巨头，即便罗斯柴尔德银行已经衰落，但罗斯柴尔德家族的产业已经遍布众多行业，其影响力依然不可小视。

罗斯柴尔德家族依然存在，也许他不像《货币战争》中说的那样强大，但依然是世界上最富有的家族之一。一些欧美学者也对他进行过研究，不过在20世纪80年代，很多关于他的著作都神秘地消失了，他的真实情况仍然充满谜团。

第三节　投资银行的发展战略与发展趋势

一、投资银行的发展战略

当今的世界经济正朝一体化方向发展,各国金融监管的放松,使金融自由化趋势日益加强:资本跨国流动日益频繁,大大超过跨国贸易量,金融市场已在世界范围内融为一体,各国经济金融政策影响的互动性已十分明显,各国金融机构在世界范围内展开较量,金融工程不断发挥巨大威力,衍生工具迅速增长等。在此背景条件下,我国投资银行必须积极应对挑战和制定自身的发展战略。

(一)混业经营战略

20世纪80年代以来,传统的业务分工已不能再适应投资银行与商业银行所面临的激烈竞争。商业银行与投资银行在大力拓展新业务领域的同时,交叉经营日益增多,这既是竞争的需要,也是金融业不断完善和发展的要求。

(二)全球战略

随着世界经济日趋国际化,跨国公司的国际化生产日益全球化,跨国投资银行也不断得以发展壮大。世界各国都在逐步取消金融管制,允许向外国银行开放国内金融市场,允许本国居民到外国投资或贷款时给予更大的自由,从而促使资本自由流动,借贷双方可以跨国寻求合作,金融市场得以日益全球化。

投资银行可以在这些市场中充分发挥自己的优势,在大量外来资本的流入下,做好投资与筹资的中介者。

(三)业务多元化与专业化战略

根据强者恒强的原则,任何机构在全球范围的竞争中,必须具有相当规模的资本集中,能够在全世界范围内调配资源,满足用户多元化的需求,才能处于竞争的优势地位。从全球范围内现代投资银行所提供的服务看,既有综合性服务也有专项服务。各投资银行一方面形成业务多样化的交叉发展的态势,另一方面又根据自身规模及业务特长,各有所长地向专业化方面发展。另外,防范金融风险一直是投资银行的严峻课题,而资本雄厚、经营有方、业务多样的大型投资银行抵御风险的能力较强。因此,通过金融业的兼并实现强强联合,来增加投资银行的规模和实力,不断开拓新业务和增加业务渠道,实现多元经营战略,充分利用资金、技术和声誉等优势条件,提高市场占有率,获取规模经济效益。

(四)与企业的合作战略

当前,投资银行早已不仅是单一承销商的角色,除传统的证券承销、经纪和自营业务以外,投资银行还深入并购重组、资产管理、投资咨询、项目融资、风险投资、金融衍生工具等诸多领域,投资银行通过签订合作协议或股权参与的形式,与企业建立一种长期、密切、稳定的关系,以降低双方的交易和经营成本,促进投资银行和企业间的合理分工,发挥投资银行在资本经营方面的优势,实现产业资本与金融资本相互渗透和融合发展。

（五）人才战略

人才是投资银行运作中重要的要素，必须加以区别对待和长远的考虑。每个行业的竞争归根到底都是对人才的竞争，投资银行业也不例外。目前对优秀人才的争夺大战已到了白热化的程度。银行纷纷以高额薪酬和优厚待遇为诱饵留住业绩突出的优秀员工，造成人才薪酬待遇越来越高。不言而喻，优秀人才是投资银行的最重要的财富。

二、投资银行的发展趋势

近年来，在国际经济全球化和市场竞争日益激烈的趋势下，投资银行业完全跳出了传统证券承销和证券经纪狭窄的业务框架，跻身于金融业务的国际化、多样化、专业化和集中化之中，努力开拓各种市场空间，对世界经济和金融体系产生了深远的影响。

（一）超级银行的出现

由于金融管制的放松，混业经营成为未来的发展战略，投资银行业内竞争日益加剧，出现了以"强强联合"和"功能重组"为显著特征的金融机构间的并购浪潮。经过金融业的重新整合，将产生一批活跃于国际金融市场上的"超级银行"。例如，美国花旗银行与旅行者集团合并，成为名副其实的金融界的"航空母舰"，拥有遍布世界100多个国家的1亿家公司及零售客户。这标志着国际金融格局正向以大机构占主导地位的国际金融新格局发展。

（二）金融产品的创新

金融自由化浪潮在全球金融市场上的兴起，促使金融创新的步伐加快，金融工程学得以全面开发和应用，表现在以下几个方面：

（1）融资形式不断创新。投资银行开发出不同期限的浮动利率债券、零息债券、各种抵押债券，发行认股权证和可转换债券等新型金融工具，采用"绿鞋期权"（即超额配售权）承销方式等。

（2）并购产品创新层出不穷。投资银行企业并购部门提供过桥贷款，发行垃圾债券，创立各种票据交换技术、杠杆收购技术和各种反收购措施，如帕克曼战略、降落伞策略、白骑士策略等。

（3）金融衍生产品令人目不暇接。投资银行将期权、期货、商品价格、债券、利率、汇率等各种要素组合起来，创造出了一系列金融衍生产品，如可转换浮动利率债券、石油派生票据、货币期权派生票据、互换期权、远期互换等。

（三）计算机网络的广泛应用

进入20世纪90年代，随着互联网的广泛应用，计算机网络在金融领域中得到广泛开发和应用，极大地提高了证券市场的效率，拓展了投资银行的服务范围，降低了业务成本，丰富了证券发行和交易的方式，促使证券发行模式、交易模式、清算模式都发生了变化，甚至导致投资银行的生存方式发生了根本性变化。

（1）证券市场效率大为提高。计算机处理能力的增强提高了证券交易的撮合效率，网络传输能力的提高加快了信息的交换效率，因此证券市场对信息反应的灵敏度有很大提高。与此同时，互联网对投资银行的工作效率也相应地提出了更高的要求，因此投资银行的人员构成、组织形式、管理方法和服务水平等都必须与网络化相适应。

（2）证券市场范围大大扩展。通信技术的发展大大促进了计算机网络的发展。随着越来越多的电脑用户入网,全球信息共享成为现实。在网络浪潮冲击下,传统的区域性证券市场将会消失,证券市场大大扩展。

（3）投资银行成本迅速降低。互联网在证券市场中的应用,减少了证券市场的中间环节,简化了操作流程,从而降低了各种费用。传统的门市证券发行被网络发行所代替,传统的通过证券商完成的交易将由无形市场来进行,证券交易清算速度也大大加快,这些都极大地降低了投资银行的成本。

（4）证券发行与交易方式大为改进。传统的证券发行是由投资银行负责,通过利用营业网点,等待投资者上门认购。尽管认购方式有很多种,如抽签方式、银行存款方式等,但都存在销售成本高、销售效率低下的缺陷,市场缺乏公平性。1996年,美国首次利用国际互联网发行股票,改写了传统的证券发行记录。随着证券发行的网络化,证券交易也在不断地网络化。

（5）证券市场全球化进程大大加快。互联网应用将克服时差障碍,使交易能够连续进行,24小时不间断交易成为现实。互联网正在改变原有场内市场与场外市场的含义,证券发行、交易与清算已不再局限于一时一地,而是跨地区、跨国家和全球范围的事情。一个全球化、自由化的金融市场正迎着网络时代而来。随着全球性互联网的不断延伸和发展、全球网上标准的建立,功能齐备的网上证券市场应运而生。

三、我国投资银行的发展

（一）我国投资银行发展的现状

随着直接融资作用的不断上升,证券公司在资本市场直接融资中发挥了重要作用,为国民经济建设和发展做出了重大贡献,实现了社会融资方式的多样化,加速了我国企业股份制改革的进程,推动了我国资本市场的迅速发展,使社会整体经济效益得到了提高,促进了社会资源的优化配置。目前,我国投资银行正处于繁荣发展阶段。从表1-3可以看出我国证券公司的发展现状,七年时间,证券公司数量的增长率为20.18%,总资产增长率达到291.08%,净资产增长率为193.65%,净资本增长率为243.48%。

表1-3　2011—2017年我国证券公司规模　　　　　　金额单位:万亿元

年　份	2011	2012	2013	2014	2015	2016	2017
公司数量	109	114	115	120	125	129	131
总资产	1.57	1.72	2.08	4.09	6.42	5.79	6.14
净资产	0.63	0.69	0.75	0.92	1.45	1.64	1.85
净资本	0.46	0.50	0.52	0.68	1.25	1.47	1.58

从我国十大证券公司的发展状况（见表1-4）也可以看出券商发展的强劲势头。2017年中信证券的总资产已经达到4 839.41亿元,净资产为1 279.31亿元,净利润达到了90.69亿元。

表 1-4 2021 年我国十大证券公司情况表　　　　　　　　　　单位:万元

序　号	公司名称	公司类别	总资产	净资产	净资本	净利润
1	中信证券	综合类	97 589 918	18 007 526	12 120 047	2 309 962
2	华泰证券	综合类	64 154 278	13 726 012	10 093 401	1 334 611
3	国泰君安	综合类	61 094 509	13 631 048	10 462 471	1 501 348
4	招商证券	综合类	54 672 959	10 723 865	7 928 344	1 164 507
5	申万宏源	综合类	49 846 625	10 119 460	9 273 874	943 370
6	银河证券	综合类	47 389 016	9 655 822	8 391 423	1 043 024
7	海通证券	综合类	47 142 615	14 736 151	9 316 035	1 282 652
8	广发证券	综合类	46 984 165	9 718 024	7 274 348	1 085 412
9	中金公司	综合类	45 808 368	7 017 670	6 528 542	1 077 771
10	中信建投	综合类	42 166 421	7 644 092	6 693 160	1 023 870

资料来源:中国证券业协会。

(二)目前存在的主要问题

三十多年来,我国投资银行从无到有,在发展证券市场和推动国企改革等方面成就显著,但是也确实存在诸多突出问题。

(1)我国投资银行业务范围狭窄,所从事的业务比较单一,主要局限于证券承销、证券经纪和二级市场自营等三大传统业务,2023 年,券商的三大业务占比分别达到了 13.52%、27.72%、34.28%(见表 1-5)。

表 1-5 2023 年券商各项收入构成情况表

业　务	净收入(亿元)	占比(%)
经纪业务	984.37	27.72
承销与保荐业务	480	13.52
财务顾问业务	62.85	1.77
投资咨询业务	49.90	1.41
资产管理业务	224.79	6.33
利息	531.50	14.97
证券投资收益	1 217.13	34.28
合计	3 550.54	—

资料来源:中国证券业协会。

(2)我国证券经纪业务由于以单个证券营业部为单位,力量过于分散和单薄,加之未能得到各项综合业务的配合与支持,目前证券营业部仍停留在一般的服务水平,在开发机构客户方面显得力不从心。

（3）通过企业并购创造增值是投资银行的核心业务之一，我国投资银行在这方面显得十分薄弱。国际上对投资银行的评价，不仅要看承销金额和证券交易金额的排名，还要看企业并购成交金额排名，并且后者越来越成为投资银行的实力和品牌标志。近年来，我国上市公司资产重组花样翻新，也出现了不少非规范行为。

（4）投资银行融资渠道仍然不畅，资金营运能力亟待提高。资金融通是资本市场生存发展的命脉，创造资本价值无不以雄厚的资金保障为前提。国际投资银行在创造价值过程中，都已广泛介入短期融资业务，同时也分享了收益。相比之下，我国解决券商融资问题虽有不小进展，部分券商可以进入银行间资金拆借市场，但是对各类客户的融资业务受到有关金融分业经营法律的限制。

（5）投资银行资本实力较弱。一些规模较小的证券经纪公司资产额才几千万元人民币，2023 年我国证券公司总资产规模最大的中信证券公司为 1.45 万亿人民币，同期高盛集团的总资产 1.64 万亿美元。

（6）金融监管不力。虽然《证券法》已经实施，但由于法律规定的内容比较宽泛，还没有涉及具体的投资银行业务，针对性的投资银行法还没出现，特别是在实践中发现《证券法》和《公司法》中内容相互存在矛盾，部分限制过多、过死，不利于市场的发育。加之政策不配套和监管不力，往往事后处理较多，事前指导较少，给从业人员带来了一定的职业风险。

第四节　投资银行的经济功能

一、投资银行在金融市场的重要地位

在发达的市场经济国家，投资银行是资本市场的核心。首先，投资银行是资本市场的中介机构。其次，投资银行是中长期资本运营的枢纽。再次，投资银行的发展有力地促进了金融工具的创新。

投资银行是世界经济中最活跃的力量之一，不仅是资本市场的核心，它几乎参与金融市场的各个细分市场，并在许多金融市场中具有举足轻重的重要地位。表 1-6 概括性地介绍了投资银行和各类金融市场的关系。

表 1-6　投资银行和各类金融市场的关系

金融市场种类	与投资银行的关系
货币市场	① 许多投资银行设立货币市场共同基金，投资于货币市场； ② 投资银行购买短期证券以满足其本身证券组合对流动性的需要； ③ 投资银行是许多商业票据的承销商
债券市场	① 投资银行进行债券承销、代客买卖债券，并作为客户顾问建议其买卖何种债券； ② 有些投资银行已经成立专门进行债券投资的基金； ③ 投资银行为自己的投资组合购买债券； ④ 投资银行通过发行垃圾债券（高收益债券）帮助其客户从事兼并与收购

续 表

金融市场种类	与投资银行的关系
股票市场	① 投资银行进行股票承销、代客买卖股票,并作为客户顾问建议其买卖何种股票; ② 投资银行为其自身的证券组合购买股票
期货市场	① 投资银行作为其客户的顾问,建议其如何利用期货市场进行套期保值,防范风险; ② 投资银行作为经纪人帮助客户进行期货交易
期权市场	① 投资银行作为其客户的顾问,建议其如何利用期权市场进行风险防范; ② 投资银行作为经纪人帮助客户进行期权交易
抵押市场	投资银行通过资产证券化业务,使许多金融机构的抵押资产证券化
借贷市场	投资银行承销某些由发行者资产作为抵押的证券,这是商业银行的传统业务领域,但投资银行已经进入

二、投资银行的经济功能

(一)媒介资金供需双方,拓宽融资渠道

(1)在资本市场上,投资银行以其拥有的专业技能,提供能满足资本需求者和投资者双方需要的金融工具和服务,实现资金的融通。投资银行通过帮助资金需求者发行证券等所有权和债券凭证,将其出售给资金供应者,把资金供需双方联系起来。在这个过程中,投资银行充当了直接融资市场上重要的中介人。一是帮助资金需求者寻找资金来源,同时帮助资金盈余者寻求投资机会;二是设计合理的交易方式,寻找对期限、利率、偿本付息等选择,使交易双方在互惠互利的基础上达成协议。

需要注意的是,投资银行和商业银行虽然都是中介机构,但两者存在着很大的区别。商业银行在货币市场中充当间接融资的中介,投资银行则在资本市场上充当直接融资的中介,两者所起作用的方式和重点大相径庭。

(2)商业银行作为存款人与借款人之间的金融中介机构是通过间接融资的方式起作用的,而投资银行作为投资人与筹资人之间的金融中介机构是通过直接融资的方式起作用的。

(3)商业银行的金融中介作用以向借款者提供短期信贷为主、中长期贷款为辅的信贷结构模式作为其实现的方式,而投资银行的金融中介作用则主要体现在帮助筹资者筹集中长期资金为其主要的业务活动上。

(4)资金短缺者通过投资银行发行股票和债券以获取资金,对于资金短缺者来说,发行债券和股票所获得的资金具有很强的长期性和稳定性,并且发行手段灵活多样,发行时间、证券种类、期限等可以方便选择,而且有时还可以将证券的回报与企业的经营状况联系起来,在经营状况不佳时可以推迟或减少债息或股息的支付,将资金使用风险分散给提供资金的广大投资者。这一切都是商业银行贷款所不能比拟的。

(二)构造证券市场,提高运营效率

证券市场由证券发行者、证券投资者、管理组织者和投资银行四大主体构成。其中,投资

银行起了穿针引线、联系不同主体、构造证券市场的重要作用。

(1) 从证券发行市场(即一级市场)来看,投资银行在辅助构建证券一级市场中发挥了以下作用: ① 咨询。② 承销。③ 分销。在承销证券之后,投资银行还利用自身的分支机构组织一定规模的分销集团及零售网络,向投资者出售其承销的证券。④ 代销。有时投资银行可能认为某些证券具有很高的风险,不愿进行承销保证,而仅仅是尽最大努力为之推销,但并不承诺买入未发售的剩余证券。⑤ 私募。在证券的私募发行中一般也需要投资银行联系发行者和投资者,设计证券发行的各种条件,使发行过程得以顺利进行。由此可见,没有投资银行,就不可能有高效率、低成本的规范的证券一级市场。

(2) 就证券的交易市场(即二级市场)而言,投资银行以做市商(Market Maker)、经纪商(Broker)和自营交易商(Trader)的身份参与二级市场,起着重大的作用。① 做市。在证券承销完毕后的一段时间,投资银行经常作为做市商,维持其所承销证券上市后的价格相对稳定。② 委托代理。投资银行以经纪商的身份接受顾客委托,进行证券买卖,提高交易效率,维持场内秩序,保障交易活动的顺利进行。③ 自营交易。

(3) 从金融工具创新来看,投资银行是金融领域内最活跃和积极的力量,它们推陈出新,从事金融工具的创新,开拓了一个又一个新的业务领域。

(4) 投资银行作为一个证券市场的中介组织,还是一个重要的市场信息机构。投资银行极好地促进了各种有关信息在证券市场中的传播,使信息更迅捷、更客观地反映在交易之中,保障了证券市场的信息效率和信息公平。

(5) 投资银行有助于证券市场的整体运营。投资银行作为连接筹资者和投资者之间的桥梁,其优良、高效率的服务,极大地提高了证券市场的整体运作效率,降低了市场运作成本,使整个证券市场具有经久不衰的吸引力,促进了市场规模的不断扩大。

(三) 促进企业并购的实现

企业兼并是一项系统性、操作性极强的活动,涉及信息沟通、资产评估、兼并方案的策划、兼并后新企业发展战略的制订等一系列问题,这就需要以进行外部资本运营为专长的投资银行来完成。投资银行凭借其专业优势、人才优势和实践优势,以及和政府部门、金融机构的良好关系,努力创新,依赖其广泛的信息网络、深入的分析能力、高度的科学创意、精明的战略策划、熟练的财务技巧和对法律的精通,来完成对企业的前期调查、财务评估、方案设计、条件谈判、协议执行,以及配套的融资安排、重组规划等诸多高度专业化的工作。

(四) 提升资市效率,优化资源配置

投资银行通过在资本市场的运作,促进了社会资源的合理流动,提高了国民经济运行的整体效益。

(1) 投资银行通过其资金媒介作用,使能获取较高收益的企业通过发行股票和债券等方式来获得资金,同时为资金盈余者提供获取更高收益的渠道,从而使国家整体的经济效益和福利得到提高,促进了资源的合理配置。

(2) 投资银行的兼并收购业务使社会资本存量资源重新优化配置。通过企业并购,使被低效配置的存量资本调整到效率更高的优势企业或者通过本企业资产的重组发挥出更高的效能。这种社会存量资产的重新配置使社会产业结构得到进一步调整,优势企业能够迅速发展,社会整体效益得到进一步提升。

（3）投资银行为企业向社会公开筹资，投资银行帮助企业发行股票和债券，不仅使企业获得发展和壮大所需的资金，并且将企业的经营管理置于广大股东和债权人的监督之下，有益于建立科学的激励机制与约束机制以及产权明晰的企业制度，从而促进了经济效益的提高，推动了企业的发展。

（4）投资银行承销了大量政府债券的发行，使政府筹得足够的资金用于基础设施和其他公共部门的投资，解决了这一领域资源紧缺的问题。同时，国债流通量的增加，也有利于中央银行充分利用货币政策工具调节货币流通量，进行经济资源的宏观调控。

（五）促进产业集中与产业结构的升级换代

投资银行参与和推动的企业购并业务促进了产业的升级换代。以美国为例，自19世纪末至今，先后经历了五次企业并购的高潮。

（1）第一次高潮（1898—1903年）以横向兼并为特征，大企业继续集中在那些它们于1870年时就已集中于其内的相同的工业组中，而且相同的公司继续保持其在这些组的各该集中了的工业中的优势地位，并出现了包括美国钢铁公司、美孚石油公司等在内的垄断企业，实现了美国工业结构的巨大变化。

（2）第二次高潮（1920—1933年）以纵向兼并为特征，规模更大，涉及行业更多，产生了大量寡头垄断，也增强了市场上的竞争。

（3）第三次高潮（1948—1960年）以混合兼并为特征，规模很大，时间很长，企业的多样化发展战略得到发挥，企业的目标及活动范围延伸到许多与本企业毫不相关的经营领域，导致了企业本身的组织结构又一次发生新的转变。

（4）第四次高潮（1974—1985年）中的兼并资产规模达到空前程度，甚至出现了"小企业兼并大企业"的与以往截然不同的特点，进一步拓宽了公司的目标。

（5）20世纪90年代以来，国际企业界掀起了第五次企业兼并的热潮，它以"强强联合"和"功能重组"为特征，兼并规模创造了历史纪录。据统计，1994年，美国企业并购交易额达3 419亿美元。1995年，美国企业并购9 152起，涉及金额5 190亿美元，均创历史最高纪录。1996年，企业并购愈演愈烈，并购案达10 200起，全年涉及并购金额达到了6 588亿美元，再度刷新了上一年创下的两项历史纪录。这次企业兼并浪潮使产业集中向着更深、更广的领域拓展，从而也促成了资源的合理配置和产业结构的升级换代。

（六）充当信息中介，提供多种信息服务

由于投资银行在证券市场中的特殊地位和其业务多样化，因而成为人才、知识、信息的高度密集地。投资银行在创造货币财富的同时，聚敛着大量的信息财富，并将其向市场发散。投资银行作为信息中介人，既可以在证券市场上为广大投资者进行信息披露，也可以为某个特定项目融资、企业兼并重组，或为一个特定的企业充当财务顾问，利用其对信息的收集、分析、加工能力，谋求以最小成本获取最大的资金收益。每一个投资银行都有其相应的信息管理部门。一方面，由于竞争和提供多样化服务的需要，对市场的调查分析至关重要；另一方面，对证券价格的准确预测对投资银行的信誉影响很大，同时也直接影响到自营业务、证券咨询业务、承销业务等方面的利润。

三、我国发展投资银行的意义和作用

(一)促进直接融资,拓宽筹资渠道

发展直接融资离不开投资银行。从融资方案的选择、融资渠道的拓展、融资市场的构建,到交易主体的寻找、交易工具的运用、交易原则的达成,投资银行都在其中发挥了重要的作用。

(二)推动我国证券市场深化发展

从国际证券市场和投资银行发展历程中可以看出,证券市场和投资银行起着互相促进的作用。在我国改革开放后新生的证券市场上也是如此。

(1)投资银行广泛参与承销等各类证券业务。投资银行通过广泛参与各类证券承销业务,保障了证券发行的顺利,从而扩大了证券市场的广度和深度。投资银行活跃于公司债券发行市场,促进了公司债券市场的发展壮大,改变了以往我国证券市场国债和股票一统天下的格局。

(2)投资银行业务创新推动投资品种的增加。同发达国家成熟证券市场相比,我国证券市场投资品种极为有限和单调,很大程度上限制了投资活动的充分展开。我国的投资银行从创建开始,就表现出较强的创新能力。无论是可转换债券的推出,证券投资基金的迅猛发展,还是股票发行和配售方式的改进,都凝聚着投资银行的创新结晶。

(3)投资银行作为机构投资者稳定证券市场。成熟证券市场经验表明,无论是在发行市场,还是在交易市场,机构投资者都有着举足轻重的作用。投资银行凭借其掌握的巨额资金和丰富的证券交易经验,起着稳定市场的作用。

(4)投资银行培养一大批金融人才。我国投资银行通过三十多年的发展,提供了大量就业机会,培养和造就了一大批从事证券业务的专业人才。投资银行界所拥有的这支金融人才队伍,是当前中国经济领域富有智慧、具有开拓精神和进取精神的一代,也是各行各业中年轻的知识密集型群体。

(三)参与企业资本经营,深化国有企业改革

中国正在进入经济结构大调整、企业大重组的特殊历史时期,迫切需要新的市场主体来促进结构调整和企业重组活动,来盘活存量资产。无论从哪方面来说,这种新的市场主体只有投资银行能承担。

(四)促进企业家成长,推动经理革命

投资银行在业务活动中与上市公司建立了密切的关系,通过参与企业的改制上市、企业的资产重组、担任企业的财务顾问等方式,协助企业处理重大财务问题,投资银行带领企业和企业家从商品经营的层次飞跃到资本经营的范畴。同时,投资银行和投资银行家本身所体现出来的灵活性、创新精神、迅捷决策、敢于承担风险的意识,也会影响上市公司经理层,促进企业经理层的理念更新。

良好约束和激励机制是培养企业家的关键。我国投资银行凭借其对国际证券市场的深入了解和我国企业的广泛接触,以及深入参与我国上市公司资产重组的丰富经验,有能力也有条件帮助上市公司和其集团公司设计并创新股权激励制度,使股权激励制度在充分考虑中国国情基础上走向规范化,发挥对企业家的激励和制约功能,使优秀企业家能够脱颖而出。

（五）推进风险投资业务，促进高科技产业发展

高科技产业的发展过程中，除了要拥有具有强烈创新精神和创业精神的科技人员和企业家之外，资金支持是一个不可缺少的重要因素。投资银行在把风险资本向高科技公司引导和把高科技公司推向上市的过程中发挥着关键的桥梁作用。

借鉴国外投资银行发展风险投资业务的经验，我国投资银行可以从两个方面参与高科技企业融资：一是参与风险资本的筹资和发行，甚至直接向高科技企业进行股权投资，二是把高科技企业推荐上市。目前，有多个市场适合中小型高成长的高科技企业上市，包括深圳证券交易所推出的中小企业板、香港联合交易所 1999 年成立的创业板（Growth Enterprises Market，GEM）、东京证券市场 1999 年成立的新兴市场（Market of the High-growth and Emerging stock，简称 MOTHERS）、美国的纳斯达克（NASDAQ）市场、欧洲的 EASDAQ 市场，以及欧洲众多交易所下设的新市场。我国已经有高科技企业在香港联合交易所创业板市场和纳斯达克市场上市。

（六）充当国内外市场的窗口，促进资本市场开放

随着国际经济的一体化，我国投资银行正逐步登上国际资本市场的大舞台。中国投资银行在今后的发展中，跨国战略的实施必将给中国资本市场的国际化带来良好契机。

1. 积极推进双 Q 制度

在双 Q 制度推进和实施进程中，投资银行充当国内证券市场和境外证券市场的窗口，为不同的投资者提供优质服务。QFII 和 QDII 制度的推出就是我国资本市场开放的阶段性措施，表现在：第一，合格的外国投资者 QFII 制度。合格的外国投资者 QFII（Qualified Foreign Institutional Investors）制度，是指允许合格的境外机构投资者，在一定规定和限制下汇入一定额度的外汇资金，并转换为当地货币，通过严格监管的专门账户投资当地证券市场，其资本利得、股息等经批准后可转为外汇汇出的一种市场开放模式。QFII 制度是一种有创意的资本管制，在这一机制下，任何打算投资境内资本市场的人士必须分别通过合格机构进行证券买卖，以便政府进行外汇监管和宏观调控，目的是减少资本流动尤其是短期游资对国内经济和证券市场的冲击。针对不同类型的证券投资机构，从资金来源和资金规模上进行控制，选择合格的证券投资机构进入市场，有助于维护我国证券市场的稳定和金融安全。通过鼓励稳健型的资产管理机构，吸引长期投资。QFII 制度是许多国家和地区，特别是新兴市场经济体普遍实施的在货币没有完全可自由兑换、资本项目尚未开放的情况下有限度地引进外资，开放资本市场的一项过渡性制度。本着整体设计、循序渐进、稳步展开的渐进开放模式，利用了 QFII 向外资渐进开放过程中保持市场各方面平稳过渡的制度创新优势，在目前人民币资本项目尚未开放的背景下，通过特定的 QFII 机制开放市场不仅有助于我们解决证券市场开放中的核心障碍——货币进出问题，也向证券市场国际化的方向迈出了决定性的第一步。此后，QFII 制度进行过多轮改革，在资格门槛、投资范围、额度审批、资金汇兑等方面不断简化手续。2011 年，人民币合格境外机构投资者（RQFII）制度正式实施，允许符合条件的境外机构投资者使用跨境人民币在境内进行证券投资，且在额度使用和资金汇出入方面较 QFII 更加灵活和便利。截至 2023 年 8 月末，全市场已有近 800 家 QFII/RQFII 机构，QFII/RQFII 投资者持有 A 股市值超万亿元人民币。

QDII 可以说就已经开始预演了。QDII 制度自 2006 年实施以来，在推动金融市场开放，

拓宽境内居民投资渠道,支持金融机构走出去开展国际化经营等方面发挥了积极作用。截至2024年4月末,银行类、证券类、保险类、信托类共计186家金融机构获批投资额度。

2. 发起设立中外合资投资基金

通过发起设立中外合资投资基金,让国外投资者通过投资基金间接参与中国资本市场,投资于国内债券与股票市场及非上市公司。这既吸引了资本,又可缓解国外资本的冲击,并可积极引进与吸收境外先进的基金经理经验与技术,通过参与、学习和消化,使国内投资基金的业务操作与内部管理规范化、国际化,培养成熟的机构投资者。

3. 组建中外合资投资银行

通过组建合资投资银行,吸收具备条件的境外证券机构参股我国证券公司。不断涉足国际资本市场,帮助企业在境外上市筹资。中国首家中外合资投资银行的中国国际金融公司自1995年创建至今,已在国际资本业务方面开展了一系列交易额达数十亿美元的重大项目。

综合案例 1-3

中信证券股份有限公司的发展

中信证券股份有限公司(以下简称"该公司"或"公司")于1995年10月25日正式成立,原为有限责任公司,注册资本为人民币300 000 000.00元,由中国中信集团公司(原中国国际信托投资公司)、中信宁波信托投资公司、中信兴业信托投资公司和中信上海信托投资公司共同出资组建。

1999年,经中国证券监督管理委员会批准(以下简称"证监会")(证监机构字〔1999〕121号),该公司增资改制为股份有限公司。2002年12月13日,经中国证券监督管理委员会核准,中信证券向社会公开发行4亿股普通A股股票,2003年1月6日在上海证券交易所挂牌上市交易,股票简称"中信证券",股票代码"600030"。

据中国证券业协会公布的2011年证券公司经营数据显示,中信证券在总资产、净资产、营业收入、净利润上排名第一位。

公司主营业务范围为:证券(含境内上市外资股)的代理买卖;代理证券还本付息、分红派息;证券的代保管、鉴证;代理登记开户;证券的自营买卖;证券(含境内上市外资股)的承销(含主承销);客户资产管理;证券投资咨询(含财务顾问)。

2011年,中信证券改变了将产品和服务分为经纪、投行、资管、交易的传统,而转为根据资本利用方式的不同重新分为三类,即传统中介型业务、资本中介型业务和资本型业务。同时制订了明确的目标策略,发展新兴的资本中介型业务,并从中产生持续有效的回报。中信证券的资本中介型业务是利用资本促进客户交易实现或向不同类型的市场补充流动性,主要包括股权类资本中介业务、固定收益业务和大宗经纪及大宗商品业务三个方面。

伴随中国经济逐渐融入全球经济并成为其重要组成部分,中信证券率先意识到进入国际市场对其发展的重要战略意义。中信证券的国际化进程依托中国经济全球化的大背景,以满足中国客户复杂的投融资需求为导向,通过国际国内平台相互合作,推进业务的国际化。

中信证券通过识别市场走势,抓住了机遇并及时进行战略转型,实现收入来源的多元化,提升了财务表现并降低了业务风险。中信证券积极探索研究股权类资本中介业务、固定收益业务和大宗经纪及大宗商品业务等创新资本中介业务,为其带来了新的稳定收入来源,并占据了市场先机,取得领先优势。在国际化方面,依托香港平台,通过加强与海外机构的战略合作,发挥协同作用,在投资银行业务、经纪业务和研究业务方面均取得了重要进展。中信证券以大力发展资本中介型业务和拓展国际化业务来实现战略转型是符合其自身发展和市场环境的，中信证券的成功案例可以为其他证券公司的转型提供参考。

▶▶ 重要概念

投资银行　《格拉斯—斯蒂格尔法》　分业经营　混业经营

▶▶ 复习思考题

1. 如何理解投资银行的内涵？投资银行与商业银行有何区别？
2. 投资银行是如何分类的？我国投资银行的类别有哪些？
3. 投资银行的经济功能主要表现在哪些方面？
4. 试分析我国投资银行发展的现状和问题。
5. 试述我国发展投资银行的现实意义。

第二章　投资银行组织结构和人力资源管理

本章概要

　　投资银行采用的组织结构是与其内部的组建方式和经营思想密切相关的。影响投资银行组织结构设计的因素既有外部因素又有内部因素。投资银行组织结构设计以提高组织效率为核心，在合法合规前提下，应考虑投资银行自身发展和运行的特点，根据内外部经营环境的变化而动态调整。由于投资银行规模庞大，各不同部门在职能上没有太多联系，因此投资银行普遍采取的是事业部制组织结构或全资附属公司。作为知识密集型、资金密集型行业，投行的激励机制主要放在对人力资源的吸引、获取、激励和保留上，不能单单从薪酬待遇的角度去使力，而应该多关注员工的职业发展和个人成长。

　　本章主要基于投资银行的组织结构理论，分析了投资银行的组织结构与部门设置，并对投资银行的人力资源规划、类别、素质要求、吸收以及相关激励机制做了介绍。

学习目标

- 了解投资银行组织结构的一般原理与部门设置；
- 掌握投资银行人力资源的分类和素质要求；
- 理解并掌握投资银行人力资源的激励机制。

教学思政目标

　　帮助学生树立金融从业人员的职业道德，使学生理解职业投资人在享受客观业绩奖励的同时也面临残酷的业绩排名压力，所以如何对待竞争，积极的态度和抗压能力是非常重要的。

第一节　投资银行的组织结构理论与部门设置

一、投资银行组织结构的一般原理

（一）权变组织理论

　　权变组织理论是西方国家在20世纪70年代形成的一种企业管理理论。权变理论在企业组织结构方面的观点是：把企业看作一个开放的系统，并把企业分成不同的结构模式。认为组织应该是多样的，不能用单一的模型来解决所有组织设计问题，而只能提出在特定情况下有最大成功可能的方案。其核心在于把组织看作是一个有机的"系统"。一个系统通常是由子系统来组成,而其本身可能又是另一个系统的子系统。整个系统的能力有赖于每一个子系统的能力,并且,大系统的职能或能力的任何变化都会要求子系统做出相应的变化。整个系统的输入可能来源于系统外部或系统内部的子系统,其输出也同样,可能是系统的外部或反馈给内部的某个子系统。因此,一个组织的结构和职能必须以组织所处的外部或内部的许多环境因素为基础,并依基础的不同而不同。

投资银行采用的组织结构是与其内部的组建方式和经营思想密切相关的。现代投资银行的组织结构形式主要有合伙制、混合制和现代公司制三种。现代公司制的出现和发展,不仅带来了西方经济体制中一场深刻的革命,也使投资银行作为企业和社会公众之间资金中介的作用得以确立。

与合伙制投资银行相比,公司制投资银行,尤其是上市的投资银行具有如下特点:① 较强的筹资能力;② 完善的现代企业制度;③ 推动并加速投资银行间的并购浪潮,优化投资银行业的资源配置;④ 高效的业务运作能力和公司整体运行效率。

伴随着投资银行的成长,其规模不断扩大,各项业务繁多复杂,领导的能力不是体现在处理具体事务上,有必要进行“授权”,即上级将一定的组织管理权力给予下属执行。当到企业组织的整个管理部门或管理阶层时,被称为“分权”或“分权化”;如授权有限,仅限于一般任务,甚至不授权时,则称为“集权”或“集权化”。

(二)现代组织理论的组织结构种类

按照现代组织理论,不同的组织结构有以下几种。

1. 直线制

组织中的一切管理工作均由领导者直接指挥和管理,不设专门的职能机构。在这种组织中,上下级的权责关系呈直线型,上级在其职权范围内具有直接指挥权和决策权,下属必须服从。这种结构形式具有权责明确、命令统一、决策迅速、反应灵敏和管理机构简单的优点;其缺点是权限高度集中,易于造成家长式管理作风,形成独断专行、长官意志,组织发展受到管理者个人能力的限制,组织成员只注意上下沟通,而忽视横向联系。这种组织结构的适用范围有限,它只适应于小规模组织,或者是组织规模较大但活动内容比较单纯的组织。

2. 职能制

按职能来组织部门分工,即从高层到基层,均把承担相同职能的管理业务及其人员组合在一起,设置相应的管理部门和管理职务,各部门按照各自的专门职能,指挥其他部门并发布命令。其优点表现为各级管理机构和人员实行高度的专业化分工,各自履行一定的管理职能,管理权力高度集中。但执行中没有一个直接对项目负责的强有力的权力中心或个人,不以目标为导向,协调困难。

3. 直线职能制

以直线为基础,在各级行政主管之下设置相应的职能部门从事专业管理,作为该级行政主管的参谋,实行主管统一指挥与职能部门参谋指导相结合。在直线职能型结构下,下级机构既受上级部门的管理,又受同级职能管理部门的业务指导和监督。各级行政领导人逐级负责,高度集权。它快速、灵活、维持成本低且责任清晰。它既保持了直线型结构集中统一指挥的优点,又吸收了职能型结构分工细密、注重专业化管理的长处,从而有助于提高管理工作的效率。其所存在的问题是经常产生权力纠纷,从而导致直线人员和职能参谋人员的摩擦。为了避免这两类人员的摩擦,管理层应明确他们各自的作用,鼓励直线人员合理运用职能参谋人员所提供的服务。直线职能制组织结构,如图 2-1 所示。

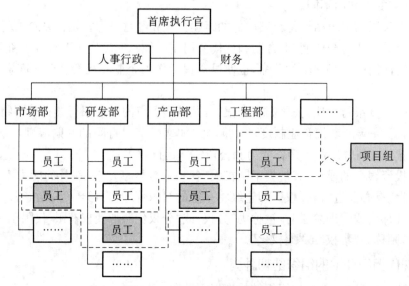

图 2-1 直线职能制组织结构

4. 事业部制

这是为满足企业规模扩大和多样化经营对组织机构的要求而产生的一种组织结构形式。在总公司领导下设立多个事业部,把分权管理与独立核算结合在一起,按产品、地区或市场(顾客)划分经营单位,即事业部。每个事业部都有自己的产品和特定的市场,能够完成某种产品从生产到销售的全部职能。事业部不是独立的法人企业,但具有较大的经营权限,实行独立核算、自负盈亏,是一个利润中心。事业部制组织结构,如图 2-2 所示。

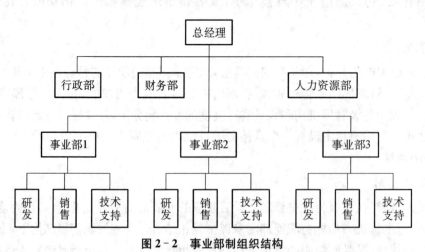

图 2-2 事业部制组织结构

5. 矩阵制

这种组织结构要求职能部门与项目部的职责与权力划分清晰,岗位的职责描述明确。人员管理权力划分十分清楚,项目经理对项目内的人员有完全的领导和指挥权,职能经理只对非项目人员行使管理权力,这样就避免出现多头领导的现象,员工也不会左右为难无所适从。其特点表现在围绕某项专门任务成立跨职能部门的专门机构上,这种组织结构形式是固定的,人员却是变动的,需要谁,谁就来,任务完成后就可以离开。因此,这种组织结构非常适用于横向协作和攻关项目。其最大的优点是加强了横向联系,专业设备和人员得到了充分利用;具有较大的机动性;促进各种专业人员互相帮助,互相激发,相得益彰。缺点是:成员位置不固定,有临时观念,有时责任心不够强。人员受双重领导,有时不易分清责任。矩阵制组织结构,如图2-3所示。

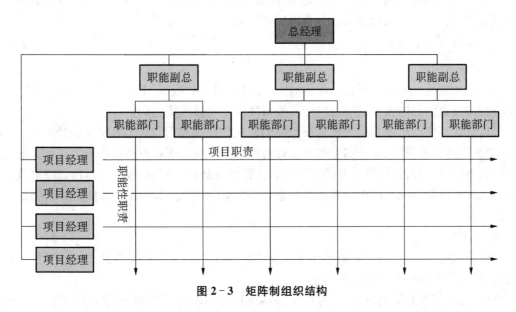

图 2-3 矩阵制组织结构

二、投资银行的组织结构设计

(一)影响投资银行组织结构设计的因素

1. 外部因素

影响组织架构变迁的外部因素主要包括三个方面:一是客户需求,即如何有效地响应客户需求的多样化及其变化。二是信息技术,这直接关系到公司内部数据传递、命令下达和对客户需求的响应速度,对于提高管理效率也具有重要影响。三是法律法规,特别是金融监管机构对风险隔离和合规风险管理等的特殊要求。例如,直投和另类等创新业务投资均采用独立子公司组织结构;法律合规部门则独立于风险管理/控制部。

2. 内部因素

影响组织架构变迁的内部因素主要包括以下三个方面:一是发展战略,不同战略导向对于前台业务结构的设置影响具有引导作用。当证券公司更多依赖经纪业务、投资银行或证券投资等业务时,往往采用不同形式的事业部制结构。此外,面对相对独立的客户及其需求,也可以对其采用类事业部结构。二是经营层尤其是法定代表人的性格和能力等自然生理禀赋,直接影响到管理的幅度和深度。三是企业文化和员工素质等也在一定程度上影响公司组织架构的选择。与工商企业相比,证券公司在业绩考核上的高激励特征引导其采用更为"狼性"或激进的企业文化,如投资银行和资产管理业务等。

(二)投资银行设计的原则

纵观投资银行组织结构设计现状及其发展趋势,以提高组织效率为核心,在合法合规的前提下,有效的组织架构设计除了遵循下列一般原则外,还应考虑投资银行自身发展和运行的特点。

1. 一般原则

一般原则包括按预期成果分权原则、功能分明原则、职权阶层原则、指挥统一原则、责任绝对性原则、权责相称原则、管理幅度与管理层次原则。

2. 投资银行组织结构设计的原则

(1)动态原则。

高度不确定性是当前投资银行面临的经营环境。按照"权变"管理理论,组织结构不是一成不变的。投资银行应当根据所处内外部经营环境变化做出适当调整。

当监管政策变动对现有业务或管理和控制职能做出调整时,应当灵活调整以满足监管要求,如对风险隔离和风险、法律和合规等监管要求。当某项创新业务随着市场需求增大而重要性不断凸现时,应当通过设置独立的部门或者实行事业部制。例如,投资银行可以将融资融券业务、互联网金融、"新三板"业务或者柜台业务等独立,并在条件具备时升格为类事业部或者事业部。

(2)适应性原则。

无论是总分公司制、母子公司制还是事业部制,投资银行都应当把提高组织效率作为核心目的,并结合内外部经营环境适时调整。

例如,当强调风险隔离时,应当对直投、另类和公募基金等采用母子公司制;当实行总分公司制时,应当设置机构管理部、零售/经纪业务管理部或者分支机构管理委员会等强化管理和控制,以克服其机会主义倾向;当采用事业部制时,应当确保在有效分权的同时能够将控制、监督和业绩评价功能保留在总部,防止管理失控。即使在实行事业部制情况下,投资银行也应当根据管理需要、能力和信息技术水平等确定事业部或者类事业部制组织架构,其中事业部制的形式又可以是多样化的。投资银行应当根据管理需要和重要性等原则,将特定业务单元确定为独立的部门、总部、分公司、事业部甚至是独立的子公司,如券商可以将研究部门独立为研究总部或者子公司,并实行独立的业绩考核。

(3)客户为中心原则。

以客户而不是以产品为中心应当是投资银行组织架构设计的基本导向。在完全竞争市场格局下,原有以产品为中心的组织架构设计是难以有效满足不断增长、灵活多样且动态的客户需求的。

与信托、公募基金和保险公司等相比,证券公司面对的客户更加多样化且更具有层次性。这必然要求证券公司应当根据不同客户的不同需要设计不同产品和服务,而不是以特定产品去应对;管理和控制部门以及支持部门应当围绕前台业务单元去设置和运行,而不是强调部门主义或部门利益。例如,风险管理部门应当在特定风险容忍水平下去控制前台业务单元,而不应当一味地强调风险控制,毕竟金融业就是依靠风险管理实现盈利的。从长远看,以客户为中心必然会要求改变以部门或者分、子公司为主要组织单元的架构,转变为多部门的事业部制组织架构。

（4）相互制衡原则。

在设计组织架构时,投资银行应当坚持制衡原则,将决策、执行和监督相互分离,遵循公司法律法规,确定股东大会、董事会、监事会和经营层的职权边界,明确规则和程序。

在决策权方面,为了动态地适应市场需求变化,可以将决策权分为战略决策权和战术决策权,其中涉及日常经营管理的战术决策权可以下放到事业部、分公司或者子公司。例如,券商可以将证券投资决策权按照额度和重要性分别在董事会和经营层间分割,经营层根据管理需要进一步在不同层级员工间授权执行。

在执行权方面,投资银行应当充分尊重经营层的经营自主权,根据"程序正义"原则去落实和保障经营层的市场行为,而不是肆意干涉或者剥夺。为了提高组织效率,集中化运营管理是大势所趋,这不但有利于各事业部集中精力更好地为客户服务,而且也能通过标准化、专业化的业务处理提高组织效率和生产力。

在监督权方面,投资银行应当坚持分级原则,将监督权在董事会、监事会、经营层间合理分布,实现事前、事中和事后的全方位监督。在落实监督权方面,应当注意三个主要问题:一是董事会审计委员会和监事会的职权边界。其中,监事会应当按照公司法律法规要求落实监督权,董事会和经营层应当满足其履行监督所必要的机构和费用保障。二是落实好经营层风险管理、法律合规等事中业务监督功能。三是厘清业务监督部门与审计部门的职责边界。

决策、执行和监督的有效制衡和顺畅运行离不开制度化和高效的流程,以及明确的部门、员工间的职责分工和科学的绩效考核体制。

（5）复杂性原则。

钱德勒认为,企业扩张战略就要求一个新的或者至少是重新调整过的结构。例如,从 A 股上市证券公司组织架构看,规模及其复杂性影响组织架构设计的专业化、正规化和集权化。与中小型证券公司相比,大型证券公司具有相对更高的专业化分工和横向、纵向分化。

当投资银行从小型向中型和大型演化时,必然伴随着规模扩张和业务复杂性变大。这必然要求在组织架构设计上更加注重专业化和正规化,并切实处理好集权和分权的管理关系。同时业务复杂性也会在很大程度上影响到组织架构内部业务单元的专业化设置。许多券商尤其是大型证券公司将信用交易业务细分为融资融券和股票质押,或者证券投资（自营业务）细分为固定收益、权益投资和衍生品业务并独立经营。

总之,投资银行组织结构并不是静态的、僵化的,而是根据内外部经营环境的变化而动态调整的。伴随着投资银行从简单的经纪和证券投资业务向多元化和横向或纵向一体化转变,为了适应规模增长和多元化所产生的协调和控制问题,更好地满足客户需求,必须要对原有的组织架构进行相应调整,以优化资源配置,符合长远发展目标。但是,无论哪一种组织架构设计,提高组织效率始终是第一位的。

三、投资银行组织结构的特点

由于投资银行规模庞大,各不同部门在职能上没有太多联系,因此投资银行普遍采取的是事业部制组织结构或全资附属公司。

事业部具有三个基本因素:相对独立的市场、相对独立的利益、相对独立的自主权。这种组织结构下,在最高决策层的授权下各事业部享有一定的投资权限,是具有较大经营自主权的利润中心,其下级单位则是成本中心。事业部制具有集中决策、分散经营的特点。集团最高层(或总部)只掌握重大问题决策权,从而从日常生产经营活动中解放出来。其经营的关键是具有一个清晰的市场定位和目标:客户、技能与经营水平、产品与服务、竞争者、地理位置;负责制订其战略,以达到业绩上的目标;在总经理的授权下,决定人、财、物资源的安排;事业部是利润中心对盈亏负责,完成财务、运作和市场等关键业绩指标的目标。伴随着投资银行的海外扩张,在事业部制的基础上又衍生出超事业部制和国际部结构的组织形式,在实际运行中两种形式也各有优缺点。投资银行组织结构的优缺点对比,如表2-1所示。

表 2-1 投资银行组织结构的优缺点对比表

类 型	优 点	缺 点
直线制	适用于早期小规模企业	高层管理人员需事无巨细亲自过问,常淹没于日常事务中
事业部制	向多数高级经理人员灌输利润动机就会有成效; 决策过程更加单纯; 事业部制比直线制更易于达到企业经营的总体目标	各事业部往往容易追求短期收益目标而忽视长远目标; 事业部往往注意利润目标,而忽视投资银行的社会责任,难以实现非经济性的其他方面的目标
超事业部制	各子公司经营的自由度大,自主性强,能灵活调整经营战略; 有利于吸收当地资本和人力资源,以降低成本; 母子公司关系规范、稳定	各子公司容易只考虑自身利益而忽视公司整体利益
国际部结构	可以加强子公司之间的信息联系与沟通; 可由国际部来划分各子公司市场,避免内部盲目竞争; 由国际部统筹资金,可比各子公司各自筹资减轻利息负担,可以更好地开拓国际业务,实现公司整体利益最大化	由国际部统一制订政策,会降低各子公司的经营灵活性; 信息传递路线长、效率低,易造成决策迟缓,降低管理效能; 国际部有自己专门的研发人员,不得不依靠国内各业务部,容易产生利益冲突和矛盾

根据投资银行的业务特点,采用事业部制组织形式,只要向多数高级经理人员灌输利润动机就会成效显著,而且各事业部围绕一项业务展开运营,决策过程更加单纯,比直线制更易于达到企业经营的总体目标。但这种组织结构形式也存在着缺陷,在现有激励模式下,各业务部门往往更关注短期收益目标而忽视公司长远目标,忽视投资银行的社会责任,难以实现其非经济性的其他目标,不利于企业社会形象的建立。

四、投资银行组织结构的部门设置

投资银行的主要部门有资本市场部、消费者市场部、投资研究部以及其他部门,如商品交易和信息管理产品方面的业务。其中,资本市场部又包括公司财务部门、证券承销部门、并购部门、商人银行部门、杠杆收购部门等。具体分类如下。

（一）决策机构

（1）股东大会。这是公司最高权力机构，由所持股票数量决定其可以行使的权力，是建立在多数原则基础上的。

（2）董事会。董事会是由股东大会选举产生的常设决策机构，现代公司引进了独立董事制度，增加了董事的来源。

（3）执行委员会。执行委员会是公司业务经营的执行机构。

（4）总裁。总裁是公司日常经营管理的负责人。

（二）职能部门

（1）财务部。参与公司战略规划的确定；根据公司授权，履行会计核算、财务管理、资金管理、预算管理、税收筹划等职能；负责组织制订和实施自有资金计划、资金运作，提高资金使用效益；建立和完善科学的财务管理和会计核算体系，拟订各项相关的管理制度；负责公司经营部门绩效考核指标的统计、分析；负责制订并执行财务人员管理办法、财务人员绩效考核办法，实施财务人员的后续教育培训；参与经营决策，履行工程项目、产权和资产管理的财务职责，参与制订或审查公司有关规章制度；参与拟订经济合同、协议及其他经济文件。

（2）人力资源部。负责公司组织结构的优化调整；负责公司薪酬福利管理体系的设计与实施；负责公司员工绩效管理系统的设计与实施；负责公司员工招聘方案的拟订与实施；负责公司员工教育培训计划的拟订与实施；负责公司员工从业资格系统的集中维护与统一管理；负责公司岗位竞聘和关键岗位员工的职务任命；负责公司人力资源系统的集中维护和员工基础人事档案的统一管理。

（3）法律部门。主管全行的法律事务工作，处理经济诉讼（仲裁）案件和内部经济纠纷等法律事务。

（4）技术支持部门。负责公司信息系统的总体规划并组织实施；负责公司信息系统的建设和运行维护；负责制订公司信息技术规章制度并落实执行；负责编制公司信息技术投资预算并落实执行；负责公司电子类设备采购及电子类固定资产管理；负责公司层面推行 IT 治理的落实工作；协助人力资源部进行信息技术人员的任职管理、培训和考核。

（5）综合事务办公室。主要负责协助公司管理层组织公司日常办公及有关活动安排，负责公司重要工作信息的收集、汇总、上报，各类文件、合同、协议、会议纪要的归档和管理，负责公司各类会议、重要活动的组织筹备等工作。

（6）其他职能部门。

（三）业务部门

（1）证券承销部门。该部门的主要功能是负责在一级市场上承销公司公开发行的股票、债券和票据等各类有价证券。这是投资银行的本源业务。

（2）项目融资部门。该部门是为某些专门项目和大型项目设计融资方案和安排融资的部门。

（3）资产管理部门。该部门为客户管理资产，主要是管理基金或独立账户，类似于传统的基金公司的工作。20 世纪 90 年代，大部分投行都没有资产管理部，但现在投行业务和基金业务日益融合，有的基金也开始做投行业务；总之，资产管理部是大部分投行目前集中精力发展的部门。

（4）兼并收购部门。该部门既为收购公司提供服务，也为猎物公司提供服务。在一项并购中,该部门起着举足轻重的作用。

(5)经纪业务部门。该部门负责二级市场上的证券交易。同时在法律允许的前提下,向客户提供保证金贷款和融券服务。

(6)风险管理部门。该部门的功能是将专门技能和各种套期交易工具结合在一起,为企业和投资银行财务管理开发出一整套的套期交易方法。风险管理一般由期货和套期交易、金融期货期权交易和指数期货期权等更为细化的部门来负责。

(7)创新业务部门。该部门专门致力于创新金融产品的开发和研究。

(8)国际业务部门。该部专门负责协调和管理本投资银行的所有国际业务,并为跨国公司在本国的子公司和本国跨国公司的海外公司服务。

(9)研究部门。该部门负责为其他部门乃至其他公司提供研究服务,包括股票研究、固定收益研究、兼并收购研究、宏观经济研究等。研究部门是投行其他部门立足的基础,如果没有研究人员提供的大量资料,IPO和兼并收购都不可能发生的。

(10)其他业务部门。

第二节　投资银行的人力资源管理

一、投资银行人力资源管理的内容

投资银行的人力资源管理就是指对人才的取得、开发、保持和利用等方面所进行的规划、组织、指挥和控制的活动。它是研究投资银行组织中人与人的关系的调整,人与事的配合,以充分开发人力资源,挖掘人的潜力,调动人的积极性,提高工作效率,实现组织目标的理论、方法、工具和技术,主要包括投资银行的人力资源政策、规划制订以及实施途径。

(一)投资银行人力资源的政策

人力资源政策是投资银行人力资源管理的重要组成部分。加强日常的经营管理,而且更为重要的是做好各类业务经营主体——人的管理,采取各种科学的方法,吸收各路优秀人才,分析各类人才特长,合理地在投资银行各个部门配置人才,激励投资银行家、经理和一般员工各层面的工作积极性和创造性。投资银行人力资源政策的规划目标就是要适应投资银行目前和未来的经营活动变化的需要,适时补充和更换人员,合理调配投资银行家的工作,采取适当的培训和激励机制,吸引社会优秀人才加盟,不断提高现有员工的工作适应能力,激发员工的工作积极性和创造性,使投资银行形成高效率和高士气的良性循环,以确保投资银行总体经营战略目标的实现。

人力资源政策的选择要着眼于投资银行运作的全局。在制订投资银行的人力资源规划时,就必须与投资银行的经营战略和发展规划相吻合。投资银行的决策层和高级管理层必须对此予以足够的重视,正确选择相关政策。

投资银行确立良好的人力资源政策,首先,要知人善用。其次,投资银行要关注投资银行人才的道德素质。投资银行从业人员缺乏道德素质而给公司带来重大损失甚至让整个公司毁于一旦的案例并不少见。再者,投资银行要注重激励和培训制度的安排。另外,在人力资源政策的实施过程中,应注重建立和完善投资银行的人才筛选和聘用机制、教育和培训机制、人才使用和评价机制、人才激励机制等。

(二)投资银行人力资源的规划

投资银行人力资源政策的目标是采取各种科学的方法,吸收各路优秀人才,分析各类人才特长,合理地在投资银行各个部门配置人才,激励投资银行家、经理和一般员工各层面的工作积极性和创造性。其规划包括以下几点:

(1)长期规划。目的主要是保持投资银行经营的稳定性和投资银行发展的长期竞争能力。以投资银行的长期经营发展战略为依据,为投资银行在未来较长的一个时段内开展业务活动准备和培养人才。

(2)中期规划。主要是适应投资银行在较短时间内业务发展和业务调整的需要,对人力资源的招聘和培训做出规划,选拔和培养投资银行的中层和下层管理者。要以投资银行的中期业务发展规划为主要依据。

(3)短期规划。目的是要解决当前投资银行各项业务发展对人员的需要。

投资银行要结合自身特点制订自己的未来发展战略,寻找自己的未来市场定位,人力资源管理部门也应制订与之相匹配的具有前瞻性、可操作性的人力资源规划,以便超前性地调整员工的知识结构,优化部门的岗位设置,预测人才需求,储备专业人才,高起点地构筑证券公司的核心竞争力。

二、投资银行人力资源的分类和素质要求

(一)投资银行人力资源的分类

人才是企业的核心竞争力,对券商来说更是如此。证券行业是知识密集型、资金密集型行业,管理大师彼得·德鲁克说:"企业只有一项真正的资源:人。管理就是充分开发人力资源以做好工作。"研究显示,在券商的各项关键成功要素中,人才是最重要的因素之一。投资银行对员工的分类有工程型、综合型、管理型、研究型、开拓型、创新型及创业型(见图2—4)。

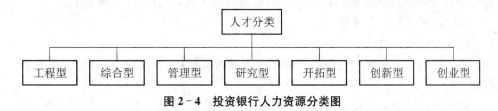

图2—4　投资银行人力资源分类图

(二)投资银行人力资源的素质要求

总体上,投资银行人力资源的素质要求包括以下几个方面:① 职业操守,诚信、勤勉是基本要求;严守法律、法规;严守业内公认的准则与操守;公正、公平地对待每一利益主体。② 教育及业务背景,包括良好的教育背景;完善的知识结构,包括法律、财会、金融、数理、经济文化以及尽可能多的行业知识;善于搜集、捕捉各种信息,并具备信息分析及处理能力;丰富的从业经验。③ 个性特点,包括健康的心理;敏锐的判断力、市场悟性和创新能力;团队精神和领导才能;一定的交际能力;耐心和毅力;职业谨慎和良好的风险承受能力。

具体分为以下三个层面:

（1）投资银行家品质要求。美国著名的投资银行家罗伯特·库恩博士总结了造就优秀投资银行家的 7 个品质要素：① 强烈的成就驱动力；② 责任和奉献精神；③ 重点和强度；④ 耐心和毅力；⑤ 敏感和洞察；⑥ 正直和执着；⑦ 创造和创新。

（2）经理人员素养，即经理人员的素质和修养。一般应具备如下几个方面的基本素养：① 道德素养；② 政策法律素养；③ 专业素养；④ 组织管理素养。

（3）一般员工的要求。① 道德品质要求。具有认真学习和勤于学习的态度、严谨的工作方法、良好的职业道德、强烈的事业心和责任感、正确的价值观，并且自觉遵守社会公德。② 知识结构要求。投资银行员工的知识结构，根据所在岗位的需要，主要由基础知识、专业知识和相关知识组成。③ 实务技能要求。一般来说，投资银行从业人员根据其从事的具体业务的不同而对实际技能有不同的要求；但对于投资银行从业人员的基础技能是必须具备的，如较强的语言文字表达能力、记忆能力、逻辑思维能力和智力水平。④ 身体素质、心理素质的要求。投资银行员工应该身体健康，并具有良好的心理素质，能够适应正常的工作要求，能够适应现代化的工作节奏和强度。

三、投资银行人力资源的吸收

投资银行人力资源吸收是指投资银行采取科学方法寻找和吸收符合投资银行要求和能力的人，放在合适的岗位，以达到投行效益最大化的目的。投资银行人力资源吸收主要表现为人才选聘。对人员的选择，目的在于更好地有效使用，做到用其所长，用评结合。具体来讲，为达到任用得当，投资银行一般应注意做好以下工作：① 确定合理的编员定额及工作定额。② 知人善任、能位相适。③ 建立岗位责任制、开展合理竞争。但须注意的是，竞争必须适度、合理、要注重实效，不影响团结。④ 认真考评，奖罚分明。投资银行加强对员工的考评是加强职工队伍建设、提高员工素质的一项重要任务，也是发掘人才、合理使用人才、鼓励先进、鞭策落后的一项重要措施。

（一）员工选聘的程序

投资银行对职员的选择和聘用是一件细致复杂的工作，应按一定程序进行：

（1）核定投资银行人员需要量。

（2）确定工作岗位要求。

（3）初步接触。求职者与投资银行的招聘者通过直接接触，做出双向选择，求职者可领取申请就职表。

（4）公开考试。公开考试可以大大改进任用制度。

（5）面试。在面试中可以进一步了解求职者的思维逻辑、语言表达能力、对投资银行业务的熟悉程度，了解求知者的个人仪表、风度和个性。

（6）审查求职者的材料。在材料审查中可以发现新的情况。

（二）选聘工具日益丰富

招聘是指企业为满足自身发展的需要，从组织的内部或者外部吸收能够满足岗位需求的、具有劳动能力人力资源的过程。员工招聘对企业的意义主要体现在三个方面：一是招聘结果直接关系到人力资源的整体素质和总量构成。二是招聘工作从源头上影响到人力资源管理的效果。有效的招聘工作不仅能够提高员工的素养，进一步完善公司人员结构，还可以为组织注入新的思想,增添新的活力,助力企业技术和管理上的革新。三是在市场竞争日趋激烈的情况下,证券公司之间的竞争压力越来越大,公司为了更好地发展,需要纳入高素质人才,这就促使金融类企业员工招聘要求的进一步提高。

目前各公司已普遍采取公开校园和社会招聘、中介推荐、员工内推等市场化引才模式进行招聘,并应用能力测评、倾向性测验、情景模拟考试等各种招聘工具对人才进行选拔。同时已有部分公司为了降低在人员管理方面的风险,开始独立或借助第三方机构对招聘对象进行背景调查。招聘与选拔的手段日益丰富,流程日益完善。

(三)专业人才选聘受外部因素影响较大

投资银行招聘工作受外部环境影响是必不可免的,如国家法律法规、宏观政治经济环境、当地经济发展状况、劳动力供给情况、社会文化情况等。而经济因素对于投行业的招聘工作影响就更为明显,比如经济周期的不同,股市行情的好坏,汇率、利率市场化等市场环境的变化,互联网金融等新业态的出现以及证券行业的创新发展,都影响着员工招聘计划。外部环境因素同时作用于招聘双方,相应地将会形成两种招聘风险:一是形成现实的招聘风险,如企业受外部环境因素的影响没有如期完成招聘任务;二是形成潜在的招聘风险,如企业虽然招聘到了满意的员工,但新员工的去留具有很强的不确定性。

外部因素的影响使证券公司对专业化、复合型人才,特别是高端人才的需求日益增加,但在金融业务日益交叉融合的背景下,证券行业面临银行、保险等行业的直接人才竞争。证券公司的品牌影响力有限,缺乏有效激励手段,对人才的吸引力不足。例如,作为目前证券公司重要利润来源的经纪业务,在向财富管理转型的过程中就存在明显的人才瓶颈。

四、投资银行人力资源的使用与考核

(一)投资银行人力资源的使用

在对投资银行员工的使用过程中,应遵循以下基本原则:

(1)知事识人原则。企业人事部门在安置职员之前,必须详细了解不同职位的工作内容、在企业中的作用以及对员工素质的要求。同时,还要了解员工的知识程度、教育水平,掌握职员的性格特征、兴趣所在、能力大小。

(2)兴趣引导原则。投资银行的用人者,应针对员工的兴趣与需要,尽量将员工安排在他所感兴趣的工作职位上。兴趣与人的工作效率和事业成功有密切关系。投资银行人力资源管理部门如果能将员工的工作与兴趣有机结合,就会创造出高于一般企业的工作效率。

(3)因事择人的原则。因事择人就是要以投资银行职位的空缺和实际工作的需要为出发点,以职务对人员的要求为标准,选拔录用各类人员。企业用人的目的在于通过员工的工作实现组织目标。

(4)试用稳定原则。对员工的了解与考察是一个相当复杂的过程。在将员工安排在新的职位上后,总要进行一定时间的试用,通过试用来考察对员工的使用是否恰当。经过试用,对那些证明表现出色的员工,应当保持一定的稳定性,不要轻易调整他们的职位。员工经过试用适应了新的职位,工作效率会明显提高,业绩也会稳定上升。

(5)优化组合原则。投资银行是由众多职员结合而成的群体组织。在企业内部,由于目标的多样性与层次性,员工还要组合成若干个分支群体,形成企业的内部亚组织。优化组合就是要考虑员工在构成群体时，彼此的性格、年龄、能力等要素是否匹配，结构是否合理，是否有利于组织目标的实现。通过优化组合可以使组织内员工的能力互相补充，形成合理的人才结构，实现多层次目标。

（二）投资银行人力资源的考核

建立和完善员工的考核制度是投资银行人力资源管理的重要内容之一。根据年度工作的总体目标，结合岗位责任制分解确定各部门的工作目标。各部门应按各岗位工作职责将部门工作目标具体分解到岗，责任到人。在此基础上，加强每个部门及员工的工作进度、工作质量和工作目标完成情况的检查与考核；并将考核结果与员工的收入分配、奖惩挂钩，从而建立起收入与绩效挂钩、奖优罚劣、奖勤罚懒的激励机制。一般以奖励为主，惩罚为辅。惩罚有两种：① 书面检讨、扣奖金。小的差错可扣发奖金或作书面检讨，严重的可以采取警告、记过等。② 解雇。解雇是较严重的惩罚，要适当掌握。物质奖励与精神奖励都是很好的激励方法，有时后者比前者更为重要。

五、投资银行人力资源的激励机制

证券业是货币资本与人力资本高度集中、紧密结合的行业。证券市场存在广泛的系统风险和非系统风险，有了充足的货币资本，还必须有周密的资本运筹计划和高超的资本运作技艺，更需要有严格的风险控制体系做保证。券商在扩张资本和业务规模的同时，只有配置好相应的人力资源，才能使资本、业务的扩张落在实处，产生应有的工作效率和经济效益。

作为知识密集型、资金密集型行业，投行的员工素质普遍较高，他们不仅有较高的学历和知识，而且有较高的素养和追求。在这样的企业，对员工的激励更加复杂，因为他们最关注的，并不完全是工资、待遇的提升，而是良好的职业发展机会和个人能力的成长。因此，对人力资源的吸引、获取、激励和保留，不能单单从薪酬待遇的角度去使力，而应该多关注员工的职业发展和个人成长。

投资银行常用的激励方法主要有以下几个方面。

（一）高额薪酬

将薪酬作为吸引人才的一个最重要的手段使用，各类人才，特别是研究、投资银行、计算机人员在证券公司之间的流动，也主要以薪酬的高低为最基本和重要的条件，各类人才的流向总是由薪酬水平的高低所决定。薪酬是目前投资银行采用的最基本的激励手段，其主要组成部分包括工资、奖金等。

投资银行还可以实行年薪制度。综合考虑管理人员的工作效益、所负担经营责任的轻重、风险程度的大小等，确定年收入。这种方式强化了经营者的责任和利益、成果和所得之间的联系，比一般的工资、奖金和福利的薪酬结构更具有激励性。以岗位为中心强调绩效考核的薪酬福利制度，并且建立管理、研究、投资、业务董事制等一些职称职级序列，设置多个跑道，为员工提供自由选择的职业发展空间。

（二）奖励计划

投资银行常用的奖励计划主要围绕利润分成、股权激励来展开，具体的措施有：

（1）投资银行家可以分享公司或各自负责部门的利润。

（2）推行"员工持股计划"，根据一段时间内员工的工作业绩相应地奖励一些公司的股份。

（3）将公司的每股收益和员工的现金收入、养老金等联系起来。

（4）规定员工收入和业务量挂钩。

（5）规定员工可以随时向高级管理人员提出合理化建议，公司向该员工发放一定数量的奖金。

（6）根据公司经营成果发放年度红利。

（7）股票期权制。股票期权是指交易双方有权按约定的价格在约定的时间交易一定数量的特定股票。

（三）培训机会

众所周知，人才成长的环境和企业用人机制对人才成长至关重要，证券市场的发展和事业的壮大为每一个从业人员提供展示自我的舞台。投资银行要积极创造宽松但又倡导竞争的环境，坚持把使用和培养结合起来，不断建立起与公司发展战略相匹配的人才队伍。加强专业人才的培训，公司加大投入，有重点地、有针对性地对管理人员、业务骨干进行中长期培训。

在投资银行员工培训中，首先要从长远发展和企业根本上考虑这一问题。要对业务经营骨干进行培训，以求迅速反映到投资银行的工作绩效上。其次，要理论联系实际，学以致用。要强调针对性、实践性，并特别讲求实效、收益或潜在的收益。投资银行业务发展需要什么，员工教育培训就要及时补充什么。再次，要体现因人施教的原则。投资银行的职位众多，差别也很大，加上员工水平参差不齐，因此要针对每个员工的实际水平与所处职位开展培训。它是由具有连续性的阶段组成的，整个过程都是以改进员工的知识、技能、态度和社会行为，明显提高组织效率和效益为目的。该过程主要包括三个阶段：① 评估阶段。这是整个教育培训工作的基础，是对教育培训的需求进行分析和评估，以确立教育培训内容和目标。② 培训实施阶段。这是在评估的基础上选择适当的学习原则和培训方法以及具体实施培训的过程。③ 评价阶段。这一阶段的主要内容包括确定衡量教育培训和工作成败的指标；明确经过教育培训后究竟发生了哪些与工作有关的变化。

（四）福利政策

（1）住房贷款利息给付计划。这是目前众多企业普遍推行的较先进的一种方案，即根据企业薪酬级别及职务级别确定每个人的贷款额度，在向银行贷款的规定额度和规定年限内，贷款部分的利息由企业逐月支付。也就是说，员工的服务时间越长，所获的利息给付越多。

（2）商业人寿保险。除正常的养老保险金之外，企业还可为关键职位的员工购买商业人寿保险，并允许员工自行交保再增购一定数额的额外保险。

（3）增加集体活动。人们总说"人是社会的人"。可见人不仅仅是一个体，而更应该过一种集体的生活。投资银行应该充分认识到这一点，经常组织一些集体活动，增强同事之间的相互了解和友谊，如带家属的聚餐、年节的座谈会、团体旅游等。这样，就增强了公司的凝聚力，使公司看起来像一个大家庭，有助于大家在工作中团结一致、协调工作。

（4）综合福利计划。现在许多企业采纳自 20 世纪 80 年代起风靡美国的"自助风格福利组合"方案，也有人称其为"综合福利计划"，即公司把花在每个雇员身上的附加福利数额告诉雇员，允许雇员在公司指定的多项福利计划中选择，直至花完其个人额度为止，但对某些重要福利则规定最低额度。这种报酬组合使得员工报酬个体化，从而把福利因素变成激励因素。

专栏 2 – 1

中国证券金融股份有限公司 2022 年招聘公告

（北航就业发布）

中国证券金融股份有限公司成立于 2011 年 10 月,是经国务院同意、中国证监会批准设立的全国性证券类金融机构,主要承担为证券公司融资融券业务提供转融通配套服务、融资融券市场统计监测等相关职能,注册资本 1 500 亿元人民币。

根据公司业务发展需要,现诚招英才。具体事项公告如下:

一、应聘基本条件

1. 拥护中华人民共和国宪法,拥护中国共产党的领导和社会主义制度;

2. 诚实守信,廉洁自律,具有良好的个人品质和职业操守,无中国证监会及公司认定的任职回避情形,无不良从业记录;

3. 具有大学本科及以上学历,留学归国人员应取得教育部留学服务中心的学历学位认证,具备岗位所需资格条件;

4. 热爱证券期货监管事业,事业心、责任感强,具有良好的沟通协调能力、公文写作能力、合作意识和团队精神;

5. 身体健康,有良好的心理素质。

二、招聘岗位和应聘条件

信息科技类岗位(3 人):

1. 大学本科及以上学历应届毕业生;

2. 计算机相关专业;

3. 具备扎实的专业知识,较强的编程能力、逻辑思维和公文写作能力,掌握数据库相关知识;

4. 具有境内外知名金融机构、大型企业实习经验优先;

5. 北京户口或不要求解决北京户口优先。

三、报名办法

1. 报名时间:2022 年 4 月 29 日至 2022 年 5 月 20 日。

2. 报名步骤:

(1) 请从公司网站(www.csf.com.cn)下载《应聘报名表》《应聘人员统计表》,如实、完整地填写相应信息。

(2)《应聘报名表》《应聘人员统计表》须在 2022 年 5 月 20 日 24 时前以电子邮件附件形式发送至公司招聘邮箱 zhaopin@csf.com.cn。表格名称和电子邮件名称,均须按"岗位名称＋姓名"命名。未按要求投递报名材料的,视为无效报名。

四、笔试

公司将根据报名人员资格审查情况,择优确定笔试人员名单,统一组织笔试。笔试具体时间、地点另行通知。

五、面试

公司根据报名人员笔试成绩,择优确定进入面试人员名单。面试具体时间、地点另行通知。

六、政审考察和体检

公司根据笔试、面试综合成绩排名,确定拟录用人员名单,并进行政审考察和体检。

七、聘用

通过公司政审考察、体检的人员,由公司依照有关规定办理入职及聘用手续。

八、注意事项

1. 应聘人员应对所提交的材料真实性、准确性负责。弄虚作假者一经查实,即取消考试和聘用资格。

2. 本次招聘在新型冠状病毒感染疫情防控常态化下开展,应聘人员应按国家和北京市疫情防控要求配合做好相关工作。

3. 录用人员应在入职1个月内完成本人及直系亲属股票期货账户注销工作。

 专栏 2 - 2

实 施 股 权 激 励 ＋ 员 工 持 股 计 划

投资银行的激励方式多样,主要包括中短期激励机制和长期激励机制。在普遍使用"薪酬＋奖金"模式进行薪酬分配的基础上,2015年后部分券商开始采用"股权激励＋员工持股计划"的激励机制(如中信证券、天风证券、联讯证券、华创证券、海通证券和国元证券等)。这种激励方式将激发员工极大的工作热情和参与度。

最早提出具体的操作计划并付诸实施的是中信证券。中信证券的股权激励方案提出于2006年9月6日,主要内容为:暂存于中国中信集团公司股票账户下的总量为3 000万股首次股权激励暂存股中的22 163 116股为公司首批股权激励计划的来源股,该部分股票在公司董事会审议通过《关于实施公司首批股权激励方案的议案》后,由中国中信集团公司账户内过户至激励对象名下;该部分股份在完成过户后,性质为有限售条件的流通股,限售期为自过户之日起60个月。

中信证券3 000万股首次股权激励暂存股中其余的7 836 884股,系中央及地方国资委管理的国有企业同比例出让的股份,在取得国资委批复后,中信证券董事会审议通过了具体的实施方案。2011年9月6日,中信证券股权激励股中的66 081 000股上市流通。

中信证券之后,尽管有广发证券等多家券商给监管部门递交过股权激励或员工持股计划,但一直没有再出现新的案例,直到2015年,暂停了近10年的证券公司员工持股政策才再次松动,并呈现迅速蔓延之势。

此轮提出和实施员工持股计划的券商中,最早提出具体操作计划并付诸实施的是华创证券。华创证券2015年年报显示,2015年4月1日,经贵州证监局批复核准,该公司实施核心员工和经营管理层增资方案,公司内部董事、高级管理人员作为有限合伙人通过员工持股平台持有权1 122万元。

紧随其后的是天风证券。天风证券IPO预披露的招股书显示,在2014年6月16日完成的、IPO前最后一轮增资扩股中,天风证券部分高级管理人员和核心技术人员通过合伙企业上海天阆投资合伙企业(有限合伙)、上海天涵投资合伙企业(有限合伙)及上海天需投资合伙企业(有限合伙)参与了此次增资,三家合伙企业分别持有天风证券2.18%、1.73%和1.45%的股权。

继天风证券之后,提出并实施股权激励的是彼时已在新三板挂牌的证券公司——联讯证券。

2015年8月26日,在获得监管部门支持后,联讯证券近1 300名员工间接变身自家公司"股东"。具体方案为:联讯证券员工持股计划设立后全额认购由中信信诚资产管理有限公司设立的中信信诚富鑫1号专项资产管理计划,并委托中信信诚资产管理有限公司管理。

之后就是趁着2014年股灾,在维护二级市场股价的时候紧急开展的股权激励,这主要是上市证券公司国元证券和海通证券。

根据2014年7月21日海通证券披露的员工持股计划方案,该公司员工持股计划累计所涉及的股份上限为截至公司股东大会批准日公司发行股本总额的10％，任一持有人通过员工持股计划所获得的标的股票数量不超过股本总额的1％。管理人通过资产管理计划，通过二级市场购买、参与定向增发等法律法规许可的方式取得。

2015年7月9日，国元证券也披露，在去年股灾维稳回购股份的基础上，该公司股权激励计划方案出炉。根据国元证券公布的持有人份额分配情况，董监高合计认购4 308万元，占比10％，其中蔡咏董事长、俞仕新总裁分别认购354万元（认购比例0.82％），其余14名董监高认购210万元至270万元不等（认购比例0.49％至0.63％）。除了董监高的其他员工共认购3.876 4亿元，2015年报披露公司在职员工总数为3 060人，不计董监高，每个员工认购的平均金额达12.7万元。

与此同时，兴业证券也正在积极准备实施员工持股计划。兴业证券2016年2月18日公告，该公司拟使用自有资金不超过15亿元回购A股股份不超过2亿股，回购股份规模不超过已发行总股本的3％，回购股份将作为实施员工持股计划的股份来源。

针对长期激励，德勤的报告称，截至目前，证券行业的员工持股/股权激励尚未出台正式的文件供参照，同时受到《证券法》关于证券员工持股相关限制；与之对应的是整个行业对于长期激励的需求愈发强烈。

德勤研究报告称，上市证券公司员工持股两大模式包括参照证监会发布的《关于上市公司实施员工持股计划试点的指导意见》制订员工持股方案。据悉，2014年6月20日，证监会发布该意见，部分上市证券公司参照推出员工持股计划（A股）或购股权计划（H股）；但方案后续均被股东大会暂停或否决，导致计划中断，股权激励计划未能真正实施。

第二种模式则是以"员工自行通过合格境内机构投资者购股"的方式曲线持股，去年7月份由于国内股市经历了巨幅波动，证监会要求上市公司"五选一"推送利好，为了响应号召，上市券商纷纷发布自愿性购股公告，并配合推出相应的购股计划。截至目前，部分方案已经完成相应股份回购并公告。此轮实施员工持股计划或正在筹划实施员工持股计划中的国元证券、海通证券和兴业证券就是此种模式。

德勤认为，长期激励未来将呈现多种创新模式：上市公司借道集合理财计划或委托合格境内机构投资者、拟上市公司试水"QDII＋资管"模式等；另外，创新型的合伙人机制初见端倪，呼之欲出，共建共创共赢共担的合伙人治理理念是大势所趋。

专栏2－3

股票期权激励

最早采用股票期权对企业经营者支付薪酬的做法始于1952年美国菲泽尔（Pfizer）制药公司，当时出于规避个人所得税目的，菲泽尔制药公司决定以股票期权的方式来支付公司所有雇员的薪酬，使雇员可以自主选择在未来某个有利的时期内兑现其应得的收益，以降低收入中应纳税额。

1970年以后，美国等西方发达国家的企业开始对股票期权加以改造，把这种本来面向任一投资者的、可转让的期权合约改变成公司内部制定的、面向特定人群、不可转让的期权。企业高级管理人员和核心技术人员可以在一定期限内按照某一既定价格购买一定数量的股票，如果这一既定价格（即行权价）与购买时股票市场价有一定的价差，就可以给股票期权的受益人带来一定的货币收入。这样股票期权就成为企业所有者向经理人员和核心技术人员提供的一种长期性激励报酬制度。

以股票期权作为激励经营者和高层管理者努力工作的一种手段，将公司价值变成了管理人员和核心技术人员的经营行为选择与企业的长期发展目标相一致，实现企业价值最大化，进而使企业持续发展和价值最大化成为股东和经理人员的共同目标。这种具有长期性和持久性激励效应，弥补了传统薪酬制度的缺陷，有利于降低企业的直接激励成本，引入市场化的企业评价机制，并有利于强化对经理人员、技术骨干的"跳槽"行为的约束，因此人们将股票期权制形象地称为戴在经理人员手上的一副"金手铐"。

股票期权制在20世纪80年代就引起了广泛重视，进入90年代以后，为美国公司所普遍采用，进而成为一种世界性的潮流，成为发达国家投资银行最主要的激励手段，并成为投资银行激励机制的主流。

我国投资银行虽然尝试采用股票期权激励方式，但从严格意义上说，我国投资银行尚没有真正的股票期权制，这是我国投资银行激励机制存在问题的主要原因，也是我国投资银行与发达国家投资银行激励机制的差距之所在。当前，在我国推行投资银行股票期权激励制度具有十分重要的意义和紧迫性：首先，我国投资银行告别了暴利时代，传统的大规模的薪酬激励方式将严重削弱其自身的盈利能力，投资银行迫切需要引入低成本的股票期权激励方式。其次，股票期权制所带来的经营管理人员与企业利益的高度一致性，将有利于提高投资银行的经营管理水平，由于证券市场变幻莫测，投资银行的业务风险较大，许多的经营决策和经营活动都对投资银行的发展产生极大的影响，投资银行经营管理人员高度的责任心和正确的经营决策就显得更为重要了。第三，股票期权激励机制有利于投资银行吸引人才，留住人才，一方面，股票期权为人才提供了巨大的想象空间，使高素质人才看到了发挥自身能力为证券公司赢利时也能够为自身带来高额回报，可以吸引更多的优秀人才；另一方面，由于股票期权的行权期一般时间较长，而在行权期前，股票期权受益人的利益无法兑现，因此，股票期权可以大量减少目前证券公司人员流动频繁的问题，可以保证证券公司人员和经营的稳定性，保证证券公司长期、持续地稳定发展。总之，股票期权激励机制可以实现低成本的、长期的有效激励，极大促进证券公司的长期发展，从根本上防范和减少投资银行的经营风险。

▶▶ 重要概念

权变组织理论　期权激励　事业部制　直线职能制

▶▶ 复习思考题

1. 影响投资银行组织结构设计的因素和设计原则有哪些？

2. 投资银行人力资源的素质要求是什么？

3. 投资银行常用的激励机制方法有哪些？你认为最适合中国国情的激励机制是什么，为什么？

4. 以一家投资银行的薪酬构成为例说明其激励机制。

5. 请你设计一套投资银行招聘一般员工的面试题目。

第三章 投资银行的风险管控与外部监管

本章概要

风险是投资银行业务的固有特性,与投资银行相伴而生。结合投资银行开展的业务,将其风险划分为市场风险、信用风险、法律法规风险、操作风险、流动性风险和体系风险。具备效率的风险管理和控制系统要建立体系完善的风险管控架构。金融市场上外部效应严重、金融市场上存在着严重的信息不对称以及正常的金融秩序是一种公共产品等原因,使得投资银行监管尤为重要,其监管内容包括市场准入监管、业务活动监管以及退出监管。完善投资银行监管的措施如下:建立层次分明的监管关系;完善法律法规,加强监管力度;完善投资银行监管的内容;加强对金融衍生产品的监管等。

本章主要介绍了投资银行的风险类别及其风险管控的机构,分析了投资银行监管的内涵与原因,探讨了投资银行监管的主体及其内容。

学习目标

- 掌握投资银行的风险类别;
- 掌握投资银行监管的内涵与原因;
- 掌握投资银行的准入监管和退出监管;
- 区分不同的投资银行监管主体;
- 理解投资银行保险制度。

教学思政目标

1. 引导学生在职业生涯中,明晰并坚守法律法规底线、社会主义制度底线、国家利益底线、社会公共秩序底线、道德风尚底线、信托责任底线,提升学生在投资活动中的社会责任担当意识,以及科学认识金融市场和理性参与投资的能力,培养学生社会责任感。

2. 金融业历史上有不少违法或渎职事件,通过金融行业典型事件,培养学生在今后工作中的细心谨慎、细致入微、严格把关、善于钻研的工匠精神,使学生体会金融从业人员应具备的职业道德,注意客户内部信息的保密、诚信,防范业务中的操作风险等内容。

3. 党的十九大报告中首次提出,把"防范化解重大风险"放在了十分重要的位置,结合投资银行业高风险的特征,引导学生重视来自金融系统、金融业发展制度、金融创新等方面存在的各类金融风险,并了解风险防范不及时或防范不当可能带来的严重后果,提高其风险防范意识。

第一节　投资银行的风险管控

一、投资银行的风险类别

投资银行的经营目标就是在风险最低的前提下，追求收益最大化；或在收益一定的前提下，追求风险最小化。风险是投资银行业务的固有特性，与投资银行相伴而生。从总体上讲，投资银行的风险分为系统风险和非系统风险两个部分。系统风险主要是因政策变动、法律法规的修订以及市场的变化等因素所引起的，或者说是由外部环境的变动而引起的，属于不可分散风险。非系统风险主要是由机构内部各因素的影响而引起的，包括信用风险、流动性风险、资本风险、结算风险、经营风险等。这些风险是可以通过风险的控制予以回避的，管理人员可以通过各种手段（如运用调整资产结构、合理投资组合等）去控制它以达到最低风险、最佳收益。结合投资银行开展的业务，对其风险的划分具体如下。

（一）市场风险

市场风险是指一个或多个市场的价格、利率、汇率、波动率、相关性或其他市场因素（如流动性）水平的变化，导致投资银行某一头寸或组合发生损失或不能获得预期收益的可能性。

（1）利率风险，是指由于市场利率的变动而引起的证券价格变动造成的风险。货币市场上资金供求关系的变动会引起利率产生变动，从而引起证券市场的波动。投资银行使用利率敏感性工具进行交易，要面对利率水平和波动率变化所带来的利率风险。

（2）外汇风险又称汇率风险，是指经济主体持有或运用外汇的经济活动中，因汇率变动而蒙受损失的一种可能性。稳健的经济主体一般不愿意让经营成果蒙受这种自身无法预料和控制的汇率变化的影响，投资银行业同样要将外汇风险防范作为经营管理的一个重要方向。自各国采用浮动汇率制度以来，外汇市场的不确定性因素增多，投资银行面临的外汇风险也变得更加复杂。

（3）通货膨胀，首先会引起证券投资的购买力风险。证券投资是即期投入资金获取将来收益，如果将来获取的收益率低于物价上涨率，那么，即使投资使得货币数量增加了，那也只是一种货币幻觉，因为增加的货币没有带来实际购买力的增加。其次，通货膨胀和税收的综合作用，还会使投资所获取的实际收益率下降，因为在存在通货膨胀的条件下，政府往往按名义收入而不是实际收入课税。再次，通货膨胀严重时，政府被迫采取紧缩性政策干预经济，这些政策的实施会使利率上升，公司利润下降，居民收入减少，从而使证券价格下降。

（二）信用风险

信用风险是指在订约另一方或客户不能履行合同承诺时使投资银行遭受损失的可能性。投资银行签订贷款协议、场外交易合同和授权时，将面临信用风险。目前，我国投资银行业务承担的信用风险主要来自毁约、融资和透支三个方面。投资银行在利益的驱动下，无视金融法规，超越经营范围，开展融资业务，同时挪用客户的委托资金进行自营业务的投资，一旦发生违约情况，会对投资银行造成信用风险。随着资产证券化业务、金融衍生产品业务的开展，信用风险也逐渐成为投资银行越来越主要的风险。

（三）法律法规风险

法律风险是指由于合约无从执行或合约超越法定权限作为使交易一方不能对另一方履行合约。法律风险包括合约潜在的非法性以及对手无权签订合同的可能性。《证券法》出台之前，证监会监管证券市场主要是根据《公司法》以及其他行政法规和部门章程来执行，如《股票发行交易暂行管理条例》《证券投资基金暂行管理办法》《企业债券管理条例》以及中国证监会的一些文件通知等。行政法规和部门规章是特定历史条件下的产物，可变性较大，会根据证券市场的发展需要，不断推出新的《条例》《办法》或补充规定来修正它。根据《证券法》第二条"……本法未规定的，适用《公司法》和其他法律、行政法规的规定"，也就是说《证券法》制订之时，已考虑了它的不完善性。因此，投资银行在运作过程中，业务人员和管理人员对相应法律法规有深度的了解和掌握，并对最新的法律法规及相关文件准确领会，才能对其潜在的风险有效规避；同时，这对投资银行本身加强自律和整个市场有序、规范发展都是非常有益的。

（四）操作风险

操作风险是指交易或管理系统操作不当而因之损失的风险，包括公司内部风险管理失控所产生的风险，表现为超过风险限额而未察觉、越权交易、交易或后台部门的欺诈、职员的不熟练以及不稳定、易遭非法侵入的电脑系统等。它主要由决策风险、财务风险、人事管理风险以及技术风险构成。

（1）决策风险是指由于决策者的判断失误，而造成投资银行失误的可能性，降低决策风险可以采用专家意见法和层层决策法。

（2）财务风险是指财务管理上的"漏洞"、财务处理出差错以及财务人员的蓄意违规使投资银行遭受损失的可能性。

（3）人事管理风险是指人事管理的失误而导致投资银行损失的可能性。人事管理风险是一种体制风险，投资银行内部管理体制越不健全，人事管理风险越大。

（4）技术风险指计算机风险与决策系统风险。在投资银行信息与决策系统中，无论各营业部局域网或通讯子系统等，都存在系统数据的可靠性问题、信号传递的及时程度问题、决策模型的完善程度及网络系统的安全程度问题等，这些都构成风险隐患。

（五）流动性风险

流动性风险又称变现能力风险，是指投资银行因资产结构不合理，流动比率过低，其财务结构缺乏流动性，证券持有者不能以合理的价格迅速地卖出或将某金融工具转手而导致损失的风险。这里投资银行的资产结构主要是指投资银行负债与净资产的比率，以及从事流动性的资产和固定资产的比率等。由于投资银行属于高负债经营的金融机构，因此，要求资产结构向高流动性、易变现的资产倾斜，而不宜过多参加长期投资，以免陷入兑付危机。

（六）体系风险

体系风险包括单个公司或市场的崩溃触发连片或整个市场崩溃的风险，包括两种情形：① 因单个公司倒闭、单个市场或结算系统混乱而在整个金融市场产生多米诺骨牌效应，导致金融机构相继倒闭的情形；② 引发整个市场周转困难的投资者"信心危机"。

二、投资银行的风险管控架构和机构设置

一般来说，具备效率的风险管理和控制系统要建立体系完善的风险管控架构，包括建立内

部控制机构,实现战略目标的政策和程序,风险计量和控制的方法,对执行情况的监控和报告以及对战略、政策和程序有效性的不断评估。具体机构设置主要有以下几种:

(1)审计委员会,这是投资银行的外部风险机构,授权风险监视委员会制订公司风险管控政策。

(2)执行管理委员会,这是公司最高决策机构,为公司各项业务制订公司风险管控政策。

(3)风险监视委员会,负责监视公司风险并协助执行管理委员会决定公司对各项业务风险的容忍度并加以报告,确保各业务部门能有效地识别、度量和监控与其业务相关的风险。

(4)风险政策小组,从属于监视委员会,负责审查和检讨各种风险相关事项并向风险监视委员会汇报。

(5)风险管理委员会,专门负责风险管理流程的部门,一般直接向财务总监报告,是监视委员会和政策小组的负责人,也是执行委员会的成员,主要负责市场风险和信用风险。一般由市场风险组、信用风险组、投资组合风险组和风险基础结构组等组成。

(6)其他风险管控部门,负责审查和检讨各项业务以确保新业务和现有业务的创新不超出公司的风险容忍度。

在具体执行中,各投资银行根据自己的业务内容和机构特点设置不同的部门来执行风险管控职能。但不管设置的部门如何,在运行中要注意以下几点:

(1)强化监事会职能,建立外部董事制度加强监事会的独立性,建立外部监事制度。

监事会是投资银行的监督机构,由股东和员工代表按一定比例组成,对董事会负责。监事会依法和依照投资章程对董事会和管理人员行使职权的活动进行监督。发挥监事会的效用,需要关注两个方面:一是加强监事会的独立性,这应当从财政和人事两方面着眼,保证财政的独立,避免人事之间的相互牵连;二是建立外部监事制度,由股东代表、员工代表以外的监事进入监事会,其职责主要是监督公司成员特别是监视是否尽到了勤勉义务,监督公司成员有无侵害公司和其他成员利益的行为。

(2)重视内部审计部门的作用。

我国投资银行在全面风险管理中要充分重视内部审计部门的作用。首先,内部审计部门要独立于管理层,直接对董事会负责,这样才能保证其真正行使监察的权力,对风险管理部门制订控制流程、标准和对业务部门具体执行情况进行监查。其次,内部审计部门要定期对管理信息系统进行审核,保证风险管理使用信息的完整性和准确性。第三,内部审计部门要定期向董事会提交独立的检查和报告,提供质量监控,辅助董事会更好地制订风险管理的目标和政策。

这一模式的基本思路是从投资银行经营目标(包括总目标和具体作业目标)出发,评估妨碍或影响目标实现的种种风险,然后建议相关部门制订应当采取的控制活动,并对内部控制的有效性进行再评审,投资银行管理层根据风险审计报告对内部控制政策和程序中所反映的健全性、合理性与遵循性,对管理缺陷进行整改和完善。

内部审计的上述方法的进步,能促使投资银行全面风险管理能力的提高和内部控制制度的完善,为管理层提供防范风险的保证,而这种保证能够适应组织内外的动态环境,因为投资银行全面风险管理能力的提高,能识别、评价、预警和报告来自所有内部与外部的各类风险。

聘海通任配股主承销商深发展误入雷区

2003 年 4 月 24 日,深发展(000001)公布 2002 年年度报告。透过年报,让人感到一丝隐忧,深发展再次误入监管布雷区:聘请第五大股东——海通证券公司为 2002 年度配股主承销商。年报第九节《董事会报告》之六《董事会日常工作情况》中披露:"2002 年 3 月 18 日召开第五届董事会第八次会议,应到董事 14 人(包括独立董事 3 人),实到董事 10 人,委托董事 3 人……会议讨论了关于 2002 年度本行配股的承销商选择问题,同意聘请海通证券公司作为本行 2002 年度配股工作的主承销商。"在董事会对股东大会决议执行情况报告中进一步披露"已经将有关配股申报材料报送中国证监会审核"。

根据深发展 2001 年、2002 年年报信息,截至 2001 年 12 月 31 日海通证券公司持有深发展 4 106.284 7 万股法人股,占总股本的 2.1%,是其第五大股东;截至 2002 年 12 月 31 日其持有深发展 3 392.447 0 万股法人股,占总股本的 1.74%,仍位居第五。

我国证券承销商资格的法律规定:① 发行面值 5 000 万元以上的,应当组成承销团。② 不得成为发行人的主承销商或副主承销商的 3 种情形:证券公司持有发行人 7% 以上股份,或是前 5 大股东;发行人持有证券公司 7% 以上股份,或是前 5 大股东;二者之间具有重大关联关系。

很明显,聘请海通证券承担深发展的配股主承销商触犯有关法规禁止性规定,在证券监管部门查实后必然要对公司做出一定处理,如此对公司配股计划顺利实施将产生负面影响,从而拖累公司发展,甚至可能因经济处罚而给公司带来直接经济损失。即使监管部门未及时发现和制止,但由于主承销商与发行人特殊的股权关系,可导致股票销售中公众的不信任,大大增加配股成功的不确定性。

海通证券公司作为深发展第五大股东,在与深发展签订主承销商协议时,应当告知深发展有关监管政策和潜在的承销风险,且应主动遵守监管法规。而事实上海通证券公司接受了该项承销业务,则可见公司内部治理结构存在问题,即不能有效控制股东利用公司进行不当牟利并侵害公司利益行为。

巴林银行倒闭案

巴林银行(Barings Bank)创建于 1763 年,创始人是弗朗西斯·巴林爵士,由于经营灵活变通、富于创新,巴林银行很快就在国际金融领域获得了巨大的成功。其业务范围也相当广泛,无论是到刚果提炼铜矿,从澳大利亚贩运羊毛,还是开掘巴拿马运河,巴林银行都可以为之提供贷款。

1995 年 2 月 27 日,英国中央银行宣布,英国商业投资银行——巴林银行——因经营失误而倒闭。消息传出,立即在亚洲、欧洲和美洲地区的金融界引起一连串强烈的波动。东京股市英镑对马克的汇率跌至近两年最低点,伦敦股市也出现暴跌,纽约道·琼斯指数下降了 29 个百分点。

尼克·里森(Nick Leeson)是巴林银行的交易员,被称为国际金融界"天才交易员",曾任巴林银行驻新加坡巴林期货公司总经理、首席交易员,以稳健、大胆著称。在日经 225 期货合约市场上,他被誉为"不可战胜的里森"。

1994年下半年，里森认为，日本经济已开始走出衰退，股市将会有大涨趋势，于是大量买进日经225指数期货合约和看涨期权。然而"人算不如天算"，事与愿违，1995年1月16日，日本关西大地震，股市暴跌，里森所持多头头寸遭受重创，损失高达2.1亿英镑。这时的情况虽然糟糕，但还不至于能撼动巴林银行，只是对里森来说已经严重影响其光荣的地位。里森凭其天才的经验，为了反败为胜，再次大量补仓日经225期货合约和利率期货合约，头寸总量已达十多万手。要知道这是以"杠杆效应"放大了几十倍的期货合约。当日经225指数跌至18 500点以下时，每跌一点，里森的头寸就要损失两百多万美元。

"事情往往朝着最糟糕的方向发展"，这是强势理论的总结。

2月24日，当日经指数再次加速暴跌后，里森所在的巴林期货公司的头寸损失，已接近其整个巴林银行集团资本和储备之和。融资已无渠道，亏损已无法挽回，里森畏罪潜逃。

巴林银行面临覆灭之灾，银行董事长不得不求助于英格兰银行，希望挽救局面。然而这时的损失已达14亿美元，并且随着日经225指数的继续下挫，损失还将进一步扩大。因此，各方金融机构竟无人敢伸手救助巴林这位昔日的贵宾，巴林银行从此倒闭。

从制度上看，巴林最根本的问题在于交易与清算角色的混淆。里森在1992年去新加坡后，任职巴林新加坡期货交易部兼清算部经理。作为一名交易员，里森本来的工作是代巴林客户买卖衍生产品，并替巴林从事套利这两种工作，基本上没有太大的风险。这是因为代客操作，风险由客户自己承担，交易员只是赚取佣金，而套利行为亦只赚取市场间的差价。例如，里森利用新加坡及其他市场极短时间内的不同价格，替巴林赚取利润。一般银行允许其交易员持有一定额度的风险部位，但为了防止交易员把其所属银行暴露在过多的风险中，这种许可额度通常定得相当有限。而通过清算部门每天的结算工作，银行对其交易员和风险部位的情况也可予以有效了解并掌握。但不幸的是，里森却一人身兼交易与清算两职。例如，1992年7月17日，里森手下一名加入巴林仅一个星期的交易员金·王犯了一个错误：当客户（富士银行）要求买进20份日经指数期货合约时，此交易员误为卖出20份，这个错误在里森当天晚上进行清算工作时被发现。欲纠正此项错误，须买回40份合约，表示至当日的收盘价计算，其损失为2万英镑，并应报告伦敦总公司。但在种种考虑下，里森决定利用错误账户"88888"，承接了40份日经指数期货空头合约，以掩盖这个失误。然而，如此一来，里森所进行的交易便成了"业主交易"，使巴林银行在这个账户下暴露在风险部位。数天之后，由于日经指数上升200点，此空头部位的损失便由2万英镑增为6万英镑了（注：里森当时年薪还不到5万英镑）。此时，里森更不敢将此失误向上呈报。在损失达到5 000万英镑时，巴林银行曾派人调查里森的账目。事实上，每天都有一张资产负债表，每天都有明显的记录，可以看出里森的问题，即使是月底，里森为掩盖问题所制造的假账也极易被发现——如果巴林真的有严格的审查制度。里森假造花旗银行有5 000万英镑存款，但这5 000万英镑已被挪用来补偿"88888"账户中的损失了。查了一个月的账，却没有人去查花旗银行的账目，以致没有人发现花旗银行账户中并没有5 000万英镑的存款。最令人难以置信的，便是巴林银行在1994年年底发现资产负债表上显示5 000万英镑的差额后，仍然没有警惕到其内部控管的松散及疏忽。1995年1月18日，日本神户大地震，其后数日，东京日经指数大幅度下跌，里森一方面遭受了更大的损失，另一方面购买更庞大数量的日经指数期货合约，希望日经指数会上涨到理想的价格范围。1月30日，里森以每天1 000万英镑的速度从伦敦获得资金，已买进了3万份日经指数期货，并卖空日本政府债券。2月10日，里森以新加坡期货交易所交易史上创纪录的数量，已握有55 000份日经期货及2万份日本政府债券合约，交易数量越大，损失越大，最终，巴林银行合计损失达14亿美元，最终无力继续经营而宣布破产。

巴林银行倒闭案启示：

（1）交易员对日本股市、债市等行情判断错误。

（2）交易员急于翻本，扩大操作金额。

（3）公司内部控制与内部稽核有疏失。

（4）公司对交易员过于信赖。

（5）交易员缺乏纪律。

第二节　投资银行的外部监管

一、投资银行监管的内涵与原因

（一）投资银行监管的内涵

监管机构依法对投资银行及其金融活动进行直接限制和约束的一系列行为的总和称为投资银行的监管。

20 世纪 30 年代以前，金融监管理论主要集中在实施货币管理和防止银行挤兑政策层面，对于金融机构经营行为的规制、监管和干预都很少论及。1929 年经济大危机爆发后，经济学的主流地位被立足于市场不完全理论、主张国家干预政策和重视财政政策的凯恩斯主义取代。到了 70 年代，困扰发达国家长达十年之久的"滞胀"宣告了凯恩斯主义宏观经济政策的破产，以新古典宏观经济学和货币主义、供给学派为代表的自由主义理论和思想开始复兴。80 年代后半期和 90 年代初，金融自由化达到了高潮，很多国家开始纷纷放松了对金融市场、金融商品价格等方面的管制，一个全球化、开放式的统一金融市场初现雏形。90 年代后，金融危机浪潮推动了金融监管理论逐步转向如何协调安全稳定与效率等方面。但对投资银行的监管问题一直没有放松。

（二）投资银行监管的原因

1. 金融市场上外部效应严重

金融领域具有较强的"传染性"，这种传染性的存在使得金融领域的外部效应尤其是负外部效应有自我放大的特性。因此，需要对金融市场监管，以达到维护金融稳定，保护投资者利益的目标。金融领域内存在比其他经济领域更为严重的负外部效应这一事实为政府介入实行严格监管提供了理论支持。

2. 金融市场上存在着严重的信息不对称

由于金融市场存在严重的信息不对称，当事人不了解全部的交易有关信息，知情较多的当事人出现逆向选择和道德风险；另一方面，在资本市场上，由于信息不对称，证券价格对市场信息的反映不及时、不准确，无法正确引导资金的流向，导致证券市场效率的丧失。这就需要政府监管的介入来影响证券市场的一切信息完全公开，并保证信息的真实性、准确性和及时性，保证每一投资者有公平的获取信息的机会，防止内幕交易。

3. 正常的金融秩序是一种公共产品

正常的金融秩序具备公共产品的属性，是一种公共产品，任何人都可以免费地享受一个稳定、公平而有效的金融体系提供的信心和便利,任何人享受上述好处的同时并不会妨碍别人享受同样的好处。但这种公共产品由于没有有效的供给激励,只能通过政府监管部门来承担提供正常的经济金融秩序的责任。因此,经济学家主张政府介入金融市场的监管以降低社会成本。

资本市场是金融市场的重要组成部分,投资银行是资本市场上的主力机构之一,因而也必然是政府金融监管的对象之一。

二、投资银行监管的主体

(一)政府监管

政府监管是指国家通过制定专门的法律,设立隶属于政府或直接隶属于立法机关的全国性证券监管机构对投资银行业进行集中统一监管。这种监管对于投资银行的监管相当的严格,有通过国家的权威来约束投资银行的市场行为,另外拥有一套完整严密的专门性法律来约束投资银行的行为,具有绝对意义上的权威性和控制力。这样可以稳妥地进行市场经济下金融市场的控制,防止投资银行的经济行为而引起的经济的巨大波动。

(二)自律监管

自律监管主要是通过投资银行业自律组织和**投资银行**自身进行自我监管。其特点在于:① 通常没有制定直接的证券市场管理法规,而是通过一些间接的法规来制约证券市场的活动;② 没有设立全国性的证券管理机构,而是靠证券市场的参与者,如证券交易所、证券业协会等进行自我监管。

(三)政府监管和自律监管的区别联系

1. 两者的区别

第一,性质不同。政府监管是一种强制管理,带有行政管理的性质。自律监管具有自律性质,是通过制定公约、章程、准则、细则,对投资银行的活动进行自我监管。证券交易所和证券业协会是最主要的自律组织。自律组织一股采取会员制,符合条件的投资银行可申请加入自律组织,成为其会员。

第二,处罚不同。政府监管可以对违法违规的投资银行采取罚款、警告的处罚,情节严重的可以取消其从事某项或所有证券业务的资格,如日本最大的投资银行野村证券在操纵市场和贿赂、勒索机构投资者的丑闻暴露后,被日本大藏省处以停止自营业务一段时间的处罚。相比之下,自律监管对投资银行的处罚较为轻微,包括罚款、暂停会员资格、取消会员资格等,情节特别严重的可以提请政府主管部门或司法机关处理。

第三,依据不同。政府监管依据国家的有关法律、法规、规章和政策来对投资银行进行监督。自律监管除了依据国家的有关法律、法规和政策外,还依据自律组织制定章程、业务规则、细则等。

第四,范围不同。政府监管负责对全国范围的证券业务活动进行监管;自律监管主要针对成为其会员的投资银行及这些投资银行的发行和交易活动进行监管。

2. 两者的联系

第一,监管目的一致。政府监管和自律监管对投资银行实施监管的目的都是为了确保投资银行遵守证券市场的法律、法规、规章、政策以及市场的规则,从而维护证券市场的公开、公平、公正原则,维护市场秩序,保护投资者的合法权益。

第二,自律组织在政府监管机构和投资银行之间起着桥梁和纽带的作用。自律组织为成为其会员的投资银行提供了一个相互沟通、交流情况和意见的场所,可以将投资银行面临的困难、遇到的问题、对证券市场发展的意见和建议向政府监管机构反映,维护投资银行的合法权益。政府监管机构还可通过自律组织对证券业务活动进行检查和监督。

第三,自律监管是对政府监管的积极补充。自律组织可以配合政府监管机构对其会员投资银行进行法律法规政策宣传,使会员投资银行能够自觉地遵纪守法,同时对会员投资银行进行指导和监管。

第四,自律组织本身也必须接受政府监管机构的监管。通常,自律组织的设立需要政府监管机构的批准,其日常业务活动要接受政府监管机构的检查、监督和指导。

三、投资银行的监管内容和监管措施

(一)监管内容

1. 市场准入监管

市场准入监管是指通过对投资银行进入市场、经营金融产品、提供金融服务依法进行审查和批准,将那些有可能对投资人利益或证券业健康运转造成危害的金融机构拒之门外,来保证证券业的安全稳健运行,这是监管系统中重要的组成部分。投资银行的设立方式基本上分为特许制和登记注册制。

(1)特许制。

在特许制条件下,投资银行在设立之前必须向有关监管机构提出申请,经监管机构核准之后才能设立;同时,监管机构还将根据市场竞争情况、证券业发展目标、该投资银行的实力等考虑批准经营何种业务。

投资银行申请特许必须具备一定的条件,如拥有足够的资本,具有相当的经营证券业务的知识和经验,信誉良好等。我国《证券法》规定:设立证券公司,必须经国务院证券监督管理机构审查批准。未经国务院证券监督管理机构批准,不得经营证券业务。

(2)登记注册制。

在注册制条件下,投资银行只要符合法律规定的设立条件,在相应的证券监管部门和证券交易部门注册后便可以设立。

(3)特许制和注册制的区别。

特许制下的证券经营机构设立条件的特点如下:

① 从设立条件上看,特许制采取控制设立政策,严格规定设立条件,只有具备合法条件且取得主管部门许可者,方可从业。注册制下证券商设立采取自由开放政策,凡符合条件且注册者,皆可从业。

② 从设立制度与证券经营机构经营制度上看,特许制采取分别立法的方式,设立制度强调证券机构成立资格及程序,经营管理制度以禁止性规范来约束证券机构的行为。而注册制既是证券商设立的条件与程序,又是从业管理方式。

③ 从保证金交付制度上看,特许制设立保证金交付制度,但是不以保证金交付为取得从

业许可的条件。注册制以保证金缴付作为注册的必要条件,从而担保证券商从业中对他人损害的赔偿责任。

2. 业务活动监管

(1) 对投资银行证券承销业务的管理。投资银行在证券承销时很容易通过掌握大量的证券来控制二级市场价格,从而获取不正当收益,因此,世界各国对投资银行监管的重点都放在禁止其利用承销业务操纵市场,获取不正当利润上面。一般说来,主要有以下几方面的管理内容:① 禁止投资银行以任何形式欺诈、舞弊、操纵市场、内幕交易。② 在承销中,投资银行要承担诚信义务,禁止投资银行参与或者不制止发行证券企业在发行公告中从事弄虚作假、欺骗公众行为。投资银行与发行公司之间如有特殊关系(如持股),必须在公告书中讲明。③ 禁止投资银行在承销中过度投机,包销风险超过本行所能承受的证券。④ 禁止投资银行对发行企业征收过高的费用,从而造成企业的筹资成本过高,侵害发行者与投资者的利益,影响二级市场的正常运行。

(2) 对投资银行经纪业务的管理。投资银行作为经纪商接受客户委托代理买卖证券时,是客户和证券市场之间的桥梁,也和客户的利益休戚相关。因此,各国金融监管机构总是最为注重这方面的管理。概括起来,其主要包括以下几方面的内容:① 投资银行在经营经纪业务时要坚持诚信的原则,禁止任何欺诈、违法、私自牟利行为。② 在编辑、发放投资参考资料时,必须保证其真实合法,不得含有使人误信的内容。③ 许多国家和地区(如我国大陆与台湾地区)禁止投资银行受理全权由投资银行选择证券种类、买卖数量、买卖价格、买卖时机的委托,以防止投资银行借此弄虚作假,侵犯客户利益。有些国家(如美国)规定可以设立"全权委托账户",但禁止投资银行利用其做不必要的买卖,以牟取佣金。除了"全权委托账户"外,未经委托,投资银行不能自作主张替客户买卖证券。受委托买卖之后,应将交易记录交付委托人,不得向客户提供证券价格即将上涨或下跌的肯定性意见;不得劝诱客户参与证券交易;不得利用其作为经纪商的优势地位,限制某一客户的交易行为;不得从事其他对保护投资者利益和公平交易有害的活动,或从事有损于证券业信誉的活动。④ 在佣金方面,有些国家对佣金比例做了明确规定,因而投资银行必须按规定比例收取佣金,不得自行决定收费标准和佣金比例。另外,有些国家对佣金比例没有做出规定,佣金的多少由投资银行和客户商讨决定,此时投资银行必须坚持诚信原则,不得以任何方式欺诈客户。⑤ 投资银行必须对客户的证券交易情况保密,不得向任何他人公开和泄露。金融监管机关和国家执法机关在进行调查时,则不在此列。

(3) 对投资银行自营业务的管理。投资银行的自营业务往往风险大,操纵市场的可能性大,同时还很可能通过兼营自营业务和经纪业务侵犯客户的利益。因此,各国对该业务的管理主要包括以下几方面:① 限制投资银行承担的风险。例如,要求投资银行对其证券交易提取一定的风险准备金;规定投资银行的负债总额不得超过其资本净值的一定倍数;规定投资银行的流动性负债不得超过流动资产的一定比例,从而限制其通过借款来购买债券;限制投资银行大量购买有问题的证券,如遇到重大自然灾害或严重财务困难的公司的股票,或者连续暴涨或暴跌的股票等。② 禁止投资银行操纵证券价格。有的国家规定,一家投资银行所购买的任一家公司发行的证券数量,不得超过该公司发行证券总量的一定百分比。或者规定投资银行购买的任一家公司的股票,不得超过该公司资产总额的一定百分比。③ 为了防止投资银行通过兼营自营业务和经纪业务侵犯客户利益,许多国家还规定投资银行必须将代客买卖与自营买卖严格分开,不准混淆;实行委托优先和客户优先的原则,即如果投资银行的买卖价格与其客户的买卖价格正好相同时,即便投资银行叫价在先,仍以客户的委托优先成交;在同一交易时间,不得同时对一种证券既自行买卖又接受委托买卖。④ 投资银行在经营自营业务时,应当以维持市场稳定、维护市场秩序为己任,不得有任何破坏正常交易、侵害客户利益和过度投机的行为。

3. 退出监管

(1) 建立投资银行退出机制的必要性。

首先,投资银行市场退出是切实提高投资银行业整体运行效率,实现金融可持续发展的需要。健全的退出机制是整个市场体系的重要组成部分,能够有效实现优胜劣汰,是提高金融资源配置效率,优化金融产业组织结构的一种重要途径。完善的破产退出机制是一个功能健全的金融体系应有的组成部分。其次,投资银行市场退出是维护金融体系安定,有效化解金融风险的基本要求。再次,投资银行市场退出是完善金融监管、提高金融监管水平的不可或缺的一种手段。最后,投资银行市场退出也是警示社会公众的金融风险意识,形成一种健康的金融运行氛围的必要条件。

(2) 投资银行退出的方式。

从国际实践看,投资银行市场退出的方式可分为主动式退出和被动式退出。主动式退出又包括解散和收购兼并。解散主要发生在:① 公司章程规定的营业期限届满或者公司章程规定的其他解散事由出现时;② 股东会议决定解散;③ 因公司合并或者分立需要解散。

被动式退出有托管、行政接管、破产清算和行政关闭。① 托管是指受托人与委托人签订委托合同,对托管对象进行经营管理。在该过程中,托管对象自主经营行为受到限制或暂时退出证券市场。托管是目前解决投资银行危机最常用的方式之一,有利于维护债权人利益,稳定投资者信心,维护金融秩序,防止风险扩散。受托人成立托管经营组,行使对托管对象的经营管理权,正常从事证券交易等业务,对外部债务进行确认和登记,除证券公司客户的证券交易结算资金外,其他债务暂停支付。② 行政接管。投资银行出现严重的经营、财务等危机时,由行政监管部门对问题投资银行进行强制性接管,其经营活动实施强制性措施,直至该问题投资银行退出证券市场。行政接管后,监管者对问题投资银行进行管制,对公司或其股东的行为进行审查和限制,限制被行政接管的投行的自主经营权。③ 行政关闭。采取责令关闭的方式退出证券市场,证券监管部门对依法设立的投资银行实施行政处罚,终止其经营活动,吊销其经营证券业务许可证。④ 破产清算。破产清算是指在债务人丧失清偿能力时,由法院强制执行其全部财产,公平清偿全体债权人的法律制度。破产概念专指破产清算制度,即对债务人宣告破产、清算还债的法律制度,这也是解决问题投资银行的最后途径。

(二) 监管措施

1. 建立层次分明的监管关系

在以风险为基础的金融监管理念指导下,所有被管理的投资银行仍将遵行现有的法律规定。监管机构则可以通过风险评估将监管层次逐步明晰,与此同时,将日常性的监管重点转移到那些大型综合类的中介机构和高风险的金融业务范围,并要求风险级别最高的被监管对象必须执行内部的风险评价和防范计划,定期测试其风险模型。通过风险识别和归类后,就容易确定金融监管的重点,形成层次分明的监管关系,有利于监管资源的合理配置。

2. 完善法律法规,加强监管力度

目前,我国已建立了以《证券法》为核心,《证券公司管理办法》等其他相关法律、法规和条例配套的法律体系,但是还没有《投资银行法》《兼并收购法》等法规。目前,仍要进一步完善《证券法》,尽快出台有关投资银行业的法律,对投资银行的设立、组织机构、监督管理、财务会计和法律责任等做出规定;出台规范投资银行业务的相关法律、法规,使投资银行的业务活动有法可依;制定规范投资银行自律组织活动的法律、法规,明确其权利和义务,使其活动受到法律、法规的制约。随着我国投资银行的迅速发展,还需进一步完善法律法规的配套建设,出台有关企业兼并收购业务以及股票自营业务专门法规,出台对投资银行的交易公开及内部交易的专门法规,出台有关金融衍生工具及其交易的专门法规。修改原有法规的不足和缺陷,严格按《证券法》《证券公司管理办法》《证券投资基金管理暂行办法》《证券经营机构自营业务管理办法》《证券经营机构股票承销业务管理办法》等法律法规的要求,加强对投资银行业务运作的监管,对违规违法现象应依法予以处罚。

同时,在对金融法规进行修订时,不能孤立地对其某一部法律进行修改,而要同时对所有相关法律的有关条款进行修改,并且各项法规条款规定都要非常明细,每个专用名词也都要有其明确解释,这样才能减少了法律执行中的冲突和矛盾。

3. 完善投资银行监管的内容

目前对监管内容的设置,主要集中于资格监管和业务监管两方面。前者是为证券市场设置合理的进入标准,过低则可能再度重复我国改革开放之初证券市场过度竞争、无序竞争的混乱局面;过高又可能压抑了金融市场的生机与活力。纵观各国,无论是美国为代表的注册制,还是日本为代表的特许制,都是密切联系本国国情,主要从资本金和从业人员资格两方面来设置。在业务监管方面,主要根据不同的业务内容和性质来确定监管方式,如在证券承销方面,投资银行往往通过掌握大量的证券来控制二级市场价格,获取不当收益,因此各国政府都将对投资银行承销业务的监管重点放在禁止其利用承销业务操纵市场获利方面。我国证券市场虽起步较晚,但《证券法》在这两方面的设置都相对完备合理,可以在今后的一段时期内继续沿用。但是我国投资银行业需要从以下几方面加强谨慎性监管措施:

(1) 资本充足性(适宜度)监管。

资本在法律上是股东投资的综合,是股东对公司的永久性投资,是债权人利益的财产担保。投资银行资本的职能首先是一个不确定性损失的资本保障,是投资银行的债权人获得清偿的财产基础;其次是投资银行自身发展的固定投资的来源,为投资银行购置房地产、设备以及其他非盈利性资产提供资金;三是满足金融监管当局有关针对可能遭受的风险而备足资本的要求;四是向公众保证即使投资银行的经营行为使自身受到损失,投资银行仍有足够的清偿能力及时偿付债务,不损害投资者的利益,并继续为公众服务。

(2) 流动性监管。

流动性是指投资银行以适当代价取得现金的能力。流动性与盈利性是相互矛盾的,在其他条件不变的情况下,流动性越强,收益率越低。因此,流动性管理的核心便是如何以最低的成本迅速获得现金。管理不善便会出现流动性风险,对流动性进行监管是监管机构长

期关注的问题。

由于国情不同,各国测量和评价流动性的具体监管方法也有很大的差异。多数欧洲国家仍以各种流动性比率作为考核指标,这种方法虽然简便易行,但对于特点不同的金融机构使用统一的流动比率有不公正之处,而且最低流动比率的确定也十分困难。如果强制投资银行保持比实际需要更大的流动性,无疑会影响其盈利能力。现在比较容易被接受的监管方法是以投资银行过去一个时期流动性管理的实际经验数据为基础来确定各种流动比率,但在金融业迅速变革的情况下这种监管方法的可行性受到了质疑。许多国家已经认识到有必要为投资银行的流动性留有一定的灵活余地,很多已经不再规定强制性的流动比率要求,而使用一些非强制性的指导性指标,具体由监管机构自由裁量。改进流动监管方法的发展趋势是以考核投资银行资产负债期限搭配对投资银行进行系统考核,同时注意各金融机构的具体情况,提高灵活性。我国《证券法》第124条规定:"证券公司的对外负债总额不得超过其净资产额的规定倍数,其流动负债总额不得超过其流动资产总额的一定比例;具体倍数、比例和管理办法,由国务院证券监督管理机构规定。"《中外合资投资银行类机构管理暂行办法》第23条规定:"投资银行类机构的流动资产总额不得低于其流动负债总额。流动资产指1个月内(含1个月)可变现的资产。流动负债指1个月内(含1个月)到期的负债。"就我国目前的投资银行而言,规模、业务范围的差异很大,应当分门别类地对流动比率加以规定,对于开展综合业务的公司,流动比率的要求应当严格,特别是进入同业拆借市场的投资银行应当明确加以规定,并且对于经营不同业务而拆入的资金应当登记记录。因此建议不仅应当对证券公司分类进行流动比率监管,而且要对投资银行的不同业务进行流动比率监管。

(3)准备金监管。

准备金与资本充足性之间有内在联系。普通准备金是为了弥补潜在的风险损失,具有资本的某些特征,故《巴塞尔协议》将普通准备金纳入补充资本的构成之中;而专项准备金是弥补已经发现的风险损失。因此,资本与准备金是增加投资银行资金实力的互补手段。两者互相影响的程度取决于一国投资银行监管、会计与税收政策。人们一般认为,评价资产质量和确定适度的准备金水平首先是管理者的责任。投资银行监管当局的首要任务是保证投资银行的准备金提取是建立在审慎经营和真实评价业务质量的基础上,如果认为提取准备金不合监管当局的要求,应当采取适当措施促使投资银行加强和改进这方面的工作。由于投资银行每年必须从税后利润中提取风险准备金,准备金水平直接影响投资银行的盈利与分配,因此,必须加强准备金制度与盈利分配制度的协调。短期看来,投资银行会因为提取准备金而减少盈利与分配,但从长远来看,准备金有助于投资银行扩大规模,增强竞争力。

由于各国的会计和税收方面的差异,准备金的提取方法和实际水平在国家之间有很大的差异,但是各国都认识到准备金政策应当是统一的,它是保证国际金融体系稳健性的重要因素。我国有关投资银行的准备金制度规定:"投资银行类机构应于每一会计年度的营业收入中,按2%的比例提取损失准备金,直至该准备金累计达到注册资本的1%。"无论是从税后利润中提取,还是从营业收入中提取,只要达到注册资本的1%就不再提取。就目前而言,对于中国的投资银行,法律规定从营业收入中提取,有利于准备金制度的有效实施。因为税后利润的数额对于经营不佳的投资银行来说是较小的数值,在此基础上提取准备金作用不明显。

4.加强对金融衍生产品的监管

金融工程技术已成为现代金融风险管理的重要手段,在我国具有广阔的发展前景。但应注意到,金融工程技术所需的衍生金融工具不同于其他金融工具,不是源于融资,而是基于风险管理的需要产生的,并具有新的风险特征,即衍生金融工具是一把"双刃剑"。衍生金融工具的虚拟性、高杠杆性在监管不力的情况下会放大金融风险的负面效应。因此,衍生金融产品及金融工程技术的运用需基于完善的金融监管和企业制度。从前述金融风险管理技术的发展来看,金融期货、期权、互换等衍生金融产品在西方只有近 30 年的历史,而且是在完善的市场监管体制及公司制度下进行交易。我国目前关于衍生交易的相关立法欠缺,金融监管体制尚待完善,大量国有金融机构及企业的风险防范意识薄弱,内在利益冲动有余而责任约束不足。这种风险与收益的不对称会强化国有经济体系原已存在的委托—代理问题,导致市场参与主体过度追逐风险,而非规避风险,使设计初衷良好的衍生金融产品变为追逐风险的工具。因此,我国应在积极完善相关制度的过程中,逐步推进金融工程的发展,如首先发展与基础产品市场最为接近的、作为金融工程技术运用基础的远期市场,再逐步推广其他衍生金融产品,并在初期可规定较高的准备金比率以防止过度投机。这样才能有效抑制少数人利用金融监管及相关立法的不完善,使衍生金融工具仅为其投机牟利服务,变风险管理为风险制造。在具有发达的市场体制、健全法律制度的美国尚且能发生如安然、世界通讯环球电讯公司等利用衍生金融工具进行欺诈、损害投资者利益的事件,在市场体制、相关法律制度尚不完善的中国更应引以为鉴。

四、投资银行保险制度

投资银行保险制度是指通过建立投资银行保险机构,防止投资银行由于经营不善或相互兼并行为对客户造成利益损害,从而保障整个证券市场乃至国家整体经济的正常运行和健康发展。

证券市场是一个高风险市场,为了维护证券市场稳定发展,减少外部负效应的影响,建立投资银行保险制度对促进证券市场成熟发展,保护证券投资者投资利益将起到积极作用。

投资银行保险机构可以设立专门的、非盈利性的投资银行保险机构,也可以建立专门的、由投资银行保险机构管理的投资保险基金。其主要有以下三大职能。

（一）监管调控职能

对投资银行的经营状况进行监督,对投保机构的风险状况和经营状况进行审查,对经营不善的投资银行提出警告和整改意见,必要情况下进行增加保险费、责令停业整顿或提出宣告其破产倒闭清偿等制裁措施,强化金融监管调控力度,促使投资银行注重提高自身经营管理水平和风险防范意识的培养。

（二）金融援助

当投资银行面临经营困难时,可以根据实际情况给予资金上的援助,以保证投资银行自身、投资银行的客户、投资银行的股东和整个证券市场的利益免受过大损失。

（三）市场退出

当某投资银行的破产确实无法挽回时,券商保险机构负责对其资产、债务进行清理,完成其未完成的交易,并对其客户按有关规定给予补偿。在兼并发生时,监管投资银行之间的兼并行为,一方面要防止兼并收购过程中损害投资银行客户的利益,另一方面又可以资助其他投资银行兼并或者接受已破产的投资银行。

 专栏 3-1

我国问题证券公司的退出方式

《证券公司风险处置条例》第八条规定,证券公司有下列情形之一的,国务院证券监督管理机构可以对其证券经纪等涉及客户的业务进行托管;情节严重的,可以对该证券公司进行接管:① 治理混乱,管理失控;② 挪用客户资产并且不能自行弥补;③ 在证券交易结算中多次发生交收违约或者交收违约数额较大;④ 风险控制指标不符合规定,发生重大财务危机;⑤ 其他可能影响证券公司持续经营的情形。

伴随着我国证券市场的发展,我国证券公司因经营失败而被处置的现象越来越多,2003年大连证券因严重违法违规、造成公司资不抵债而成为首家被中国证监会取消证券业务许可并责令关闭的证券经营机构。目前,我国对问题证券公司的处置仍以行政方式为主,资金来源也主要以中央银行再贷款为主。表3-1列出了我国部分问题证券公司退出市场的方式。

表3-1 我国问题证券公司退出市场的方式

证券公司	退出方式
鞍山证券	民族证券托管,撤销转破产
大连证券	大通证券托管,关闭转破产
珠海证券	吊销证券经营资格,重组
富友证券	中信证券、国都证券、昆仑证券托管
佳木斯证券	河北财达证券托管,撤销转破产
海南证券	金元证券托管
新华证券	东北证券托管,撤销转破产
南方证券	证监会、深圳市政府联合行政接管,15个月后关闭
云南证券	太平洋证券托管
德恒、恒信、中富证券	华融资产管理公司
汉唐证券	信达资产管理公司托管
闽发证券	东方资产管理公司托管
辽宁证券	信达资产管理公司托管
大鹏证券	长江证券国信证券托管
亚洲证券	华泰证券托管

综合案例 3-3

美国五大投行并购与重组

金融风暴来了,在我们不经意间。

2008 年,贝尔斯登倒了,雷曼兄弟破产了,美林证券被美国银行收购了,房利美和房地美、美国国际集团由政府接管……五大投行自 1929 年以来至今,一直被视为世界金融体系及华尔街的代名词。全球最大的五家投行贝尔斯登、雷曼、美林、摩根士丹利、高盛,前后仅半年时间倒掉了三家。硕果仅存的最后两家华尔街投资银行高盛和摩根士丹利,由美联储批准改为传统的商业银行控股公司,被纳入美国银行监理机构的监管范围,放弃了曾为他们带来丰厚利润的投资银行的一些核心业务。到此,美国金融系统最引以为豪、原本意义上的五大投行已全军覆没了。

一、贝尔斯登

贝尔斯登是五大投行中最早出问题的。

贝尔斯登公司成立于 1923 年,是美国优先级市场交易商,主要业务是为大批中小型券商提供担保和清算业务,管理着大量的客户资产,贝尔斯登陷入危机的根源是其拥有大量的抵押担保证券资不抵债。2007 年次贷危机刚刚开始爆发时,贝尔斯登旗下两只基金遭到冲击,成为华尔街金融机构中最早清盘的基金。贝尔斯登濒临破产时,美联储曾授意摩根大通收购这家美国第五大投行,以避免因贝尔斯登破产引发金融市场出现重大震荡。

二、雷曼兄弟

2008 年 3 月中旬,雷曼兄弟公布其一季度财务预报,实现利润 4.89 亿美元。

到了二季度,公司宣布亏损了 28 亿美元。同时宣称约有 300 亿美元的住宅抵押资产和有 350 亿美元的商业房地产资产,是公司最大的财务风险。这也许只是刚刚开始,当金融风暴演变为金融飓风时,雷曼兄弟再也撑不下去了。

随后几个月,雷曼兄弟一直在全球范围内苦苦地寻找合适的买家,包括日本东京三菱银行、日本野村控股、加拿大皇家银行和多家美国私募基金公司,但均无结果,公司股价不到一年已下跌了近 95%。

第三季度,雷曼兄弟公司财报亏损 56 亿美元,创下 158 年历史中的最高水平,在与韩国开发银行的收购谈判没有取得结果的情况下,一周内雷曼兄弟股价又暴跌近 77%。具体如下:

9 月 8 日至 13 日的一周内,雷曼兄弟的股价出现罕见的连续性暴跌。

9 月 9 日,雷曼兄弟控股公司与一家韩国银行之间的投资交易希望破灭后,公司股票当日大跌 45.9%。

9 月 10 日,雷曼兄弟提前公布了第三季度业绩预报,其中预计净亏损为 39 亿美元,约合每股损失 5.92 美元,但公司流动资金储备仍有 420 亿美元,此前第一和第二季度,这一数字分别为 340 亿美元和 450 亿美元。

9 月 11 日,该公司股票再度猛跌 40%,这是雷曼兄弟 158 年历史里最恐怖的暴跌。同时,雷曼兄弟宣布正式与贝莱德商议,出售公司在英国的近 40 亿美元的住房抵押贷款业务组合。基于有关该交易的参考数据,公司的房地产按揭抵押风险承担量预计会削减 47%,至 132 亿美元。

9 月 14 日,鲍尔森代表美国政府表示,将不会援救雷曼兄弟。由于美国政府拒绝为这次收购提供保证,14 日包括美国银行、英国巴克莱银行等潜在收购者相继退出谈判,雷曼兄弟面临破产。

9 月 15 日,拥有 158 年历史的美国第四大投资银行雷曼兄弟公司按照美国公司破产法案的相关规定提交了破产申请,成为美国有史以来倒闭的最大金融公司。

在美国政府拒绝为这次收购提供担保的情况下，美国银行、英国巴克莱银行等也相继退出谈判，再也没有谁能"拉兄弟一把"了。美国政府和华尔街的同行们，眼睁睁地看着这艘经受住了美国内战、两次世界大战、大萧条、股灾等天灾人祸考验的金融"泰坦尼克号"迅速地沉了下去。

三、美林证券

美瑞尔（Charles E. Merrill）于1914年创办了美林证券，经过多年的发展，该公司已经发展成为全球最大的金融管理咨询公司之一，并拥有17 000名财务顾问。

2008年，受次贷危机拖累，美林证券已经蒙受了超过500亿美元的损失以及资产减记。

2008年9月，该公司决定接受美国银行提出的竞购请求，以约440亿美元收购后者以避免面临破产的命运。9月15日，在美国纽约，美林证券首席执行官约翰·赛恩（左）与美国银行首席执行官肯尼斯·刘易斯在新闻发布会上握手。

2009年1月完成并购，这标志着信贷风险已经从次级抵押贷款市场逐渐扩展到整个抵押贷款市场，危及全球金融衍生产品市场。

四、摩根士丹利

摩根士丹利原是JP摩根中的投资部门，1933年美国经历了大萧条，国会通过《格拉斯—斯蒂格尔法》，禁止公司同时提供商业银行与投资银行服务。迫于《格拉斯—斯蒂格尔法案》的压力，1935年春天，在缅因州岸边的小岛农场里，摩根财团做出了不可变更的决定：将摩根银行拆分成两部分：一部分为JP摩根，继续从事传统的商业银行业务；另一部分被分离出成立一家完全独立的投资银行，名叫摩根士丹利。

从1935年到1970年，大摩一统天下的威力令人侧目。今后再也不会有哪个投资银行能与之相提并论。它的客户囊括了全球十大石油巨头中的6个，美国十大公司中的7个。当时唯一的广告词就是"如果上帝要融资，他也要找摩根士丹利"。因此，有人说"摩根士丹利继承了美国历史上最强大的金融集团——摩根财团的大部分贵族血统，代表了美国金融巨头主导现代全球金融市场的光荣历史"。

一场剧烈的金融风暴使摩根士丹利股价2007年以来缩水近四成，市值从年初的800多亿美元缩至500亿美元。2008年9月，摩根士丹利宣布转型为银行控股公司。

五、高盛集团

高盛公司成立于1869年，最初从事商业票据交易，创业时只有一个办公人员和一个兼职记账员。创始人马库斯·戈德曼每天沿街打折收购商人们的本票，然后在某个约定日期里由原出售本票的商人按票面金额支付现金，其中差额便是马库斯的收入。1896年加入了纽约证券交易所，开始从事股票销售，正式成为投资银行。1960年代，增加大宗股票交易，反恶意收购业务使高盛真正成为投资银行界的世界级"选手"。总部位于纽约，并在东京、伦敦和香港设有分部，在23个国家拥有41个办事处。其业务涵盖证券承销、股票和债券交易以及提供并购建议、重组及清算业务。

美国联邦储备委员会在2008年9月宣布批准了高盛和摩根士丹利提出的转为银行控股公司的请求，可以兼营商业银行业务以吸收存款并受美联储监管。而高盛和大摩的转型，意味着"长久以来世人熟知的华尔街的终结"。

▶▶ **重要概念**

市场风险　信用风险　法律风险　操作风险　流动性风险　体系风险　政府监管
自律监管　投资银行保险制度

▶▶ **复习思考题**

1. 投资银行面临的风险有哪些？试举例说明。

2. 投资银行监管的原因是什么？

3. 试述政府监管和自律监管的区别与联系。

4. 国际通行的发行证券的管理方法有两种，分别为特许制和登记注册制，请你谈谈两者最主要的区别，并对我国目前的证券发行管理办法作简要评析。

5. 投资银行退出有哪些方式？试比较这些方式的优劣。请结合我国实际，说说我国投资银行退出采取的主要措施。

6. 请以一家投资银行为例，设计其风险管控机构。

第四章 投资银行的业务管理与资金筹措

本章概要

现代投资银行已经突破了证券承销、证券交易经纪、证券私募发行等传统业务框架,企业并购、项目融资、风险投资、公司理财、投资咨询、资产及基金管理、资产证券化、金融创新等都已成为投资银行的核心业务组成。在业务创新选择上,证券公司需构建投资银行自己的OTC市场,向资本中介业务转型以夯实投资银行的功能。

本章主要介绍了投资银行的业务范围和业务管理;其次,从股权融资、债权融资、短期融资等方面介绍了投资银行的融资方式。

学习目标

- 掌握投资银行的主要业务;
- 了解投资银行的业务管理内容;
- 掌握投资银行资金筹措的渠道。

教学思政目标

结合国内外投行资金来源的渠道特点,引导学生从"两耳不闻窗外事"向"家事国事天下事事事关心"转变,将个人理想和中国梦、将个人进步与国家发展紧密结合,坚定理想信念,明确新时代新青年肩负的新使命。

第一节 投资银行的业务

一、投资银行的业务范围

经过一百多年的发展,现代投资银行已经突破了证券承销、证券交易经纪、证券私募发行等传统业务框架,企业并购、项目融资、风险投资、公司理财、投资咨询、资产及基金管理、资产证券化、金融创新等都已成为投资银行的核心业务组成。

(一)证券承销

证券承销是证券发行人委托具有证券销售资格的金融机构,按照协议由金融机构向投资者募集资金并交付证券的行为和制度,是投资银行最本源、最基础的业务活动。投资银行承销的职权范围很广,包括该国中央政府、地方政府、政府机构发行的债券、企业发行的股票和债券、外国政府和公司在该国和世界发行的证券、国际金融机构发行的证券等。投资银行在承销过程中一般要按照承销金额及风险大小来权衡是否要组成承销和选择承销方式。根据证券经营机构在承销过程中承担的责任和风险的不同,承销又可分为包销、投标承购、代销、承销团承销四种方式。

此外,除了承销外,投资银行还有私募发行业务。私募发行又称私下发行,即发行者不把证券售给社会公众,而是仅售给数量有限的投资者,如保险公司、共同基金等。私募发行不受公开发行的规章限制,除能节约发行时间和发行成本外,又可以比在公开市场上交易相同结构的证券给投资银行和投资者带来更高的收益率,但同时私募发行也存在着流动性差、发行面窄、难以公开上市、企业知名度受限等缺点。

（二）证券交易业务

投资银行的证券交易业务主要指投资银行在二级市场中的经纪商业务、做市商业务以及自营商业务。

1. 经纪商业务

这是指证券公司通过其设立的证券营业部,接受客户委托,按照客户要求,代理客户买卖证券的业务。证券经纪商以代理人的身份从事证券交易,与客户是委托代理关系。证券经纪商必须遵照客户发出的委托指令进行证券买卖,并尽可能以最有利的价格使委托指令得以执行;但证券经纪商并不承担交易中的价格风险。证券经纪商向客户提供服务以收取佣金作为报酬。

证券经纪业务是随着集中交易制度的实行而产生和发展起来的。证券交易方式的特殊性、交易规则的严密性和操作程序的复杂性,决定了广大投资者不能直接进入证券交易所买卖证券,只能通过特许的证券经纪商作中介来促成交易。

2. 做市商业务

这是指在证券市场上,由具备一定实力和信誉的证券经营法人作为特许交易商,不断地向公众投资者报出某些特定证券的买卖价格(即双向报价),并在该价位上接受公众投资者的买卖要求,以其自有资金和证券与投资者进行证券交易。做市商通过这种不断买卖来维持市场的流动性,满足公众投资者的投资需求。

3. 自营商业务

这是指在股票买卖中,是自己买卖股票而不是代理他人买卖的公司或个人,自营商的利润或损失来自同一证券的买卖价差。自营商目的不是为了持有股票而获得股息和红利的好处,而是为了赚取低进高出的买卖价差。此外,投资银行还在二级市场上进行无风险套利和风险套利等活动。

总之,投资银行在二级市场上作为做市商,在证券承销结束之后,投资银行有义务为该证券创造一个流动性较强的二级市场,并维持市场价格的稳定;作为经纪商,投资银行代表买方或卖方,按照客户提出的价格代理进行交易;作为自营商,投资银行有自营买卖证券的需要,这是因为投资银行接受客户的委托,管理着大量的资产,必须保证这些资产的保值与增值。

（三）企业并购

并购涉及资本结构的改变和大量融资,必然要求投资银行的参与。并购与反并购已成为现代投资银行业务领域中最激烈复杂和引人入胜的部分,并且成为现代投资银行除证券承销与经纪业务之外最重要的业务组成部分。投资银行可以以多种方式参与企业的并购活动,如寻找兼并与收购的对象、向猎手公司和猎物公司提供有关买卖价格或非价格条款的咨询、帮助猎手公司制订并购计划或帮助猎物公司针对恶意的收购制订反收购计划、帮助安排资金融通和过桥贷款等。此外,并购中往往还包括"垃圾债券"的发行、公司改组和资产结构重组等活动。

(四)基金管理

基金是一种重要的投资工具,它由基金发起人组织,吸收大量投资者的零散资金,聘请有专门知识和投资经验的专家按照基金契约或基金章程的规定制定基金资产投资组合策略,选择投资对象、决定投资时机、数量和价格,运用基金资产进行有价证券的投资,并向基金投资者及时披露基金管理运作的有关信息和定期分配投资收益。投资银行管理基金,一方面可以凭借其人才优势、信息优势,在分散和降低风险的基础上获取较高收益;另一方面可以通过理性投资平抑证券市场的价格涨落,防止过度投机。

投资银行与基金有着密切的联系。首先,投资银行可以作为基金的发起人,发起和建立基金;其次,投资银行可作为基金管理者管理基金;第三,投资银行可以作为基金的承销人,帮助基金发行人向投资者发售受益凭证。

(五)项目融资

项目融资是对一个特定的经济单位或项目策划安排的"一揽子"融资的技术手段,借款者可以只依赖该经济单位的现金流量和所获收益用作还款来源,并以该经济单位的资产作为借款担保。投资银行在项目融资中起着非常关键的作用,它将与项目有关的政府机关、金融机构、投资者与项目发起人等紧密联系在一起,协调律师、会计师、工程师等一起进行项目可行性研究,进而通过发行债券、基金、股票或拆借、拍卖、抵押贷款等形式组织项目投资所需的资金融通。投资银行在项目融资中的主要工作包括项目评估、融资方案设计、有关法律文件的起草、有关的信用评级、证券价格确定和承销等。

(六)资产管理

资产管理业务是投资银行作为客户的金融顾问或经营管理顾问根据资产管理合同约定的方式、条件、要求及限制,对客户资产进行经营运作,为客户提供证券及其他金融产品的投资管理服务的行为。资产管理业务分为三类:一是为单一客户办理定向资产管理服务;二是为多个客户办理集合资产管理业务;三是为客户特定目的办理专项资产管理业务。

(七)财务顾问

投资银行的财务顾问业务是投资银行所承担的对公司尤其是上市公司的一系列证券市场业务的策划和咨询业务的总称,主要指投资银行在公司的股份制改造、上市、在二级市场再筹资以及发生兼并收购、出售资产等重大交易活动时提供的专业性财务意见。投资银行的投资咨询业务是连接一级和二级市场、沟通证券市场投资者、经营者和证券发行者的纽带和桥梁。习惯上常将投资咨询业务的范畴定位在对参与二级市场投资者提供投资意见和管理服务。

(八)资产证券化

资产证券化是指经过投资银行把某公司的一定资产作为担保而进行的证券发行,是一种与传统债券筹资不同的新型融资方式。进行资产转化的公司称为资产证券发起人。发起人将持有的各种流动性较差的金融资产,如住房抵押贷款、信用卡应收款等,分类整理为一批资产组合,出售给特定的交易组织,即金融资产的买方(主要是投资银行),再由特定的交易组织以买下的金融资产为担保发行资产支持证券,用于收回购买资金。这一系列过程就称为资产证券化。资产证券化的证券即资产证券为各类债务性债券，主要有商业票据、中期债券、信托凭证、优先股票等形式。资产证券的购买者与持有人在证券到期时可获本金、利息的偿付。证券偿付资金来源于担保资产所创造的现金流量，即资产债务人偿还的到期本金与利息。如果担保资产违约拒付，资产证券的清偿也仅限于被证券化资产的数额，而金融资产的发起人或购买人无超过该资产限额的清偿义务。

（九）风险投资

风险投资又称创业投资，是指对新兴公司在创业期和拓展期进行的资金融通，表现为风险大、收益高。新兴公司一般是指运用新技术或新发明、生产新产品、具有很大的市场潜力、可以获得远高于平均利润的利润，但却充满了极大风险的公司。由于高风险，普通投资者往往都不愿涉足，但这类公司又最需要资金的支持，因而为投资银行提供了广阔的市场空间。投资银行涉足风险投资有不同的层次：第一，采用私募的方式为这些公司筹集资本；第二，对于某些潜力巨大的公司有时也进行直接投资，成为其股东；第三，更多的投资银行是设立"风险基金"或"创业基金"向这些公司提供资金来源。

（十）金融工程

根据特性不同，同许多其他领域一样，金融领域充满创新。期货、期权、调期等产品或工具都是创新的结果。使用衍生工具的策略有三种，即套利保值、增加回报和改进有价证券的投资管理。通过金融创新工具的设立与交易，投资银行进一步拓展了投资银行的业务空间和资本收益。首先，投资银行作为经纪商代理客户买卖这类金融工具并收取佣金；其次，投资银行也可以获得一定的价差收入，因为投资银行往往首先作为客户的对方进行衍生工具的买卖，然后寻找另一客户做相反的抵补交易；第三，这些金融创新工具还可以帮助投资银行进行风险控制，免受损失。金融创新也打破了原有机构中银行和非银行、商业银行和投资银行之间的界限和传统的市场划分，加剧了金融市场的竞争。

归纳以上业务，形成如图 4-1 所示的投资银行业务图。

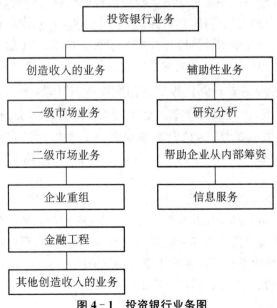

图 4-1 投资银行业务图

二、我国投资银行的业务创新

在业务创新道路上,我国证券公司(即投资银行)需从被动的通道提供者转变为市场组织者、流动性提供者、产品和服务的创造者、销售商、交易对手方、财富管理者等多重角色;在业务创新选择上,证券公司需构建投资银行自己的 OTC 市场,向资本中介业务转型以夯实投资银行的功能。以下几个业务可作为我国投资银行未来业务创新的重点方向。

(一)利用并购基金发展并购业务——夯实投资银行资源配置功能

国际上,企业并购业务被视为投资银行中"财力与智力的高级结合",投资银行开展并购业务主要有两类:一类是并购策划和财务顾问业务,投资银行作为中介人,为并购交易的主体和目标企业提供策划、顾问及相应的融资服务;另一类是股权投资业务,投资银行作为并购交易的主体,把股权买卖当作一种投资行为,买进企业,然后对其进行一定的重组改造,持有一定时期后再出售,其中并购基金是实现该类业务的主要组织形式。

现代投资银行并购业务呈现如下特征:业务深度和广度不断提高,并购融资手段多元化,业务集中度在上升。

在我国,投资银行并购业务尽管还处于起步阶段,但具有广阔的发展前景,因此大力拓展投资银行并购业务,开展投资银行并购业务创新十分必要。

(1)业务创新。国内券商并购业务仍以并购策划和财务顾问业务为主,相比而言,股权投资业务能够有效利用社会闲散资金,投资银行通过自有资金或融资渠道收购目标企业股权,也为证券公司创造新的业务增长点。

(2)金融工具的创新。业务创新的基础是融资渠道的创新。次级债、过桥贷款等金融工具为股权投资业务提供了丰富的融资渠道。因此国内券商并购基金的推广还需要以金融工具的创新为前提。

(3)专业化发展并购活动规模日益增大,业务日益复杂。这在客观上要求中介机构进行市场细分,提高专业化程度。市场细分为各类投资银行都留有一定的业务空间,在不同的市场空间内各类投行根据自身的市场定位,塑造并购业务的专业特色,国际化路线在国内企业逐步走出的趋势下,本土券商首先要加强国际化并购人才的培养,深刻了解和借鉴海外同行的运作惯例和操作技术,其次在海外增设一系列的办事处和分支机构逐步打开海外市场。

(二)加强财富管理业务——强化投资银行财富中介功能

随着我国财富的积累,以及高净值客户的增加,财富管理将成为下一个有发展潜力的业务。随着其居民财富收入的增长,以及高净值客户的增加,美国投资银行财富管理业务比重由 2001 年的 7% 增长到 2010 年的 12.8%,虽然期间比重略有起伏,但总体来说是上升的。

高盛向机构客户和个人客户提供资产管理业务,并提供投资产品,主要通过独立管理的账户投资于各种公募基金、私募基金以及两者的混合,所投资的产品多样化。高盛同时也提供财富管理咨询服务,包括向高净值个人和家庭提供资产组合管理、金融咨询、经纪业务、其他交易服务等。高盛的财富管理业务占其业务的比重达到近两成。

中国证券经纪业务的运作模式亟待突破和创新,而财富管理业务是实现我国传统经纪业务转型和升级的有效途径。

（三）抢占先机，开展做市商业务——实现投资银行的组织市场和提供流动性的功能

为了促进金融市场的深度和广度，我国需要大力发展场外市场引入做市商制度，我国一部分证券公司综合实力强、投资经验丰富、风险管理能力强，可作为做市商的主体。做市商业务既可促进场外市场以及创新金融工作的发展，又可为证券创新创造利润。例如，高盛的 OTC 做市收入占其收入的比重最高超过 50%（2008 年），近两年也有超过 30% 的水平，高盛"做市商"地位是其销售和交易业务的核心。作为做市商，只要客户需要，高盛随时准备，愿意并能够买卖金融产品，这些交易产品包括基本的证券以及衍生产品交易甚至为客户专门定制的产品。

三、投资银行的业务管理

（1）业务前景分析，是指投资银行开展业务前所做的可行性研究。包括一般分析和具体分析。

① 一般分析，这是投资银行对市场环境的分析。例如，商业银行在经济中的地位和作用如何？是否允许混业经营？其他金融机构呢？证券市场的交易量如何？其他机构参与程度如何？相关法规有何限制？现在投行业务主要有哪些？主要提供者的市场份额有多大？大公司筹资采取哪些方式，各自所占比重多少？利率现状、存款额是多少？投资者的投资观念如何？对风险与收益有什么样的认识、理念？有无通胀？有无投资者的流动性偏好？各种金融资产的收益率相对水平如何？有无税收优惠？

② 具体分析，这是投资银行对每一项业务展开的分析，主要分析该业务法律上的限制、可能的市场规模、竞争和市场份额、相应的人才储备和资金需求、收益的估算、风险等。

（2）业务动态管理，这是投资银行在业务开展过程中的反馈机制的建立过程，是指投资银行的各个业务部门和研究开发部门在日常的经营活动中，对各项业务的市场环境和投资银行内部运行情况进行全面的、动态的跟踪研究，以确认各项因素变动对业务开展的影响，为决策者重新制定业务经营战略提供参考依据。主要内容包括盈利、潜在业务及竞争对手状况、投行的声誉、投行的形象、客户对投行的信任、监管与相关规定、市场营销、服务、内部管理状况等。

专栏 4-1

我国券商经纪业务的发展

目前我国券商为机构客户提供的服务主要包括三大类型：一是为各类基金等机构进行的经纪服务，这既包括传统机构经纪服务，如交易、托管、清算等业务，也包括近年来兴起的主经纪商业务（Prime Broker，PB 业务）；二是为商业银行提供的资产管理业务；三是券商为企业和金融机构提供的 FICC 业务。这三大类业务发展空间都非常广阔，如国内券商资管产品较多地投向债券、股票、同业业务等，而市值管理、另类投资、混合型产品等高附加值的投资产品尚未普及。在 FICC 业务中，券商主要开展了债券承销和大宗商品业务。外汇业务由于受市场准入限制，发展缓慢。2014年 12 月，首批成为银行间外汇市场即期和衍生品交易会员的国泰君安，可从事衍生品交易，包括人民币外汇远期、外汇掉期、货币掉期和期权交易。

目前经纪业务正由传统业务升级为主经纪业务。近年来我国私募基金快速增加，其持有市值占比从 2015 年的 2.48% 上升至 2016 年的 4.24%，上升了 1.76 个百分点（蒋健蓉等，2017），贡献了当年所有机构投资者持股占比上升幅度的 98%。为私募提供主经纪商业务也随之成为券商新的

利润增长点。一般而言,PB业务是指券商根据私募基金的个性化需求,为其提供的从托管、清算、交易到融资等一站式综合服务。

2012年年底招商证券成为国内首家获得综合托管资格的券商,打破了银行对基金托管业务的垄断,使得券商PB业务的出现成为可能。随后PB业务成为券商最重视的业务,发展迅速,截至2016年年底,券商的PB业务托管规模已逾3万亿元。从经营模式上来看,国内券商主经纪商业务主要分为以下三种(刘博等,2016):第一种模式是以国泰君安、广发证券为代表的一站式服务,为基金公司提供托管清算、核算估值、投资研究、信息披露、资本引荐、融资融券、代销等一条龙服务;第二种模式是侧重于托管和外包业务,前者包括估值核算、托管清算、投资监督、信息披露等,后者包括登记注册、估值核算、行政服务等,代表券商是招商证券;第三种模式侧重于融资融券等融资功能。融资融券业务的市场需求量最大,中信证券对私募基金托管、外包、产品发行等方面所收佣金都较低,其主要通过股指期货、融资融券、TRS等融资工具协助私募基金管理人放大杠杆效应。

当前我国券商专注于PB业务的动因来自多个方面:第一,私募基金的特征是投资方式灵活、风险偏好高且交易频繁,是资本市场中最活跃的投资主体之一,能够为券商贡献较高比例的交易佣金。第二,私募基金不仅交易规模大,而且往往采用算法交易策略,通过使用计算机程序来确定交易时间、交易价格和交易数量。2015年股灾以后,监管层停止了私募机构的系统外部接入,私募不能直接用自己的系统接入券商系统,因此产生了对券商交易软件的大量需求。第三,为了提高收益率,私募基金往往要求券商能给其提供保证金融资,同时卖空也是私募的重要盈利手段,因此他们会要求券商提供融券额度。成熟市场上融资融券业务带给投资银行的收入极为可观,在整个PB业务收入中占比高达70%(何华,2013)。第四,私募基金机构精简,通常缺乏研究人员,需要券商提供经济研究、行业研究、策略研究等服务,因此券商的综合研究能力对于私募基金吸引力颇大。

第二节　投资银行的资金筹措

资金的供给对企业的生存和发展至关重要,资金既可以来自企业自身积累的利润,也可以通过外部融资获得。在日益激烈的竞争中,投资银行作为盈利性的组织,其发展与壮大需要及时而充足的资金供应,仅依靠自身积累的资金往往无法满足其对资金的需求。一般来说,融资指的是资金的需求者向资金供给者给予一定的补偿,换取现实的资金流入,而资金的供给者可以在未来获取一定的现金流。投资银行是为企业、政府和其他机构承办直接融资的主要金融机构,其融资方式主要包括股权融资、债权融资、短期融资等。

一、股权融资

股权融资是指企业的股东愿意放弃企业所有权的一部分,引进新的股东的融资方式。投资银行可以成为上市公司进行股权融资。实践中按以前公司是否在股票市场发行过股票可以将股权融资划分为首次公开发行(IPO)和股权再融资(SEO)两种。首次公开发行指的是公司第一次在一级市场上公开发行股票;股权再融资指公司在成为上市公司后,再次出售股票的行为,一般可以分为增发和配股两种方式,其中增发包括公开增发和定向增发两种。

二、债权融资

债权融资一般指企业为获得生产、经营所需的资金,向债权人支付一定的利息,在借款到期后向债权人偿还资金本金的融资方式。投资银行的债权融资主要有向银行贷款、发行债券等方式。可转换债券也是上市公司融资方式的一种，从本质上讲，它是在公司债券的基础上，附加了一份期权，允许购买人在规定的时间内将其购买的债券转换成发行公司的股票。可转换债券具有债权和期权双重特性，在转换成股票前，可转换债券是纯粹的债券，在转换成股票之后，债券持有人就成了上市公司的股东，这时可转债券有股权的性质。

三、短期融资

投资银行通过短期融资渠道，可以进入货币市场，补充流动资金，有利于其在资本市场上扩大业务规模，促进二级市场活跃。短期融资的方式主要有三种，即同业拆借、回购交易和股票质押等三种。

（一）同业拆借

这是金融机构之间进行短期资金融通的行为，目的在于调剂头寸和对付临时性资金余缺。其主要特点是：① 融通资金期限较短，主要用于金融机构短期、临时性资金需要；② 市场准入条件较严，金融机构主要以其信用参与拆借活动；③ 利率相对较低，由于金融机构信用较高，且拆借期限较短，因而利率水平相对较低。

我国投资银行进入同业拆借市场是在 1999 年。投资银行进入同业拆借市场，要求资本充足率达到法定标准；符合《证券法》要求，不得挪用客户保证金；业务经营规范正常，按会计准则核算，实际资产大于实际债务；内部管理制度完善，未出现严重违规行为；流动比率不低于5％；公司净资产不低于 2 亿元；负债总额不超过净资产的 8 倍①。

（二）回购交易

回购交易指证券持有人在卖出证券的同时，与买方签订协议，约定一定期限和价格买回同一笔证券的融资活动。回购交易的实质是金融机构之间用证券做质押的短期融资。最常见的是国债回购交易，通过向交易对手出售国债并约定到期购回，投资银行获得短期资金。

（三）股票质押

这种融资模式是用股票等有价证券提供质押担保获得融通资金的一种方式。其主要是以取得现金为目的，公司通过股票质押融资取得的资金通常用来弥补流动资金不足，股票质押融资不是一种标准化产品，在本质上更体现了一种民事合同关系，在具体的融资细节上由当事人双方合意约定。

按照目前世界上大多数国家有关担保的法律制度的规定，质押以其标的物为标准，可分为动产质押和权利质押。股权质押就属于权利质押的一种。因设立股权质押而使债权人取得对质押股权的担保物权，为股权质押。

从性质上看，股票质押可以归入有担保的同业拆借。但是，由于股票质押是我国投资银行新近获得的一种重要融资渠道，所以把它列为投资银行短期融资的第三种重要途径。

四、证券金融公司融资

证券金融公司也称证券融资公司，是指依法设立的在证券市场上专门从事证券融资业务

---

① 1999 年，首批获准进入全国同业拆借市场的投资银行：中信证券、广发证券、国信证券、国通证券、光大证券、湘财证券和大鹏证券。1999 年 10 月 11 日，中信证券开始第一笔同业拆借业务。

的法人机构。证券金融公司自股票市场或银行取得资金,再将这些资金提供给需要融资的投资人,并依规定将融资担保的股票提供给融券的投资人,作为投资者和证券公司间的媒介,促进了交易市场的活络,完善了整个金融制度。

证券金融公司的产生是源于信用交易的发展。信用交易从其积极的方面而言,是通过其引致的大规模融资融券活动,促进市场上的资金或证券供给增加,从而可以使证券市场更趋活跃,投资者也有机会赚取更大的利润,激发他们参与交易的愿望;但从其消极方面而言,则会产生涨势助涨、跌势助跌的情况,妨碍证券市场的稳定运行。由于证券金融公司是基于开展信用交易的需要而存在的,因而其业务内容也独具特色。其主要业务是融资融券业务,包括两个方面:① 当证券交易所的会员——证券公司经营信用交易出现资金不足时,向其提供资金和股票的借贷;② 当证券公司经营证券业务或其客户进行证券交易出现资金和证券不足时,向其提供资金和证券的借贷。

融资融券业务的优点表现为:① 发挥价格稳定器的作用,有利于市场价格发现。② 有效缓解市场的资金压力。③ 刺激市场活跃,增加股票市场的流通性。④ 改善券商生存环境。融资融券业务除了可以为券商带来不菲的佣金收入和息差收益外,还可以衍生出很多产品创新机会,并为自营业务降低成本和套期保值提供了可能。⑤ 是多层次证券市场的基础。

融资融券业务的缺点表现为:① 在不完善的市场体系下,信用交易不仅不会起到价格稳定器的作用,反而会进一步加剧市场波动。② 存在着较大的市场风险,一是透支比例过大,一旦股价下跌,其损失会加倍;二是助涨助跌,增大市场波动,尤其是当大盘指数走熊时,信用交易有助跌作用。

综合案例 4-1

海通证券公司 2007 年融资分析

海通证券股份有限公司的前身是上海海通证券公司,成立于 1988 年,是我国最早成立的证券公司之一。1994 年改制为有限责任公司,并发展成全国性的证券公司。2001 年年底,公司整体改制为股份有限公司。2002 年,成为目前国内证券行业中资本规模最大的综合性证券公司。2005 年,经中国证券业协会评审通过,成为创新试点券商,公司发展进入新时期,各项业务继续保持市场前列。2006 年,随着股权分置改革和券商综合治理的完成,资本市场进入实质转折期。在这一年里,公司抓住机遇,深化改革,加快发展,使公司在业务、管理、风控、制度和流程建设等方面都上了一个新台阶,启动了上市进程并获得了实质性进展,实现了三年规划的良好开局。2007 年,公司借壳都市股份(600837)上市事宜获得中国证监会正式批准。7 月,公司正式完成工商注册登记手续,注册资本金变更为 33.89 亿元,并于 2007 年 7 月 31 日正式在上海证券交易所挂牌上市。目前,海通证券股份有限公司业务经营涉及证券承销、代理、自营、投资咨询、投资基金、资产委托管理等众多领域,正朝着集团化、国际化方向发展,在发展过程中,对资金需求刻不容缓。由于资本市场创新业务及品种的不断推出,公司未来战略发展、持续扩张及创新业务对资金规模需求较大。根据监管许可,海通证券可采用发行债券、股票质押贷款、回购、拆借及其他经主管部门批准的方式进行融资。具体而言,目前海通证券公司融资渠道包括银行间市场的资金拆借、向商业银行申请股票质押贷款,发行债券及增资扩股再融资等方式。

公司通过非公开发行方式募集了近 260 亿元的自有资金,公司自有资金充沛,中短期内公司的融资需求比较低。同时,由于公司规范经营,信誉良好,具备较强的盈利能力和偿付能力,与各大商业银行保持良好的合作关系,因此公司可以通过资金拆借、股票质押贷款、回购及其他经主管部门批准的方式进行融资,解决公司短期的资金需求,具体体现在如下两大方面:

(1) 2007年非公开募集资金使用情况

根据中国证监会《关于核准海通证券股份有限公司非公开发行股票的通知》(证监发行字〔2007〕368)文件核准,公司非公开发行股票 724 637 680 股,本次非公开发行股票的类型为境内上市人民币普通股(A 股),每股面值人民币 1 元,发行价格每股人民币 35.88 元。本次非公开发行股票共收到股东认缴股款 25 999 999 958.4 元,减 102 592 463.77 元发行及相关费用后募集资金净额 25 901 549 489.62 元(含认购款在申购期间的利息收入)。经立信会计师事务所有限公司出具的"信会师报字〔2007〕第 11923 号"验资报告验证,该笔募集资金已于 2007 年 11 月汇入公司募集资金专项账户。截至 2007 年 12 月 31 日,公司募集资金无变更情况。本次募集资金到位后,按公司战略及募集资金使用计划,暂投入收益较大的一级市场新股申购、创设权证等。截至 2007 年 12 月 31 日,募集资金使用的年化收益率达 15.79%。

(2) 2007年发生的其他投资活动。

2007 年 1 月 22 日,公司 2007 年第 1 次临时股东大会审议通过了《关于海通证券设立香港公司的议案》,根据该议案,公司决定在香港独资设立海通(香港)金融控股有限公司,注册资本 1 亿元港币,并向中国证监会提出设立申请。2007 年 9 月 10 日,公司收到中国证券监督管理委员会《关于海通证券股份有限公司在香港特别行政区设立海通(香港)金融控股有限公司的批复》(证监机构字〔2007〕149 号),同意公司在香港设立海通(香港)金融控股有限公司。2007 年 12 月,海通(香港)金融控股有限公司完成在香港的注册登记工作。

▶▶ 重要概念

证券承销　经纪商　做市商　自营商　资产证券化　风险投资　项目融资
投资银行业务动态管理　股权融资　债权融资　融资融券业务

▶▶ 复习思考题

1. 请以一家投资银行为例,说明投资银行的主要业务有哪些。
2. 请结合实际分析我国投资银行未来业务创新的方向。
3. 试比较私募融资和公募融资的优缺点。
4. 试述投资银行业务前景分析的主要内容。

第五章　证券发行与承销业务

本章概要

　　虽然市场一直没有停下关于金融创新的脚步,但是作为最传统的业务,证券发行与承销仍然是投资银行最本源的业务,它是投资银行为企业、政府机构等融资主体提供融资服务的主要方式之一。投资银行依靠其优良的人力资源和丰富的从业经验协助企业改善企业结构,设计证券发行方案,帮助企业获得发展需要的大量资金。同时证券发行与承销又具有政策性强,规章制度严格,程序规范、复杂等特点。

　　本章主要介绍了证券发行的种类以及承销方式,包括股票的发行与承销,债券的发行与承销。其中股票的发行包括发行前的准备工作,牵头投资银行的选择以及股票的发行定价;债券的发行包括协助债券的发行申请,监督发行人信息披露以及债券的信用评级和国债的相关知识。

学习目标

- 掌握证券发行的内涵及种类;
- 掌握证券发行登记制、核准制与注册制的区别,了解证券承销的方式;
- 熟悉股票发行的条件及程序,掌握股票发行定价的主要方法;
- 熟悉我国债券发行的条件及程序,熟悉债券的信用评级。

教学思政目标

　　1. 结合股市信息披露的重要性、内幕交易的危害性对学生进行法制教育。

　　2. 通过上市公司基本面分析的案例,培养学生今后无论是在创业企业家还是在投资人的角色上,都具有高度的社会责任感。

　　3. 通过相关文件解读,了解国家鼓励和促进上市公司积极履行社会责任,同时为投资者提供新的投资标的指数,以促进社会责任投资的发展。

第一节　证券发行与承销概述

一、证券发行概述

(一)证券发行的内涵及种类

证券发行是指证券发行人以筹集资金为目的,在证券发行市场依法向投资者以同一条件出售证券的行为。其中,股票和债券是资本市场上进行直接融资的基本工具,其发行与承销是投资银行最本源、最核心的业务,也是传统投资银行的主要利润来源。

证券发行分为公开发行和非公开发行。公开发行证券必须符合法律、行政法规规定的条件,并依法报经国务院证券监督管理机构或者国务院授权的部门核准;未经依法核准,任何单位和个人不得公开发行证券。任何一个经济体系中都有资金的盈余单位(有储蓄的个人、家庭和有闲置资金的企业)和资金的短缺单位(有投资机会的企业、政府和有消费需要的个人),为了加速资金的周转和利用效率,需要使资金从盈余单位流向短缺单位。根据发行价格和票面面额的关系,可以将证券发行分为溢价发行、平价发行和折价发行三种形式。

证券发行分类的方法很多,经常采用的分类标准有以下几种。

1. 根据发行对象分类,分为公募和私募两种发行

公募又称公开发行,是指发行人通过中介机构向不特定的投资者即所有合格的社会公众投资者都可以发售证券的行为。公募发行没有特定的发行对象,面向广大投资者,发行人通过中介机构向不特定的社会公众广泛地发售证券。在公募发行情况下,所有合格的社会投资者都可以参加认购。

私募发行又称不公开发行或内部发行,是指面向少数特定的投资人发行证券的方式。私募发行的对象大致有两类,一类是个人投资者,如公司老股东或发行人机构自己的员工(俗称"内部职工股");另一类是机构投资者,如大的金融机构或与发行人有密切往来关系的企业等。私募发行有确定的投资人,发行手续简单,可以节省发行时间和费用。私募发行的不足之处是投资者数量有限,流通性较差,而且也不利于提高发行人的社会信誉。目前,我国境内上市外资股(B股)的发行几乎全部采用私募方式进行。我国法律对证券私募发行活动的规范正逐步完善。

2. 根据发行方式分类,分为直接发行和间接发行

直接发行是指发行人单方面确定发行条件,再通过各种渠道(如银行、证券公司的柜台)向投资者直接出售证券的方式。其特点是简单方便,发行费用较低,发行手续在发行者与投资者之间直接进行,减少了中间环节。缺点主要是发行对象往往局限于特定的投资者,使证券的计划发行额不易募足。此外,直接发行没有金融机构等中介机构的协助,对于充分动员社会闲散资金缺乏力量。

间接发行是在证券市场上,发行者委托中介机构代理出售证券的发行方式,其经营发行证券的方式可分为承购、包销和代销三种:① 包销。证券商一次买下发行者的证券并垫支相当于股票发行价格的全部资金,然后在证券市场上按市场行市渐次售出的方式。② 代销。证券中介机构受发行者委托帮助代办销售证券的方式。这种发行方法现已被世界各国广泛采用,其优点是,利用证券发行中介机构众多的金融网点和客户,以及熟练的专业技术人员和良好的信誉,可以迅速募集到大量资金,保证证券发行任务顺利完成。③ 承购。亦称金额承购或余额包销。即承销商按照其与证券发行者所签订的合同规定的证券发行额,在约定期内如有未销出的剩余部分,要承购下来。

3. 根据所发行证券的种类分类,分为股票发行和债券发行等

公司发行以股票为发行对象的是股票发行,这种发行一般没有固定集中的场所,或由公司自己发行,或由投资银行、信托公司等承销经营。发行股票有两种情况:① 新公司成立,首次发行股票;② 已成立的公司增资发行新股票。二者在发行步骤和方法上都不相同。创建新公司首次发行股票,须办理一系列手续。即由发起人拟定公司章程,经律师和会计师审查,在报纸上公布,同时报经主管机关经审查合格准予注册登记,领取登记证书,在法律上取得独立的法人资格后,才准予向社会上发行。

债券发行是发行人以借贷资金为目的,依照法律规定的程序向投资人要约发行代表一定债权和兑付条件的债券的法律行为,是以债券形式筹措资金的行为过程。通过这一过程,发行者以最终债务人的身份将债券转移到它的最初投资者手中。

(二)证券发行的市场参与者

1. 证券发行人

证券发行人是指为筹措资金而发行股票、债券等有价证券的政府及其机构、金融机构、公司和企业。证券发行人是证券发行的主体。

2. 证券投资者

证券投资者是资金供给者,也是金融产品的购买者。证券投资者可分为个人投资者和机构投资者。其中,机构投资者是相对于中小投资者而言拥有资金、信息、人力等优势的企业、各类金融机构、基金、QFII 等,他们为实现资本增值或通过市场化模式并购扩张参与证券市场投资,成为主要的机构投资者。

3. 证券市场中介机构

这是为证券市场各类参与者提供各种服务的专职机构,包括以下几类:

(1)证券交易所。其主要职责在于:提供交易场所与设施;制定交易规则;监管在该交易所上市的证券以及会员交易行为的合规性、合法性,确保市场的公开、公平、公正。

(2)证券承销商和经纪商。证券承销商是证券发行人和投资者之间进行证券买卖的中介机构,起着连接供求的作用,主要指投资银行(专业券商)和非银行金融机构证券部(兼营券商)。

(3)各类事务所。包括具有证券律师资格的律师事务所;具有证券从业资格的会计师事务所或审计事务所、资产证券评级机构等。

(4)证券投资的咨询机构等。

4. 证券监管机构

证券监管机构是依法制定有关证券市场监督管理的规章、规则,并依法对证券的发行、交易、登记、托管、结算,证券市场的参与者进行监督管理的部门。主要包括以下几类:

(1)政府监管机构。在我国,是中国证券监督管理委员会和地方证券监管部门。中国证监会是我国证券管理体制中的核心构成部分,其核心地位由我国《证券法》第 1 条和第 166 条加以明确。第 1 条规定,国务院证券监督管理机构依法对全国证券市场实行统一监督管理。第 166 条规定,国务院证券监督管理机构依法对证券市场履行监督管理,维护证券市场秩序,保障其合法运行。这两条总括了中国证监会的法律地位:是我国最高的证券监管机构,是专门的证券监管机构。

(2)自律性组织。在我国,证券自律性组织包括证券交易所和证券协会。我国的证券交易所是提供证券集中竞价交易场所的不以营利为目的的法人。证券协会是证券业的自律性组织,是社会团体法人。它发挥政府与证券经营机构之间的桥梁和纽带作用,促进证券业的发展,维护投资者和会员的合法权益,完善证券市场体系。我国证券业自律性机构是上海证券交易所、深圳证券交易所、中国证券协会和中国国债协会。

(三)证券发行种类选择应考虑的因素

1. 满足法律和证券监管的要求

证券发行是指经过批准符合发行条件的证券发行人,以筹集资金为目的,按照一定的程序将股票、公司债券以及其他证券销售给投资者的一系列行为的总称。因此,在选择证券发行种类时,要遵守《公司法》《证券法》《企业债券管理条例》《可转换公司债券管理暂行办法》等相关法律法规。

2. 经济环境与市场供求

有价证券能非常灵敏地反映出市场供求、资金供求状况,政治形势和行业前景的变化。通常情况下,经济环境越好,市场资金需求越旺,市场风险越小,此时发行证券可以选择股票发行。

3. 发行人的筹资目的、盈利状况和资信水平

股票的投资收益高,流动性强,但手续复杂,不易及时形成生产能力,风险较大;债券的资金成本一般低于股票筹资,投资收益比较稳定,安全性好,但财务风险较高,购买债券不能达到参与和控制发行企业经营管理活动的目的。

4. 投资者的预期需求

当股票市场价格上涨,交投活跃,反映国民经济将整体向好,投资者预期需求大,同时从理论上讲,股票市场价格上涨也会通过财富效应、q 效应等途径影响居民消费和企业投资,从而拉动实体经济也相应增长。

二、证券承销方式

证券承销是证券经营机构代理证券发行人发行证券的行为,是证券经营机构最基础的业务活动之一。这是投资银行最本源、最基础的业务活动。通常,承销方式有以下四种。

(一)包销

包销是指在证券发行时,承销商以自己的资金购买计划发行的全部或部分证券,然后再向公众出售,承销期满时未销出部分仍由承销商自己持有的一种承销方式。这种承销方式下发行人不承担风险,风险转嫁到了投资银行的身上。证券包销又分两种方式:一种全额包销,一种是定额包销。全额包销是承销商承购发行的全部证券,承销商将按合同约定支付给发行人证券的资金总额。定额包销是承销商承购发行人发行的部分证券。无论是全额包销,还是定额包销,发行人与承销商之间形成的关系都是证券买卖关系。在承销过程中未售出的证券,其所有权属于承销商。

(二)代销

代销是指承销商代理发售证券,并在发售期结束后,将未出售证券全部退还给发行人的承销方式。发行人与承销商之间建立的是一种委托代理关系。承销商作为发行人的推销者,不

垫资金,对不能售出的证券不负任何责任,证券发行的风险基本上是由发行人自己承担。

(三)承销团承销,亦称"联合承销"

承销团承销是指单个投资银行往往无力承担或者不愿意独自承担全部发行风险,而是联合其他承销机构组成承销辛迪加(Underwriting Syndicate),由承销团的成员共同包销证券,并以各自承销的部分为限分摊相应的风险。

我国《证券法》规定,向社会公开发行的证券票面总值超过人民币5 000万元的,应当由承销团承销。承销团应当由主承销与参与承销的证券公司组成。

(四)投标承销

投标承销也称为招标或拍卖,它通常是在投资银行处于被动竞争较强的情况下进行的。采用这种发行方式的证券通常都是信用较高,颇受投资者欢迎的债券,包括价格招标、收益率招标、日期招标等。其具体做法是:证券发行单位在征得证券管理机构的审批同意后,向相关金融机构发出通知或发行说明书,说明该单位将发行证券或增发新证券,欢迎投标。在通知或说明书上注明证券的种类、金额、票面金额、销售的条件等内容;然后,愿意参加证券承销的金融机构就在投标的申请书上填注证券的投标价格;最后,由证券发行单位在规定的日期当众开标,并经出证,对发行人最有利的将获得总经销的权利。

其中最常见的就是收益率招标,使用这种方式时,发行人要公布发行条件和中标规则,邀请承销商投标;由各投标人报出对发行的证券的收益率和希望购买的数额;再按照投标人所报的收益率由低到高的顺序配售证券,即报出最低收益率(对发行人而言则为成本最低)的投标人将获得中标权利,直到预定发行额全部售完为止。

从确定中标的规则看,实践中有两种公开招标方式,一种是荷兰式招标(Dutch Auction),即单一价格招标(Single-price Auction),所有中标人都以最低中标价格为最后中标价格来认购其中标的证券数额;另一种是美国式拍卖,即按多重价格招标(Multiple-price Auction)时,则每个中标商以各自价格上的中标价为其最终中标价来认购中标的证券数额。

第二节　股票发行与承销

股票发行(Share Issuance)是指符合发行条件的发行人以筹资或实施股利分配为目的,按照法定的程序向投资者发行股份的行为。股票发行包括股票发行准备、选择牵头投资银行、发行股票定价等环节。

一、股票发行准备

股票的发行准备环节很多,包括制订股票发行计划与承销方案、尽职调查、编制招股说明书、协助申请股票发行、路演等。

(一)制订股票发行计划与承销方案

投资银行要根据公司的营运状况、未来的发展规划和筹资需要,协助公司制订股票发行计划。这是为保证股票发行的顺利进行和发行后取得实效而制订的发行计划。其内容包括三个方面:① 确定发行目标。发行新股如系筹建新公司,要明确生产何种产品;如系更新设备,要明确是旨在提高产品质量,还是增加产品数量;如系扩充设备,要明确旨在增加原有产品产量,还是生产新产品。② 对发行目标进行可行性研究。例如,对人员配置、技术要求、生产成本、产品销售、市场环境以及有关法律和政策进行分析,对经营中可能遇到的困难做出估计,对资本需求量和能否募足资金进行测算和预计。③ 拟订股票种类和发行价格。在决定股票种类时,要考虑投资者的需要、投资习惯,股票市场的情况,公司的控制权等因素。

当投资银行取得对发行公司的股票承销权(即成为承销商)后,投资银行还要制定股票发行承销方案,就承销方式、最大毛利差、承销折扣市场推销计划、投资银行不执行条款等做出规定。

(二)尽职调查

尽职调查(Due Diligence)指承销商在股票承销前,以本行业公认的业务标准和道德规范,对股票发行人和市场的有关情况及有关文件的真实性、准确性、完整性进行核查、验证等专业调查。尽职调查是投资银行在股票发行准备阶段中的一项最重要工作。

1. 尽职调查的目的

(1)价值发现。尽职调查的作用除了验证过去财务业绩的真实性外,更重要的在于预测企业未来的业务和财务数据,并在此基础上对企业进行估值。根据尽职调查所发现的风险,投资人可以对目标公司做出进一步估值调整,得出符合目标企业实际价值的估值结果。

(2)风险发现。基金管理人需要收集充分的信息,全面识别投资风险,评估风险大小并提出风险应对的方案。企业经营风险、股权瑕疵、或然债务、法律诉讼、环保问题以及监管问题都是考察的内容。最终在交易文件中可以通过陈述和保证、违约条款、交割前义务、交割后承诺等进行风险和责任的分担。

(3)投资可行性分析。尽职调查还有助于交易各方了解投资的可操作性并帮助各方确定交易的时间表。

2. 尽职调查的范围

尽职调查主要可以分为业务、财务和法律三大部分的尽职调查。

(1)业务尽职调查。涵盖了企业商业运作中涉及的各种事项,包括市场分析、竞争地位、客户关系、定价能力、供应链、环保和监管等问题。

(2)财务尽职调查。涵盖企业的历史经营业绩、未来盈利预测、现金流、营运资金、融资结构、资本性开支以及财务风险敏感度分析等内容。与一般财务审计以验证企业财务报表真实性为目的的不同,财务尽职调查的主要目的是评估企业存在的财务风险以及投资价值。因此,财务尽职调查更多使用趋势分析、结构分析等分析工具。

(3)法律尽职调查。一般是律师基于企业所提供的法律文件完成的,其内容一般涵盖股权结构、公司治理状况、土地和房屋产权、税收待遇、资产抵押或担保、诉讼、商业合同、知识产权、员工雇佣情况、社会保险以及关联交易事项。法律尽职调查的作用是帮助基金管理人全面地评估企业资产和业务的合规性以及潜在的法律风险。

3. 尽职调查的方法

尽职调查的操作流程一般包括制订调查计划、调查及收集资料、起草尽职调查报告与风险控制报告、进行内部复核、设计投资方案等几个阶段。其中最为重要的部分为资料收集与分析。收集资料的渠道主要包括审阅文件、外部信息、访谈、现场调查、内部沟通。收集资料之后，尽职调查团队还要验证其可信程度，评估其重要性，最终形成尽职调查报告与风险控制报告，供投资决策委员会决策参考。

（三）编制招股说明书

招股说明书是股份有限公司发行股票时就发行中的有关事项向公众做出披露，并向特定或非特定投资人提出购买或销售其股票的要约或要约邀请的法律文件。招股说明书应当附有发起人制定的公司章程，并载明下列事项：① 发起人认购股份数；② 每股的票面金额发行价格；③ 无记名股票的发行总数；④ 认购人的权利、义务；⑤ 本次募股的起止期限及逾期未募足时认股人可撤回所认股份的说明。

招股说明书的主要内容包括以下几个方面：① 公司状况，包括公司历史、性质、公司组织和人员状况、董事、经理、监察人和发起人名单；② 公司经营计划，主要是资金的分配和收支及盈余的预算；③ 公司业务现状和预测，设备情况、生产经营品种、范围和方式、市场营销分析和预测；④ 专家对公司业务、技术和财务的审查意见；⑤ 股本和股票发行，股本形成、股权结构、最近几年净值的变化，股票市价的变动情况、股息分配情形，股票发行的起止日期，总额及每股金额、股票种类及其参股限额，股息分配办法，购买股份申请手续，公司股票包销或代销机构；⑥ 公司财务状况，注册资本，清产核算后的资产负债表和损益表，年底会计师报告；⑦ 公司近几年年度报告书；⑧ 附公司章程及有关规定；⑨ 附公司股东大会重要决议；⑩ 其他事项。招股说明书是发行股票时必备的文件之一，需经证券管理机构审核、批准，也是投资者特别是公众投资者认购该公司股票的重要参考。

股票发行人和主承销商必须对其提交的招股说明书中的一切虚假陈述和重大遗漏承担法律责任。

（四）协助申请股票发行

股票的发行必须符合国家有关法律法规规定的条件和要求，必须向证券监督管理机构申请注册或者获得核准。

从各国证券市场的实践来看，股票发行制度主要有三种类型：审批制、核准制和注册制。

1. 审批制

审批制是由掌握指标分配权的政府部门对股票发行意向的企业进行层层筛选和审批，在此基础上做出行政推荐，证监会对企业发行股票的规模、价格、发行方式和时间进行审查。

审批制对股票发行实行下达指标的办法，并对各地区和各部门上报企业的家数进行限制，其行政干预程度最高，适用于刚起步的证券市场，由于在监管机构审核前已经经过了地方政府或行业主管部门的"选拔"，因此审批制对发行人信息披露的要求不高，只需做一般性的信息披露，其发行定价也体现了很强的行政干预特征。

随着证券市场的发展，审批制的弊端愈来愈明显。第一，在审批制下，企业选择行政化，资源按行政原则配置。上市企业往往是利益平衡的产物，担负着为地方或部门内其他企业脱贫解困的任务，这使他们难以满足投资者的要求，无法实现股东的愿望；第二，企业规模小，二级市场容易被操纵；第三，证券中介机构职能错位、责任不清，无法实现资本市场的规范发展；第四，一些非经济部门也获得额度，存在买卖额度的现象；第五，行政化的审批在制度上存在较大的寻租行为。

2. 核准制

核准制是指发行人在发行股票时,不仅要充分公开其真实情况,而且必须符合公司法及证券管理法律法规规定的必备条件,证券主管机关有权否决不符合规定条件的股票发行申请。其遵循的是实质管理原则,体现在强制性信息公开披露和合规性管理相结合。核准制取消了由行政方分配指标的做法,改为由主承销商推荐、发行审核委员会表决、证监会核准的办法。核准制最初的实现形式是通道制。

因为监管机构在实质审查过程中有权否定不合规的股票发行申请从而将低质量的发行人拒之门外,所以核准制一定程度上可以起到保护投资者的作用,但也会产生投资者对政府监管机构的依赖感,而且对盈利条件的规定导致一些高技术、高风险产业的股票发行申请被拒绝。同时,这种制度下证券主管机关有权依照公司法、证券交易法的规定,对发行人提出的申请以及有关材料进行实质性审查,发行人得到批准以后,才可以发行证券,因此存在着寻租和腐败的可能。

3. 注册制

注册制是指发行人在准备公开发行股票时必须将依法应公开的各种资料完全、准确地向证券主管机构呈报并申请注册。证券主管机构的职责是依据信息公开原则,对申报文件资料的全面性、真实性、准确性和及时性做形式审查,不对发行人的资质进行实质性审查和价值判断。判断发行人股票的质量优劣由投资者自己做出。注册制具有发行人成本更低、上市效率更高、对社会资源耗费更少、资本市场可以快速实现资源配置功能。审核时间相对比较短。

注册制下,理性的投资者特别是占据市场份额较大的机构投资者能够阅读和充分理解发行人所披露的信息,能够自行做出判断,并在利益受到侵犯的情况下,通过集体诉讼等法律手段来保护自己,同时对发行人的违法行为给予重罚。

注册制适用于市场机制成熟、信用体制健全、行业自律规范、投资者素质较高、发展历史较长的成熟市场,这也是未来金融发展的一个方向。

(五)路演——巡回推介

路演(Road Show),也称巡回推介,是指首次公开发行股票前承销商和发行人安排的营销调研活动。主要指证券发行人在发行前,在主要的路演地对可能的投资者进行巡回推介活动,以昭示将发行证券的价值,加深投资者的认知程度,并从中了解投资人的投资意向,发现需求和价值定位,确保证券的成功发行。

路演过程中,公司及保荐机构在主要的路演地,向潜在的投资者就公司的业绩、产品、发展方向等内容做出详细介绍,并充分阐述上市公司的投资价值,让准投资者深入地了解其具体情况,并对机构投资者关心的问题做出回答。

路演通常是在向证券管理部门提交发行股票申请的同时进行。对首次公开发行股票来讲,路演具有重要的作用:一是可以使发行人与投资银行比较客观地对股票发行价格、发行规模及发行时机等做出恰当的决定;二是刺激投资者对新股票的需求。

二、选择牵头投资银行

牵头投资银行是公开发行中的核心,灵魂。一般应该考虑:① 投资银行的声誉、能力和信贷实力;② 专业资格和类似发行行为;③ 分配能力和市场跨度;④ 辅助服务;⑤ 发行定价的估计。

另一方面,投资银行愿意承销的上市公司,主要是:① 处于高成长行业或新兴产业公司;② 业绩和盈利能力良好、稳定的公司;③ 握有某些专利或有独占许可协议,或掌握精密技术,或能生产独特产品或提供独特服务的公司——垄断行业。

三、首次公开招股的发行定价

股票发行价格的确定是股票发行计划中最重要的内容,既直接关系到发行人和投资者的利益及股票上市后的表现,也影响到投资银行承销股票的风险。公正合理的定价,才能有效引导增量金融资源的分配和存量金融资源的调整。

(一)股票发行定价的影响因素

1. 市场机制

股票发行价格的高低受市场机制的影响极大,取决于公司的投资价值和供求关系的变化。如果股份有限公司发行的股票,价格超过了票面金额,被称为溢价发行。溢价发行,高出票面金额多少,由发行人与承销的证券公司协商确定,报国务院证券监督管理机构核准。这种决定股票发行价格的体制,就是发挥市场作用,由市场决定价格,但是受证券监管机构的监督。

2. 本体因素

本体因素就是发行人内部经营管理对发行价格制定的影响因素。

一般而言,发行价格随发行人的实质经营状况而定。这些因素包括公司当前的盈利水平及未来的盈利前景、财务状况、生产技术水平、成本控制、员工素质、管理水平等,其中最为关键的是利润水平。在正常状况下,发行价格是盈利水平的线性函数,承销商在确定发行价格时,应以利润为核心,并从主营业务入手对利润进行分析和预测。主营业务的利润及其增长率是反映企业的实际盈利状况及其对投资者提供报酬水平的基础,利润水平与投资意愿有着正相关的关系,而发行价格则与投资意愿有着负相关的关系。在其他条件既定时,利润水平越高,发行价格越高,而此时投资者也有较强的投资购买欲望。当然,未来的利润增长预期也具有至关重要的影响。因此,为了制定合理的价格,必须对未来的盈利能力做出合理预期。在制定发行价格时,应从以下几个方面对利润进行理性估测:

(1)发行人主营业务发展前景。这是能否给投资者提供长期稳定报酬的基础,也是未来利润增长的直接决定因素。

(2)产品价格有无上升的潜在空间。这决定了发行人未来的利润水平,因为利润水平与价格直接相关。在成本条件不变时,价格的上升空间将直接决定利润的增长速度。

(3)管理费用与经济规模性。这是利润的内含性增长因素。对此要有切实客观的分析。

(4)投资项目的投产预期和盈利预期。投资项目是新的利润增长点。在很多情况下,未来利润的大幅度增加取决于投资项目的盈利能力。

除了利润这一至关重要的决定因素外,发行人本身的知名度、产品的品牌以及股票的发行规模也是决定股票发行价格的重要因素。发行人的知名度高,品牌具有良好的公众基础,就会对投资者产生较大的响应度,产生较大的市场购买需求,因而发行价格可以适度提升;反之,则相反。股票发行规模较大,则在一定程度上影响股票的销售,增加发行风险,因而可以适度调低价格。当然,若规模较小,在其他条件较优时,则价格也可以适度提升。

3. 环境因素

(1)股票流通市场的状况及变化趋势。股票流通市场直接关系到一级市场的发行价格。

在结合发行市场来考虑发行价格时,主要应考虑:第一,制定的发行价格要使股票上市后价格有一定的上升空间。第二,在股市处于通常所说的牛市阶段时,发行价格可以适当偏高,因为在这种情况下,投资者一般有资本利得,价格若低的话,就会降低发行人和承销机构的收益。第三,若股市处于通常所说的熊市时,价格宜偏低,因为此时价格较高,会拒投资者于门外,从而相对增加发行困难和承销机构的风险,甚至有可能导致整个发行人筹资计划的失败。

(2)发行人所处行业的发展状况、经济区位状况。发行人所处的行业和经济区位条件对发行人的盈利能力和水平有直接的影响。

就行业因素而言,不但应考虑本行业所处的发展阶段,如是成长期还是衰退期等,还应进行行业间的横向比较和考虑不同行业的技术经济特点。在行业内也要进行横向比较分析,如把发行人与同行业的其他公司相比,找出优势,特别是和同行业的其他上市公司相比,得出总体的价格参考水平。同时,行业的技术经济特点也不容忽视,如有的行业具有垄断性,有的行业市场稳定,有的行业投资周期长、见效慢等,都必须加以详细分析,以确定其对发行价格的影响程度。就经济区位而言,必须考虑经济区位的成长条件和空间,以及所处经济区位的经济发展水平,考虑是在经济区位内还是受经济区位辐射等。因为这些条件和因素同样对发行人的未来能力有巨大的影响,所以在确定发行价格时不能不加以考虑。

4. 政策因素

政策因素涉及面较广。一般而言,不同的经济政策对发行人的影响是不同的。政策因素最主要的是两大经济政策因素:税负水平和利息率。

(1)税负水平。税负水平直接影响发行人的盈利水平,因而是直接决定发行价格的因素。一般而言,享有较低税负水平的发行人,其股票的发行价格可以相对较高;反之,则可以相对较低。

(2)利息率。利润水平一般同股票价格水平呈正比,当利率水平降低时,每股的利润水平提高,从而股票的发行价格就可以相应提高;反之,则相反。在这里,有一个基本的原则,就是由发行价格决定的预期收益率水平不能低于同期的利息率水平。

除了以上两个因素外,国家有关的扶持与抑制政策对发行价格也是一个重要的影响因素。在现代市场经济发展过程中,国家一般都对经济活动进行干预。特别在经济政策方面,国家往往采取对某些行业与企业进行扶持,对某些行业与企业的发展进行抑制等通常所说的产业政策。这样,在制定股票发行价格时,对这些政策因素也应加以考虑。

(二)发行定价的方法

股票首次公开发行有以下几个定价方法。

1. 市盈率法

市盈率是衡量股票投资价值的重要指标之一。公司的价值取决于它的盈利能力,而市盈率指标在一定程度上反映了价格和盈利能力的关系。

以市盈率定价是参照拟发新股的所在行业平均市盈率结合拟发新股的收益、净资产、成长性、发行数量、市场状况以及可比上市公司二级市场表现来确定。通过市盈率法确定股票发行价格的计算公式为：

$$发行价格＝每股净收益×发行市盈率$$

对于盈利高且保持快速成长的上市公司,市场价格所反映的每股市盈率水平也越高;反之,盈利越差,市盈率水平越低。

2. 净资产倍率法

净资产倍率法又称资产净值法,是指通过资产评估和相关会计手段,确定发行公司拟募股资产的每股净资产值,然后根据证券市场的状况将每股净资产值乘以一定的倍率,以此确定股票发行价格的方法。其公式为：

$$发行价格＝每股净资产值×溢价倍数$$

净资产倍率法在国外常用于房地产公司或资产现值要重于商业利益的公司的股票发行,但在国内一直未采用。以此种方式确定每股发行价格不仅应考虑公平市值,还须考虑市场所能接受的溢价倍数。

3. 现金流量折现法

现金流量折现法是通过预测公司将来的现金流量并按照一定的贴现率计算公司的现值,从而确定股票发行价格的定价方法。投资股票为投资者带来的收益主要包括股利收入和最后出售股票的差价收入。使用此法的关键确定:第一,预期企业未来存续期各年度的现金流量;第二,要找到一个合理的公允的折现率。折现率的大小取决于取得的未来现金流量的风险,风险越大,要求的折现率就越高;反之亦反之。

通常对新上市公路、港口、桥梁、电厂等基建公司的估值和发行定价参考这种方法,其特点是前期投资大、现金流量比较稳定和容易预测。

专栏 5-1

我国新股发行制度的演变

(1) 试点阶段:沪深证交所设立时的发展初期。本着试得好就上、试不好就停的理念建立。1984 年 7 月,北京天桥股份有限公司和上海飞乐音响股份有限公司经中国人民银行批准向社会公开发行股票。1984 年 10 月,中共十二届三中全会通过了《关于经济体制改革的决定》,股份制也由此开始进入了正式试点阶段。1986 年 9 月 26 日,中国第一个证券交易柜台——静安证券业务部的开张,标志着新中国从此有了股票交易。1990 年 3 月,政府允许上海、深圳两地试点公开发行股票,两地分别颁布了有关股票发行和交易的管理办法。1990 年 12 月 1 日,深圳证券交易所试营业。1990 年 12 月 19 日,上海证券交易所成立。

(2) 额度制阶段:1993 年至 1995 年处于“额度管理”阶段。当时国务院颁布了《股票发行与交易管理暂行条例》,标志着审批制的正式成立。在审批制度下,证券发行由国务院证券委根据经济发展和市场供求的具体情况,在宏观上制定一个当年发行总规模,经国务院批准后,下达给计委,计委再根据各个省级行政区域和行业在国民经济发展中的地位和需要进一步将总额度分配到各省、自治区、直辖市、计划单位和国家有关部委。省级政府和国家有关部委在各自的发行规模内推荐预选企业,证监会对符合条件的预选企业的申报材料进行审批。审批中对企业的质量、前景进行实质审查,并对发行的规模、价格、发行方式、时间等做出安排。额度制是以股票面值计算的,在溢价发行条件下,实际筹款额远远大于计划额度。该阶段共确定了105亿发行额度,200多家企业发行,筹资400多亿元。

1996年至2000年审批制进入"指标管理"阶段。实行的是"总量控制,集中掌握,限报家数"的指标管理办法。由国家计委、证券委共同制定股票发行规模,证监会在确定的规模内,根据市场情况向各省级政府和行业管理部门下达股票发行家数指标,省级政府或行业管理部门在指标内推荐预选企业,证监会对符合条件的预选企业同意其上报发行股票正式申请材料并审核。在这一制度的影响下,1996年、1997年分别确定了150亿股和300亿股的发行量,共有700多家企业发行,筹集4 000多亿元。

(3)通道制和保荐制并存阶段:2001年3月至2004年,是"通道制"阶段。在该制度下,证监会根据各家证券公司的实力和业绩,直接确定其拥有的申报企业的"通道"数量。具有承销资格的证券公司拥有的通道数量最多8条,最少2条。各家证券公司根据其拥有的"通道"数量来选择和推荐企业,按照"发行一家再上报一家"原则向证监会申报。

"通道制"改变了由行政机制遴选和推荐发行人的做法,淡化了证券发行的行政色彩,提高了证券发行监管工作的透明度。它使得主承销商在一定程度上承担起证券发行的风险,同时也获得了遴选和推荐发行人的权利。此外,通道制还在一定程度上缓解了指标额度取消后,发行企业数量多与市场容量有限的矛盾。

(4)保荐制阶段:2005年起开始实施保荐制度,这一制度一直沿用至今。与"通道制"相比,保荐制度增加了由保荐人承担发行上市过程中连带责任的内容,通过中介机构的专业工作,发现、培育并最终筛选出适合的上市企业。保荐人和保荐机构负责发行人的发行辅导和上市推荐,核实公司披露信息的真实性、准确性和完整性,协助发行人建立严格的信息披露制度并承担风险防范的责任。发行上市后,保荐人继续协助发行人建立合规的公司治理结构,督促发行人遵守上市规定,完成招股计划中所提标准,并对该段时间的信息披露负连带责任。保荐制对提高上市公司质量、明晰中介机构责任、加强发行上市监管以及促进A股资本市场健康稳定发展都起到了积极作用,被誉为是"守门员和把关者"。

2012年,国务院颁布了《关于第六批取消和调整行政审批项目的决定》,取消了保荐代表人注册的行政审批,保荐代表人注册交由中国证券业协会进行自律管理。保荐代表人资格的取消并不意味着保荐制度的取消,相反,此项改革是证券发行注册制改革不可或缺的组成部分,意味着政府进一步放权于市场,保荐人资格将不再受机构、个人的限制,保荐制度更加灵活,更加有利于推进证券发行注册制改革。

(5)注册制阶段:2013年11月12日,党的十八届三中全会在《中共中央关于全面深化改革若干重大问题的决定》中提出,要推进股票发行注册制改革,这意味着注册制各项筹备工作自此开展。2015年12月27日,全国人大常委会审议通过股票发行注册制改革的授权决定。2018年11月5日,上交所设立科创板并试点注册制,标志着注册制改革进入启动实施阶段。2019年7月22日,首批25家科创板公司上市交易。2020年8月24日,创业板改革并试点注册制正式落地。2021年11月15日,北交所揭牌开市并同步试点注册制。2023年2月1日,全面实行股票发行注册制改革正式启动(见表5-1)。这是中国资本市场的重大变革,是一场涉及监管理念、监管体制、监管方式的深刻变革,也是证券法规定的证券发行注册制的落地生根。

注册制经过试点,已探索形成了全面实行注册制改革的一些基本原则:尊重注册制的基本内涵,即坚持以信息披露为中心理念,保障信息披露的公平公正公开;借鉴全球最佳实践,体现中国特色和发展阶段特征。

表 5-1　我国股票发行制度改革进程表

时　间	改革内容
2013 年 11 月	党的十八届三中全会提出"推进股票发行注册制改革"
2018 年 11 月	设立科创板并试点注册制
2019 年 12 月	十三届全国人大常委会审议通过新修订的《证券法》,明确全面推行注册制
2020 年 4 月	中央全面深化改革委员会第十三次会议审议通过《创业板改革并试点注册制总体实施方案》
2020 年 8 月	创业板改革并试点注册制改革
2020 年 10 月	十九届五中全会提出
2021 年 9 月	设立北京证券交易所并试点注册制
2021 年 12 月	中央经济工作会议提出"抓好要素市场配置综合改革试点,全面实行股票注册制"
2022 年 3 月	政府工作报告首次提出"全面实行股票发行注册制"
2022 年 12 月	中国证监会表示,"深入推进股票发行注册制改革,突出把选择权交给市场这个本质,放管结合,提升资源配置效率"
2023 年 2 月	全面实行股票发行注册制相关制度规则发布实施

审核注册机制是注册制改革的重点内容。继续坚持交易所审核、证监会注册两步程序。在试点注册制阶段,探索建立的交易所审核、证监会注册两个环节的审核注册架构,总体上是符合我国实际的。此次改革对发行上市审核注册机制做了进一步优化。总的思路是,保持交易所审核、证监会注册的基本架构不变,进一步明晰交易所和证监会的职责分工,提高审核注册的效率和可预期性。同时,加强证监会对交易所审核工作的监督指导,切实把好资本市场入口关。

在交易所审核环节:交易所承担全面审核判断企业是否符合发行条件、上市条件和信息披露要求的责任,并形成审核意见。审核过程中,发现在审项目涉及重大敏感事项、重大无先例情况、重大舆情、重大违法线索的,及时向证监会请示报告。证监会对发行人是否符合国家产业政策和板块定位进行把关。

在证监会注册环节:证监会基于交易所审核意见依法履行注册程序,在 20 个工作日内对发行人的注册申请做出是否同意注册的决定。

证监会和交易所坚持开门搞审核,全程公开,全程接受监督,与核准制有根本区别,不存在"特殊通道",与市场主体的正常沟通渠道是敞开的,没有必要请托、找"门路",更不能搞利益输送、充当"捐客"。

全面实行注册制,对资本市场意义重大,对市场各方影响深远。全面实行注册制,有利于提高直接融资比例,有利于服务实体经济高质量发展,使资本市场更能成为"投资者的摇钱树""诚信企业的滋生地""政府的聚宝盆"。一级市场的风清气正,从根本上可以改变资本市场的生态环境,也因证券法的落地生根,能够强化社会大众对法律的信仰。

专栏 5-2

IPO 尽职调查内容及方法

在首次公开发行股票(IPO)的过程中,尽职调查是指 IPO 中介机构在与目标企业达成初步合作意向后,经协商一致,在证监会和交易所的特定框架下,对目标企业的团队、业务、市场、技术、财务、法务等问题进行全面而深入的审核,以确保目标企业符合上市基本条件,并明晰企业可能存在的各种风险,从而保障投资者的合法权益。

由于 IPO 中介机构是代表广大投资者对拟上市企业进行尽职调查的,所以,调查过程中,主要以投资者的利益为出发点。优秀的尽职调查不仅要挖掘企业的亮点,还须知悉企业发展中的风险,这种信息的披露对市场参与各方来说,是资本市场公平、公正、公开原则的集中体现,也是资本市场的"游戏规则"。在尽职调查中包括以下内容。

1. 公司财务状况调查

调查内容主要包含内部控制调查、财务风险调查、会计政策稳健性调查三大方面。具体来说,包括公司内部控制制度是否充分、合理并有效;主要财务指标和相关财务风险;关联方、关联方关系及关联方交易;公司收入、成本、费用的配比性;非经常性损益的真实性、准确性、完整性和合理性。此外,还有公司资产减值准备会计政策、投资会计政策、公司固定资产和折旧会计政策、无形资产会计政策、收入会计政策、广告费/研发费用/利息费等费用项目会计政策、合并财务报表等会计政策的稳健性。

这部分调查主要由会计师事务所完成,通过文件查阅、面对面访谈、实地查看等方式评估其真实性和完整性。

2. 公司持续经营能力调查

主要调查公司主营业务及经营模式、公司的业务发展目标;公司所属行业情况及市场竞争状况;公司对客户和供应商的依赖程度、技术优势和研发能力。

这些内容多数由 IPO 咨询机构来执行,通过询问公司管理层、查阅经审计的财务报告、搜集比较行业及市场数据、供应商和客户实地调研、询问公司核心技术人员或技术顾问等方式,最终得出细分市场研究报告和募投项目可行性研究报告,提交给券商和企业高层做战略参考。

3. 公司治理调查

包括调查公司治理机制的建立情况;治理机制的执行情况;股东的出资情况;独立性;公司与控股股东、实际控制人及其控制的其他企业是否存在同业竞争;对外担保、重大投资、委托理财、关联方交易等重要事项的决策和执行情况;管理层及核心技术人员的持股情况;公司管理层的诚信情况。

这些内容多数由律师事务所来完成,主要尽调方法包括咨询公司律师或法律顾问,查阅公司章程和管理文件,查阅具有资格的中介机构出具的验资报告、实地调查等。

4. 公司合法合规事项调查

此部分调查内容包括调查公司设立及存续情况;最近三年是否存在重大违法违规行为;股权变动的合法合规性以及股本总额和股权结构是否发生变化;股份是否存在转让限制;主要财产的合法性;是否存在法律纠纷或潜在纠纷以及其他争议;重大债务;纳税情况;环境保护和产品质量、技术标准是否符合相关要求;是否存在重大诉讼、仲裁及未决诉讼、仲裁情况。这些内容主要由律师事务所来完成,主要尽调方法包括文件查阅、实地调研、第三方核查等。

我国股票发行和承销实践

我国股票发行和承销经历发行承销前、发行承销中以及上市前后三个阶段。

（一）发行承销前的操作

股票发行经过公司决议、确定承销商和承销商开展尽职调查、发行申报再到发行审核四个环节。

（二）发行承销中的操作

以我国上市公司发行新股为例，公开发行新股的程序如图 5-1 所示。

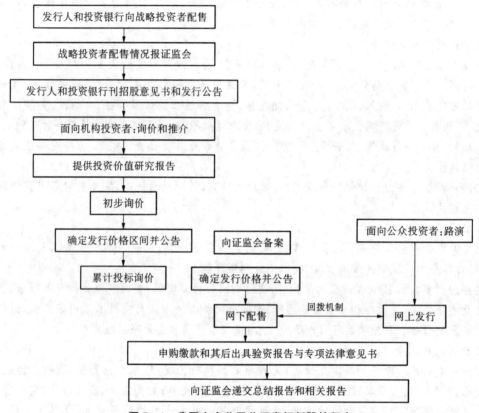

图 5-1 我国上市公司公开发行新股的程序

（1）董事会应当依法就本次股票发行的具体方案、本次募集资金使用的可行性及其他必须明确的事项做出决议，并提请股东大会批准。发行人股东大会应就本次发行股票做出决议。决议至少应当包括下列事项：本次发行股票的种类和数量；发行对象；价格区间或者定价方式；募集资金用途；发行前滚存利润的分配方案；决议的有效期；对董事会办理本次发行具体事宜的授权；其他必须明确的事项。

（2）发行人应当按照证监会的有关规定制作申请文件，由保荐人保荐并向证监会申报。保荐机构应当对发行人是否具有持续盈利能力、是否符合法定发行条件做出专业判断，并确保发行人的申请文件和招股说明书等信息披露资料真实、准确、完整、及时。

（3）中国证监会收到申请文件后，应在 5 个工作日内做出是否受理的决定。例如，在我国，中国证监会如果决定受理，应在受理申请文件后，由相关职能部门对发行人的申请文件进行初审，并由发行审核委员会审核。中国证监会在初审过程中，将征求发行人注册地省级人民政府是否同意发行人发行股票的意见，并就发行人的募集资金投资项目是否符合国家产业政策和投资管理的规定征求国家发展和改革委员会的意见。中国证监会依照法定条件对发行人的发行申请做出予以核准或者不予核准的决定，并出具相关文件。

（4）股票发行申请经核准后，发行人应自中国证监会核准发行之日起 6 个月内发行股票；超过 6 个月未发行的，核准文件失效，须重新经中国证监会核准后方可发行。股票发行申请未获核准的，自中国证监会做出不予核准决定之日起 6 个月后，发行人可再次提出股票发行申请。

（5）发行申请核准后、股票发行结束前，发行人发生重大事项的，应当暂缓或者暂停发行，并及时报告中国证监会，同时履行信息披露义务。影响发行条件的，应当重新履行核准程序。

（6）中国证监会或者国务院授权的部门对已做出的核准证券发行的决定，发现不符合法定条件或者法定程序，尚未发行证券的，应当予以撤销，停止发行。已经发行尚未上市的，撤销发行核准决定，发行人应当按照发行价并加算银行同期存款利息返还证券持有人；保荐人应当与发行人承担连带责任，但是能够证明自己没有过错的除外；发行人的控股股东、实际控制人有过错的，应当与发行人承担连带责任。

（7）发行股票。发行人的股票发行申请经核准后，发行的股票一般由证券公司承销。承销是指证券公司依照协议包销或者代销发行人向社会公开发行的证券的行为。发行人向不特定对象公开发行的证券，法律、行政法规规定应当由证券公司承销的，发行人应当同证券公司签订承销协议。公开发行证券的发行人有权依法自主选择承销的证券公司。证券公司不得以不正当竞争手段招揽证券承销业务。

（三）上市前后的操作

1. 向交易所提出上市申请

《股票发行与交易管理暂行条例》规定，公开发行股票符合条件的股份有限公司，申请其股票在证券交易所交易，应当向证券交易所的上市委员会提出申请；上市委员会应当自收到申请之日起二十个工作日内做出审批，确定上市时间，审批文件报证监会备案，并抄报证券委。《公司法》规定，股份有限公司申请其股票上市交易，应当报经国务院或者国务院授权证券管理部门批准，依照有关法律、行政法规的规定报送有关文件。

2. 接受交易所上市审核

股票上市申请经过证券监督管理机构核准后，应当向证券交易所提交核准文件以及下列文件：① 上市报告书；② 申请上市的股东大会决定；③ 公司章程；④ 公司营业执照；⑤ 经法定验证机构验证的公司最近三年的或公司成立以来的财务会计报告；⑥ 法律意见书和证券公司的推荐书；⑦ 最近一次的招股说明书；⑧ 证券交易所要求的其他文件。

需要注意的是：证券交易所应当自接到该股票发行人提交的上述文件之日起六个月内安排该股票上市交易。《股票发行和交易管理暂行条例》还规定，被批准股票上市的股份有限公司在上市前应当与证券交易所签订上市契约，确定具体的上市日期并向证券交易所缴纳有关费用。

3. 安排信息披露

上市公司为保障投资者利益和接受社会公众的监督而依照法律规定必须公开或公布其有关信息和资料。信息披露制度在各国的证券法规中都有明确的规定。实行信息披露，可以了解上市公司的经营状况、财务状况及其发展趋势，从而有利于证券主管机关对证券市场的管理，引导证券市场健康、稳定地发展；有利于社会公众依据所获得的信息，及时采取措施，做出正确的投资选择；

也有利于上市公司的广大股东及社会公众对上市公司进行监督。中国证券市场中信息披露制度的法律依据,主要是《股票发行与交易管理暂行条例》中关于招投说明书、上市公告书、上市公司的信息披露和公司合并与收购的规定,证监会制定的《公开发行股票公司信息披露实施细则(试行)》和《公开发行股票公司信息披露的内容与格式准则》(第1~6号)。

4. 前往交易所参加上市仪式,新股正式上市交易

对于任何一家上市公司来说,公司上市之日都是一个难以忘怀的日子。特别是对于新公司来说更是如此。所以,祥和喜庆是应有的主基调。上市仪式上,上市企业会总结过去的发展历程以及对未来的美好展望。然后是敲钟、上市企业与交易所互赠纪念品、合影留念、宣誓等环节。

5. 向证监会递交上市后报告

包括以下几个方面:① 股票获准在证券交易所交易的日期;② 持有公司股份最多的前十名股东的名单和持有数额;③ 董事、监事、经理及有关高级管理人员的姓名及持有本公司股票和债券的情况。

通过上述程序,股份有限公司的股票可以上市进行交易。

 专栏 5-4

关于战略投资者、机构投资者和公众投资者的区别

战略投资者、机构投资者和公众投资者在对象群体、功能、申购时间顺序、获配股票数量、获配股票方式及锁定期等方面存在很大差异,见表5-2。

表5-2 战略投资者、机构投资者和公众投资者的区别

区别	战略投资者	机构投资者	机构投资者
对象群体	大型金融机构和发行公司有上下游关系的大型企业	公募基金/集合资产管理计划/基和信托计划、证券公司/信托公司/财务公司自营、社保基金、保险公司/保险资产管理公司、企业年金基金等	包括个人投资者和一般机构投资者
功能	锁定股份来减少锁定期内流通股数量,从而稳定二级市场价格	确定发行价格,锁定股份来稳定二级市场价格	创造二级市场流通性,发掘二级市场价格
申购时间顺序	最早	略早于网上申购	最后
获配股票数量	公开发行在4亿股以上方可参加配售	公开发行总量少于4亿股市不超过20%;公开发行总量高于4亿股市不超过向战略投资者配售后余额的50%	不低于发行总量的25%
获配股票方式	配售协议	网下配售	网上申购
锁定期限	12个月	上市之日起3个月	无限制

综合案例 5-1

中国工商银行 A＋H 两地发行上市

一、背景及上市过程

中国工商银行于 1984 年 1 月 1 日作为一家国家专业银行而成立,后由国家专业银行转型为国有商业银行,目前已整体改制为股份制商业银行。

1998 年,财政部向工行定向发行 850 亿元的 30 年期特别国债,所筹集的资金全部用于补充本行资本金。1999—2000 年,工行将 4 077 亿元不良资产处置给华融公司。汇金公司于 2005 年 4 月向工行注资 150 亿美元,财政部则保留原工行资本金 1 240 亿元,工行于 2005 年 10 月 28 日由国有商业银行整体改制为股份有限公司。

2005 年 4 月,国务院批准股改方案,运用外汇储备 150 亿美元补充资本金,核心资本充足率达 6％;发行次级债补充附属资本,资本充足率超 8％。2005 年 5 月工行完成了 2 460 亿元损失类资产的剥离工作。2005 年 6 月 27 日,长城、信达、东方、华融四家资产管理公司与工行签订了《可疑类信贷资产转让协议》,处理 4 590 亿元可疑类贷款。

2005 年 10 月 28 日,中国工商银行股份有限公司成立。2006 年 1 月,工行公布 2005 年主要财务指标。截至 2005 年年底,工行境内外机构实现经营利润 902 亿元,资本充足率为 10.26％,其中核心资本充足率达到 9.23％。

2006 年 3 月,工行选定 5 家承销商,即美林集团、中国国际金融有限公司投行团、瑞士信贷集团、德意志银行、工商东亚金融控股有限公司。

2006 年 4 月,高盛、安联保险(通过其全资子公司 Resdner Bank Luxembourg S.A.)、美国运通分别认购工行本次发行前发行股份的 5.750 6％、2.245 2％和 0.445 4％。2006 年 6 月,工行与全国社会保障基金理事会签署战略投资与合作协议,社保基金理事会将向工行投资 180.28 亿元人民币。

2006 年 7 月,工行 A＋H 同时上市方案获批。

2006 年 7 月 18 日,工行正式向香港联交所递交 H 股上市申请。2006 年 10 月 19 日,工行 H 股招股书披露,H 股配售结果显示,工行公开发行最终共获得近 77 倍超额认购,吸引资金规模近 4 250 亿港币。国际配售簿记总需求达到 3 432.4 亿美元,认购倍数约为 40 倍。

2006 年 10 月 19 日,工行 A 股共吸引 6 290 亿元参与工行网上配售,同日参与该股网下配售的资金达 1 234 亿元。

2006 年 10 月 27 日,工行在香港和上海两地同时挂牌上市。

二、工行发行上市中的"第一"

(一)第一次 A＋H 同步发行

工行此次发行成为首例 A＋H 同步发行,创造性地解决了境内外信息披露一致、境内外发行时间表衔接、两地监管的协调和沟通、境内外信息对等披露等诸多问题,开创了资本市场的先河。

(二)A＋H 发行规模全球第一

超额配售选择权行使前,工行 A＋H 发行规模合计达 191 亿美元,高于此前日本 NTT DOCOM 创造的 184 亿美元的最大融资规模。

(三)全球最大的金融股发行

工商银行 191 亿美元的发行规模,也成为全球最大的金融股发行。全球金融股第二大和第三大发行分别为中国银行和中国建设银行的首次公开发行,发行规模分别为 112 亿美元和 92 亿美元。

（四）A股市场迄今为止规模最大的发行

A股发行规模（全部执行"绿鞋"后）将达到466亿元人民币，超过了此前发行规模最大的中国银行200亿元人民币的纪录。

（五）第一次A股采用"绿鞋"机制的发行

工行此次发行中引入"绿鞋"机制尚属内地A股市场首例。将海外发行中成熟的"绿鞋"机制引入内地A股发行中，有利于增强参与一级市场认购的投资者的信心，促进发行成功。

"绿鞋机制"的机理与实质：绿鞋机制，也称绿鞋期权（Green Shoe Option），即股票发行中的超额配售选择权（Over Allotment Option）。得名"绿鞋"，是由于1963年美国绿鞋公司在首次公开发行股票时率先使用这种期权。

中国证监会2001年《超额配售选择权试点意见》规定：获得超额配售选择权的主承销商可按同一价格超额发售不超过包销数额15％的股份，即主承销商可按不超过包销数额115％的股份向投资者发售。

绿鞋机制是指股票发行时的一种弹性机制，最终超额配售部分结果要视市场情况在配售期结束之后加以确定。在增发股票上市后的相应时间内（一般为30日内），若股票二级市场价格高于发行价，主承销商可行使绿鞋机制，要求发行人增发相应数量（一般为不超过本次发行数量的15％）的股份，过户给预约的投资者。若股票二级市场价格低于发行价，主承销商将动用投资者预付的认购增发的资金，从二级市场购买相应数量的股票，并在超额配售期满之后，将该股份以发行价分配给提出认购申请的投资者。

根据市场情况，其最终行使结果包括完全行使、部分行使、完全不行使三种情况。

绿鞋机制对资本市场的运行起到了积极作用。

1. 在股份上市后一定期间内对股票价格起到维护稳定作用

股票上市后，当投资者热捧，股价上扬，承销商便可使用绿鞋机制，要求发行人增发股票。股票供给量增加，平抑了多头市场股价的持续上扬，甚至使股价下移，接近发行价。当投资者反映不佳，股价跌破发行价，承销商又可动用绿鞋机制所筹的资金从二级市场购买发行人股票，股票需求量增加，阻止了股价的持续下跌，甚至使价格上移，接近发行价。这样使得一级市场发行的股票供给更加贴近市场需求，增加了股票的市场流通性，从而使价格发现过程更加平稳，减小了新股上市后的波动，维护了股价的稳定。

2. 主承销商的承销风险会有所降低

市场化发行使主承销商暴露在更大风险下。发行定价过低将导致主承销商承受经济损失。运用绿鞋机制，在行使期内，若上市后供不应求，股价高涨，承销商当然无须回购超额配售的股票；而若发行定价过高，市场出现认购不足，股价跌破发行价，承销商则可用超额发售股票所获资金，从集中竞价交易市场中按不高于发行价的价格回购新股，发售给提出认购申请的投资者，使得股价上移，形成了对股价的一定支撑作用。

因此大多数情况下股价会在接近发行价或发行价以上运行，股价跌破发行价的可能性大幅降低。这就减少了主承销商当初判断失误而可能造成的损失，使其承销风险有所释放，提高了主承销商调控市场、抵御发行风险的能力，维护了发行人及主承销商形象，保证发行成功。

3. 上市公司将获得更多的筹资量

运用绿鞋机制，主承销商便可要求发行人增发股票，从而发行人可获发行此部分新股所筹集的资金。这使发行人的融资数量弹性化，为上市公司提供了更大的发展机会。

4. 抑制一级市场投机气氛，减少二级市场波动

实施绿鞋机制的新股发行量可比没有实施时多15％，这有利于承销商根据市场具体情况，做

出相应决策,或要求发行人增发新股,或从二级市场买入股票,灵活性强,可逆性强。

一方面,利于平抑二级市场股价涨跌,促使二级市场股价与一级市场新股发行价接轨,缩小一、二级市场的差价,对一级市场新股申购的资金起到一定的疏导作用,客观上起到了抑制一级市场投机的作用;另一方面,利于多头及空头市场股价的稳定,减小股指的波动,有利于大盘的稳定及股市的平稳发展。

第三节 债券发行与承销

一、债券的概念及其类别

债券(Bonds/Debenture)是政府、企业、银行等债务人为筹集资金,按照法定程序发行并向债权人承诺于指定日期还本付息的有价证券,是一种金融契约,是政府、金融机构、工商企业等直接向社会借债筹措资金时,向投资者发行,同时承诺按一定利率支付利息并按约定条件偿还本金的债权债务凭证。债券的本质是债的证明书,具有法律效力。债券购买者或投资者与发行者之间是一种债权债务关系,债券发行人即债务人,投资者(债券购买者)即债权人。

(一)债券的类别按发行主体划分

1. 政府债券

政府债券是政府为筹集资金而发行的债券,主要包括国债、地方政府债券等,其中最主要的是国债。国债因其信誉好、利率优、风险小而又被称为"金边债券"。除了政府部门直接发行的债券外,有些国家把政府担保的债券也划归为政府债券体系,称为政府保证债券。这种债券由一些与政府有直接关系的公司或金融机构发行,并由政府提供担保。

中国历史上发行的国债主要品种有国库券和国家债券,其中国库券自1981年后基本上每年都发行,主要对企业、个人等;国家债券曾经发行包括国家重点建设债券、国家建设债券、财政债券、特种债券、保值债券、基本建设债券,这些债券大多对银行、非银行金融机构、企业、基金等定向发行,部分也对个人投资者发行。向个人发行的国库券利率基本上根据银行利率制定,一般比银行同期存款利率高1~2个百分点。在通货膨胀率较高时,国库券也采用保值办法。

2. 金融债券

金融债券是由银行和非银行金融机构发行的债券。在我国,金融债券主要由国家开发银行、进出口银行等政策性银行发行。金融机构一般有雄厚的资金实力,信用度较高,因此金融债券往往有良好的信誉。

3. 公司(企业)债券

在国外,没有企业债和公司债的划分,统称为公司债。在我国,企业债券是按照《企业债券管理条例》规定发行与交易、由国家发展和改革委员会监督管理的债券。在实际中,公司(企业)债券发债主体为中央政府部门所属机构、国有独资企业或国有控股企业,因此,它在很大程度上体现了政府信用。公司债券管理机构为中国证券监督管理委员会,发债主体为按照《中华人民共和国公司法》设立的公司法人,在实践中,其发行主体为上市公司,其信用保障是发债公司的资产质量、经营状况、盈利水平和持续赢利能力等。公司债券在证券登记结算公司统一登记托管,可申请在证券交易所上市交易,其信用风险一般高于企业债券。2008 年 4 月 15 日起施行的《银行间债券市场非金融企业债务融资工具管理办法》进一步促进了企业债券在银行间债券市场的发行,企业债券和公司债券成为我国商业银行越来越重要的投资对象。

(二)按财产担保划分

1. 抵押债券

抵押债券是以企业财产作为担保的债券,按抵押品的不同又可以分为一般抵押债券、不动产抵押债券、动产抵押债券和证券信托抵押债券。以不动产(如房屋等)作为担保品,称为不动产抵押债券;以动产(如适销商品等)作为担保品的,称为动产抵押债券;以有价证券(如股票及其他债券)作为担保品的,称为证券信托债券。一旦债券发行人违约,信托人就可将担保品变卖处置,以保证债权人的优先求偿权。

2. 信用债券

信用债券是不以任何公司财产作为担保,完全凭信用发行的债券。政府债券属于此类债券。这种债券由于其发行人的绝对信用而具有坚实的可靠性。除此之外,一些公司也可发行这种债券,即信用公司债券。与抵押债券相比,信用债券的持有人承担的风险较大,因而往往要求较高的利率。为了保护投资人的利益,发行这种债券的公司往往受到种种限制,只有那些信誉卓著的大公司才有资格发行。除此以外,在债券契约中都要加入保护性条款,如不能将资产抵押其他债权人、不能兼并其他企业、未经债权人同意不能出售资产、不能发行其他长期债券等。

(三)按债券形态划分

1. 实物债券(无记名债券)

实物债券是一种具有标准格式实物券面的债券。它与无实物票券相对应,简单地说就是债券是纸质的而非电脑里的数字。

在其券面上,一般印制了债券面额、债券利率、债券期限、债券发行人全称、还本付息方式等各种债券票面要素。其不记名,不挂失,可上市流通。实物债券是一般意义上的债券,很多国家通过法律或者法规对实物债券的格式予以明确规定。实物债券由于其发行成本较高,将会被逐步取消。

2. 凭证式债券

凭证式国债是指国家采取不印刷实物券,而用填制"国库券收款凭证"的方式发行的国债。我国从 1994 年开始发行凭证式国债。凭证式国债具有类似储蓄又优于储蓄的特点,通常被称为"储蓄式国债",是以储蓄为目的的个人投资者理想的投资方式。从购买之日起计息,可记名、可挂失,但不能上市流通。与储蓄类似,但利息比储蓄高。

3. 记账式债券

记账式债券指没有实物形态的票券,以电脑记账方式记录债权,通过证券交易所的交易系统发行和交易。我国通过沪、深交易所的交易系统发行和交易的记账式国债就是这方面的实例。如果投资者进行记账式债券的买卖,就必须在证券交易所设立账户。所以,记账式国债又称无纸化国债。

记账式国债购买后可以随时在证券市场上转让,流动性较强,就像买卖股票一样,当然,中途转让除可获得应得的利息外(市场定价已经考虑到),还可以获得一定的价差收益(不排除损失的可能),这种国债有付息债券与零息债券两种。付息债券按票面发行,每年付息一次或多次。零息债券折价发行,到期按票面金额兑付,中间不再计息。由于记账式国债发行和交易均无纸化,所以交易效率高,成本低,是未来债券发展的趋势。

记账式国债与凭证式国债有何区别?表现在以下几方面:① 在发行方式上,记账式国债通过电脑记账、无纸化发行,而凭证式国债是通过纸质记账凭证发行。② 在流通转让方面,记账式国债可自由买卖,流通转让也较方便、快捷。凭证式国债只能提前兑取,不可流通转让,提前兑取还要支付手续费。③ 在还本付息方面,记账式国债每年付息,可当日通过电脑系统自动到账;凭证式国债是到期后一次性支付利息,客户需到银行办理。④ 在收益性上,记账式国债要略好于凭证式国债,通常记账式国债的票面利率要略高于相同期限的凭证式国债。

(四) 按是否可转换划分

1. 可转换债券

可转换债券是指在特定时期内可以按某一固定的比例转换成普通股的债券,它具有债务与权益双重属性,属于一种混合性筹资方式。由于可转换债券赋予债券持有人将来成为公司股东的权利,因此其利率通常低于不可转换债券。若将来转换成功,在转换前发行企业达到了低成本筹资的目的,转换后又可节省股票的发行成本。根据《公司法》的规定,发行可转换债券应由国务院证券管理部门批准,发行公司应同时具备发行公司债券和发行股票的条件。

在深、沪证券交易所上市的可转换债券是指能够转换成股票的企业债券,兼有股票和普通债券双重特征。一个重要特征就是有转股价格。在约定的期限后,投资者可以随时将所持的可转换债券按股价转换成股票。可转换债券的利率是年均利息对票面金额的比率,一般要比普通企业债券的利率低,通常发行时以票面价发行。转换价格是转换发行的股票每一股所要求的公司债券票面金额。

2. 不可转换债券

不可转换债券是指不能转换为普通股的债券,又称为普通债券。由于其没有赋予债券持有人将来成为公司股东的权利,所以其利率一般高于可转换债券。

(五) 按付息的方式划分

1. 零息债券

零息债券,也叫贴现债券,是指债券券面上不附有息票,在票面上不规定利率,发行时按规定的折扣率,以低于债券面值的价格发行,到期按面值支付本息的债券。从利息支付方式来看,贴现国债以低于面额的价格发行,可以看作是利息预付,因而又可称为利息预付债券、贴水债券,是期限比较短的折现债券。

2. 定息债券

固定利率债券是将利率印在票面上并按期向债券持有人支付利息的债券。该利率不随市场利率的变化而调整,因而固定利率债券可以较好地抵制通货紧缩风险。

3. 浮息债券

浮动利率债券的息票率是随市场利率变动而调整的利率。因为浮动利率债券的利率同当前市场利率挂钩,而当前市场利率又考虑到了通货膨胀率的影响,所以浮动利率债券可以较好地抵制通货膨胀风险。其利率通常根据市场基准利率加上一定的利差来确定。浮动利率债券往往是中长期债券。

(六) 按能否提前偿还划分

1. 可赎回债券

可赎回债券是指在债券到期前,发行人可以以事先约定的赎回价格收回的债券。公司发行可赎回债券主要是考虑到公司未来的投资机会和回避利率风险等问题,以增加公司资本结构调整的灵活性。发行可赎回债券最关键的问题是赎回期限和赎回价格的制定。

2. 不可赎回债券

不可赎回债券是指不能在债券到期前收回的债券。

(七) 按计息方式划分

1. 单利债券

单利债券指在计息时,不论期限长短,仅按本金计息,所生利息不再加入本金计算下期利息的债券。

2. 复利债券

复利债券与单利债券相对应,指计算利息时,按一定期限将所生利息加入本金再计算利息,逐期滚算的债券。

3. 累进利率债券

累进利率债券指年利率以利率逐年累进方法计息的债券。累进利率债券的利率随着时间的推移,后期利率比前期利率更高,呈累进状态。

(八) 按债券是否记名划分

按债券上是否记有持券人的姓名或名称,分为记名债券和无记名债券。这种分类类似于记名股票与无记名股票的划分。在公司债券上记载持券人姓名或名称的为记名公司债;反之为无记名公司债。两种债券在转让上的差别也与记名股票、无记名股票相似。

(九) 按是否盈余分配划分

按是否参加公司盈余分配,分为参加公司债券和不参加公司债券。债权人除享有到期向公司请求还本付息的权利外,还有权按规定参加公司盈余分配的债券,为参加公司债券;反之为不参加公司债券。

（十）按募集方式划分

1. 公募债券(Public Offering Bond)

公募债券是指向社会公开发行,任何投资者均可购买的债券,向不特定的多数投资者公开募集的债券。公募债券可以在证券市场上转让。

2. 私募债券(Private Placement Bond)

私募债券是指向与发行者有特定关系的少数投资者募集的债券,其发行和转让均有一定的局限性。私募债券的发行手续简单,一般不能在证券市场上交易。

公募债券与私募债券在欧洲市场上区分并不明显,可是在美国与日本的债券市场上,这种区分是很严格的,并且也是非常重要的。

（十一）按能否上市划分

按债券能否上市分为上市债券和非上市债券。可在证券交易所挂牌交易的债券为上市债券;反之为非上市债券。上市债券信用度高,价值高,且变现速度快,故而容易吸引投资者,但上市条件严格,并要承担上市费用。

二、债券的发行条件

（一）发行额

根据我国《公司法》规定,公司债券发行的累计债券总额不超过(其)净资产额的40%。

（二）债券期限

债券期限需要考虑如下主要因素。

1. 发行人资金需求的时间长度

如果为生产性建设项目筹资而发行债券,期限应长一些,因为只有在项目建成投产后才有偿还能力。如果企业为了改造生产设备而筹资,期限可以短些。如果是为了补充暂时性流动资金发行债券,期限有几个月即可。

2. 未来市场利率变动趋势

如果预测的结果是远期债券利率降低,那么应发行短期债券为好,这样做有利于发行者以较低的债券利率发行新债券,降低筹资成本;如果预测到后期债券利率要提高,就要发行长期债券,以避免在高利率情况下发行新债券,造成筹资成本过高。

3. 债券流通市场的发达程度

如果债券市场不发达,发行困难大,转让难出手,债券发行者就尽量发行短期债券,增加对投资者的吸引力。目前,我国债券市场不发达,市场上企业发行的债券期限一般都在3~5年以内。

此外,投资者的心理偏好、债券市场上其他债券的期限构成等因素也将影响债券期限的确定。

（三）偿还方式

债券的偿还方式常见的有以下几种。

1. 到期偿还、期中偿还和展期偿还

(1) 到期偿还也叫满期偿还,是指按发行债券时规定的还本时间,在债券到期时一次全部偿还本金的偿债方式。

(2) 期中偿还也叫中途偿还,是指在债券最终到期日之前,偿还部分或全部本金的偿债方式。

(3) 展期偿还是指在债券期满后又延长原规定的还本付息日期的偿债方式。

2. 部分偿还和全额偿还

(1) 部分偿还是指从债券发行日起,经过一定宽限期后,按发行额的一定比例,陆续偿还,到债券期满时全部还清。

(2) 全额偿还是指在债券到期之前,偿还全部本金。

3. 定时偿还和随时偿还

(1) 定时偿还亦称定期偿还,它指债券发行后待宽限期过后,分次在规定的日期,按一定的偿还率偿还本金。

(2) 随时偿还也称任意偿还,是指债券发行后待宽限期过后,发行人可以自由决定偿还时间,任意偿还债券的一部分或全部。

(四) 票面利率

票面利率水平的决定和利率形式的选择需要考虑如下主要因素:

(1) 债券发行价格。一般来说,发行价高于票面价,则票面利率高于市场实际利率。

(2) 债券期限的长短。一般来说,期限越长,利率越高。

(3) 债券的信用级别。信用等级越高,资信状况越好,票面利率可适当降低;反之亦反之。

(4) 宏观经济形势。若宏观经济状况良好,债券发行比较顺利,利率可适当低一些;若宏观经济形势不利,则发行债券比较困难,则利率较高。除上述因素外,还要考虑市场利率变化趋势、国家对债券票面利率的管理规定等。

(五) 发行价格

证券发行价格有溢价发行、平价发行、折价发行。公司债券的发行方式也有三种,即面值发行、溢价发行、折价发行。假设其他条件不变,债券的票面利率高于同期银行存款利率时,可按超过债券票面价值的价格发行,称为溢价发行。溢价是企业以后各期多付利息而事先得到补偿。如果债券的票面利率低于同期银行存款利率,可按低于债券面值的价格发行,称为折价发行。折价是企业以后各期少付利息而预先给投资者补偿。如果债券的票面利率与同期银行存款利率相同,可按票面价格发行,称为面值发行。溢价或折价是发行债券企业在债券存续期内对利息费用的一种调整。

实际操作中,通常是先决定债券的期限和票面利率,再根据市场利率水平或市场上同类债券的到期收益率来确定债券发行价格。

三、协助债券发行申请

公司债券(企业债券)的承销商将主要协助公司(企业)拟定发行债券申请书和公司债券募集办法或企业债券发行章程,并连同有关申报文件向审批机构报送。

四、协助和监督债券发行人进行信息披露

当公司债券或企业债券的发行申请经有权机关批准后,承销商应协助发行人编写债券发行公告。发行公告所载明的内容必须符合有关法律法规的要求,应充分揭示债券的有关信息和风险。

五、承销债券

当发行人选定承销商或承销商通过竞争投标获取债券承销权后,承销商便与发行人签订承销协议,明确承销方式、承销债券的名称(种类)和金额、承销期限及起止日期、债券担保事项、违约责任等其他有关事项。

公司债券受到公司资质、债券市场状况双重影响。公司债券承销将面临两大风险,一是定价风险,二是市场风险。

(一)定价风险

对股票发行来说,定价就是对每股价格的估值;对债券来说,定价就是确定债券的票面利率。

定价过高则出现卖不掉而导致包销商损失的风险;定价太低则发行人利益就要受到损失。券商作为主承销商,其定价能力和销售能力将受到考验。如果定价不合理,滞销和包销的风险需要券商来承担。

公司债券的主体是上市公司,上市公司发行公司债券的先天优势是信息披露的规范性。

由于试点办法中规定担保不是企业债发行的必要条件,与有担保的债券相比,无担保公司债券的持有人承担的风险较大,因此,券商需要选择资质更优的公司及注重信用评级,以避免发行失败的风险。

大券商在债券定价上面具有优势,而且大券商更容易承揽到蓝筹公司债券发行。

恶性循环是大券商承销风险小的公司债券,小券商承销风险大的公司债券,小券商身处的承销环境将越来越不利。

(二)市场风险

案例:2007 年随着升息周期的来临,债券收益率一路攀升。发行的企业债券发行利率较年初增加了约 80 个 BP,企业债发行成本大增削弱了企业发债的意愿。

另外,二级市场的债券收益率不断上升,一级市场和二级市场之间的利差空间被大大压缩了。一、二级市场的利差是券商承销企业债券的固定收益业务收入来源之一。但如果一、二级市场收益率基本持平,很多公司债券承销收入就大打折扣。如果市场行情不好,投资主体的投资意愿也将降低,出现公司债券没人买的情况,大大提高了公司债券的销售风险。

目前公司债券的投资主体还未界定,如果保险公司暂不能投资无担保债券,而银行又不愿投资创新产品和风险较大的公司债券,对风险权重较大的公司债券来说,发行将较为困难,二级市场定价功能也难以发挥。

六、债券的信用评级

债券的信用评级是指按一定的指标体系对准备发行债券的还本付息的可靠程度做出公正

客观的评定。债券信用评级是对一个发债机构能否于债券等发行债务工具到期日前按时偿还的能力和意愿做出的意见。

债券信用评级的作用有两个：第一，债券信用评级帮助投资者进行债券投资决策。因为购买债券是要承担一定风险的，如果发行者到期不能偿还本息，投资者就会蒙受损失。专业机构对准备发行债券的还本付息可靠程度进行客观、公正和权威的评定，以便投资者决策。第二，债券信用评级减少信誉高的发行人的筹资成本。一般说来，资信等级越高的债券，越容易得到投资者的信任，能够以较低的利率出售；而资信等级低的债券，风险较大，只能以较高的利率发行。

目前国际上公认的最具权威性的信用评级机构主要有穆迪投资服务公司和美国标准普尔公司。上述两家公司负责评级的债券很广泛，包括地方政府债券、公司债券、外国债券等。由于它们占有详尽的资料，采用先进科学的分析技术，又有丰富的实践经验和大量专门人才，因此它们所做出的信用评级具有很高的权威性。此外，还有惠誉国际信用评级有限公司（Fitch）。

信用评级又分为投资级别评级（Investment Grade）和投机级别评级（Speculative Grade/Junk Bonds）。

影响债券信用评级的因素有：① 公司对债务的偿还能力（Coverage Ratio）；② 公司杠杆率（Leverage Ratio），即权益债务比率（Equity/Debt）；③ 资金流动比率（Liquidity Ratio）；④ 盈利能力比率（Profitability Ratio）；⑤ 现金债务比率（Cash Flow to Debt），其余还有公司的基本信用分析（Fundamental Credit Analysis）等。

七、国债的发行与承销

国债，又称国家公债，是国家以其信用为基础，按照债券的一般原则，通过向社会筹集资金所形成的债权债务关系。国债是由国家发行的债券，是中央政府为筹集财政资金而发行的一种政府债券，是中央政府向投资者出具的、承诺在一定时期支付利息和到期偿还本金的债权债务凭证。由于国债的发行主体是国家，所以它具有最高的信用度，被公认为是最安全的投资工具。

（一）筹措军费

在战争时期，军费支出额巨大，在没有其他筹资办法的情况下，即通过发行战争国债筹集资金。发行战争国债是各国政府在战时通用的方式，也是国债的最先起源。

（二）平衡财政收支

一般来讲，平衡财政收支可以采用增加税收、增发通货或发行国债的办法。比较以上三种办法，增加税收是取之于民用之于民的做法，固然是一种好办法，但是增加税收有一定的限度，如果税赋过重，超过了企业和个人的承受能力，将不利于生产的发展，并会影响今后的税收。增发通货是最方便的做法，但是此种办法是最不可取的，因为用增发通货的办法弥补财政赤字，会导致严重的通货膨胀，其对经济的影响最为剧烈。在增税有困难，又不能增发通货的情况下，采用发行国债的办法弥补财政赤字，是一项可行的措施。政府通过发行债券可以吸收单位和个人的闲置资金，帮助国家度过财政困难时期。但是赤字国债的发行量一定要适度，否则也会造成严重的通货紧缩。

（三）筹集建设资金

国家要进行基础设施和公共设施建设，为此需要大量的中长期资金，通过发行中长期国债,可以将一部分短期资金转化为中长期资金,用于建设国家的大型项目,以促进经济的发展。

(四) 借换国债的发行

借换国债是为偿还到期国债而发行,在偿债的高峰期,为了解决偿债的资金来源问题,国家通过发行借换国债,用以偿还到期的旧债,这样可以减轻和分散国家的还债负担。

国债承销(Underwriting Process of Public Bonds),国债承销商接受中央政府的委托代为发售国债的行为。一般发生在国债的间接发行场合,承销商应具有法定或中央政府认定的资格;由于国债的发行数量巨大,每期的发行时间有限,所以,通常由若干家承销商组成国债承销团来承销国债。

专栏 5－5

我国上市债券的发行条件

一、我国上市企业债券的发行条件

根据深、沪证券交易所关于上市企业债券的规定,企业债券发行的主体可以是股份公司,也可以是有限责任公司。申请上市的企业债券必须符合以下条件:

(1) 经国务院授权的部门批准并公开发行;股份有限公司的净资产额不低于人民币 3 000 万元,有限责任公司的净资产额不低于人民币 6 000 万元;

(2) 累计发行在外的债券总面额不超过企业净资产额的 40%;

(3) 公司三年平均可分配利润足以支付公司债券一年的利息;

(4) 筹集资金的投向符合国家产业政策及发行审批机关批准的用途;

(5) 债的期限为一年以上;

(6) 债券的利率不得超过国务院限定的利率水平;

(7) 债券的实际发行额不少于人民币 5 000 万元;

(8) 债券的信用等级不低于 A 级;

(9) 债券有担保人担保,其担保条件符合法律、法规规定;资信为 AAA 级且债券发行时主管机关同意豁免担保的债券除外。

(10) 公司申请其债券上市时仍符合法定的债券发行条件;交易所认可的其他条件。

二、我国公司债券和企业债券的特征与不同

(1) 公司债券和企业债券的特征。

公司债券,是指公司依照法定程序发行,约定在一定期限还本付息的有价证券,主体是公司。企业债券指企业依照法定程序发行,约定在一定期限内还本付息的有价证券,适用的主体是在中国境内具有法人资格的企业在境内发行的债券。

① 公司债券的发行主体只限于股份有限公司、国有的有限责任公司;企业债券的发行主体只限于具有法人资格的企业。② 公司债券和企业债券都是一种有价证券。③ 公司债券和企业债券注有还本付息日期。④ 公司债券和企业债券必须依照法定程序发行。⑤ 发行公司债券和企业债券筹集的资金,必须用于批准的用途。

(2) 公司债券和企业债券的不同。

从分析角度看,企业债券与公司债券的主要区别有以下几个方面:第一,发行主体的差别。公司债券是由股份有限公司或有限责任公司发行的债券,非公司制企业不得发行公司债券。企业债

券的发行主体为中央政府部门所处机构、国有独资企业、国有控股企业。第二,发行条件方面。公司债券发行条件相对比较宽松。第三,担保上,公司债券采取无担保形式,而企业债券要求由银行或集团担保。第四,两者在发行定价上也有显著的区别。公司债券的最终定价由发行人和保荐人通过市场询价来确定,而企业债券的利率限制要求发债利率不高于同期银行存款利率的40%。第五,发行状况方面,公司债券可采取一次核准,多次发行。企业债券一般要求在通过审批后一年内发完。法律依据:《中华人民共和国公司法》第153条,本法所称公司债券,是指公司依照法定程序发行、约定在一定期限还本付息的有价证券。公司发行公司债券应当符合《中华人民共和国证券法》规定的发行条件。《企业债券管理条例》第二条:本条例适用于中华人民共和国境内具有法人资格的企业(以下简称企业)在境内发行的债券。但是,金融债券和外币债券除外。除前款规定的企业外,任何单位和个人不得发行企业债券。第五条:本条例所称企业债券,是指企业依照法定程序发行、约定在一定期限内还本付息的有价证券。

公司债券和企业债券的不同见表5-3。

表5-3 公司债券和企业债券的不同

公司债券的发行条件	企业债券的发行条件
股份有限公司的净资产额不低于人民币3 000万元,有限责任公司的净资产额不低于人民币6 000万元	企业规模达到国家规定的要求
累计债券总额不超过公司净资产额的40%	企业财务会业制度符合国家规定
最近3年平均可分配利润足以支付公司债券1年的利息	具有偿债能力
筹集的资金投向符合国家产业政策	企业经济效益良好,发行企业债券前连续3年盈利
债券的利率不得超过国务院限定的利率水平	所筹资金符合国家产业政策
国务院规定的其他条件。 前一次发行的公司债券尚未募足,或已发行的公司债券或者其债务有违约的或者延迟支付本息的事实,且仍处于继续状态的,不得再次发行公司债券	

三、可转换公司债券的发行条件

可转换债券是债券持有人可按照发行时约定的价格将债券转换成公司的普通股票的债券。如果债券持有人不想转换,则可以继续持有债券,直到偿还期满时收取本金和利息,或者在流通市场出售变现。如果持有人看好发债公司股票增值潜力,在宽限期之后可以行使转换权,按照预定转换价格将债券转换成为股票,发债公司不得拒绝。该债券利率一般低于普通公司的债券利率,企业发行可转换债券可以降低筹资成本。可转换债券持有人还享有在一定条件下将债券回售给发行人的权利,发行人在一定条件下拥有强制赎回债券的权利。

我国可转换债券的发行条件如下:

(1) 最近3年连续盈利,且最近3年净资产利润率平均在10%以上;属于能源、原材料、基础设施类的公司可以略低,但是不得低于7%;

(2) 可转换公司债券发行后,资产负债率不高于70%;

(3) 累计债券余额不超过公司净资产额的40%;

（4）募集资金的投向符合国家产业政策；

（5）可转换公司债券的利率不超过银行同期存款的利率水平；

（6）可转换债券的发行额不少于人民币1亿元；

（7）国务院证券委员会规定的其他条件。

上市公司发行的可转换公司债券，在发行结束6个月后，持有人可以依据约定的条件随时转换股份。重点国有企业发行可转换公司债券，转换期满时未转换为股份的，利息一次性支付，不计复利。可转换公司债券到期未转换的，发行人应当按照募集说明书的约定，于期满后5个工作日内偿还本息。

可转换公司债券发行人未按期偿还本息的除支付本息外，应当按每日1‰的比例向债权人支付赔偿金。

综合案例 5-2

中国人寿的 IPO

一、记录如何创造

保险股在A股市场的稀缺性与中国股市步入高潮的有利发行时机，使得中国人寿作为保险"第一股"，在合理估值的基础上获得了较高的溢价，其招股时冻结的资金数额、发行摊薄后的市盈率，均刷新了市场记录。

2006年12月9日，中国人寿（02628.HK，601628）发布A股招股意向书，计划发行不超过15亿股。作为首只登陆A股的保险股，中国人寿在招股期间就冻结资金8 325亿元，超过工商银行A股发行时7 810亿元的纪录。其最终发行价确定为18.88元的询价上限，按2005年54.56亿元的净利润计算，发行摊薄后的市盈率高达97.8倍，刷新了由闽东电力2000年首发时所保持的88.69倍市盈率的纪录。除去发行费用后，中国人寿此次募集资金高达278.1亿元。在2007年1月9日的上市首日，中国人寿股价涨幅达106.2%，收于38.93元，参与申购成功的投资者获利丰厚。对比2003年12月在香港市场每股3.625港元的发行价，中国人寿的A股IPO获得极大的成功。

二、剥离利差损保单，重组香港上市

中国人寿的母公司中国人寿保险集团公司，2002年的总保费收入已占全行业的57%。2003年，为了筹备在香港上市，人寿集团进行了一系列的重组。当年6月30日，中国人寿股份有限公司（即"中国人寿"）设立。按照中国保监会2003年8月21日批准的重组方案，人寿集团与中国人寿于2003年9月30日签署了效力可追溯至2003年6月30日的重组协议。

重组除了员工以及运营资产转移等一些正常程序外，最主要的内容为人寿集团将1999年6月10日之后的保单转移至中国人寿，之所以如此安排，是因为1999年6月10日前，人寿集团所售保单的预定利率为5%，然而同期国内人寿保险公司的投资回报偏低且处于下降通道，如当时的一年期定期存款利率仅为2.25%。为解决这一利差损问题，中国保监会于1999年6月10日发出通知，把人寿保险公司支付新保单的最高预定利率降至每年2.5%。为了不将此前的利差损保单带进上市公司，人寿集团保留了1999年6月10日之前发售的保单。

按中国估值规则，人寿集团向中国人寿转让的资产净值截至2003年6月30日为296.08亿元，等于按照香港公认会计准则计算的361.82亿元。2003年11月23日，中国人寿与人寿集团通过重组成立资产管理公司，管理所有中国人寿的投资资产及另外独立管理人寿集团大部分的投资资

产。2003年12月8日,中国人寿在香港正式招股,最终以3.625港元定价,总共募集资金约250亿美元,发行后人寿集团持有中国人寿约193.24亿股,占72.2%的股权;公众股东持有约74.4亿股,占27.8%的股权。2003年12月16日,中国人寿在香港挂牌上市。

中银、花旗集团、瑞士信贷及德意志银行,担任了中国人寿此次全球发行的联席保荐人。

在良好的行业发展前景以及剥离了利差损保单上市后,中国人寿步入了发展的快车道,2003—2005年的保险业务收入分别为1 334.86亿元、1 488.05亿元和1 596.26亿元,年均复合增长率为9.35%;净利润分别为9.64亿元、29.19亿元和54.56亿元,年均复合增长率为137.9%。2006年年末,中国人寿启动了回归A股的计划。

三、恰当的发行时机与H股适时大涨,保证了A股较高的发行价

IPO成功的关键,在于发行时机的选择和发行价格的确定,从这两点来看,作为中国人寿A股发行主承销商机构的中金公司和银河证券可谓匠心独运。

事实上,在中国人寿自香港上市一月后,时任中国人寿董事长的王宪章即表示争取一年后A股上市。但由于当时A股市场低迷,2004年6月,王宪章改口称"内地股市表现不如我们以前预期,因此我们暂无A股上市计划"。到2006年,一方面,中国证券市场在经历了5年的低迷之后快速步入高潮,股指节节攀升。另一方面,当时A股的金融股板块包括券商股、银行股、信托股,恰恰缺乏保险股,这不仅影响着金融股板块的估值,也影响着基金等机构投资者资金在金融行业的资产配置比例,因此,市场一直期望中国人寿、平安保险等保险股能够快速"海归"。这种环境为中国人寿的回归创造了较好的市场时机。

从发行价格看,中国人寿A股IPO的发行价最终确定为18.88元的询价上限,远高于3年前H股上市时的3.625港元,也凸显了背后投行的工作。

2006年12月15日中国人寿A股IPO获批后,围绕其估值的争论便在内外资投行中展开。由于寿险公司经营周期长达数十年,在估值上与一般制造业公司不同,不能以市盈率为参照系,国际上一般以内涵价值法估算寿险公司的价值,即以公司的现有价值(内涵价值)加上未来能够创造的价值(新业务价值)估算。但不同的计算模型,带来了不同的结果,如花旗银行对中国人寿H股给予了"出售"的评级。中金公司和银河证券则动员了自身的研究力量,为此次发行量身打造了投资价值分析报告。中金公司报告认为,依内涵价值计算,到2007年年底,中国人寿的投资价值有望达到26.28元/股,23~29元均为合理价值区间。

由于中国人寿是内地保险第一股,在A股并没有参照指标,因而A股定价很大程度上要参照港股。而按照近年H股上市公司回归A股的操作惯例,中国人寿A股定价会以询价日前30天H股的收盘平均价,加以适当的折扣计算而得。由于此次中国人寿仅发行15亿股A股,令公司总股本由267.65亿股增至282.65亿股,对现有股东的每股摊薄不到6%,因此,在A股询价前,中国人寿H股价格连番大幅上涨——2006年12月14日后的三个交易日内快速攀升近20%,至22.7港元。最终,中国人寿的A股发行询价区间定为18.16~18.88元。

H股的大涨,无疑提升了A股的定价水平,同时保险股在A股市场的稀缺性,也使市场会在合理估值的基础上给予一定的溢价。由于在询价截至12月22日(周五),中国人寿H股以24.35港元收盘,12月25日(周一),中国人寿A股报出了18.88元的发行价格上限。对于这一价格的确定,中金公司资本市场部董事总经理林寿康说:"这是为了对H股股东有所交代,并让内地的机构投资者有一定的获利空间。"

对于中国人寿而言,较高的发行价有利于提高公司每股净资产和内涵价值,迅速提高实际偿付能力额度。这也有利于提升中国人寿在H股的估值水平。

综合案例 5 - 3

中国长江三峡工程开发总公司的债券融资

中国长江三峡工程开发总公司是经国务院批准成立,计划在国家单列的自主经营、独立核算、自负盈亏的特大型国有企业,是三峡工程的项目法人,全面负责三峡工程的建设、资金的筹集以及项目建成后的经营管理。三峡总公司拥有全国特大型的水力发电厂葛洲坝水力发电厂,今后还将按照国家的要求,从事和参与长江中上游流域水力资源的滚动开发。该公司财务状况较好,净利润的增长速度较快,资产负债率也较理想,最高也未超过 50%(我国大多数企业的资产负债率在 30%～40%)。本期债券的基本事项:

(1) 债券名称:2001 年中国长江三峡工程开发总公司企业债券。

(2) 发行规模:人民币 50 亿元整。

(3) 债券期限:按债券品种不同分为 10 年和 15 年。其中 10 年期浮动利率品种 20 亿元,15 年期固定利率品种 30 亿元(此点很有创意:第一,时间长,15 年,创造了中国企业发行债券的年限纪录;第二,一批债券有两个期限,投资者可以有一定的选择区间;第三,一批债券有两种利率制度。所以,此案例很有代表性)。

(4) 发行价格:平价发行,以 1 000 元人民币为一个认购单位。

(5) 债券形式:实名制记账式企业债券,使用中央国债登记结算有限责任公司统一印制的企业债券托管凭证。

(6) 债券利率:本期债券分为 10 年期和 15 年期两个品种。10 年期品种采用浮动利率的定价方式。15 年期品种采用固定利率方式,票面利率为 5.21%。

债券发行决策分析的全过程如下。

一、债券发行规模决策

在谈债券发行规模决策问题时,还有一个前提:是否发行,只有发行才有规模。现在的公司在融资方式上比较单一,如上市公司,就倾向发行股票——增发新股、配股,不考虑其他的融资方式。所以,目前的上市公司中,资本结构是不太理性的,负债的比率太低。而国有企业非上市公司,主要是靠银行贷款,可以说是一种畸形。因此,我们提倡通过资本市场来直接融资,融资方式不仅有股票,还有债券。债券发行的规模至少要考虑三个因素:首先要以企业合理的资金占用量和投资项目的资金需要量为前提,为此应该对企业的扩大再生产进行规划,对投资项目进行可行性研究。三峡工程是目前在建的世界上最大的水电工程,具有世界先进水平。这样大的工程需要资金。三峡工程是经专家们反复论证后由全国人大批准通过,并由国家各级部门全力支持的具有巨大经济、社会、环境效益的工程。

2001 年三峡债券的发行人"中国长江三峡工程开发总公司"是三峡工程的项目法人,全面负责三峡工程的建设、资金筹集以及项目建成后的经营管理,公司拥有三峡电厂和葛洲坝电厂两座世界级的特大型水电站。根据案例资料分析三峡工程竣工后将为三峡总公司带来良好的经济效益。表现为:

(1) 本期债券所募集的资金将全部用于 2001 年度三峡水利枢纽工程的建设。1992 年 4 月 3 日第七届全国人大第五次会议通过了《关于兴建长江三峡工程的决议》,批准将兴建长江三峡工程列入国民经济和社会发展十年规划。三峡工程位于湖北宜昌三斗坪,由拦河大坝、左右岸发电厂、通航设施等组成,具有巨大的防洪、发电、航运等综合效益。

(2) 各种融资方式要配合进行(一个项目的建设,不能只靠一种融资方式,股票、债券、银行贷款要都予以考虑并协调进行,如股票多少、债券多少、银行贷款多少)。

（3）充分考虑赢利能力,即要分析企业财务状况,尤其是获利能力和偿债能力的大小。三峡工程所承担的防洪等巨大的社会、经济效益使国家对三峡工程给予了高度重视,在资金筹措方面出台了三项扶持政策:第一,将中国目前最大的水电站——葛洲坝水力发电厂划归三峡总公司,规定其发电利润用于三峡工程建设。此外,还适当提高葛洲坝电厂的上网电价。第二,在全国范围内,按不同地区不同标准,通过对用户用电适当加价的方法,征收三峡工程建设基金。以上两项在三峡工程建设期内可筹集资金约1 100亿元人民币,占三峡工程总投资的50%以上。而且这两项资金作为国家投入的资本金,意味着三峡工程一半以上的资金来源在建设期内不需要还本付息。第三,是国家开发银行贷款。作为中国三大政策性银行之一,国家开发银行已承诺在1994年至2003年每年向三峡工程提供贷款30亿元,共计300亿元人民币。以上三项政策共可为工程筹集建设资金1 400多亿元,约占工程投资的70%。这是三峡工程稳定可靠的资金来源,对整个工程建设起着重要的资金支撑作用。

除此之外,三峡工程从2003年起,机组将相继投产,从而为三峡工程增加新的现金流入,这部分迅速增长的资金将满足后期投资的需要。总之,三峡总公司未来将有巨大而稳定的现金流入,本期总额为50亿元的债券相对而言只是个较小的数目,因此到期本息的偿付有足够的保障。

再次,从公司现有财务结构的定量比例来考虑。目前常用的资产负债结构指标有两种:第一种为负债比率,即负债总额与资产总额之比,它用来分析负债筹资程度和财务风险的大小,对债权人来说用来表明债权的安全可靠程度。国际上一般认为30%左右比较合适,但在发达国家和地区通常要高一些,美国企业为40%左右,中国台湾为50%～60%,日本达到70%～80%;第二种为流动比率或营运资金比率,即企业流动资产与流动债券之比。它用于分析企业短期债务到期前的变现偿还能力。一般认为,企业流动资产(包括现金、应收款项、有价证券、产成品、发出商品等)应是其流动债券的2倍以上,比率越高,企业的短期偿债能力越强。从案例资料分析,三峡总公司目前资产负债率较低,且以长期负债为主,财务结构较为合理。截至2000年年底,公司总资产692.74亿元,净资产350.39亿元,负债342.10亿元,其中长期负债327.64亿元,占总负债的95.8%,资产负债率为49.38%。2000年,公司实现销售收入15.65亿元,实现利润总额7.44亿元,实现净利润5.01亿元。从三峡总公司的资产构成看,2000年年末流动资产和固定资产占资产总额的比重分别为4.7%和95.3%,固定资产中在建工程占绝对比例,这正反映出公司目前总体处于在建期的客观情况。

从公司的资本构成情况看,自有资本比率较大,自有资本充足,资本实力雄厚;债务主要由长期债务构成。从今后的发展情况看,由于资本金有稳定的增长来源,建设期还将持续8年,因此,上述资产结构、资本结构及债务结构将不会发生根本性变化。由于三峡工程属于在建项目,所以我们在分析三峡总公司财务状况时,不宜只以各项财务指标为依据,尤其是公司利润部分。三峡总公司目前利润主要来自葛洲坝电厂,由于其上网电价偏低,有较大的提价空间,并且目前公司正在与国家有关主管部门协商提价事宜,因此未来这部分现金流入预期会有较大幅度的提高。

最后,应比较各种筹资方式的资金成本和方便程度。筹资方式多种多样,但每一种方式都要付出一定的代价即资金成本,各种资金来源的资金成本不相同,而且取得资金的难易程度也不一样。为此就要选择最经济、最方便的资金来源。

二、债券筹资期限的策略

即决策一个恰当而有利的债券还本期限,具体规定偿还期的月度数或年度数。我国规定,一般把融资期限在一年以内的作为短期债券,而把一年以上的作为长期债券,西方国家公司还常常将一年以上债券中五年以内的看作中期债券,五年以上的为长期债券。债券偿还期的确定应注意综合考虑以下各因素：

（1）投资项目的性质和建设期。

不同投资项目是考虑偿债期的主要依据，一个企业为某项生产性投资建设项目筹集资金而发行债券时，期限要长一些，因为一般只有在该项目投产获利之后才有偿债能力；如果是设备更新改造筹资，则期限可相对短一些；如果是为了满足暂时流动资金的需要而发行债券，则期限可安排为几个月。总之，债券期限要与筹资用途或者投资项目的性质相适应，目的是付出最小的代价，最大限度地利用发行债券筹到的资金。

三峡总公司筹集资金是为了弥补其建设后期资金缺口，该项目计划的竣工年份短于债券期10年与15年的还本期。

（2）要有利于公司债务还本付息在年度间均匀分布。

这是一个债务偿还的期限结构设计问题，应当使公司债务还本付息在年度间均匀分布，预防债务偿还集中年限、月份的出现，也平滑还债压力与风险。比如，公司以前的债务在本年或随后几年还本付息相对公司财务状况显得紧张，则要避免过多的新的流动负债，而应实行长期债券筹资，实现债券筹资的良性循环。这批50亿债券采用10年浮动利率和15年期固定利率两个品种发行，从我国公司债券发行情况来看，这是第一次发行超过15年期的超长期公司债券。

（3）要考虑债券交易的方便程度。

债券市场的发达程度，即证券市场是否完善发达，如果证券市场十分完善，债券流通十分发达，交易很方便，那么债券购买者便有勇气购买长期债券，因为必要时，他能很方便地将他所持有的债券变换成现金；反之，如果证券市场不发达，债券难以流通、转让和推销，债券发行者就只能在其他方面补偿，如缩短债券期限。作为盘子大、资信好的中央级企业债券，三峡债券的上市应该不是问题。

本期三峡债券早在发行前，就获得了上海证券交易所和深圳证券交易所的上市承诺。从以往三峡债券的上市历史看，一般从发行到上市只需要4到5个月的时间。债券上市后，投资者既可以进行长期投资，也可以在需要套现的时候，选择较好的时机，以适当的价格卖出，并获得一定的投资收益。从本期债券的特点看，由于是按年付息品种，且在利率风险规避、满足投资者的短期投资偏好和长期投资回报要求等方面，均有相应的保障。

（4）利息的负担能力。

即要有利于降低债券利息成本。在市场利率形成机制比较健全的情况下，债券利息成本与期限有关。第一，一般地说，短期举债成本要比长期举债成本低。第二，看利率的走势水平：现在利率低，将来高，发行长期债券合适；现在利率高，将来低，发行短期债券合适。所以，发行人要分析估计好以上两个因素，将利息降低到最低点。

三峡债券规模较大，因此对于发行与定价方案的设计十分重要。在对市场进行认真分析的基础上，本期三峡债券设计成两个品种，即10年期浮动利率和15年期固定利率。而15年期固定利率债券则是债券市场上的创新品种，是顺应当前的市场条件所进行的又一次大胆创新。

三、债券利率水平决策

这个问题是难度最大的问题，即对于投资者来讲，希望利率越高越好；而对于债券的发行者（筹资方）来讲，则希望越低越好，这就需要寻找一个平衡点。因此，确定债券利率应主要考虑以下因素：

（1）最高值，不能高于现行银行同期储蓄存款利率水平，否则影响整个金融市场（国家规定）。

（2）最低值，不能低于居民定期储蓄存款利率水平，这里有一个机会传播的问题。最近发行的国债利率低于居民定期储蓄存款利率水平，企业发行债券却不能这样，原因是国债有一个免税问题。

(3) 其他中间因素,包括企业的信用级别和等级、企业债券发行的期限、投资的风险(偿债的能力)、债券的担保(本案例债券有担保,因此,利率就可以低一些)。其主要包括以下几个方面:

① 现行银行同期储蓄存款利率水平。

非国债利率与国债利率之间存在着一定的利差,例如,如果 5 年期国债的利率为 4%,而同一期限的公司债券的利率为 5%,其利差为 100 个基本点(1%)。利差反映了投资者购买非国债利率而面临的额外风险。即非国债利率=基础利率(国债利率)+利差。

本期三峡债券的浮动利率品种基本利差为以中国人民银行规定的一年期银行储蓄存款利率为基础上浮 175 个基本点,比今年发行的浮动利率国债和金融债券要高出很多。例如,10 年期国债的浮动利差平均为 54.5 个基本点,10 年期政策性金融债券的浮动利差平均为 64.925 个基本点。由此可以推算,不考虑税收因素,本期债券高出同等条件国债和政策性金融债的利差分别为 120.5 和 110.075 个基本点。而由于本期债券采取钉住中国人民银行规定的一年期银行存款利率浮动的办法,因此无论未来十年一年期银行存款利率上调的幅度多大,本期债券的利率永远都比其高出 1.4 个百分点(考虑个人利息所得税因素)。

值得说明的是,随着债券市场的日益发展,债券利息决定方式的创新将越来越市场化,比如我国已有采用国际上通行的"路演询价"方式,即由投资者直接向主承销商报盘,确定自己在不同利率档次的购债数额,最后主承销商根据认购的倍数和利率,确定债券利率。

② 国家关于债券筹资利率的规定。

在我国,由于实行比较严格的利率管制,企业债券发行的宏观调控色彩较浓。依企业的不同隶属关系,债券利率由中国人民银行总行或省级分行以行政方式确定。例如,现行企业债券管理办法规定,企业债券的利率不得高于银行相同期限居民储蓄定期存款利率的 40%。这是企业债券利率的上限。企业债券利率既不直接反映供求关系和信用程度,也未与国债利率形成稳定的基准依据关系。而且,由于国有企业的所有制性质导致了企业信用风险差别上的模糊,政府在确定债券利率时,往往搞"一刀切"。但随着市场体制的逐步建立和企业融资重心的逐渐转移,这种情况将会得到改善。所以说,把利率定位在"不高于 40%"的最高限度,使利率不能真实反映公司债券的内含价值,使利率脱离了市场行情和发行公司的资信状况。

③ 发行公司的承受能力。

为了保证债务能到期还本付息和公司的筹资资信,需要测算投资项目的经济效益,量入为出。投资项目的预计投资报酬率是债券筹资利率的基本决策因素。本期债券的发行人三峡总公司的财务状况良好。截至 2000 年年底,三峡总公司的资产总额为 692.74 亿元,负债总额为 342.10 亿元(其中长期负债为 327.64 亿元),净资产为 350.39 亿元,资产负债率为 49.38%,流动比率为 2.27,速动比率为 2.25。这表明公司对长短期债务都有较强的偿付能力。到目前为止,三峡工程的施工进度和质量都达到或超过了预期水平,而且施工成本较原先计划的为低,工程进展十分顺利。三峡总公司的资本实力雄厚、债务结构合理。本期三峡债券的本息偿付有足够的保障。

④ 市场利率水平与走势。对利率的未来走势做出判断是分析债券投资价值的重要基础。利率是由市场的资金供求状况决定的。作为货币政策的重要工具之一,利率调整通常需要在经济增长、物价稳定、就业和国际收支四大经济政策目标之间进行平衡,并兼顾存款人、企业、银行和财政利益。

利率调整决策(或评价利率政策的效果)主要有三种方法,即财务成本法、市场判断法与计量模型分析法。目前,中国调整利率的主要依据是财务成本法。但不论采取哪种办法,都需要参照经济增长、物价水平、资金供求情况、银行经营成本、平均利润率、国家经济政策、国际利率水平等主要指标。这些因素均使得我国利率上升的压力大大减轻,或者说短期内人民币利率将保持稳定;从中、长期看,人民币利率仍然存在上升预期。

　　⑤ 债券筹资的其他条件。如果发行的债券附有抵押、担保等保证条款,利率可适当降低;反之,则应适当提高。三峡债券的风险很低。从信用级别看,经中诚信国际信用评级有限责任公司评定,2001 年三峡债券的信用级别为 AAA 级,是企业债券中的"金边债券"。从担保的情况来看,经中华人民共和国财政部财办企〔2001〕881 号文批准,三峡工程建设基金为本期债券提供全额、不可撤销的担保,因此具有准国债的性质,信用风险很小。可以看出,三峡工程建设基金每年都将给三峡总公司带来巨大而稳定的现金流入,而且从 2003 年开始,三峡电厂开始发电,随着发电量的逐年增加,其每年的现金流入增长很快。因此,本期债券的偿付有很好的保障。

▶▶ 重要概念

　　路演　核准制　注册制　荷兰式招标　美国式招标　超额配售选择权　IPO
可转换债券　债券的信用评级

▶▶ 复习思考题

　　1. 讨论不同融资工具对发行人和投资者的影响。不同融资工具的选择受哪些因素影响?

　　2. 战略投资者、机构投资者和公众投资者在股票发行中有何不同?

　　3. 举例说明竞价承销的原理。

　　4. 简述我国股票发行的一般程序。

　　5. 什么是绿鞋期权? 简述绿鞋机制对我国资本市场的积极作用。

　　6. 比较公募发行和私募发行的区别。说明投资银行在私募发行中有何功能。

　　7. 债券承销中的风险有哪些?

　　8. 简述我国债券发行上市的条件。

第六章 证券交易业务

本 章 概 要

投资银行在一级市场上主要从事证券的承销业务;在二级市场上主要作为经纪商、自营商、做市商从事经纪业务、自营业务以及做市商业务。正是由于二级市场的存在,才使得证券本身具有充分的流动性,并且能够为企业再融资提供定价参考,从而促进一级市场的进一步发展。

本章主要讲述投资银行在证券交易市场上的各项业务,分别对证券经纪业务、证券自营业务以及做市商业务进行了详细的讲述,包括各项业务的内涵及特征,交易流程,面临的风险以及投资银行开展各项业务的条件和禁止行为。

学习目标

- 理解证券经纪业务的内涵和特征;
- 掌握证券经纪业务的流程;
- 熟悉证券自营业务的内涵及特点;
- 了解证券自营业务的分类;
- 理解投资银行充当做市商的动机。

教学思政目标

1. 提升学生在投资活动中的社会责任担当意识,科学认识金融市场和理性参与投资的能力,让学生了解到在职业投资生涯中,要明晰并坚守法律法规底线、社会主义制度底线、国家利益底线、社会公共秩序底线、道德风尚底线、信托责任底线,树立良好的职业道德和职业素养。

2. 要求学生定期查阅国内外主要经济指标、金融市场动向,以及财政政策和货币政策的变化方向。

第一节 证券经纪业务

一、证券经纪业务的特征和要素

证券经纪业务是指证券公司通过其设立的证券营业部,接受客户委托,按照客户要求,代理客户买卖证券的业务。证券经纪业务是随着集中交易制度的实行而产生和发展起来的。由于在证券交易所内交易的证券种类繁多,数额巨大,而交易厅内席位有限,一般投资者不能直接进入证券交易所进行交易,故此只能通过特许的证券经纪商作中介来促成交易。

（一）证券经纪业务的特征

证券经纪业务具有以下四个突出的特点。

1.业务对象的广泛性和多变性

证券经纪业务的对象是特定价格和数量的证券,由于所有上市交易的股票和债券都是证券经纪业务的对象,所以,证券经纪业务对象具有广泛性的特点。同时,由于证券价格受多种因素的影响经常处在变化之中,同一种证券在不同时点上会有不同的价格,因此,证券经纪业务对象还具有多变性的特点。

2.经纪业务的中介性

证券经纪业务是一种中介业务和居间的经济活动,证券经纪人不是利用自己的资金进行证券买卖,也不承担交易中的风险,而是充当证券买卖双方的代理人,发挥着沟通买卖双方并按一定的要求和规则迅速、准确地执行指令和代办手续,尽量使买卖双方按自己的意愿成交的媒介作用,因此具有中介性的特点。

3.客户指令的权威性

在证券经纪业务中,客户是委托人,经纪商是受托人,经纪商要严格按照委托人的要求办理委托事务,这是经纪人对委托人的首要义务。委托人的指令具有权威性,证券经纪商必须严格按照委托人指定的证券、价格和有效时间买卖证券,不能自作主张,擅自改变委托人的意愿。如果情况发生变化,即使是为维护委托人的权益而不得不变更委托人的指令时,也要事先征得委托人的同意。证券经纪商如果故意违反委托人的指示,在处理委托事务中使委托人遭受损失,应当承担赔偿责任。

4.客户资料的保密性

在证券经纪业务中,委托人的资料关系到其投资决策的实施和投资赢利的实现,关系到委托人的切身利益,因此证券经纪商有义务为客户保密。保密的资料包括客户开户的基本情况(如姓名、住址、身份证号码、股东账户和资金专户账号等)和客户委托的有关事项(如买卖哪种证券、买卖证券的数量、资金账户中的资金余额等)。如因经纪人泄露客户资料而造成客户损失,经纪人应承担赔偿责任。

（二）证券经纪业务的要素

证券经纪业务一般由以下四个要素构成:委托人、证券经纪商、证券交易所和交易对象。

1.委托人

在证券经纪业务中,委托人是指依国家法律法规的规定,可以进行证券买卖的自然人或法人。国家法律法规不准参与证券交易的自然人或法人不得成为证券交易的委托人,如未成年人未经法定监护人的代理或允许者,因违反证券法规、经有权机关决定暂停其证券交易资格而期限未满者,受破产宣告未经复权者,法人提出开户但未能提供该法人授权开户证明者等,都不得成为证券交易的委托人。

证券业从业人员、管理人员和国家规定禁止买卖股票的其他人员,也不得直接或间接持有、买卖股票(买卖国债、基金除外)。同时,国家法律法规还规定了一些不得参与特定证券交易或不得在一定期间内从事特定交易的人员,如与该证券发行、交易有关的内幕人士。

2. 证券经纪商

证券经纪商是指接受客户委托、代客买卖证券并以此收取佣金的中间人。证券经纪商必须遵照客户发出的委托指令进行证券买卖,并尽可能以最有利的价格使委托指令得以执行,但证券经纪商不承担交易中的价格风险。证券经纪商向客户提供服务以收取佣金作为报酬。

3. 证券交易所

证券交易所是为证券的集中和有组织交易提供场所、设施,履行国家有关法律、法规、规章、政策规定的职责,实行自律性管理的会员制事业法人。基本职责包括提供证券交易场所和设施;制定证券交易所业务规则;接受上市申请,安排证券上市;组织、监督证券交易;对会员进行监管;对上市公司进行监管;设立证券登记结算机构;管理和公布市场信息。

在中国,证券交易所是依据国家有关法律,经国务院批准设立的提供证券集中竞价交易场所的不以营利为目的的法人。证券交易所本身不持有证券,也不进行证券的买卖,更不能决定证券交易的价格,它只是为交易双方的成交创造、提供条件,并对双方进行监督。在证券交易所交易的情况下,交易地点是固定的,即在交易所的交易大厅进行;进场参加交易的机构是固定的,即证券交易所会员。证券交易所设立或业务指导证券登记结算机构,为证券的发行和在证券交易所的证券交易活动提供集中的登记、托管与结算服务,是不以营利为目的的法人。

4. 证券交易的对象

证券交易对象是委托合同中的标的物,即委托的事项或交易的对象。例如,企业并购业务中的经纪对象可能是某企业;房地产经纪商的业务对象是房产或地产;证券经纪商的经纪业务是为客户寻找他所指定的证券,即证券经纪业务的对象是特定价格的证券。而客户则是经纪业务的服务对象,是委托关系中的委托人。经纪关系一经确立,经纪商就应按照委托合同中的有关条款,在受托的权限范围内寻找交易对象或办理委托事项。

二、证券经纪业务的流程

(一)申请会员资格和席位的程序

证券交易所会员是具备一定条件、经申请并经过证券交易所批准承认、允许其参加证券交易活动的正式成员。每个证券公司在交易所都有相应的交易席位,有了交易席位后,才具有在证券交易所交易的资格。个人投资者必须通过证券公司委托,进入交易系统。

(二)开通业务准备阶段的程序

主要包括:

(1)准备传输买卖指令手段和设备,如通信线路、通信设备等;

(2)准备用接受投资者委托指令的柜台委托系统;

(3)建立用于播放证券交易所发布的即时行情、成交回报和信息公告等的信息披露手段;

(4)派员参加证券交易所的出市代表、清算员的培训;

(5)向证券交易所划拨结算保证金和清算头寸,开立股份结算账户。

（三）受理投资者委托代理证券交易的基本程序

主要包括：

（1）审验投资者开立的证券交易所证券账户。

（2）与投资者签订委托协议，详细说明代理交易的权限和范围、操作程序、使用各种交易方式所面临的风险等。

（3）为投资者开立证券交易结算资金账户。开立证券交易结算资金账户目的是投资者用于证券交易资金清算，在接受开户时，证券经纪商应对委托人的情况加以了解。办理委托手续包括投资者填写委托单和证券经纪商受理委托。双方的经纪关系表现为，客户是授权人、委托人，证券经纪商是代理人、受托人。

（4）接受投资者的买卖指令并将其输入证券交易所的交易撮合系统。

（5）在投资者委托买卖指令后的规定时间内向投资者提供证券买卖确认书，并为其办理证券和资金的清算交割。

（四）委托指令的下达方式

1. 柜台递单委托

这指投资者到证券部营业柜台填写书面买卖委托单，委托证券商代理买卖股票的方式。

2. 电话自动委托

电话自动委托是指把计算机系统和普通电话网络联结起来，构成一个电话自动委托交易系统，投资者通过普通的双音频电话，按照该系统发出的指示，借助电话机上的数字和符号键输入委托指令，以完成证券买卖的一种委托形式。

3. 电脑自动委托

电脑自动委托是指投资者通过与证券商自动委托交易系统联结的电脑终端，按照系统发出的指示输入买卖委托指令，以完成证券买卖委托和有关信息查询的一种先进的委托方式。电脑委托比较快，而且节约时间，尤其对于上班一族，没有时间天天待在交易大厅，所以都用电脑委托。但是网上交易也有一定的风险性，所以，要经常更换自己的密码。

4. 远程终端或网上委托

远程终端委托指通过与证券柜台电脑系统联网的远程终端或互联网下达买进或卖出委托。这种委托买卖实际上就是网上炒股。由于网上证券交易具有方便、快捷、费用成本低等优势，越来越受到投资者的青睐。

（五）委托的报价方式

1. 市价委托

市价委托（Market Order）仅指明交易的数量，不指明交易的具体价格，而是要求证券商按照即时的市价为其买卖证券。市价委托的成交价格为委托指令进入市场或指令撮合时市场上即时的价格。

2. 限价委托

限价委托（Limit Order）是指投资者在委托经纪商买卖证券时，限定证券买进或卖出的价格。即客户向证券交易商发出买卖某种股票的指令时，对买卖的价格做出限定，即在买入股票时,限定一个最高价,只允许证券交易商按其规定的最高价或低于最高价的价格成交;在卖出股票时,则限定一个最低价,只允许证券交易商按其规定的最低价或者高于最低价的价格成交。限价委托的最大特点是,股票的买卖可按照投资人希望的价格或者更好的价格成交,有利于投资人实现预期投资计划。

3. 止损委托

止损委托(Stop Order)是委托人向证券商发出的一种保护性指令。它实质上是一种限价委托,但与一般限价委托又有区别:一是有效期长,在委托人取消指令前都有效;二是只能按限价成交,不能低于或高于限价。委托人发出这种指令的目的是获得尽可能多的利益,蒙受尽可能少的损失。这种指令适合于保守型投资者,它可以保证既得利益或防止可能受到的损失。

4. 止损限价委托

止损限价委托(Stop Limit Order)指结合止损委托和限价委托的一种委托形式。可以避免在价格不连续时出现不必要的损失。通常,在成交活跃的品种上使用市价止损指令,而在成交不活跃的品种上使用限价止损指令。

5. 定价即时交易订单

定价即时交易订单(Immediate or Cancel)指投资者根据市场上现行的价格水平,要求经纪商按照给定的委托价格立即到市场上进行交易。如果进入市场时价格不是给出的订单价格,则自动取消。

6. 定价全额即时订单

定价全额即时订单(Fill or Kill Order)指投资者根据市场上现行的价格,要求经纪商按照订单给定的价格和交易数量立即到市场上交易,否则自动取消。

各国股票市场由于历史成因和交易制度的差异,在交易委托方式的选择上各有侧重。纽约证券交易所几乎涵盖了上述各种委托报价类型;而市价委托和限价委托则在世界主要证券市场普遍采用。一般说来,随着电子竞价方式的广泛采用和高科技通信手段的出现,证券市场的委托报价形式也将趋于简单化。

(六) 委托指令的报盘

证券经营机构执行投资者委托指令有两种报盘方式,一是有形席位,二是无形席位。席位是指证券交易所(或期货交易所)向证券商(或期货商)等会员和特别会员提供的在交易大厅设置的用于报盘交易的终端或用于交易的电脑远程通信端口。前者称为有形席位,后者称为无形席位。

1. 有形席位

有形席位是指在交易所大厅内的固定的席位,每个席位上均配有场内交易员,会员进行委托时,通过席位上的交易员将委托输入交易所的撮合系统中;它属于一种场内报盘。

2. 无形席位

无形席位是在交易所交易大厅内不设定有形的席位,也不派驻交易员,会员直接将委托通过计算机输入交易所的撮合系统之中。开无形席位具有方便、快捷、安全、成本低等特点,随着证券和期货市场的发展,计算机和通信技术的不断完善,用无形席位替代有形席位是大势所趋。

三、投资银行经纪业务面临的风险

（一）法律风险

经纪业务中的法律风险表现在:挪用公款买卖证券、为客户提供信用交易、编造并传播影响证券交易的虚假信息、违背客户的委托办理证券买卖或其他交易事项、挪用客户的证券或资金、接受客户的全权委托等。

（二）政策风险

经纪业务中的政策风险表现为营业场所设施不符合规定要求、信息系统设备和管理不符合规范要求、违规开立客户交易结算账户、将客户资金与自有资金混合管理、挤占挪用客户资金、为法人客户以个人名义开立账户买卖证券、将法人客户资金违规转入个人账户、为法人客户套取现金等。

（三）管理风险

经纪业务中的管理风险主要有客户开户时审核证件、资料不严而导致的风险,客户取款时审核证件、身份不严或付款差错而导致的风险,客户委托买卖时审核凭证不慎而造成的风险,证券公司工作人员申报差错引起的风险,无权或越权代理而造成的风险,交割失误引起的风险等。

（四）技术风险

经纪业务中的技术风险一般主要来自硬件设备和软件方面。

硬件设备方面的风险主要是指由于硬件设备(场地、设施、电脑、通信设备等)的机型、容量、数量、运营状况及在业务高峰时的处理能力等方面不能适应正常证券交易需要,不能有效及时地应付突发事件而可能造成的经济损失。

软件方面的风险主要是指软件的运行效率、行情传送和业务处理速度及精度不能满足业务需要,可能造成行情中断、交易停滞等而给证券公司带来损失。

四、证券经纪业务中的禁止行为

证券市场遵循"三公"原则,禁止任何内幕交易、操纵市场、欺诈客户、虚假陈述等损害市场和投资者的行为。在我国,根据《中华人民共和国证券法》和中国证券业协会《证券业从业人员执业行为准则》的规定,证券公司在从事证券经纪业务过程中禁止下列行为:

(1) 不得为客户进行股票申购和交易提供融资、融券,从事信用交易;

(2) 不得挪用客户的交易结算资金和证券,亦不得将客户的资金和证券借与他人或者作为担保物;

(3) 不得侵占、损害客户的合法权益;

(4) 不得违背客户的指令买卖证券或接受代为客户决定证券买卖方向、品种、数量和时间的全权委托;

(5) 不得以任何方式向客户保证交易收益或者承诺赔偿客户的投资损失;

(6) 不得为多获取佣金而诱导客户进行不必要的证券买卖;

(7) 不得在批准的营业场所之外接受客户委托和进行清算、交收;

（8）不得以任何方式提高或降低，或者变相提高或降低交易所公布的证券交易收费标准，收取不合理的佣金和其他费用；

（9）不得散布谣言或其他非公开披露的信息；

（10）不得利用职业之便利用或泄露内幕信息；

（11）不得为他人操纵市场、内幕交易、欺诈客户提供方便。

五、经纪业务的新规定

2023 年证监会 1 月 13 日发布了《证券经纪业务管理办法》（简称《办法》），自 2023 年 2 月 28 日起施行。《办法》按照"回归本源、丰富内涵、加强规制、有序发展、保护客户"的思路，对证券公司相关业务做出规定。《办法》要求证券公司加强客户行为管理，优化业务管理流程，保护客户合法权益，强化内部风控合规。并且严格了行政监管问责，对于证券公司和相关责任人员违反规定的，依法采取出具警示函、责令改正、责令增加内部合规检查次数等监管措施，规范开展证券经纪业务，切实维护市场交易秩序，保护投资者合法利益。同时，强化监管执法，从严查处违法违规行为，促进行业持续健康发展。

《办法》从经纪业务内涵、客户行为管理、具体业务流程、客户权益保护、内控合规管控、行政监管问责六个方面做出规定：

一是明确经纪业务内涵。将证券经纪业务定义为"开展证券交易营销，接受投资者委托开立账户、处理交易指令、办理清算交收等经营性活动"，从事上述部分或全部业务环节，均属于开展证券经纪业务；强调经纪业务属于证券公司专属业务，未经证监会核准持牌展业构成违规。

二是加强客户行为管理。要求证券公司严格履行客户管理职责，切实做好客户身份识别、客户适当性管理、账户使用实名制等工作。

三是优化业务管理流程。要求证券公司严格落实交易管理职责，强化事前、事中、事后全流程管控，并加强出租交易单元管理。

四是保护投资者合法权益。要求证券公司应当将交易佣金与印花税等其他税费分开列示，保护投资者知情权；为投资者转户、销户提供便利，不得违反规定限制投资者转户、销户。

五是强化内部合规风控。要求证券公司进一步加强分支机构管理、人员管理、业务管控、信息系统建设等，强化证券公司内部管控责任，防范经纪业务风险。六是严格行政监管问责。要求证券公司及相关人员严格落实监管要求，违反规定的将依法从严采取措施。

《办法》援引《证券法》《证券公司监督管理条例》相关规定，加强对非法跨境经纪业务的日常监管，对相关违法违规行为，按照"有效遏制增量，有序化解存量"的思路，稳步推进整改规范工作。

专栏 6-1

主要的证券交易所介绍

证券交易所是为证券集中交易提供场所和设施，组织和监督证券交易，实行自律管理的法人。从世界各国的情况看，证券交易所有公司制的营利性法人和会员制的非营利性法人。

我国的证券交易所是依据国家有关法律，经国务院批准设立的提供证券集中竞价交易场所的不以营利为目的的法人。它本身不持有证券,也不进行证券的买卖,更不能决定证券交易的价格;它只是为交易双方的成交创造、提供条件,并对双方进行监督。在证券交易所交易的情况下,交易地点是固定的,即在交易所的交易厅中进行;进场参加交易的机构是固定的,即证券交易所会员。证券交易所设立或业务指导证券登记结算机构,为证券的发行和在证券交易所的证券交易活动提供集中的登记、托管与结算服务,是不以营利为目的的法人。其基本职责包括以下几个方面:① 提供证券交易场所和设施;② 制定证券交易所业务规则;③ 接受上市申请,安排证券上市;④ 组织、监督证券交易;⑤ 对会员进行监管;⑥ 对上市公司进行监管;⑦ 设立证券登记结算机构;⑧ 管理和公布市场信息。

1. 上海证券交易所

上海证券交易所成立于 1990 年 11 月 26 日,同年 12 月 19 日开业,归属中国证监会直接管理。上海证券交易所致力于创造透明、开放、安全、高效的市场环境,秉承"法制、监管、自律、规范"的八字方针,切实保护投资者权益。其主要职能包括以下几个方面:提供证券交易的场所和设施;制定证券交易所的业务规则;接受上市申请,安排证券上市;组织、监督证券交易;对会员、上市公司进行监管;管理和公布市场信息。

经过多年的持续发展,上海证券市场已成为中国内地首屈一指的市场,上市公司数、上市股票数、市价总值、流通市值、证券成交总额、股票成交金额和国债成交金额等各项指标均居首位。截至 2024 年 5 月,上交所拥有上市股票 2 312 只,股票总市值达 490 956.02 亿元。一大批国民经济支柱企业、重点企业、基础行业企业和高新科技企业通过上市,既筹集了发展资金,又转换了经营机制。

2. 深圳证券交易所

深圳证券交易所成立于 1990 年 12 月 1 日,于 1991 年 7 月 3 日正式营业,是为证券集中交易提供场所和设施,组织和监督证券交易,实行自律管理的法人,由中国证监会直接监督管理。深交所致力于多层次证券市场的建设,努力创造公开、公平、公正的市场环境。主要职能包括以下几方面:提供证券交易的场所和设施;制定本所业务规则;接受上市申请、安排证券上市;组织、监督证券交易;对会员和上市公司进行监管;管理和公布市场信息;中国证监会许可的其他职能。作为中国大陆两大证券交易所之一,深交所借助现代技术条件,成功地在一个新兴城市建成了辐射全国的证券市场。截至 2024 年 5 月,深交所拥有上市股票 2 888 只,股票总市值达 300 875.78 亿元。对建立现代企业制度、推动经济结构调整、优化资源配置、传播市场经济知识,起到了十分重要的促进作用。

3. 香港证券交易所

香港第一家证券交易所——香港股票经纪协会于 1891 年成立,1914 年易名为香港证券交易所。1921 年,香港又成立了第二家证券交易所——香港证券经纪人协会。1947 年,这两家交易所合并为香港证券交易所有限公司。到 60 年代后期,香港原有的一家交易所已满足不了股票市场繁荣和发展的需要,1969 年以后相继成立了远东、金银、九龙三家证券交易所,香港证券市场进入四家交易所并存的所谓"四会时代"。1973—1974 年的股市暴跌,充分暴露了香港证券市场四会并存局面所引致的各种弊端。1986 年 3 月 27 日,四家交易所正式合并组成香港联合交易所。1986 年 4 月 2 日,联交所开业,并开始享有在香港建立,经营和维护证券市场的专营权。2000 年 3 月 6 日,香港交易及结算所有限公司成立,全资拥有香港联合交易所有限公司、香港期货交易所有限公司和香港中央结算有限公司三家附属公司。其主要业务是拥有及经营香港唯一的股票交易所与期货交易所,以及其有关的结算所。在未得财政司司长同意下,任何个人或机构不得持有港交所超过5% 的股份。2006 年 9 月 11 日,港交所成为恒生指数成分股。

4. 纽约证券交易所

纽约证券交易所(New York Stock Exchange,NYSE)位于美国纽约州纽约市,在华尔街的拐角南侧。它的起源可以追溯到 1792 年 5 月 17 日,当时 24 个证券经纪人在纽约华尔街 68 号外一棵梧桐树下签署了《梧桐树协议》。1817 年 3 月 8 日这个组织起草了一项章程,并把名字更改为纽约证券交易委员会,1863 年改为现名。纽约证券交易所是上市公司总市值第一,IPO 数量及市值第一,交易量第二的交易所,截至 2024 年 2 月,共有上市公司 3 000 多家,其国内市值达到 24.87 万亿美元。

5. 东京证券交易所

东京证券交易所在 1878 年 5 月 15 日创立,同年 6 月 1 日开始交易,创立时的名称为"东京股票交易所"(日文:东京株式会社)。第二次世界大战时曾暂停交易,1949 年 5 月 16 日重开,并更名为东京证券交易所。随着日本战后经济的恢复和发展,东京证券交易所也发展繁荣起来。70 年代以来,日本经济实力大增,成为世界经济强国。为适应日本经济结构和经济发展的国际化需要,日本证券市场的国际化成为必然趋势。为此,日本政府自 70 年代以来全面放宽外汇管制,降低税率,以鼓励外国资金进入日本证券市场,使国际资本在东京证券市场的活动日益频繁。截至 2024 年 2 月,东京证券交易所隶属的日本交易所集团总市值为 6.52 万亿美元。

6. 泛欧证券交易所

2000 年 3 月 18 日,阿姆斯特丹交易所、布鲁塞尔交易所、巴黎交易所签署协议,合并为泛欧证券交易所,于成立日 2000 年 12 月 22 日开始交易。总部位于巴黎,分部位于比利时、法国、荷兰、葡萄牙、卢森堡和英国。除了提供资产和衍生品市场,泛欧证券交易所还提供结算服务和信息服务,成为世界上第 5 大交易所。2007 年 4 月,泛欧证券交易所和纽约证券交易所集团(NYSE Group)合并成 NYSE Euronext——第一个全球证券交易所。该证交所由纽约和泛欧股票交易所合并组成,拥有明显的地域和资本优势。除了提供资产和衍生品市场,泛欧证券交易所还提供结算服务和信息服务,截至 2024 年 2 月,该证券交易所集团拥有近 2 000 家上市公司,市值约为 6.59 万亿美元。

7. 伦敦证券交易所

伦敦证券交易所(London Stock Exchange,LSE),成立于 1773 年,总部位于英国伦敦,是世界四大证券交易所之一。作为世界上最国际化的金融中心,伦敦不仅是欧洲债券及外汇交易领域的全球领先者,还受理超过 2/3 的国际股票承销业务。伦敦的规模与位置,意味着它为世界各地的公司及投资者提供了一个通往欧洲的理想门户。在保持伦敦的领先地位方面,伦敦证券交易所扮演着中心角色,它运作世界上国际最强的股票市场,其外国股票的交易超过其他任何证交所,其上市证券种类最多,除股票外,有政府债券,国有化工业债券,英联邦及其他外国政府债券,地方政府、公共机构、工商企业发行的债券,其中外国证券占 50% 左右;拥有数量庞大的投资于国际证券的基金,对于公司而言,在伦敦上市就意味着自身开始同国际金融界建立起重要联系;它运作着四个独立的交易市场(伦敦金属交易所、伦敦期货交易所、伦敦证券交易所、伦敦国际石油交易所)。截至 2023 年,市值达到 3.42 万亿美元。

第二节　证券自营业务

一、证券自营业务的内涵及特点

(一)证券自营业务的内涵

证券自营业务(Trader)是指证券经营机构用自有资金或依法筹集资金在证券交易市场以营利为目的的买卖证券的经营行为。从国际上看,证券公司的自营业务按交易场所分为场外(如柜台)自营买卖和场内(交易所)自营买卖。场外自营买卖是指证券公司通过柜台交易等方式，与客户直接洽谈成交的证券交易。场内自营买卖是证券公司自己通过集中交易场所(证券交易所)买卖证券的行为。我国的证券自营业务，一般是指场内自营买卖业务。

国际上对场内自营买卖业务的规定较为复杂。例如，在美国纽约证券交易所，经营证券自营业务的机构或者个人，分为交易厅自营商和自营经纪人。交易厅自营商只进行证券的自营买卖业务，不办理委托业务。自营经纪人在自营证券买卖业务的同时，兼营代理买卖证券业务，其代理的客户仅限于交易厅里的经纪人与自营商。自营经纪人自营证券的目的不像自营商那样追逐利润，而是对其专业经营的证券维持连续市场交易，防止证券价格的暴跌与暴涨。

(二)证券自营业务的特点

1. 自主性

自营即自主经营。这是自营业务的首要特点。在不违反法律法规的条件下，从事自营的证券公司在交易行为、交易方式、交易价格上具有自主性。自主性是从投资决策到整个操作的完全的自主性，不受外来的限制，公司有权决定投资方向。

2. 风险性

自营业务的风险性来自二级市场。买卖证券是一种风险很大的活动，因为，影响证券价格的因素很多，证券价格的波动难以把握。证券价格的风险性决定了自营业务的高风险性。

3. 收益性

证券价格的波动风险带来的是价格差异，从价格差异中可以获得利润。有效地掌握这种价格波动，就能从自营买卖中获得收益。由于证券的市场价格变化无常，自营业务的收益就具有较大的风险，收益难以稳定。

4. 专业性

自营业务要通过专业人员的研究和规范操作，才能取得一定的稳定收益，才能有效防范政策和法律风险。

5. 保密性

由于自营资金投入的规模很大，大资金的运作对所买卖的证券价格具有很大的影响，一旦资金运作的方向、方式、规模等被其他人员知晓，将会给自营业务造成巨大的损失，因此，自营业务的保密性十分重要。

(三)自营与委托代理业务的区别

首先，自营业务开展时，证券商必须拥有自有的证券或资金，而不是如在委托代理买卖中只需要场所和从业人员即可。其次，自营买卖是证券商以自身盈利为操作目的，通过合法交易来获得利润，尽管由于市场变化或判断失误等原因有时出现亏损，但行为动机是营利。最后，自营买卖是证券商自主决策的经营行为，通过证券买卖差价来获利，而不是如委托代理是一种中介服务；自营业务是投资银行自身作为投资者，运用自身的资金在证券市场买卖证券，并自行承担其在买卖证券中的风险。

二、证券自营业务的类别及交易原则

（一）证券自营业务的类别

证券自营业务的类别一般包括以下四个方面。

1. 一般上市证券的自营买卖

上市证券是证券公司自营业务的主要方面。证券公司根据行情变化进行证券自营买卖业务。上市证券的自营买卖具有吞吐量大、流动性强等特点。

2. 一般非上市证券的自营买卖

一般非上市证券的自营买卖又称柜台自营买卖，主要交易非上市证券，包括两种情况：一是上市公司的非流通股份。二是非上市公司的股权证。

3. 兼并收购中的自营买卖

证券公司根据市场发展，可以从事投资银行中的兼并收购业务。证券公司可以根据收购对象的潜在价值先行收购，这些收购包括上市公司的各种股份以及非上市公司的股权，然后再将所收购股份出售给其他公司。

4. 证券承销业务中的自营买卖

证券承销商在发行业务中一般采取余额包销的方式。股票在发行中由于种种原因若未全额销售，根据协议，余额部分由证券商买入。这种情况多在政策变动和股市疲软时发生。证券公司将择机卖出这部分股票。

（二）证券自营业务的经营原则

证券公司在自营业务经营过程中应当注意以下一般原则。

1. 自营业务和其他业务分账经营、分业管理原则

即证券经营机构同时经营证券自营与代理业务，应当将经营这两类业务的资金、账户和人员分开管理，不得混合操作。

2. 开设专门的自营账户原则

即设立专门账户单独管理核算公司证券自营资金。专设或分设自营账户是证券经营机构完善内部监控机制的重要措施，同时也为证管机关对证券经营机构的业务审计和检查提供了便利条件，对于防范和审查内幕交易行为、操纵市场行为、欺诈客户行为等违规行为的发生具有重要作用。

3. 经纪业务优先原则

证券商在同时进行自营业务和经纪业务时，应把经纪业务放在首位，当客户同时做出相同的委托时，客户的指令应优先于自营业务的指令。证券商不得以损害客户的利益来为自己谋取利润。

4. 公平交易原则

证券商不得利用特权进行不公平竞争，不得操纵市场进行证券欺诈等。在自营业务中，证券商要遵守证券市场的交易规则，参与市场公平竞争。

5. 维护市场秩序原则

进行自营业务的证券商属于机构投资者,作为机构投资者要引导市场理性发展,不允许发生扰乱市场正常交易秩序的行为。

6. 严格内部控制原则

自营业务风险很大,损失要由证券商自己承担,因此必须实行严格的内部控制管理,对自营交易的操作程序和操作人员要进行严格的管理,建立健全严格的内部监督机制,建立风险预警系统和风险防范系统。

7. 利润最大化原则

利润最大化是任何企业的经营活动都必须遵循的基本原则,证券商作为一种特殊的企业,其业务经营的最终目标也应当是获取最大限度的利润,这就决定了证券商的自营业务也必须遵循利润最大化的原则。

8. 加强自律管理原则

证券商作为证券市场的中介机构,直接参与上市公司的一些内部事务的决策,能从多渠道获取内幕信息。这就要求证券商必须加强自律管理。参与企业决策人员与自营决策人员要分离,证券自营人员要自觉做到不打听内幕信息,依据公开信息及市场行情做出证券买卖决定。同时要加强员工内部管理,严禁从业人员炒买炒卖股票,同时严禁为他人的证券交易提供方便。

9. 接受监管与检查原则

包括证监会和由证监会授予监管职责的地方证券期货监管部门的监管与检查,证监会聘请的具有从事证券业务资格的会计师事务所、审计师事务所等专业性中介机构的稽核等。

三、证券自营业务的风险

(一)市场风险

证券自营业务的市场风险是指由于证券市场上证券价格的波动而造成证券公司自营业务经济损失的可能性。引起证券市场价格变化的原因是多方面的,包括利率变化、汇率变化、购买力变化、经济周期变化、政策法规变化、政治形势变化、上市公司基本面的变化等。

(二)经营管理风险

经营管理风险是指证券公司在证券自营买卖过程中因经营水平不高、管理不善所带来的风险。如前所述,自营业务是专业性很强的一项证券业务,它要求必须由专业人员来操作。一般来说,证券公司汇集一批这方面的专门人才,在证券投资中比普通投资者具有更丰富的经验和更娴熟的投资技巧,同时证券公司拥有比较雄厚的资金实力,因此,从理论上说,证券公司自营业务的风险比一般投资者的投资风险要小得多。但是,应当看到,不同证券公司在自营业务方面的经营水平是不同的,那些经营水平高的证券公司固然能够有效防范和控制自营业务的风险,但那些经营水平差的证券公司在自营业务中却面临较大的风险。

(三)违规风险

违规风险是指证券公司在自营业务中由于违反有关法律法规而遭受损失的可能性。证券公司由于在市场上处于特殊地位,其自营业务量在整个市场的交易量中又占有相当大的份额,因此,为了保证证券市场的规范运行,防止证券公司利用其资金实力和其他便利条件操纵市场、欺诈普通投资者,国家有关法律法规对证券公司的自营业务做出了详细的禁止性规定。如果证券公司违反了这些规定,就要承担违规风险,受到相应的处罚。

(四) 收购失败风险

在风险投资活动中,由于谈判存在不确定性以及监管部门的反垄断要求,并购可能失败。在换股并购中,风险套利者通常做多被收购公司的股票,同时做空收购公司的股票;在现金并购中,风险套利者寻求收购价格与目标公司价格之间的差异。一旦收购失败,就会给风险投资者带来损失。

四、投资银行开展自营业务的条件和禁止行为

(一) 投资银行开展自营业务的条件

证券经营机构从事证券自营业务,必须取得中国证监会认定的证券自营业务资格并领取中国证监会颁发的《经营证券自营业务资格证书》。根据中国证监会《证券经营机构证券自营业务管理办法》的规定,证券经营机构申请从事证券自营业务,应当同时具备下列条件:

(1) 证券专营机构(即依法设立并具有法人资格的证券公司)具有不低于人民币 2 000 万元的净资产,证券兼营机构(即依法设立并具有法人资格的信托投资公司)具有不低于人民币 2 000 万元的证券营运资金。证券营运资金,是指证券兼营机构专门用于证券业务的具有高流动性的资金。

(2) 证券专营机构具有不低于人民币 1 000 万元的净资本。证券兼营机构具有不低于人民币 1 000 万元的净证券营运资金。净资本的计算公式为:

$$净资本=净资产-(固定资产净值+长期投资)\times30\%-无形及递延资产-$$
$$提取的损失准备金-中国证监会认定的其他长期性或高风险资产$$

(3) 2/3 以上的高级管理人员和主要业务人员具备必要的证券、金融、法律等有关知识,熟悉有关的业务规则及业务操作程序,近两年内没有严重违法违规行为,同时必须具有两年以上证券业务或三年以上金融业务的工作经历。

(4) 证券经营机构在近一年内没有严重违法违现行为,或在近两年内未受到取消证券自营业务资格的处罚。

(5) 证券经营机构成立并且正式开业已超过半年,证券兼营机构的证券业务与其他业务分开经营、分账管理。

(6) 没有证券自营业务专用的电脑申报终端和其他必要的设施。

(7) 中国证监会要求的其他条件。

(二) 投资银行开展自营业务的禁止行为

(1) 证券经营机构从事证券自营业务,不得从事有关禁止证券欺诈行为的法规规定的内幕交易。

(2) 证券经营机构从事证券自营业务,不得从事下列操纵市场的行为:

①以明示或默示的方式,约定与其他证券投资者在某一时间内共同买进或卖出某一种或几种证券。

②以自己的不同账户或与其他证券投资者串通在相同时间内进行价格和数量相近、方向相反的交易。

③在一段时间内频繁并且大量地连续买卖某种或某类证券并导致市场价格异常变动。

④有关禁止证券欺诈行为的法规规定的其他操纵市场行为。

(3)证券经营机构从事证券自营业务不得有下列行为:

①将自营业务与代理业务混合操作。

②以自营账户为他人或以他人名义为自己买卖证券。

③委托其他证券经营机构代为买卖证券。

④证监会认定的其他违反自营业务管理规定的行为。

(4)上市公司或其关联公司持有证券经营机构10%以上的股份时,该证券经营机构不得自营买卖该上市公司股票。前款所称关联公司,由证监会依据国家有关法规认定。

(5)证券经营机构从事证券自营业务,应将买进或卖出的证券逐笔交由证券交易所指定的登记清算机构办理交割,不得以当日卖出或买进的同种证券抵充。

(6)证券经营机构从事证券自营业务,应当建立和完善内部监控机制,认真贯彻执行国家有关政策和法规,始终保持遵规守法意识,防范和制止公司内部各种内幕交易、操纵市场、欺诈客户行为的发生。

专栏6-2

证券公司证券自营业务指引

近几年,证券公司自营业务存在使用不规范账户进行自营、超比例持仓、持股集中或涉嫌操纵市场等问题,并成为公司风险的主要爆发点。为推动证券公司改革证券自营机制、防范自营业务风险,中国证券业协会在充分征求行业意见的基础上制定了《证券公司证券自营业务指引》。

第一章　总　则

第一条　为规范证券公司自营业务,有效控制风险,依据有关法律法规的规定和自律规范的要求,制定本指引。

第二条　证券公司应当按照本指引的要求,根据公司经营管理特点和业务运作状况,建立完备的自营业务管理制度、投资决策机制、操作流程和风险监控体系,在风险可测、可控、可承受的前提下从事自营业务。

第三条　证券公司应当建立健全自营业务责任追究制度。自营业务出现违法违规行为时,要严肃追究有关人员的责任。

第二章　决策与授权

第四条　建立健全相对集中、权责统一的投资决策与授权机制。自营业务决策机构原则上应当按照董事会—投资决策机构—自营业务部门的三级体制设立。

第五条　董事会是自营业务的最高决策机构,在严格遵守监管法规中关于自营业务规模等风险控制指标规定基础上,根据公司资产、负债、损益和资本充足等情况确定自营业务规模、可承受的风险限额等,并以董事会决议的形式进行落实,自营业务具体投资运作管理由董事会授权公司投资决策机构决定。

投资决策机构是自营业务投资运作的最高管理机构,负责确定具体的资产配置策略、投资事项和投资品种等。

自营业务部门为自营业务的执行机构,应在投资决策机构做出的决策范围内,根据授权负责具体投资项目的决策和执行工作。

第六条 建立健全自营业务授权制度,明确授权权限、时效和责任,对授权过程做书面记录,保证授权制度的有效执行。

建立层次分明、职责明确的业务管理体系,制定标准的业务操作流程,明确自营业务相关部门、相关岗位的职责。

第七条 自营业务的管理和操作由证券公司自营业务部门专职负责,非自营业务部门和分支机构不得以任何形式开展自营业务。

第八条 自营业务中涉及自营规模、风险限额、资产配置、业务授权等方面的重大决策应当经过集体决策并采取书面形式,由相关人员签字确认后存档。

第三章 自营业务的操作

第九条 自营业务必须以证券公司自身名义、通过专用自营席位进行,并由非自营业务部门负责自营账户的管理,包括开户、销户、使用登记等。

建立健全自营账户的审核和稽核制度,严禁出借自营账户、使用非自营席位变相自营、账外自营。

第十条 加强自营业务资金的调度管理和自营业务的会计核算,由非自营业务部门负责自营业务所需资金的调度。

自营业务资金的出入必须以公司名义进行,禁止以个人名义从自营账户中调入调出资金,禁止从自营账户中提取现金。

第十一条 完善可投资证券品种的投资论证机制,建立证券池制度,自营业务部门只能在确定的自营规模和可承受风险限额内,从证券池内选择证券进行投资。

第十二条 建立健全自营业务运作止盈止损机制,止盈止损的决策、执行与实效评估应当符合规定的程序并进行书面记录。

第十三条 建立严密的自营业务操作流程,投资品种的研究、投资组合的制订和决策以及交易指令的执行应当相互分离并由不同人员负责;交易指令执行前应当经过审核,并强制留痕。同时,应建立健全自营业务数据资料备份制度,并由专人负责管理。

第十四条 自营业务的清算、统计应由专门人员执行,并与财务部门资金清算人员及时对账,对账情况要有相应记录及相关人员签字。

对自营资金执行独立清算制度,自营清算岗位应当与经纪业务、资产管理业务及其他业务的清算岗位分离。

第四章 风险监控

第十五条 建立防火墙制度,确保自营业务与经纪、资产管理、投资银行等业务在人员、信息、账户、资金、会计核算上严格分离。

第十六条 自营业务的投资决策、投资操作、风险监控的机构和职能应当相互独立;自营业务的账户管理、资金清算、会计核算等后台职能应当由独立的部门或岗位负责,以形成有效的自营业务前、中、后相互制衡的监督机制。

第十七条 风险监控部门应能够正常履行职责,并能从前、中、后台获取自营业务运作信息与数据,通过建立实时监控系统全方位监控自营业务的风险,建立有效的风险监控报告机制,定期向董事会和投资决策机构提供风险监控报告,并将有关情况通报自营业务部门、合规部门等相关部门,发现业务运作或风险监控指标值存在风险隐患或不合规时,要立即向董事会和投资决策机构报告并提出处理建议。董事会和投资决策机构及自营业务相关部门应对风险监控部门的监控报告和处理建议及时予以反馈,报告与反馈过程要进行书面记录。

第十八条 根据自身实际情况,积极借鉴国际先进的风险管理经验,引进和开发有效的风险管理工具,逐步建立完善的风险识别、测量和监控程序,使风险监控走向科学化。

第十九条 建立自营业务的逐日盯市制度,健全自营业务风险敞口和公司整体损益情况的联动分析与监控机制,完善风险监控量化指标体系,并定期对自营业务投资组合的市值变化及其对公司以净资本为核心的风险监控指标的潜在影响进行敏感性分析和压力测试。

第二十条 建立健全自营业务风险监控系统的功能,根据法律法规和监管要求,在监控系统中设置相应的风险监控阀值,通过系统的预警触发装置自动显示自营业务风险的动态变化,提高动态监控效率。

第二十一条 提高自营业务运作的透明度。证券自营交易系统、监控系统应当设置必要的开放功能或数据接口,以便监管部门能够及时了解和检查证券公司自营业务情况。

第二十二条 建立健全自营业务风险监控缺陷的纠正与处理机制,由风险监控部门根据自营业务风险监控的检查情况和评估结果,提出整改意见和纠正措施,并对落实情况进行跟踪检查。

第二十三条 建立完善的投资决策和投资操作档案管理制度,确保投资过程事后可查证。

第二十四条 建立完备的业绩考核和激励制度,完善风险调整基础上的绩效考核机制,遵循客观、公正、可量化原则,对自营业务人员的投资能力、业绩水平等情况进行评价。

第二十五条 稽核部门定期对自营业务的合规运作、盈亏、风险监控等情况进行全面稽核,出具稽核报告。

第二十六条 加强自营业务人员的职业道德和诚信教育,强化自营业务人员的保密意识、合规操作意识和风险控制意识。自营业务关键岗位人员离任前,应当由稽核部门进行审计。

第五章 信息报告

第二十七条 建立健全自营业务内部报告制度,报告内容包括但不限于:投资决策执行情况、自营资产质量、自营盈亏情况、风险监控情况和其他重大事项等。

董事和有关高级管理人员应当对自营业务内部报告进行阅签和反馈。

第二十八条 建立健全自营业务信息报告制度,自觉接受外部监督。证券公司应当按照监管部门和证券交易所的要求报送自营业务信息。

报告的内容包括:

(一)自营业务账户、席位情况;

(二)涉及自营业务规模、风险限额、资产配置、业务授权等方面的重大决策;

(三)自营风险监控报告;

(四)其他需要报告的事项。

第二十九条 明确自营业务信息报告的负责部门、报告流程和责任人,对报告信息存在虚假记载、误导性陈述或重大遗漏负有直接责任和领导责任的人员要给予相应的处理,并及时向监管部门报告。

第六章 附 则

第三十条 本指引由中国证券业协会负责解释。

第三十一条 本指引有关用语定义如下:

(一)风险敞口是指在某一时段内,证券公司持有某一证券品种的多头头寸与空头头寸不一致时,所产生的差额形成的证券敞口(净头寸)。

（二）风险监控阈值是设置在风险监控系统中用于控制某种风险的指标。风险监控阈值通常包括交易限额、风险限额及止盈止损限额等。

（三）敏感性分析是指在保持其他条件不变的前提下,研究单个或多个市场风险因素(利率、汇率和股票价格等)的变化对金融产品及其组合的市场价值可能产生的影响。

（四）压力测试。度量公司在非正常的市场状态下承受的市场风险的大小,是在极端市场情景下,如利率、汇率、股票价格等市场风险因素发生剧烈变动或发生意外的政治和经济事件等,对金融产品及其组合损失的评估。

第三十二条 本指引自发布之日起实施。

二〇〇五年十一月十一日

第三节　做市商业务

一、做市商业务的含义和特点

（一）做市商业务的含义

投资银行的做市商业务(Market Maker)是指投资银行为活跃证券交易,通过维持证券交易报价的均衡性和连续性从而为证券市场创造流动性的一项业务。

在一个纯粹的做市商市场,证券交易的买卖价格均由做市商给出,买卖双方并不直接成交,而是从做市商手中买进或卖出证券,做市商在其所报的价位上接受投资者的买卖要求,以其自有资金或证券与投资者进行证券交易,即做市商将自己的持仓股票卖给买方,或用自有资金从卖方手中买进股票。

（二）做市商制度的特点

1. 提高流动性,增强市场对投资者和证券公司的吸引力

在创业板市场上市的公司一般规模比较小,风险也比较高,投资者和证券公司参与的积极性会受到较大影响。特别是在市场低迷的情况下,广大投资者更容易失去信心。通常在创业板设立初期会出现一股投资热潮,但这并不能保证将来的市场不会出现低迷的现象。

如果有了做市商,他们承担做市所需的资金,就可以随时应付任何买卖,活跃市场。买卖双方不必等到对方出现,只要由做市商出面,承担另一方的责任,交易就可以进行。因此,做市商保证了市场进行不间断的交易活动,即使市场处于低谷也是一样。

2. 有效稳定市场,促进市场平衡运行

做市商有责任在股价暴涨暴跌时参与做市,从而有利于遏制过度的投机,起到市场"稳定器"的作用。此外,做市商之间的竞争也在很大程度上保证了市场的稳定。

在 NASDAQ 市场上市的公司股票,最少要有两家以上的做市商为其股票报价,而一些规模较大、交易较为活跃的股票的做市商往往达到 40 多家。平均来看,NASDAQ 市场每一种证券有 12 家做市商。这样一来,市场的信息不对称问题就会得到很大的缓解,个别的机构投资者很难通过操纵市场来牟取暴利,市场的投机性大大减少,并减少了传统交易方式中所谓庄家暗中操纵股价的现象。

3. 具有价格发现的功能

做市商所报的价格是在综合分析市场所有参与者的信息以衡量自身风险和收益的基础上形成的，投资者在报价基础上进行决策，并反过来影响做市商的报价，从而促使证券价格逐步靠拢其实际价值。

4. 校正买卖指令不均衡现象

在单纯的指令驱动市场上，常常发生买卖指令不均衡现象。在做市商制度下，出现这种情况时，由做市商来履行义务，承接买单或卖单，缓和买卖指令的不均衡，并缓和相应的价格波动。如买单暂时多于卖单，则做市商有义务用自己的账户卖出。

5. 抑制价格操纵

做市商对某种证券做市，一般具有较强的资本实力和后续融资能力，具有较高的价值分析和判断能力，并在此基础上进行报价和交易，从而使得操纵者有所顾忌，一方面操纵者不愿意"抬轿"，另一方面也担心做市商的行为会抑制市场价格。

值得说明的是，做市商制度可以抑制其他交易者的价格操纵行为，但由于其本身具有较强的实力，受利益驱使，能够通过自身行为或者做市商之间联手来获取不正当利润。纳斯达克市场就被发现存在这种现象，这就需要通过对做市商行为的监督来防范。

（三）做市商具备的条件

正因为做市商制度具有上述功能及调节买卖盘不均衡状况、随时保证提供买卖双向价格的特点，因此，高素质的做市商决定了其功能的顺利实现。只有那些运营规范、资本实力雄厚、规模较大、熟悉市场运作，而且风险自控能力较强的商家才能担当。

一般来说，做市商必须具备下述条件：

（1）具有雄厚的资金实力，这样才能建立足够的标的商品库存以满足投资者的交易需要。

（2）具有管理商品库存的能力，以便降低商品库存的风险。

（3）要有准确的报价能力，要熟悉自己经营的标的商品，并有较强的分析能力。作为做市商，其首要的任务是维护市场的稳定和繁荣，所以做市商必须履行"做市"的义务，即在尽可能避免市场价格大起大落的条件下，随时承担所做证券的双向报价任务，只要有买卖盘，就要报价。

二、投资银行充当做市商的动机

（一）获利动机

投资银行想从证券交易中获利，做市商在维持市场流动性的同时，可从买卖报价中赚取价差，这也是市场对做市商提供服务的报酬。

（二）一级市场的配套业务

投资银行进入二级市场充当做市商，是为了发挥和保持良好的定价技巧，辅助其在一级市场业务的顺利开展。投资银行将这种技巧运用在市场新股发行中，便能在承销和分销中为发行公司订立一个较适当的发行价，为发行公司尽可能募集到更多的资金，而不必出售发行公司更多的股权和承担超常的风险。

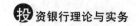

（三）提升投资银行自身在市场的形象

发行公司希望自己的股票在二级市场上市后具有较高的流动性和较佳的股价走向，为此，发行公司要寻觅一个愿意为其股票"做市"的金融机构作为其主承销商。投资银行为了提升自身在市场中的形象，往往为其承销的股票做市。

三、做市商制度的利弊分析

（一）做市商报价驱动制度的优点

1. 成交及时性

投资者可按做市商报价立即进行交易，而不用等待交易对手的买卖指令。尤其，做市商制度在处理大额买卖指令方面的及时性，指令驱动没有办法与其比拟。

2. 价格稳定性

在指令驱动制度中，证券价格随投资者买卖指令而波动，而买卖指令时常有不均衡的现象，过大的买盘会过度推高价格，过大的卖盘会过度拉低价格，因此股价波动幅度较大。而做市商制度则具有缓和这种价格波动的作用：第一，做市商报价受交易规则约束；第二，及时处理大额指令，减缓它对价格变化的影响；第三，在买卖盘不均衡时，做市商干预则可以抑制股价过度的波动。

3. 矫正买卖指令不均衡现象

在指令驱动市场上，常常发生买卖指令不均衡的现象，出现这种情况时，做市商可以进行干预，承接买单或者卖单，缓解买卖指令不均衡现象，并抑制相应的价格波动。

4. 抑制股价操纵

做市商对某种股票持仓做市，使得操纵者很难进行操作，操纵者不愿意"抬轿"，也担心做市商抛压。这在中国证券市场很有意义。

（二）做市商报价驱动制度的缺点

1. 缺乏透明度

在报价驱动制度下，买卖盘信息集中在做市商手中，交易信息发布到整个市场的时间相对滞后。为抵消大额交易对价格的可能影响，做市商可以要求推迟发布或豁免发布大额交易信息。

2. 增加投资者的成本

做市商聘用专门人员，冒险投入资金，承担做市义务，是有风险的，做市商会对其提供的服务和所承担的风险要求补偿，如交易费用的提高等，这将会增大运行成本，也会增加投资者负担。

3. 可能增加监管成本

采取做市商制度，要制定详细的监管制度与做市商运作规则，并动用资源监管做市商活动。这些成本最终也会由投资者承担。

4. 做市商可能滥用特权

做市商经纪角色与做市功能可能存在冲突，做市商之间也可能合谋串通，这需要监管层进行有力的监管。

四、做市商业务的风险

做市商在进行做市业务的过程中，一方面获得了价差收入，另一方面，其自有资产和自有资金的结构也发生改变，从而产生相应的风险。做市商自有资产和自有资金"结构发生改变的部分"就是做市业务的风险头寸，主要包括存货风险与信息不对称风险。

（一）存货风险

做市商在履行义务的过程中，其理想情况是双向报价而产生的双向成交量正好相等，取得稳定的价差收益。在这种情况下，单就这项交易来说，做市商肯定是盈利的。然而实际交易中却很难做到，如果出现单方成交或者双方成交数量不同，就会产生一定的库存证券（对于期货来说，即单向持仓部位），也就面临一种存货风险，即由于证券价格的不确定性所引致的头寸价值变动风险。一般地，如果库存证券收益率的变动性越大，价格弹性越大，那么，做市商由此面临的存货风险也就越大。对特定的做市商而言，资本充足率越低且对风险的敏感程度越大，存货风险的影响也就越大。

假设做市商全天只有 3 个报价达成了交易：第 1 笔发生在上午，做市商以 3.52 元价格买进了 100 手某公司股票，以 3.57 元价格卖出了 200 手；第 2 笔发生在中午，做市商以 3.50 元价格买进了 200 手，以 3.55 元价格卖出了 100 手；第 3 笔发生在下午，做市商以 3.46 元价格卖出了 300 手。这一天，做市商先后买进了 300 手，卖出了 600 手，总共发生了 900 手的交易。正是这些交易，使做市商的自有资产和自由资金的结构发生了改变。因此，这些便构成风险头寸。由于这 900 手的买卖价格是不同的，因此，不能简单地进行合并，也不能进行简单的内部对冲。只有那些可以实现报价点差收入且不发生亏损的交易才可以实施对冲。实施内部对冲后，剩下的风险头寸规模将大大缩小。在本案例中，共有 200 手可实现内部对冲，对冲后可实现价差收入 1 000 元。经过内部对冲之后，剩下的便是风险头寸：做市商上午以 3.57 元价格卖出了 100 手；中午以 3.50 元价格买进了 100 手，下午以 3.46 元卖出了 300 手。风险头寸总共包括 500 手，100 手多头，400 手空头。这种存货风险能否被控制在可接受的范围之内，是做市商的做市业务能否持续经营的关键。

存货风险的存在，使存货管理成为做市商的一项重要日常业务内容，这种存货风险及其管理促使了做市商的交易积极性，也才使得市场有一种不断趋于旺盛的内在力量。这也是做市商在对存货管理的过程中也会对市场价格产生一定影响的主要原因。管理方式之一就是在连续不断的买卖中保持存货的适当头寸。其数量的适当性以做市商对风险的承受能力和对证券价格趋势的判断为基础来进行确定；管理方式之二是信用交易机制的大量运用，即做市商为了管理库存头寸，除了运用价格变动杠杆来应付外，还通过融资与证券的信用交易方式使存货能够满足其连续交易和降低成本的要求。管理方式之三也是最重要的方式，是通过做市证券的衍生市场进行组合投资、套期保值。例如，对于股票来说，做市商可以利用股票指数期货、股票期权来锁定风险。

由此，做市商往往在综合考虑价格变动趋势、本身的自有资本情况、融资能力、市场参与者数量与结构等因素基础上确定证券的存货量。一般情况下，做市商存货与有关因素的关系为：存货量与存货风险呈正相关关系，存货量大，则风险大。存货量与价格的变动相关性最大，当有价格上升预期时，存货量增加；反之，存货量下降（这种情况适用于股票债券，对于期货则不然）。但当价格真正处于较高水平时,存货量趋于减少,否则,高价位购买的存货将随市价的下降而趋于贬值,存货风险增大。所以,为了降低这种风险,做市商对价格上升幅度较大的证券会趋于减少库存,因而从这个意义上讲,存货量与证券价格呈负相关关系。另外,存货量与做市商的自有资本呈正相关关系。

(二)信息不对称风险

信息成本至少包括两种:一种是搜集信息的费用消耗,一种是因信息不对称而产生的相对成本,这实际上属于一种机会成本。这里分析的做市商的信息成本是就后者而言的。做市商一旦报出价格,意味着这一价位上他可能将与其他公众交易一定量的证券,然而受信息搜寻范围与能力的限制,做市商有可能受到那些掌握更多更新信息的交易商的"欺骗"。例如,如果一个公众交易商掌握可以促使市场真实价格高于做市商卖盘报价的信息,而做市商并不了解,他仍然按其已经制定的相对较低的报价卖出证券,那么,这家做市商就会产生"相对损失",这就是做市商面临的不对称信息成本。

其实,做市商面临的信息不对称风险是难以准确度量的一种风险,往往只能从事后的价格变动中得到测量,即这种成本等于做市商报价与新市场价的差额。这样,做市商只有扩大其买卖报价差额才能减轻不对称信息交易的消极影响,但如果价差过大,也会降低市场的流动性,使得成交量下降,同时也会降低做市商的收入。

不对称信息风险大小与市场的成熟度、政策健全性以及交易者的自律意识是紧密相连的。在一个处于初级阶段的不健全市场上,如果政策制度界定范围与有效性不是很强,市场参与者的自律意识较差的情况下,这种风险就会比较大。所以,要从根本上降低不对称信息风险总体水平,就需要建立起健全有效的信息披露制度。这一点在国内期货市场实行做市商制度时应特别注意。

综合案例 6-1

8·16 光大证券乌龙指事件

2013 年 8 月 16 日 11 点 05 分上证指数出现大幅拉升大盘一分钟内涨超 5%。最高涨幅 5.62%,指数最高报 2 198.85 点,盘中逼近 2 200 点。11 点 44 分上交所称系统运行正常。下午 2 点,光大证券公告称策略投资部门自营业务在使用其独立的套利系统时出现问题。有媒体将此次事件称为"光大证券乌龙指事件"。

一、事件经过

2013 年 8 月 15 日,上证指数收于 2 081 点。

2013 年 8 月 16 日,上证指数以 2 075 点低开,到上午 11 点为止,上证指数一直在低位徘徊。2013 年 8 月 16 日 11 点 05 分,多只权重股瞬间出现巨额买单。大批权重股瞬间被一两个大单拉升之后,又跟着涌现出大批巨额买单,带动了整个股指和其他股票的上涨,以致多达 59 只权重股瞬间封涨停。指数的第一波拉升主要发生在 11 点 05 分和 11 点 08 分之间,然后出现阶段性的回落。

2013 年 8 月 16 日 11 点 15 分起,上证指数开始第二波拉升,这一次最高摸到 2 198 点,在 11 点 30 分收盘时收于 2 149 点。2013 年 8 月 16 日 11 点 29 分,上午的 A 股暴涨,源于光大证券自营盘 70 亿的乌龙指。2013 年 8 月 16 日 13 点,光大证券公告称因重要事项未公告,临时停牌。2013 年 8 月 16 日 13 点 16 分,光大证券董秘梅键表示,自营盘 70 亿元乌龙纯属子虚乌有。2013 年 8 月 16

日 13 点 22 分左右,有媒体连续拨打光大证券多名高管电话,均显示关机或未接通。2013 年 8 月 16 日 14 点 23 分左右,光大证券发布公告,承认套利系统出现问题,公司正在进行相关核查和处置工作。有传闻称光大证券方面,下单 230 亿,成交 72 亿,涉及 150 多只股票。就此,市场一度怀疑乌龙事件操作者为光大证券葛新元的量化投资团队。事发时葛新元在外,不久即辟谣称事件和光大富尊葛新元团队没有任何关系。2013 年 8 月 16 日 14 点 55 分,光大证券官网一度不能登录,或因短时间内浏览量过大以致崩溃。2013 年 8 月 16 日 15 点整,上交所官方微博称,今日交易系统运行正常,已达成交易将进入正常清算交收环节。

2013 年 8 月 16 日 16 点 27 分左右,中国证监会通气会上表示,"上证综指瞬间上涨 5.96%,主要原因是光大证券自营账户大额买入。""目前上交所和上海证监局正抓紧对光大证券异常交易的原因展开调查。"

二、原因分析

经初步核查,光大证券自营的策略交易系统包含订单生成系统和订单执行系统两个部分,存在程序调用错误、额度控制失效等设计缺陷,并被连锁触发,导致生成巨量市价委托订单,直接发送至上交所,累计申报买入 234 亿元,实际成交 72.7 亿元。同日,光大证券将 18.5 亿元股票转化为 ETF 卖出,并卖空 7 130 手股指期货合约。另外,在核查中尚未发现人为操作差错,但光大证券该项业务内部控制存在明显缺陷,信息系统管理问题较多。上海证监局已决定先行采取行政监管措施,暂停相关业务,责成公司整改,进行内部责任追究。同时,中国证监会决定对光大证券正式立案调查,根据调查结果依法做出严肃处理,及时向社会公布。

这次乌龙事件触发原因是系统缺陷。策略投资部使用的套利策略系统出现了问题,该系统包含订单生成系统和订单执行系统两个部分。核查中发现,订单执行系统针对高频交易在市价委托时,对可用资金额度未能进行有效校验控制,而订单生成系统存在的缺陷,会导致特定情况下生成预期外的订单。

由于订单生成系统存在的缺陷和系统的订单重下功能导致的具体错误是:11 点 02 分时,第三次 180ETF 套利下单,交易员发现有 24 个个股申报不成功,就想使用"重下"的新功能,于是程序员在旁边指导着操作了一番,没想到这个功能没实盘验证过,程序把买入 24 个成分股,写成了买入 24 组 180ETF 成分股,结果生成巨量订单。

深层次原因是多级风控体系都未发生作用。

交易员级:对于交易品种、开盘限额、止损限额三种风控,后两种都没发挥作用。

部门级:部门实盘限额 2 亿元,当日操作限额 8 000 万元,都没发挥作用。

公司级:公司监控系统没有发现 234 亿元巨额订单,同时,或者动用了公司其他部门的资金来补充所需头寸来完成订单生成和执行,或者根本没有头寸控制机制。

交易所:上交所对股市异常波动没有自动反应机制,对券商资金越过权限的使用没有风控,对个股的瞬间波动没有熔断机制。

三、事件启示

1. 积极研究完善相关风险的前端防控制度

此次事件中,市场对于交易所为何没有对券商自营席位交易数量、金额进行前端控制颇有疑问。从境外经验看,几乎所有交易所都不对证券交易进行前端控制。而中国证券市场的情况有所不同,由于实行一级证券账户体系,交易所和登记结算公司掌握投资者的证券数据,故交易所和登记结算公司在卖出证券上增加了前端控制机制。同时,根据现行证券法的规定,投资者的资金实行第三方存管,因此证券买入的前端控制,由掌握投资者资金信息的证券公司和存管银行负责。此外,登记结算公司建立了最低结算备付金制度,要求证券公司缴存结算备付金,并在交易结束后的次日缴足结算资金，以完成交易的交收。因而，不能简单地认为证券公司的自营交易是"超额买入"或"信用交易"。

虽然交易所市场监察系统具有相关交易预警指标，能及时发现异常交易，但毕竟是在交易达成后，只能进入事后处置环节，无法进行有效预防。为此，上交所将在监管机构统筹组织下，积极研究完善相关风险的前端防控制度和措施。

2. 进一步研究论证熔断机制和"T+0"机制

此次事件发生后，证券交易的熔断机制和"T+0"制度再次成为市场呼吁的热点问题。证券交易的熔断机制，是指当股市大盘或个股波动超过预先设定的标准时，触发交易中断或暂停的机制。事件发生时，部分欧美市场采用了这一机制。中国证券交易没有建立熔断机制，但实行价格涨跌幅限制制度。

关于跨市场监管真空和人为设置的不平等套利机制问题如何解决时，上交所表示，跨市场监管并不处于"真空"状态，此次事件中，上交所在 11 时 10 分便与中金所联系，启动了跨市场监管。通过此次事件，交易所认为有必要进一步抓紧研究论证股票"T+0"交易制度。

3. 对交易所的运营与监管也做了一些思考

对于市场比较关心的光大证券是否借 ETF 卖股票的问题，调查发现，通过对光大相关证券账户进行的重点监控，截至 2013 年 8 月 23 日收盘，相关账户未有减持行为。通过该事件，对交易所的运营与监管也做了一些思考：第一，交易所的市场运营以法律、规则为导向。第二，交易所的市场秩序以市场各方归位尽责为基础。第三，交易所的市场监管以强化事后追责为保障。第四，交易所的市场发展以效率与安全的平衡为目标。上交所将进一步加强和改进一线监管，不断完善监管制度和规则，进一步强化风险控制措施，确保市场安全有效、规范运行。

▶▶ 重要概念

经纪商　做市商　自营商　报价驱动机制　指令驱动机制　风险套利

▶▶ 复习思考题

1. 投资银行充当做市商有何动机？试述做市商制度的优缺点。

2. 自营与委托代理业务有何区别？

3. 证券经纪业务有哪些特点？

4. 证券自营业务的类别有哪几种？

5. 比较市价委托、限价委托和止损委托的区别。投资者在什么情况下会考虑下达这三种不同的委托指令？

6. 报价驱动机制和指令驱动机制各有何特点？两者之间的区别是什么？

第七章　兼并与收购业务

本章概要

　　兼并与收购业务是投资银行核心业务之一,它被视为投资银行业中"财力和智力的高级结合"。并购业务为投资银行带来的可观收益吸引着众多精英人才加入投资银行的并购部门,也正是由于一大批精英投资银行家的存在,才促成了历史上一轮又一轮经久不衰的并购浪潮。

　　本章主要讲述企业的并购活动,首先详细分析了企业并购的含义、类型、动因以及投资银行在并购业务中的功能与作用,然后介绍了企业并购的一般流程设计,最后介绍了企业并购中主要的反收购措施和策略。

学习目标

- 了解企业并购的概念、类型及动因;
- 掌握投资银行在企业并购中的作用;
- 掌握投资银行参与并购的主要流程;
- 了解企业反收购的策略。

教学思政目标

　　1. 无论是投资人还是上市公司,都需要注重社会责任担当。通过相关文件解读,了解国家鼓励和促进上市公司积极履行社会责任,同时为投资者提供新的投资标的指数,以促进社会责任投资的发展。

　　2. 在投资者的收益问题上要关注国家战略需要和国际重大事件的发生,让学生理解国家命运、行业前景与投资绩效是紧密相连的。

第一节　兼并与收购概述

一、企业并购的概念及类型

(一)企业并购的概念

企业并购(Mergers and Acquisitions,M&A)包括兼并和收购两层含义、两种方式。

根据《大不列颠百科全书》,兼并(Merger)一词的解释是:"两家或更多的独立的企业、公司合并组成一家企业,通常由一家占优势的公司吸收一家或更多的公司。"它是指一家公司采取各种形式有偿接受其他公司产权,使被兼并方丧失法人资格或改变法人实体的经济行为。其中包括承担债务式兼并、购买式兼并、吸收股份式兼并和控股式兼并。收购(Acquisition)是兼并中的控股式兼并形式,一般是指收购方取得被收购方50%以上的股份从而获得公司的绝对控股权的兼并方式。有些也将取得30%以上股份的相对控股权获得称为收购。

国际上习惯将兼并和收购合在一起使用,统称为 M&A,在我国称为并购。它是指企业之间的兼并与收购行为,是一个公司通过产权交易取得其他公司一定程度的控制权,以增强自身经济实力,实现自身经济目标的一种经济行为,是企业法人在平等自愿、等价有偿基础上,以一定的经济方式取得其他法人产权的行为,是企业进行资本运作和经营的一种主要形式。并购实质上是各权利主体依据企业产权做出的制度安排而进行的一种权利让渡行为,通常在一定的财产权利制度和企业制度条件下实施,表现为某一或某一部分权利主体通过出让其拥有的对企业的控制权而获得相应的受益,而另一部分权利主体则通过付出一定代价而获取这部分控制权。因此,企业并购的过程实质上是企业权利主体不断变换的过程。企业并购主要包括公司合并、资产收购、股权收购三种形式。

(二)企业并购的类型

1. 按并购的出资方式划分

(1)现金购买资产式并购。

收购公司使用现金购买目标公司全部或绝大部分资产以实现并购。出资购买资产的并购方式,被收购公司按购买法或权益合并法计算资产价值并入收购公司,其原有法人地位及纳税户头消灭。

(2)购买股票式并购。

收购公司使用现金、债券等方式购买目标公司部分股票,以实现控制后者资产及经营权的目标。出资购买股票可以通过一级市场进行,也可以通过二级市场进行。通过二级市场出资购买目标公司是一种简便易行的并购方式,但因为受到有关证券法规信息披露原则的制约,如购进目标公司股份达一定比例,或达至该比例后持股情况再有相当变化都需履行相应的报告及公告义务,在持有目标公司股份达到30%时更要向目标公司股东发出公开收购要约。所有的这些都容易被人利用,哄抬股价,而使收购成本激增。

(3)以股票换取资产式并购。

收购公司向目标公司发行自己的股票以交换目标公司的大部分资产。一般情况下,收购公司同意承担目标公司的债务责任,但双方亦可以做出特殊约定,如收购公司有选择地承担目标公司的部分责任。在此类并购中,目标公司承担两项义务,即同意解散其原公司,并把所持有的收购公司股票分配给其原公司股东。收购公司和目标公司之间还要就收购公司的董事及高级职员参加目标公司的管理事宜达成协议。

(4)以股票换取股票式兼并。

收购公司直接向目标公司股东发行收购公司发行的股票,以交换目标公司的大部分股票。一般而言,交换的股票数量应至少达到收购公司能控制目标公司的足够表决权数。通过此项安排,目标公司就成为收购公司的子公司,亦可能会通过解散而并入收购公司中。但不论哪种情况下,目标公司的资产都会在收购公司的直接控制下。

2. 按参加并购的公司行业相互关系划分

(1) 横向并购。

横向并购是指发生在具有竞争关系的、经营领域相同或生产产品相同的同行业之间的并购。横向并购的结果是资本在同一生产、销售领域或部门集中,优势企业吞并劣势企业组成横向托拉斯,扩大生产规模以达到新技术条件下的最佳规模。其目的在于消除竞争、扩大市场份额、增加并购企业的垄断实力或形成规模效应,并消除重复设施,提供系列产品,有效地实现节约。横向并购是企业并购中最常见的方式,但由于其容易破坏竞争形成行业高度垄断的局面(尤其是大型企业的并购),许多国家都密切关注并严格限制此类并购的发生。例如,反托拉斯法就是一个限制横向兼并的法案。

(2) 纵向并购。

纵向并购是指发生在生产和销售的连续性阶段中互为购买者和销售者关系的企业间的并购,即生产和经营上互为上下游关系的企业之间的并购。其又分前向并购和后向并购两种形式。前向并购是向其最终用户的并购,如一家纺织公司与使用其产品的印染公司的结合。后向并购是向其原料供应商的并购,如一家钢铁公司与铁矿公司的结合。纵向并购的目的在于控制某行业、某部门生产与销售的全过程,加速生产流程,缩短生产周期,减少交易费用,获得一体化的综合效益。

(3) 混合并购。

既非竞争对手又非现实中或潜在的客户或供应商的企业间的并购。其又可以分为三种形态:产品扩张型并购是相关产品市场上企业间的并购;市场扩张型并购是一个企业为扩大竞争地盘而对它尚未渗透的地区生产同类产品的企业进行并购;纯粹的混合并购是那些生产和经营彼此之间毫无联系的产品或服务的若干企业的并购。

3. 按照是否有委托第三者出面进行收购划分

(1) 直接并购。

直接并购就是由收购方直接向目标公司提出所有权要求,双方通过一定的程序进行磋商,共同商定完成收购的各项条件,在协议的条件下达到并购的目标。直接并购分为向前和反向两种。向前并购是指目标公司被买方并购后,买方为存续公司,目标公司的独立法人地位不复存,目标公司的资产和负债均由买方公司承担;反向并购是指目标公司为存续公司,买方的法人地位消失,买方公司的所有资产和负债都由目标公司承担。并购双方究竟谁存续,谁消失,主要从会计处理、公司商誉、税负水平等方面来决定。

(2) 间接并购。

间接并购是指收购公司首先设立一个子公司或控股公司,然后再以子公司名义并购公司。其分为三角并购和反三角并购两种方式。三角并购是指收购公司首先设立一个子公司或控股公司,然后再用子公司来兼并目标公司。此时,目标公司的股东不是收购公司,因此收购公司对目标公司的债务不承担责任,而由其子公司负责。收购公司对子公司的投资是象征性的,资本可以很小,因此又叫作空壳公司(Shell Subsidiary),其设立的目的完全是为了收购公司而不是经营。收购公司一般是股份有限公司,其股票和债券是适销的。采取三角并购,可以避免股东表决的繁杂手续,而母公司的董事会则有权决定子公司的并购事宜,简单易行、决策迅速。反三角并购相对比较复杂,收购公司首先设立一个全资子公司或控股公司,然后该子公司被目标公司并购,收购公司用其拥有其子公司的股票交换目标公司新发行的股票,同时目标公司的股东获得现金或收购公司的股票,以交换目标公司的股票。其结果是目标公司成为收购公司的全资子公司或控股公司。

4. 依据并购动机划分

(1) 善意并购。

善意并购亦称友好并购,指目标公司的经营管理者同意收购方提出的并购条件,接受并购。一般由并购公司确定目标公司,然后设法使双方高层管理者进行接触,商讨并购事宜,诸如购买条件、价格、支付方式和收购后企业地位及目标公司人员的安排等问题。通过讨价还价,在双方都可以接受的条件下,签订并购协议。最后经双方董事会批准,股东大会 2/3 以上赞成票通过,由于双方在自愿、合作、公开的前提下进行,故善意并购成功率较高。

(2) 敌意并购。

敌意并购亦称恶意并购,通常是指并购方不顾目标公司的意愿而采取非协商购买的手段,以高于交易所股票的交易价格,向股东收购目标公司的股票。一般其收购价格比市价会高出20%到40%,以此吸引股东不顾经营者的反对而出售股票。因此,对于收购方而言,收购需要大量的资金支持,在大规模的并购活动中银行或券商往往出面提供短期融资。同时,被收购公司在得知收购公司的收购意图之后,可能采取一切反收购措施,如发行新股票以稀释股权,或收购已发行在外的股票等,这会将使收购成本增加从而降低收购成功率。理论上说,只要收购公司能够收到 51% 的股票,就可以改组董事会,从而最终达到并购目的。

5. 依据并购资金来源划分

(1) 杠杆并购。

杠杆并购是指并购方只需支付少量的自有资金,利用目标公司资产的未来经营收入进行大规模的融资来支付并购资金的一种并购方式。杠杆并购在 20 世纪 60 年代首先出现在美国,其后风行于西方国家。由于杠杆并购形式被广为采用,使得一些规模较大的企业可能成为并购的目标。

(2) 非杠杆并购。

非杠杆并购是指并购方不以目标公司的资产及其未来收益为担保融资来完成并购,主要以自有资金来完成并购的一种并购形式。早期的并购形式多属于此类,但非杠杆并购并不意味着并购公司不用举债即可承担并购价款,在并购实践中,几乎所有的并购方都会利用贷款,区别只是不同并购中的借贷数额的多少不同而已。

6. 依据并购完成后目标企业的法律状态划分

(1) 新设型并购又称创立并购,指并购双方都解散,成立一个新的法人的并购。

(2) 吸收型并购,指目标企业解散而为并购企业所吸收的并购。

(3) 控股型并购,指并购双方都不解散,但被并购企业所控股的并购。

7. 依据并购企业是否负有并购目标企业股权的强制性义务划分

(1) 强制并购,指并购企业持有目标企业股份达到一定比例,可能操纵后者的董事会并对股东的权益造成影响时,根据《证券法》的规定,并购企业负有对目标企业所有股东发出收购要约,并以特定价格收购股东手中持有的目标企业股份的强制性义务而进行的并购。

（2）自由并购，指并购方可以自由决定收购被并购方任一比例股权的并购。

二、并购的动因

企业作为一个资本组织，必然谋求资本的最大增值，企业并购作为一种重要的投资活动，产生的动力主要来源于追求资本最大增值的动机以及源于竞争压力等因素，但是就单个企业的并购行为而言，又会有不同的动机和在现实生活中不同的具体表现形式，不同的企业根据自己的发展战略确定并购的动因。

在并购动因的一般理论基础上，提出许多具体的并购效应动因，主要有以下几点。

（一）协同效应

并购的协同效应有两种被广泛认同的定义：一种是韦斯顿在其提出的协同效应理论中提出的，他指出协同效应是指两个企业兼并后，其产出比兼并前两个企业产出之和还要大，这一效应常被称为"2＋2＝5效应"；另一种是马克·西罗尔在《协同陷阱：并购游戏输在哪里》一书中给出的定义：协同效应是两家企业合并后的经营效益比两家独立企业所期望取得效益之和的增加部分。该理论认为并购会带来企业生产经营效率的提高，最明显的作用表现为规模经济效益的取得，常称为"1＋1＞2效应"。

例如，在财务方面，并购会给企业在财务方面带来效益，这种效益的取得是由于税法、会计处理惯例及证券交易内在规定的作用而产生的货币效益，主要有税收效应（即通过并购可以实现合理避税）和股价预期效应（即并购使股票市场企业股票评价发生改变从而影响股票价格，并购方企业可以选择市盈率和价格收益比较低，但是有较高每股收益的企业作为并购目标）；在生产领域，可产生规模经济性，可接受新技术，可减少供给短缺的可能性，可充分利用未使用生产能力；在市场及分配领域，同样可产生规模经济性，是进入新市场的途径，扩展现存分布网，增加产品市场控制力。

（二）追求高效率扩张

通过并购可以提高企业对市场的控制能力，通过横向并购，达到由行业特定的最低限度的规模，改善了行业结构，提高了行业的集中程度，使行业内的企业保持较高的利润率水平；而纵向并购是通过对原料和销售渠道的控制，有力地控制竞争对手的活动；混合并购对市场势力的影响是以间接的方式实现，并购后企业的绝对规模和充足的财力对其相关领域中的企业形成较大的竞争威胁。例如，借壳上市，我国对上市公司的审批较严格，上市资格成为一种稀缺资源，某些并购不是为获得目标企业本身而是为获得目标企业的上市资格，通过借壳上市，企业可以在资本市场筹集资金从而完成上市的目的。

此外，并购降低进入新行业、新市场的障碍。还可以利用被并购方的资源，包括设备、人员和目标企业享有的优惠政策；出于市场竞争压力，企业需要不断强化自身竞争力，开拓新业务领域，降低经营风险。

另一方面可以带来经验成本曲线效应，其中的经验包括企业在技术、市场、专利、产品、管理和企业文化等方面的特长，由于经验无法复制，通过并购可以分享目标企业的经验，减少企业为积累经验所付出的学习成本，节约企业发展费用。在一些对劳动力素质要求较高的企业，经验往往是一种有效的进入壁垒。

(三) 实现战略目标

首先,并购可以使企业实现战略转移,寻求新的发展契机。并购者的动因之一是要购买未来的发展机会,当一个企业决定扩大其在某一特定行业的经营时,一个重要战略是并购那个行业中的现有企业,而不是依靠自身内部发展。原因在于:第一,直接获得正在经营的发展研究部门,获得时间优势,避免了工厂建设延误的时间;减少一个竞争者,并直接获得其在行业中的位置。企业并购的另一战略动因是市场力的运用,两个企业采用统一价格政策,可以使他们得到的收益高于竞争时的收益,大量信息资源可能用于披露战略机会,财会信息可能起到关键作用,如会计收益数据可能用于评价行业内各个企业的盈利能力;可被用于评价行业盈利能力的变化等,这对企业并购十分有意义。

其次,混合并购后的分散化经营可以平抑收益的波动。通常被并购企业股票的市盈率偏低,低于并购方,这样并购完成后市盈率维持在较高的水平上,股价上升使每股收益得到改善,提高了股东财富价值,因此,在实施企业并购后,企业的绝对规模和相对规模都得到扩大,控制成本价格、生产技术和资金来源及顾客购买行为的能力得以增强,能够在市场发生突变的情况下降低企业风险,提高安全程度和企业的盈利总额。

再次,公司并购有利于获取高新技术。技术的转让涉及很多问题,如技术的评估定价、技术的保密、交易费用等,那么通过并购拥有专有技术的公司,则可以省掉不少麻烦事。

(四) 寻找冗资出路

当公司拥有巨额现金流而又缺少内部投资机遇时,可以选择:① 派发特别红利,但股东收到公司派发的特别红利需要立即纳税;② 投资有价证券,而投资有价证券又有较高风险;③ 回购股票,但回购可能导致股价超过均衡价格从而带来较高的回购成本;④ 从事并购活动。并购既有利于市场拓展,又容易控制资金,成为不少公司解决冗资出路的优选方案。

(五) 满足企业家的自我实现愿望

公司发展中,管理层和股东的目标并非完全一致,管理层追求的往往不是股东财富最大化或利润最大化,而更注重谋求企业的快速扩张,以带来自己更高的权力、收入、声望和社会地位。管理者对权力、收入、声望和社会地位的强烈需求通过并购活动以扩张企业规模,获得更高的增长率,管理层效用提高,从而得到实现和满足。所以公司董事会、经理层热衷于兼并和收购活动。

(六) 寻求分离价值

不少公司经营不佳,其各部分价值之和超过了整个公司的市场价值。这种股票由于市值不能反映其实际价值,故极易成为投资公司或实力投资人的收购对象。猎手公司收购的目的就是将猎物公司肢解出售,从中牟取差价。收购对象为市值不能反映其实际价值的股票。

三、投资银行在并购业务中的功能及作用

公司购并是投资银行的一项十分重要的业务,被视为该行业中"财力与智力的高级结合"。投资银行发展到今天,其购并业务可分为两大类:① 购并策划和财务顾问业务。在这类业务中,投资银行不是购并交易的主体(或当事人),而只作为中介人为购并交易的兼并方或目标企

业提供策划、顾问及相应的融资服务。这是投资银行传统的购并业务。② 产权投资商业务。在这类业务中,投资银行是购并交易的主体,它把产权(公司)买卖当作一种投资行为,先是买下产权,然后或直接整体转让,或分拆卖出,或整组经营待价而沽,或包装上市抛售股权套现,目的是从中赚取买卖差价。

投资银行在公司购并中的积极作用表现为多方面,对企业购并中的买方来说,投资银行的购并业务可帮助它以最优的方式用最优的条件收购最合适的目标企业,从而实现自身的最优发展。而对企业购并中的卖方来说,投资银行的积极作用则表现为帮助它以尽可能高的价格将标的企业出售给最合适的买主。对敌意购并中的目标企业及其股东而言,投资银行的反购并业务则可帮助它们以尽可能低的代价实现反收购行动的成功,从而捍卫目标企业及其股东的正当权益。若从宏观经济发展和社会效益的角度看,投资银行购并业务的积极效用表现为:投资银行购并业务的产生、发展和成熟提高了购并效率,加速了购并进程,节约了企业购并过程中的资源耗费(人、财、物等投入),极大地推动着公司的合并与收购运动,从而促进存量资产的流动、经济结构的调整和资源配置的优化;加速大资本集中,实现企业经营的规模经济和协同效应(Synergy);革除企业管理中的官僚主义和肥私行为,有助于解决代理问题和改进企业的管理效率,维持现代企业制度的活力和生命力。如果说企业购并是一种在现代市场经济条件下打破交易刚性、促进结构调整、提高资源效用的经济增长机制,那么投资银行的购并业务应该说是这种经济增长机制运转过程中不可或缺的润滑剂和助推器。

(一) 作为买方代理策划购并

大多数投资银行都设有购并部门(一般从属于公司金融部)专门从事购并业务。这些部门平时致力于搜集有关可能发生的兼并交易的信息,包括查明有哪些持有超额(剩余)现金的公司可能想收购其他公司、哪些公司愿意被收购兼并、哪些公司有可能成为引人注目的目标公司等。也就是说,投资银行手里握有大量潜在产权交易的信息。另一方面投资银行拥有长年积累起来的购并技巧及经验等方面的优势,购并中的双方一般都会聘请投资银行帮助策划、安排有关事项。

例如,如果一个石油公司决定扩张到煤矿业,那么这个企业很可能要得到投资银行的协助,帮助它确定被兼并的煤矿,并组织谈判。同样,经营状况恶化的企业,其持有异议的股东也可能暗中要求投资银行帮助对该企业进行兼并。

当一家投资银行受聘为买方的财务顾问后,它所要进行的工作主要是:① 替买方寻找合适的目标公司并加以分析;② 提出具体的收购建议,包括收购策略、收购的价格与非价格条件、收购时间表和相关的财务安排等;③ 和目标公司的董事或大股东接洽并商议收购条款;④ 编制有关的购并公告,详述有关购并事宜,同时准备一份寄给目标公司股东的函件,说明收购的原因、条件和接纳收购程序等;⑤ 提出一个令人信服的、买方有足够财力去完成的收购计划。

西方上市公司的收购行为中有一种独具特色的类型——上市公司私有化。所谓私有化(Privatization)是指由上市公司大股东作为收购建议者所发动的收购活动,目的是要全数买回小股东手上的股份,买回后撤销这家公司的上市资格,变为大股东本身的私人公司。在多数情况下,大股东和被私有化的股东都会聘请投资银行作为财务顾问。投资银行作为大股东的财务顾问,主要是向大股东提供以下建议:私有化的方式、私有化的价格及非价格条件、私有化成功的机会、编制有关私有化计划的文件。作为小股东的财务顾问,投资银行的工作主要是就私有化建议是否合理,向独立董事(与大股东没有关联)和小股东提供意见。

投资银行在提出它们的建议时,应考虑的因素主要是:公司近期股价的表现、私有化价格的市盈率和股息率、私有化价格对公司资产净值的溢价或折让水平、大股东发动公司私有化的动因及公司的前景等。

(二)作为卖方代理实施反兼并措施

在购并交易中,目标公司为了防御和抵抗敌意收购公司的进攻,往往请求投资银行设计出反兼并与反收购的策略来对付收购方,增加收购的成本和困难度。常见的措施有寻求股东支持、股份回购、诉诸法律、白衣骑士、毒药丸子和驱鲨剂等。

作为目标公司的代理或财务顾问,投资银行的工作主要是:① 如果是敌意的收购,和公司的董事会制定出一套防范被收购的策略,如向公司的股东宣传公司的发展前景,争取大股东继续支持公司的董事和持有公司的股票等;② 就收购方提出的收购建议,向公司的董事会和股东做出收购建议是否公平合理和应否接纳收购建议的意见;③ 编制有关的文件和公告,包括新闻公告,说明董事会对建议的初步反应和他们对股东的意见;④ 协助目标公司董事会准备一份对收购建议的详细分析和他们的决定,寄给本公司的股东。

投资银行在进行上述工作时应考虑到:① 如果目标公司为上市公司,它的股价表现,包括股价近期有没有异常的变动、股票的交易状况等。② 市盈率。收购价的市盈率是否合理,这需要和市场上类似的公司相比较,同时亦应考虑目标公司未来的发展前景。③ 股息率。收购价的股息率应和当时的市场利率和市场上类似公司的股息率做比较。④ 公司的资产净值。收购价是高于还是低于公司的资产净值,公司资产净值的计算应包括有形资产和无形资产(专利、商誉等)。⑤ 公司的发展潜力。收购价格是否反映了公司的前景,包括公司所处行业的前景、公司的竞争能力和公司管理层的素质等。

(三)参与购并合同的谈判,确定购并条件

投资银行一般在善意购并活动中为两个公司确定兼并的条件,包括兼并的价格、付款方式和兼并后目标公司的资产重组等。大多数情况下,购并交易的双方都会聘请投资银行作为各自的财务顾问和代理人,就兼并条件进行谈判,以便最终确定一个公平合理的、双方都能够接受的兼并合同。

在恶意购并中,投资银行也会事先帮助收购方确定其收购出价,因为恶意兼并成功与否的一个重要条件就是收购方的出价。若收购出价太低,对目标公司股东没有吸引力,收购行动往往会失败;若出价太高,又会影响到收购方公司股东的利益。因而,聘请投资银行制定收购价格至关重要。

(四)协助买方筹集必要的资金

投资银行在作为收购方公司购并的财务顾问的同时,往往还作为其融资顾问,负责其资金的筹措。这在杠杆收购中表现得最为突出。

与其他购并一般方式"大鱼吃小鱼"不同,杠杆收购的最大特点就是通过增加公司的财务杠杆来达到"小鱼吃大鱼"的目的。根据美国德崇证券公司的调查,从事杠杆收购的美国公司的资本结构大致为:股本 5%～20%、垃圾债券 10%～40%、银行贷款 40%～80%,杠杆比率

一般在 1：5 到 1：20。

投资银行依据杠杆收购中的买方主要使用债务资金"以债换权益"(Debt-for-equity)和要求保密的特点,可从以下三个方面去开展工作:① 建议收购;② 安排资金融通;③ 安排过渡性资金筹措——桥梁性融资(Bridge-financing)。

在安排资金融通工作中,投资银行的主要作用体现在协助购买方设计和组织发行"垃圾债券"。"垃圾债券"指的就是高收益高风险的投资级以下(从 BB 级到 CCC 级)的债券,最早起源于美国,在二十世纪五六十年代主要作为小型公司筹集开拓业务之用的资金的融资工具。进入 70 年代以后,随着杠杆收购的兴起,垃圾债券的用途已从最初的拓展业务,逐步转移到了用于公司的收购与兼并上来。利用垃圾债券举债收购最成功的例子可以说是 1988 年年底,亨利·克莱斯对雷诺烟草公司的收购。美国的德雷克塞尔公司是一家专门为杠杆收购提供融资的公司,该公司在著名的"垃圾债券之父"迈克尔·米尔肯的率领下,曾经为美国上百家小公司的兼并,尤其是杠杆收购发行垃圾债券提供收购的资金来源。为此,该公司获得了上亿美元的佣金收入,同时亦推动了 80 年代席卷美国的企业购并热潮。后来在 1989 年华尔街股市风波的冲击之下,德雷克塞尔公司宣布破产,其他投资银行于是纷纷收缩这方面的业务,大举退出对杠杆收购的融资,市场萎靡不振,一直到 1995 年此种业务才又重新活跃起来。

所谓桥梁式融资,指的是在长期债务资金筹措完成之前的临时短期资金借贷。投资银行在为购并方安排桥梁式融资时,有时亦会提供其自有资本;而在购并方偿还出现暂时困难或其他特殊情况下,亦可以将这种过渡性短期贷款转为中长期融资。

第二节 并购流程设计

一、并购分析与决策规划

企业根据自身发展战略的要求制定并购策略,初步勾画出拟并购的目标企业的轮廓,制定出对目标企业的预期标准,如所属的行业、规模大小、市场占有率等。据此在产权交易市场搜寻捕捉并购对象,或通过产权交易市场发布并购意向,征集企业出售方,再对各个目标企业进行初步比较,筛选出一个或少数几个候选目标,并进一步就目标企业的资产、财务、税务、技术、管理和人员等关键信息进行深入调查。

二、并购方案设计

基于上一阶段调查所得的一手资料,设计出针对目标企业的并购模式和相应的融资、支付、财税、法律等方面的事务安排。

(一)融资手段

融资手段包括内部融资与外部融资,而外部融资手段运用得更为广泛。内部融资包括运用自由现金流、企业留存收益、企业折旧基金;外部融资包括债务融资、权益融资、混合性融资。

1. 债务融资

债务融资指收购方通过举债来筹集并购所需的资金,主要包括向银行等金融机构贷款、发行企业债券、票据融资和租赁类融资等方式。

债务融资要求收购方有较高的债务承受能力和安全还债能力,还要有可行的融资渠道和工具。一般适用于企业在保持独立、避免原股东股权被稀释的情况下超常规扩张。

2. 权益融资

权益融资主要包括发行股票、换股并购、以权益为基础的融资等。① 发行股票。发行新股或向原股东配售新股,以销售股票所得款支付并购所需资金。其实质是企业用自有资金购买。② 换股并购。将公司股票支付给并购方,分为增资换股、库藏股换股、母公司与子公司交叉换股等。这种方式的优势是不受并购规模限制,避免现金短期流出的压力,降低了收购风险,也使得收购一定程度上不受并购规模的限制。③ 以权益为基础的融资。包括反向回购(买壳上市)、股权划出、员工持股计划等。

3. 混合性融资

在并购中的运用分为混合性融资安排和混合性融资工具。混合性融资安排既有银行贷款资金,发行股票、债券筹集的资金,又有股票互换、可转换债券、优先股、认股权证等融资工具的运用;主要以杠杆收购为代表。混合性融资工具是指兼具债务和权益两者特征的融资工具,包括可转换债券、认股权证等。

(二) 支付方式的选择

1. 现金支付

现金支付指并购企业通过被并购企业股东支付一定数额的现金,以取得被并购企业的控制权的方式。现金支付是使用最广泛的支付方式,其形式可以是银行汇票、支票、电汇或现款付款证书等。优点是简单迅速,有利于并购后企业的重组和整合。缺点是并购方的付款压力较大;被并购方在取得现金后就不能拥有并购后企业的权益,而且可能无法推迟资本利得的确认,从而不能享受税收优惠。为克服上述缺点,在实际并购中可采用推迟或分期付款。

2. 股票支付

股票支付指投资者通过增加发行本公司股票,再按照一定换股比例以新发行的股票交换被并购企业的股票。优点是付现压力较小,不影响公司的现金状况,并购企业的股票可以不以折价发行,可以将资本收益一直递延到股票出售为止,实现合理避税。并购完成后,被并购企业的股东仍具有对企业的所有权,可分享并购企业的增值。缺点是稀释了大股东对企业的控股权,可能摊薄企业每股收益和每股净资产。国际上大型并购案例有半数以上都是采取换股并购方式,多用于善意收购。

3. 综合证券支付

综合证券支付方式是指并购方以现金、股票、认股权证、可转换债券和其他债券等多种支付工具来支付并购价款。除了现金、股票以外,还有企业债券、认股权证、可转换债券等。其中企业债券是指并购方以新发行的债券换取并购企业股东的股票。通常是较普通股更便宜的资金来源,向持有者支付的利息是免税的,还可以把它和认股权证或可转换债券结合起来。认股权证是指由上市公司发出的证明文件,赋予持有人在指定时间内,用指定价格换股认购由该公司发出指定数目即换股比例的股票的权利。并购公司可因此延期支付股利,因为认股权证并不是股票,其持有人并不能视为股东。可转换债券是指债券持有者可以按约定的条件将债券按发行时约定的价格转换成公司的普通股股票。并购公司能以比普通股票更低的利率和较宽松的契约条件出售债券。当企业正在开发一种新产品或新业务时,可转换债券能通过转换期达到预期的额外利润。

三、并购操作

一项完整的并购操作包括并购前的准备—物色收购目标—对猎物公司估值和出价—制订并购计划—实施并购。

(一)并购前的准备

主要是与客户公司合作,了解并购目的,签订服务协议。

(二)物色收购目标

从收购公司的角度来看,目标公司一般应当具有以下特征:① 具有经营特色的企业,有技术特点的企业、有稳定销售渠道的企业、有较高价值的无形资产的企业、有优秀人才的企业、现金等流动资产充裕的企业;② 企业资产运营效果差的企业,资金利润率低的企业、虽然拥有较高价值的资源却没有加以利用的企业、存在问题的股份制企业。

(三)对猎物公司估值和出价

对猎物公司估值和出价常用现金流贴现法:估计并购后增加的现金流量,运用一个适当的贴现率计算出增加的现金流量的现值,即猎手公司所能支付的价格上限。当实际成交价格低于该价格上限时,并购带来的净现值为正;反之,并购无利可图。价格下限与价格上限的距离越大,谈判的余地也越大,并购成交的可能性就越高。越接近上限,目标公司股东分配到的增值部位就越多,猎手公司股东得到的就越少。

理论上说,猎手公司的首次要约价格越低越好。但也不能过低,否则收购不能成功,或者目标公司较易请到"白骑士"来与猎手公司争购。

这里的"白骑士"是指猎物公司为免受敌意收购者的控制但又无他策时,可以自行寻找一家友好公司,由后者出面和敌意收购者展开标购战。这家愿意与敌意收购者竞争猎物公司控制权的第三者通常被称为"白骑士"。敌意收购者则被称为"黑衣骑士"(Black Knight)。

(四)制订并购计划

制订并购计划包括并购使用何种会计处理原则、制订融资计划和选择支付工具、设计接触猎物公司方案、规划并购后续事宜。

(五)实施并购

确定并购方案之后以此为基础制定并购意向书,作为双方谈判的基础,并就并购价格和方式等核心内容展开协商与谈判,最后签订并购合同。双方签约后,进行产权交割,并在业务、人员、技术等方面对企业进行整合,整合时要充分考虑原目标企业的组织文化和适应性。

整合是整个并购程序的最后环节,也是决定并购能否成功的关键环节。一般从经营战略、人力资源、组织与制度、资产债务、财务及文化等方面展开整合。

第三节　反收购策略

一、反收购的意义

20世纪70年代以前,收购方会尽力说服目标公司同意收购。1974年并购市场上出现了第一起恶意收购事件,由此激发了反收购策略的发展。反收购是指目标公司管理层为了防止公司控制权转移而采取的旨在预防或挫败收购者收购本公司的行为。为预防可能被兼并的风险,更多的公司是聘请投资银行作为顾问,对公司外部威胁加以监控,同时设计出若干反收购策略。反收购操作就是投资银行作为专业中介,在敌意收购的背景下,为目标公司一方提供的专业服务。

二、反收购措施

为防止和对抗恶意收购,目标公司进行一系列反收购措施。

(一)调整公司的股市结构

这种措施是通过减少社会公众分散持有的股份来降低公司被收购的风险,此过程中常常采用股份回购和互相持股的方法。互相持股是指可能被收购的公司实现选择一家关系较好或者密切联系的公司,双方互换股份,相互持有对方一定比例的股权,从而可以有效地阻止第三者的收购。

(二)保护公司成员利益

这也是最受员工欢迎的反收购措施,通过保护公司成员利益制度的设计,加大收购的难度,给收购方在现金支出上带来重负,在某些情况下可能会吓退收购者,是投资银行和目标公司设置的有效的防御工事。包括三个层面:

(1)保护公司董事会成员的利益。主要有董事会轮选制度(Staggered Board Provision)、"超多数规定"、累积投票法等。

(2)保护公司经理层人员的利益。主要是指"金降落伞"(Golden Parachute)制度,这种制度是指目标公司通过与其高级管理人员签订合同条款,规定目标公司有义务给予高级管理人员优厚的报酬和额外的利益,若是公司的控制权发生突然变更,则给予高级管理人员以全额的补偿金。目标公司希望以此方式增加收购的负担与成本,阻却外来收购。

(3)保护公司的普通员工。其原理和"金降落伞"制度同理,设置"锡降落伞"(Tin Parachute)制度、"养老金降落伞"(Pension Parachute)制度和"员工持股计划(Employee Share Ownership Plan,即ESOP)",这是在"金降落伞"以外再规定目标公司员工若在收购后第二年被解雇,可以要求一定数量的补偿性遣散费。通过上述方式在保障有关管理人员优厚待遇的同时,增加公司被收购的难度。

员工持股计划是指鼓励公司雇员购买本公司股票,并建立员工持股信托组织的计划。虽然说员工持股计划在国外的产生与发展是公司民主化思潮及劳动力产权理论影响下的产物,但在现代西方各国,员工持股计划也成为公司进行反收购的重要手段。这是因为公司被收购往往意味着大量员工的解雇与失业,因而在收购开始时,员工股东对公司的认同感高于一般的股东,其所持股份更倾向于目标公司一方,不易被收购。

（三）公司重组

1. 出售"皇冠之珠"

"皇冠之珠"（Crown Jewels）指的是目标公司将其最有价值、对收购人最具吸引力资产（即所谓"皇冠之珠"）出售给第三方，或者赋予第三方购买该资产的期权，使得收购人对目标公司失去兴趣，放弃收购。其中最具吸引力的资产包括价值被低估的设备、土地等资源；发展前景大好的生产工艺、业务和专利技术；可能会威胁猎手公司业务发展的部门等。但是，若以低于市价的价格出售，则损害了股东利益，其出售行为也会被判失效，最终难逃被接管的厄运。

2. 推行"焦土政策"

"焦土政策"（Scorched Policy）指的是目标公司大量出售公司资产，或者破坏公司的特性，以挫败敌意收购人的收购意图。出售"皇冠之珠"常常是焦土政策的一部分。比如，目标公司手中尚有大量的现金并准备用来回购其股票，或者目标公司可能大量举债来回购其股份。这两种方式都能阻止收购者。收购者想利用目标公司现有资金弥补其收购支出是不可能了，而该目标公司可能身负债务，收购已经变得没有意义了。

"焦土政策"是一种极端的反抗收购的方式，极大地损害了股东的利益，也将使企业往昔的辛苦经营毁于一旦，所以为各国法律所限制，采用这种极端方案的公司是很少见的。

3. 公司分拆和子公司上市策略

公司分拆和子公司上市后，由于社会的关注，原母公司和子公司的股价均能被推高，从而增加收购公司二级市场收购成本；另外，子公司上市可以筹得大量资金，有助于母公司并购其他公司或采取针锋相对的战略等。

4. 资本结构重构

资本结构重构目的是通过提高债务比重和降低股权比重来击退敌意杠杆收购。一家猎物公司适时派现，可以增强股东对公司的信心，提高资产负债比率，有效击退敌意的杠杆收购；股价除权后通常会有填权，从而增大收购成本；在派送红股、转赠股份或向原有股东配售股份情况下，股本扩大但原有股东权力没有稀释，在填权之后，收购者的并购成本将成倍增加，有可能放弃此次并购。

（四）设置"毒丸"

"毒丸"（Poison Pill）是指目标公司通过制订特定的股份计划，赋予不同的股东以特定的优先权利，一旦收购要约发出，该特定的优先权利的行使，可以导致公司财务结构的弱化或收购方部分股份投票权的丧失。这样收购方即使收购成功，也可能像吞下毒丸一样遭受不利后果，从而放弃收购。毒丸计划包括负债毒丸计划和人员毒丸计划两种。前者是指目标公司在收购威胁下大量增加自身负债，降低企业被收购的吸引力。人员毒丸计划的基本方法则是公司的绝大部分高级管理人员共同签署协议，在公司被以不公平价格收购，并且这些人中有一人在收购后被降职或革职时，则全部管理人员将集体辞职。企业的管理层阵容越强大、越精干，实施这一策略的效果将越明显。当管理层的价值对收购方无足轻重时，人员毒丸计划也就收效甚微了。

（五）寻求外界支持

1. "白护卫"

"白护卫"指的是与目标公司关系良好的公司，它们之间签订协议，约定在目标公司面临敌意接管时,"白护卫"公司可以优惠价格或更高的回报率承诺购买目标公司具有表决权的大量股票或债券,从而避免公司被收购的危机。

2."白衣骑士"

"白衣骑士"(White Knight)是指在面临外界的敌意收购时,目标公司寻找一个友好的支持者,作为收购人,与恶意收购者相竞争,以挫败收购行为,该友好的收购人即为"白衣骑士",而敌意收购人则可以称为"黑衣骑士",以形容其秘密收购目标公司股票进行股份袭击的特征。通过"白衣骑士"战略,目标公司不仅可以通过增加竞争者而使买方提高收购价,甚至可以通过"锁位选择权"给予"白衣骑士"优惠的条件购买公司的资产、股票等。

3.诉诸法律

法律是最后也是最为有效的武器。在收购活动中,目标公司如果措手不及,没有其他方法抵御,可以想尽一切方法寻找收购活动中的漏洞,提请司法仲裁或诉讼。在证据充分的情况下,通常收购活动会因为司法机关的出面而中止。即使最后法律做出对收购方有利的判决,目标公司也赢得了宝贵的时间制定其他反收购策略。

(六)针锋相对的策略

收购方忙于收购活动,很可能无心照料自己的公司和产业,那目标公司就可以借此绕到收购方背后给予一击,使得收购方后院失火,迫使收购方无心恋战,收购危机就此告终。这类策略中常见的是"帕克曼战术"和"绿色邮件"。

1.帕克曼战术

"帕克曼"(Pacman)本来是 20 世纪 80 年代初流行的一款电子游戏的名称,在该游戏中,任何没有消灭敌手的一方将遭到自我毁灭。作为反收购措施,帕克曼战术是指目标公司针锋相对地向收购公司发起要约收购。但该战术的实施必须有大量现金或容易变现的资本为后盾,可能牺牲股东利益,也会因自己也参与行为而不得放弃诸如反垄断等司法的有力手段。

2.绿色邮包

绿色邮包(Green mail)是指目标公司以高于收购价的价格回购并购者手中的股票,作为交换条件,并购方承诺放弃并购。这种方法也要求目标公司具有较为雄厚的资金实力,同时也为部分投机钻营者提供了专靠假收购来获取高价回购溢价的机会,目标公司利益因此受损。

综合案例 7 - 1

吉利收购沃尔沃

一、背景

2008 年经济危机发生之前,由于次级信贷泛滥,汽车行业销量不断上涨。经济危机爆发后,美国车市受到重创,销售数量严重下跌。在经济萧条、能源紧缩的背景下,以中国为代表的新兴市场展现了强劲的增长潜力。国内汽车市场集中度开始呈现收敛形态,自主品牌有较大的收获;商用车市场,自主品牌在继续保持垄断的同时,企业竞争优势增强,使得自主品牌产品越发成熟。企业技术方面,由市场换技术、外包、逆向工程、购买海外成熟技术等方式,逐步向有体系的自主创新转变。此外,政府的振兴汽车行业计划给汽车行业的发展提供了机遇。

沃尔沃汽车,这个源自瑞典的豪华汽车品牌,自 1927 年成立以来,一直以其安全、环保和品质闻名于世。1999 年,沃尔沃被美国福特汽车公司收购,却因持续亏损而被迫转手。吉利,作为中国的民营汽车企业,当时主要生产低价位、低端车型,在国际市场上几乎没有影响力。吉利创始人李书福希望通过并购沃尔沃,提升吉利在全球市场的竞争力:一方面,通过沃尔沃的品牌和技术,提高吉利的国际形象和技术水平;另一方面,借助沃尔沃的国际资源,加速吉利的全球化布局。

2008 年,中国的吉利汽车对沃尔沃表达了收购兴趣。经过长达两年的艰苦谈判,吉利最终以27 亿美元的价格收购了沃尔沃。这场收购,不仅是财务上的巨大投入,更是技术和品牌升级的关键一步。

二、收购原因

1. 福特出售沃尔沃的原因

由于经济危机的爆发,全球车市呈现萧条状态,销量大幅度下降,福特也经营惨淡,且债台高筑。2007—2008 年,福特共亏损 150 亿美元;债务更高达 260 亿美元。而 2008 年,沃尔沃税前亏损额高达 16.9 亿美元。市场份额从 1998 年的 12.6%,跌至 2009 年的 7.2%,销量仅有 33.5 万辆。福特花了 64 亿美元收购沃尔沃,之后又投入数十亿美元,但沃尔沃经营不善,没有给福特带来相应的经济效益,反而成为其巨大包袱。

2. 吉利收购沃尔沃的原因

吉利早已开始准备从低端品牌向中高端进行发展。为了尽快追赶世界先进水平,2007 年吉利又提出“生产世界上最环保、最安全的车”的主张,宣布战略转型,抛弃价格战,开始追求技术品质。沃尔沃作为“海外成熟技术、成熟零部件、成熟汽车公司”的最佳选择,有着超强的原创能力,安全基因举世无双,还有车内空气质量技术控制,环保技术全球领先。因此,并购沃尔沃毫无疑问地助推吉利控股集团战略转型,有效提升吉利集团的技术创新能力,掌握核心技术;提升吉利汽车自主品牌形象和国际竞争力,实现从产品营销到品牌营销的转变,进军国际市场。正是基于这些战略思想,沃尔沃成为吉利的首要购买对象。

三、收购过程

吉利研究沃尔沃这个企业已经有 8 年,正式跟福特就收购沃尔沃进行沟通也将近 3 年多。早在 2008 年福特首次表示可能放弃沃尔沃之后,吉利便秘密成立了项目小组,负责对沃尔沃的收购事宜。项目组成立之后马上开展三方面的工作:第一,对沃尔沃公司进行深入、全面、细致的了解和研究;第二,制定总体收购战略;第三,制定整个操作的细致时间表及规划。2008 年年底,吉利首次向福特提交竞购建议书,这份花了整整一年时间精心制作的建议书给福特留下了良好的第一印象。2009 年 10 月 28 日,福特宣布吉利成为沃尔沃的首选竞购方。2010 年 3 月 28 日,浙江吉利控股集团有限公司和福特汽车公司签署了股权收购协议,吉利控股集团以 18 亿美元的价格收购沃尔沃轿车公司 100% 股权。除了股权收购,本协议还涉及了沃尔沃轿车、吉利集团和福特汽车三方之间在知识产权、零部件供应和研发方面达成的重要条款。

四、收购效应

吉利沃尔沃的并购效应是杠杆收购的典型案例,收购过程中,吉利自有资金的出资只占收购总资金的 25%。福特 1999 年收购沃尔沃时,交易价格约是 65 亿美元;2010 年吉利收购时,在洛希尔银行的帮助下,吉利成功地将收购价格从福特提出的 60 亿美元,压到最终成交的 18 亿美元,不足 10 年前的 1/4。

吉利沃尔沃并购效应也被称为“蛇吞象”行为,并购背后的艰难是巨大的。并购行为的背后,需要解决大笔的资金需求,抵御工会与法律的阻挠,缓解低价政策的副作用,并购成功后更是需要留住人才,保持沃尔沃的独立性。

但吉利是成功的。早在 2016 年年底,业界就传出沃尔沃汽车要独立 IPO 的消息。2018 年 5

月,吉利选择花旗银行、高盛集团和摩根士丹利来协助沃尔沃汽车的 IPO 事宜。但随后又有媒体披露,在沃尔沃汽车的上市计划讨论中,相关机构对其做出 120 亿～180 亿美元的估值,这远低于吉利控股内部给出的 160 亿～300 亿美元的预期估值。10 年后的 2020 年,沃尔沃估值 180 亿美元,也仅是吉利收购时的 12 倍,20 多年前福特收购时的 2 倍。

截至 2020 年,比亚迪市值 5 644.2 亿元人民币、上汽市值 2 482.7 亿元人民币、吉利市值 2 474.7 亿港元,约合 2 064.80 亿元人民币。从收购方的角度看,当年吉利汽车销量只有 41.61 万辆,2020 年吉利汽车累计销量 132 万辆。

吉利和沃尔沃在全球市场上的互补性也十分明显。沃尔沃在欧洲和北美市场的深厚影响力,以及吉利在中国和其他新兴市场的强大竞争力,构成了双方合作的另一大优势。通过资源共享和市场协同,双方能够更有效地应对全球汽车市场的多元化需求。

吉利与沃尔沃的故事,是中国企业国际化战略的一个缩影。这不仅是一次成功的跨国并购案例,更是一次文化融合和技术交流的历程。吉利通过收购沃尔沃,不仅提升了自身的技术水平和品牌形象,也为中国汽车行业的国际化探索了一条新路。

综合案例 7-2

失败的银行并购——UBS(瑞银集团)并购案例浅析

一、并购事件的起因

瑞银集团(UBS AG)是由瑞士两家最大的商业银行——瑞士银行(SBC)和瑞士联合银行(UBS)于 1997 年年底合并形成的。合并后的公司保留了 UBS 的名称,但瑞士银行是实际的收购方,合并后的管理团队也大部分来自原瑞士银行。

提出这项合并计划时,瑞士银行和瑞士联合银行的高层管理人员声称他们要达到以下目标:首先,建立一个更有竞争力的全球投资银行部门,与占据优势地位的美国投资银行竞争;其次,在瑞士国内建立一个更加实用有效的零售商业银行网络,节约零售银行成本;第三,融合两家公司的资产管理业务和私人银行业务,形成一家真正的"全能银行",通过资产管理业务的强强联合,为新的公司创造更加稳定的利润来源。

来自原瑞士银行的管理团队是一个高效的、善于处理文化差异的团队,他们曾经在过去几年中成功处理了一些规模较小的银行并购事件,创造了良好的业绩。当时市场普遍看好瑞士银行与瑞士联合银行的合并,某些专业媒体甚至称之为"上帝导演的合并"。根据新成立的瑞银集团公布的消息,在合并计划通过后的一个月内,瑞银就完成了 300 项最重要的准备工作,预计合并将使公司的总成本减少 22% 左右。

但是,几个意料之外的"绊脚石"严重影响了瑞银集团的业绩,使这场"上帝导演的并购"面临严重危机,并最终导致了瑞银集团董事长的下台。直到 1999 年,瑞银集团仍然无法完成事先制定的盈利目标,宝贵的投资银行人才纷纷流失,资产管理业务也蒙受重大损失。总体看来,虽然瑞银合并的失利主要是由于"意外"因素,但瑞银高层管理人员在并购过程中的一些不符合企业长远利益的做法,是导致损失的重要催化剂。可以说,瑞银蒙受的损失虽然在意料之外,却在情理之中。下面将详细分析瑞银合并案例中的关键事件及其影响。

二、长期资本管理公司丑闻——典型的企业伦理危机

瑞士银行和瑞士联合银行都拥有强大的资产管理部门,瑞士银行的高层管理人员在风险控制上拥有丰富的经验,但是瑞士联合银行的风险控制能力相对比较弱。在合并之前的尽职调查中,瑞士银行的调查人员本来应该发现瑞士联合银行下辖的长期资本管理公司(LTCM)存在巨大的风

险暴露,尤其是金融衍生品的持有规模非常大,很可能为该公司带来灭顶之灾。但是,由于种种原因,瑞士银行在尽职调查报告中没有详细分析长期资本管理公司面临的风险,提出了一个过于乐观的盈利计划。许多投资者轻信了瑞士银行的尽职调查报告,严重低估了合并后的瑞银集团所面临的金融衍生品风险。

1998年,东南亚金融危机愈演愈烈,美元利率也出现剧烈波动,全球资本市场的风险突然急剧放大,瑞银集团下辖的长期资本管理公司拥有的16亿瑞士法郎的风险暴露。消息传出,全球资本市场立即陷入更严重的混乱,投资者争相购买较为安全的美国国债,欧洲市场和亚洲新兴国家市场更加低迷。由于紧急"抢救"无效,长期资本管理公司被迫宣布破产,瑞银集团不仅损失了巨额利润,还损失了在资产管理界长期积累起来的崇高声誉。经过这次危机,瑞银在1998年的普通股回报率只有10%,远远低于合并之前确定的15%~19%的目标。

由于在长期资本管理公司的风险暴露问题上误导了投资者,瑞银集团董事长被迫下台,大批高层管理人员引咎离职。为什么瑞士银行没有在尽职调查中发现瑞士联合银行的风险暴露问题?他们究竟是没有发现问题,还是发现了问题却故意不对投资者说明?瑞银集团首席执行官Marcel Ospel做出了如下回答:"瑞士银行对潜在风险没有认识,瑞士联合银行也没有。我们无意隐藏什么,瑞士银行在并购前所做的尽职调查也不可能再仔细了。虽然如此,我们还是承认,这一事件对整个业界来说,都是敲响了警钟。"(引自《银行并购:经验与教训》(Banker Mergers: Lessons for the Future),史蒂芬·I.戴维斯著)即使瑞士银行的尽职调查人员并没有隐瞒什么事实,他们的调查也很难做到"不可能再仔细"。为了防止并购失败,缩短合并过程耗费的时间,合并双方的尽职调查经常都是走马观花、草草了事,这在业界已经成为公开的秘密。瑞士银行曾经收购英国华宝投资银行(SG Warburg),当时为瑞士银行负责尽职调查的Rudi Bogni无奈地表示:"问题在于怎样才能让尽职调查切实可行?……因为太过仔细的尽职调查可能让对方恼怒,甚至一走了之。你必须小心翼翼地行事,尽自己最大的努力,集中精力于诸如信贷风险之类的大问题上,但是必须清楚自己言行的界限。"(出处同上)瑞士银行在对瑞士联合银行做尽职调查的时候,也把主要精力放在了"信贷风险之类的大问题上",忽视了长期资本管理公司的风险暴露问题,但这个问题的风险可绝对不小。从事件的前因后果看来,虽然瑞士银行故意隐瞒瑞士联合银行的风险暴露问题的可能性不大,但是他们至少忽略了这个问题,在风险评估问题上误导了投资者。此外,瑞士联合银行负责资产管理业务的高层管理人员没有主动向瑞士银行说明以上风险,这也是不符合企业伦理的。总而言之,长期资本管理公司丑闻是一场名副其实的企业伦理丑闻,如果合并双方抱着对投资者负责的态度,真正妥善地进行尽职调查,这个悲剧很可能不会发生。

三、全球投资银行业务的整合——忽视企业文化和员工心理的恶果

合并之前的瑞士联合银行拥有比较强大的投资银行业务,瑞士银行也拥有一个知名的投资银行部门——华宝投资银行。分析师曾经乐观地认为,两家银行的合并将创造一个全球领先的投资银行部门,甚至在欧洲市场超越德意志银行、瑞士信贷银行等主要竞争对手。但是令人失望的是,新成立的瑞银集团的投资银行部门只是规模庞大,在盈利能力上并没有取得优势,优秀人才大量流失到竞争对手那里。

瑞士银行在几年前收购华宝投资银行的过程中损失的人才数量很少,两家银行的人才基本上能够融洽相处。但是,当瑞士银行与瑞士联合银行合并时,原瑞士联合银行的投资银行人才却纷纷跳槽,投奔诸如荷兰国际银行集团(ING Barings)等竞争对手。瑞银集团首席执行官Marcel Ospel承认:"我们知道有可能损失惨重,所以快速行动以挽留专业人才……可是,结果却和期望的完全相反,失去了许多我们非常希望留下的人才。虽然我们希望在平等的基础上进行并购,但我们还是遭遇了投资银行业的一个血淋淋的现实。"(出处同上)许多来自原瑞士联合银行的投资银

行工作人员表示,他们感到自己没有被新的公司接受,在新的瑞银集团得不到平等待遇,尽管他们能够拿到比原先更高的薪水,许多人却还是选择了跳槽。无论收购方(瑞士银行)怎样试图以"平等"的方式对待被收购方(瑞士联合银行),人们在实际工作中还是很容易察觉到不平等的氛围。

此外,企业文化的差异可能是投资银行人员纷纷跳槽的另一个重要原因。瑞士银行一直是以零售银行和资产管理为主的商业银行,虽然它拥有一个投资银行部门(瑞银华宝),但是这个部门远在英国,与瑞士的主体机构并没有真正融合。在收购瑞士联合银行之后,瑞银高层管理人员第一次试图尝试把整个瑞银集团旗下的投资银行业务整合起来,让投资银行部门和商业银行部门成为一个有机的整体,这就导致了一系列的文化冲突。相对于商业银行人员(尤其是零售银行人员),投资银行人员的工作强度、薪水和工作的变化性都要强得多,要在短期内达到融合并不是一件容易的事情。遗憾的是,合并后的瑞银集团的高层管理人员对这种企业文化的冲突没有明确的认识,直接导致了投资银行人员大量流失。

1998 年底,瑞银集团的投资银行与公司银行业务的普通股回报率居然是负数,远远赶不上国内零售银行业务的回报水平。瑞银集团忽视企业文化整合和对员工心理的安抚,不但给员工造成了心理压力和精神损失,而且最终导致了股东利益的损失。

四、大规模裁员——节约成本的主要手段

瑞士银行与瑞士联合银行合并时,计划在 3 至 4 年内裁员 34%,以实现节约成本 22% 的目标。管理层预测,在完成以上节约成本目标之后,瑞银集团的税后普通股回报率将达到 15% 至 19%。裁员是瑞银集团节约成本的主要手段。然而裁员始终是银行并购过程中最富有争议的话题之一,绝大部分成本节约都是通过裁员完成的。虽然高层管理人员很少离职(即使离职,往往也带着非常丰厚的薪水),但中层与基层工作人员总是成为受害最严重的对象。在瑞银集团的案例中,每 3 个员工就要有 1 个员工离职,这种裁员比例在全世界的银行并购案例中都是罕见的。在被裁减的员工中,绝大部分来自国内零售网络和华宝投资银行。由于瑞士银行和瑞士联合银行的零售网点将大规模合并,许多零售人员都失去了工作;至于对投资银行的裁员则存在很大争议,华宝投资银行的人抱怨他们受到了不公正的待遇,认为瑞银集团的高层管理人员都来自商业银行,根本不知道如何管理投资银行,结果许多没有被列入裁员计划的投资银行人员也纷纷离去。

在欧洲大部分国家,失业问题本来就十分严重,银行进行大量裁员经常会引起政府和工会的强烈不满。由于欧洲工会的力量很强,该地区的银行往往要向员工支付很高的遣散费或"自愿退休费"。例如,一位西班牙银行家曾表示,他每裁减一名员工就要支付相当于其正常工资 5 倍的遣散费。瑞银集团为裁减员工支付的费用可能还要高于这个数字,因为瑞士是全世界著名的对员工利益保护最完善的福利国家之一。但是,即使支付极高的遣散费,被裁减的银行员工往往也很难找到新的工作,因为银行合并已经成为大势所趋,整个欧洲每天都在发生各种各样的银行合并与裁员,除非重新经过其他专业训练,被裁减的银行员工很难重新就业。工会有时候能够帮助员工找到新的工作,但由于整体就业形势严峻,工会对员工的帮助也是很有限的。

当然,有少数银行充分意识到了裁员对员工的严重打击,并采取了专门培训等手段帮助被裁减的员工找到新的职位。例如,瑞典银行的 Soren Andersen 所说:"我们花了两天时间向所有员工描述了公司的前景,他们可以用两天时间考虑这一前景对他们每一个人意味着什么。我们再询问他们是否愿意留下,如果希望离职,我们提供专门培训以帮助他们求职。"但是无论如何,中基层员工尤其是被收购方的员工,在银行合并中处于最弱势的地位,他们的利益往往只能仰仗高层管理人员大发慈悲,或者希望工会能够出手救援。作为被收购方,瑞士联合银行的员工经常抱怨他们受到了不公正待遇(在前一里面已经提到了这一点),裁员最严重的华宝投资银行也是几年前被收购的部门。对于投资银行人员来说,由于市场对这样的专业人才需求较大,他们可能比较容易

找到新的工作;但对于瑞士国内的零售银行人员来说,要想在国内再找到一份工作可谓难上加难。遗憾的是,至今似乎还没有一份明确的研究报告,阐述在一次银行合并案例中,究竟有多少被裁掉的员工可以在短时间内重新找到工作。

五、并购事件的总结

这次并购实现的目标包括以下几个方面:

(1)建立强大的投资银行部门。基本完成了投资银行业务的整合,但盈利能力有限,大量人才流失到竞争对手那里。在投资银行领域的业绩乏善可陈。

(2)加强资产管理业务。资产管理业务整合比较顺利,目前是主要的利润来源,但是长期资本管理公司丑闻给股东利益和公司形象带来了沉重打击。

(3)建立统一的零售银行网络。目前瑞银集团在瑞士国内占据了统治地位。

(4)节约成本22%的目标基本完成,但是裁员给来自被收购方(瑞士联合银行)的员工留下了恶劣印象,影响了两家公司企业文化的融合。

(5)原定目标是普通股回报率15%~19%,合并后第一年普通股回报率只达到10%,至今仍未完成目标。

(6)原定目标有建立完善的人才储备,这个目标完全失败,商业银行和投资银行人才均流失严重。

瑞银集团面临的裁员问题、企业文化冲突问题和尽职调查问题,其实在每一次银行合并案例中都会或多或少的涉及。只是由于国际资本市场的突然动荡,长期资本管理公司的风险暴露被迅速放大,吸引了大部分投资者的眼球。瑞银高层管理人员由于忽略尽职调查而付出了惨重代价,但他们在其他方面做得也并不好。投资银行人员的纷纷出走,裁员幅度过大,对被收购方员工的不公正待遇,使这次合并远远称不上"上帝导演的合并"。

直到今天,瑞士银行和瑞士联合银行合并的阵痛还没有完全过去,虽然它的资产管理业务仍然处于很高的水平,但投资银行业务没有太大起色,合并之前设计的普通股回报率目标仍然没有达到。这次合并是一起比较糟糕的合并,但并没有引起很多指责,因为市场上还存在很多更糟糕的合并。瑞银集团至少把两家银行原先的业务整合在一起,基本完成了成本节约的目标,在长期资本管理公司破产之后没有出更大的乱子——在许多投资者看来,这样的成绩已经及格了,当然还远远称不上优秀。

综合案例 7-3

反收购策略多管齐下:中信证券收购广发证券

2004年9月2日,中信证券发布公告,声称将收购广发证券部分股权。9月4日,广发证券实施员工持股计划的目标公司深圳吉富创业投资股份有限公司(下称"深圳吉富")成立。9月6日,中信证券发布拟收购广发证券部分股权的说明,称收购不会导致广发证券重大调整,不会导致广发证券注册地、法人主体、经营方式及员工队伍的变更与调整。

2004年9月10日,深圳吉富以每股1.16元的价格率先收购云大科技持有的广发证券3.83%股权。9月15日,深圳吉富按每股1.20元的价格受让梅雁股份所持有的广发证券8.4%的股权,此时,深圳吉富共持有广发证券12.23%股权,成为第四大股东。

面对广发证券的抵抗,9月16日,中信证券再一次重拳出击,向广发证券全体股东发出要约收购书,以1.25元/股的价格收购广发股权,使出让股东的股权在评估值基础上溢价10%~14%,以达到收购股权51%的目的。

9月17日,原广发证券第三大股东吉林敖东受让风华高科所持有2.16%广发证券股权,增持广发证券股权至17.14%,成为其第二大股东。9月28日,吉林敖东再次公告受让珠江投资所持广发证券10%股权,至此,吉林敖东共持有广发共计27.14%的股权。同日,原广发证券第一大股东辽宁成大公告,受让美达股份所持有的广发证券1.72%的股权,至此辽宁成大共计持有广发证券27.3%的股权,继续保持第一大股东地位。此时,辽宁成大、吉林敖东与深圳吉富共同持有广发证券66.67%的股权,三者构成的利益共同体的绝对控股地位已不可动摇。

10月14日,因无法达到公开收购要约的条件,中信证券发出解除要约收购说明。至此,历时43天的反收购大战,以广发证券的成功画上了圆满的句号。

【案例分析】

本案中,广发证券有针对性地采取了以下三个主要的反收购策略:实行相互持股,建立合理的股权结构;果断启动员工持股计划,阻止中信收购的步伐;邀请"白衣骑士",提高股价和缓解财务危机。

▶▶ 重要概念

兼并　收购　横向并购　纵向并购　混合并购　善意收购　敌意收购　协同效应
经验成本曲线效应　桥梁式融资　杠杆收购　白护卫　白衣骑士　金降落伞　锡降落伞
焦土政策　股份购买权计划　帕克曼战术　绿色邮包

▶▶ 复习思考题

1. 企业开展并购存在哪些动因?
2. 投资银行为企业并购活动提供哪些服务?
3. 公司重组的手段有哪些?
4. 什么是反并购?目标公司和投资银行通常会采取哪些反收购措施?

第八章 基金与基金管理

本章概要

　　基金以资产的保值增值为宗旨,通过专业管理机构集合具有相同投资目标的不同投资者的资金而形成。投资基金作为一种间接投资的金融工具,根据组合投资原理将资金分散投资于各种金融产品。独立托管机构会对信托财产进行保管和监督,基金持有人按照所持基金份额分享收益并承担风险。

　　本章主要介绍基金与投资银行的基金管理业务。首先概括介绍了投资基金的内涵与特征,然后从基金的发起与设立,讲述了基金的种类及特点,包括封闭式基金、开放式基金以及特殊型基金。接着分别阐述了基金的运作与原理以及基金绩效评估。最后主要讲述私募基金和私募股权投资基金。

学习目标

- 理解基金的内涵及特征;
- 了解证券投资基金的种类及异同点;
- 掌握不同基金的设立、运作、管理;
- 掌握基金的绩效评估。

教学思政目标

　　1. 关注国家战略需要,培养家国情怀。在投资者的收益问题上,关注国家战略需要和国际重大事件的发生是投资人的一项重要关注点。

　　2. 非法利用内幕消息进行交易将为职业生涯带来灭顶之灾。结合基金"老鼠仓"事件以及期货投机运作与风险机制,培养学生正确的财富观与价值观。

　　3. 通过国内的比如基金和企业联合操纵市场、内幕交易、老鼠仓等,结合股市信息披露的重要性、内幕交易的危害性以及中国证监会将5月15日定为"投资者保护宣传日",对学生进行法制教育。

第一节　证券投资基金及其类型

一、证券投资基金的概念

在日常生活中,人们对于"基金"一词并不陌生,我们一般的理解是具有特定用途的资金。

但是,在金融领域,对于"基金"一词的理解有别于日常生活,它有着确定性质的内涵。投资基金是资本市场的一个新形态,它产生于19世纪60年代的英国,繁荣于第一次世界大战后的美国,发展于第二次世界大战。由于各个国家及地区历史发展不同,对证券投资基金的称谓也有所不同。在美国被称为"共同基金"或"互助基金"或"投资公司";在英国和我国香港地区被称为"单位信托基金";在日本、韩国和我国台湾地区被称为"证券投资信托基金"。尽管各个国家和地区的称谓有所不同,但是对于证券投资基金的特点及本质,人们却有着大体一致的看法。

证券投资基金(以下简称"基金")是指通过发售基金份额,将众多投资者的资金集中起来,形成独立财产,由基金托管人托管,基金管理人管理,以投资组合的方式进行证券投资的一种利益共享、风险共担的集合投资方式。基金所募集的资金在法律上具有独立性,由选定的基金托管人保管,并委托基金管理人进行股票、债券等分散化组合投资。

二、证券投资基金的基本特征

证券投资基金作为金融投资工具,与其他投资工具相比,具有如下几点特征。

(一)集合理财、专业管理

基金将众多投资者的资金集中起来,委托基金管理人进行共同投资,表现出一种集合理财的特点。其运作方式是通过集合广大投资者的资金,聘请专业人员来操作。这些专业人员通过收集各种数据、资料,并进行科学的分析和判断,为投资者确定正确的投资方针和策略,提高投资收益。他们大多受过专门的训练,对国内外经济形势及各行业发展状况、公司的经营和财务状况、发展前景等都有充分了解。

(二)组合投资、分散风险

为降低投资风险,一些国家的法律法规通常规定基金必须以组合投资的方式进行基金的投资运作,从而使"组合投资、分散风险"成为基金的一大特色。

(三)利益共享、风险共担

证券投资基金实行"利益共享、风险共担"的原则。

(四)严格监管、信息透明

为切实保护投资者的利益,增强投资者对基金投资的信心,各国(地区)基金监管机构都对基金业实行严格的监管,对各种有损投资者利益的行为进行严厉的打击,并强制基金进行及时、准确、充分的信息披露。

(五)独立托管、保障安全

基金管理人负责基金的投资操作,本身并不参与基金财产的保管,基金财产的保管由独立于基金管理人的基金托管人负责。

基金的投资操作与财产保管相分离,形成了证券投资基金管理人和托管人之间的特有的相互制衡机制。基金财产保管由专门的托管人负责,由托管人单独建账、保管,实现了基金投资运作与托管的分离,不仅保障了基金资产的安全,而且通过托管人对管理人的有效监督,促进基金管理人的规范运作。

三、证券投资基金的种类

由于各国金融市场的复杂性,证券投资基金的种类千差万别。理解和把握他们各自的特点,掌握它们之间的联系和区别,对于我们深刻认识并准确把握各种证券投资基金的特点及内在规律,有十分重要的意义。根据不同的标准,将基金类型做如下分类。

(一)按组织形式分类

按照组织形式和法律地位的不同,我们把证券投资基金分为公司型基金和契约型基金。这也是证券投资基金的最基本分类方式。

1. 公司型基金

公司型基金是指按照公司法规定设立的,通过发行股份筹集资金,以投资盈利为目的的具有独立法人资格的股份有限公司。公司型基金本身是一个股份公司,投资者通过购买基金股份成为公司股东,参与共同投资,按所持股份承担经营风险、分享投资收益和参与公司决策管理。公司型基金资产为投资者即股东所有,由股东会选举董事会,由董事会聘选基金管理公司,基金管理公司负责管理基金业务。

公司型基金最主要的特点是其公司性质,即基金公司本身是独立法人机构。公司型基金一般包括四个当事人:基金公司、基金管理公司、基金托管公司、基金承销公司。基金公司是公司型基金的主体,按照股份公司形式建立,基金公司股东就是基金股份的持有者。基金公司由发起人创立,发起人通常由证券公司、投资银行、投资公司、信托公司和基金管理公司充当。基金管理公司是实际管理和经营基金资产的一个独立公司,由专业人士组成,负责基金资产的投资操作。基金公司每年从基金资产中提取一定比例作为间接管理费用,支付给基金管理公司。基金托管公司一般由基金公司指定的银行或信托公司充当,它负责基金资产的保管,基金资产净值的核算以及分红、过户等手续的办理。由基金公司每年从基金资产中提取一定比例作为基金托管费用,支付给基金托管公司。基金承销公司主要负责基金股份的销售、赎回或转让等事宜。同样,由基金公司每年从基金资产中提取一定比例作为基金承销费用,支付给基金承销公司。基金承销公司是基金公司的代理机构,某些大的基金公司拥有自己的承销机构,并兼任承销商。

2. 契约型基金

契约型基金由基金管理人、托管人和投资人通过订立信托契约,发行受益凭证将资金筹集起来,交由管理人根据信托契约进行投资,所以又称单位信托基金。

基金管理人,即管理公司,一般由专门的投资机构(银行或企业)共同出资组建,同时,它也是基金的发起人。其主要职责是根据信托契约发行受益凭证,募集资金,设立基金并负责基金的管理操作。在契约型基金的运行中,也实行经营和保管分开的原则。托管人由银行或信托公司担任,它根据信托契约的规定,具体办理证券、现金的管理及其他有关的代理业务和会计核算业务,并负责对管理人进行监督,确保管理人遵守公开说明书所列明的投资规定并使其投资组合符合信托契约要求。基金投资人,通过购买基金的受益凭证参加基金投资,承担投资风险并分享投资收益,所以也称为受益人。

目前,英国、日本、新加坡、中国香港和中国台湾等国家和地区的基金大都属于此种类型。我国内地目前的投资基金也均为契约型。

3. 公司型基金和契约型基金的区别

(1)信托财产的法人资格不同。公司型基金具有法人资格,而契约型基金没有法人资格。
(2)信托财产运用依据不同。公司型投资基金依据公司章程规定运用信托财产,而契约型投资基金依据信托契约来运用信托财产。

（3）发行的筹资工具不同。公司型投资基金可以发行股票，也可以发行证券筹资。契约型投资基金发行受益凭证筹资，不得发行股票和债券。

（4）投资者的地位不同。公司型投资基金的投资者购买公司股票后成为公司股东，以股息形态取得收益，并可参加股东大会，行使股东权利。契约型投资基金的投资者购买受益凭证，是契约关系的当事人即委托人和受益人。

（5）融资的渠道不同。公司型投资基金在业务顺利、资金运用状况良好情况下，如需要增加投资组合的总资产时，可以向银行借款。而契约型投资基金一般不向银行借款，必需的信贷融资会受到一定的比例限制。

对于这两种类型的投资基金，孰优孰劣，很难断定，因为它们各有长处。公司型投资基金的优点是具有永久性生命，不会面临解散的压力（除非发生连续巨额赎回），经营比较稳定，有利于长期发展。契约型投资基金的优点是比较灵活，可以根据不同的投资偏好来设立具有不同投资政策的基金。另外，因为契约型投资基金没有法人资格，所以契约型投资基金的设立、投资政策的确定、基金的解散等都不受公司法限制，也可以免除公司所得税负担。因此，从投资信托的大众化程度或经营成本的高低、证券销售的难易等微观方面看，契约型投资基金优于公司型投资基金。从稳定投资、保护基金持有人利益以及运用信托资产所具备的条件看，公司型投资基金又优于契约型投资基金。所以，目前在不少国家和地区中，两种投资形态的基金并存，以达到互相取长补短的目的。

（二）按是否可赎回分类

根据基金单位是否可以增加或赎回，证券投资基金可以分为开放式基金和封闭式基金。

1. 开放式基金

开放式基金规模并不固定，可以随时增减变动，投资者可以随时申购和赎回。我国《证券投资基金法》中定义："采用开放式运作方式的基金（开放式基金），是指基金份额总额不固定，基金份额可以在基金合同约定的时间和场所申购或者赎回的基金。"投资者申购和赎回开放式基金的价格根据基金净值加上一定的手续费来确定。

开放式基金的特点是股份权益与活期存款权益相结合。基金持有人通过基金持有人大会参与基金管理，同时分享基金投资收益和基金剩余资产分配等权利，因此具有股份权利的特点。开放式基金的收益性与活期存款相似，不同的是活期存款的收益比较稳定，风险比较小，而开放式基金具有较大风险。

2. 封闭式基金

封闭式基金是相对于开放式基金而言的，是指经济规模在发行前已经确认，在发行完毕后和规定的期限内，基金规模固定不变的投资基金。封闭式基金在基金成立后的一定时期内不再有新基金单位追加，如果需要购买或者赎回基金单位，需要到封闭式基金上市的二级市场上进行买卖。

封闭式基金的特点是股份权益和债券权益相结合。与开放式基金类似，基金持有人通过基金持有人大会参与基金管理，同时分享基金投资收益和基金剩余资产分配等权利，而且封闭式基金可以通过上市交易买卖自己的基金份额，因此具有股份权利的特点。由于封闭式基金具有一定的封闭期，基金持有人通常不干预基金管理人的投资运作，这些又和债券的特点相类似。

开放式基金和封闭式基金有以下几点区别：

（1）基金规模可变性不同。封闭式基金发行上市后，在存续期内，如果未经法定程序认可，不能扩大基金的规模。而开放式基金的规模是不固定的，一般在基金设立三个月后（或更短时间内），投资者随时可以向基金管理公司申购新的基金单位或赎回已有的基金单位。从逻辑上而言，投资者一般会申购业绩表现好的基金，赎回业绩表现差的基金，结果业绩好的基金，规模会越来越大；相反，业绩差的基金，会遭到投资者的抛弃，规模逐渐萎缩，直到规模小于某一标准时，基金甚至会被清盘。

（2）期限不同。封闭式基金通常有固定的存续期，目前我国封闭式基金的存续期一般为15年和5年两种情形。当期满时，要进行基金清盘或者转换基金运作方式（转为开放式基金），除非基金持有人大会通过并经监管机关同意，才可以延长存续期。而开放式基金没有固定的存续期，只要基金的运作得到基金持有人的认可，基金的规模也没有低于规定的最低标准，基金就可以一直存续下去。

（3）交易价格的决定方式不同。封闭式基金在证券交易所二级市场挂牌买卖，价格随行就市，直接受到基金供求关系、其他基金的价格，以及股市、债市行情等的影响，一般总是偏离基金的资产净值，产生基金价格和基金资产净值之间的"折价"或"溢价"现象。开放式基金申购赎回的价格，以每日计算出的基金资产净值为基础，加上必需的申购赎回费用，这个价格不受基金市场及证券市场供求关系变化的影响。

（4）交易方式不同。封闭式基金在交易所挂牌上市交易，投资者可以将其所持有的基金单位转让出售给其他投资者，变现资金。而开放式基金一般不上市，投资者如果想买卖开放式基金，则需向基金管理公司或者基金代销机构提出申购赎回申请，确认有效后进行基金的买卖。

（5）信息披露要求不同。封闭式基金不必每日公布资产净值，我国现行法规规定，封闭式基金只需要每周公布一次单位资产净值。而开放式基金在每个开放日公布基金单位资产净值。另外，开放式基金有持续营销的要求，因此必须在成立后的每6个月公布一次更新的招募说明书。

（6）投资策略不同。从理论上说，封闭式基金设立后，由于在整个封闭期内基金份额固定，没有资金的流进流出，基金管理人可以进行长线投资。而开放式基金随时要应付投资者的申购和赎回，特别是要应付投资者的赎回基金资产必须留存部分现金及流动性强的资产，以防万一基金出现大规模赎回乃至巨额赎回时，能够迅速变现。所以开放式基金的资产不能全部进行长线投资。在基金资产的流动性要求方面，开放式基金远远高于封闭式基金。

（三）按投资风险和收益不同分类

一般来说，风险和收益成正相关变化，根据投资风险和收益的不同，可将证券投资基金分为成长型基金、收入型基金和平衡型基金。

1. 成长型基金

成长型投资基金是指主要投资于那些伴随着经营业务的扩张，股本、资产、经营业绩均处于扩张时期，成长性较好的上市公司股票，以追求资本增值的基金类型。所谓成长性较好的上市公司，是指那些具有良好的发展前景的企业，这些企业由于存在着较大的潜在市场空间，或拥有技术含量较高的新产品，以及一个有效的管理阶层，它们能在较长的时间内获取超过全社会或所在行业平均水平的利润。这类基金敢于冒风险，为了扩大投资额，经常将投资者应得股息也重新投入市场，因此成长型基金一般很少分红。

2. 收入型基金

收入型基金注重当期收益的最大化,因而其投资对象主要是绩优股以及派息较高的债券、可转让大额定期存单等收入较高而且比较稳定的有价证券。这类基金的投资策略是强调投资组合多元化以分散风险,其投资决策比较稳健。为了满足投资者对收益的要求,收入型基金一般都按时派发利息。

与成长型基金相比,两者之间的区别如表 8-1 所示。

表 8-1 成长型基金与收入型基金的比较

	成长型基金	收入型基金
目标收益	追求资本长期增值	注重当期收益最大化
投资对象	集中于升值潜力较大的股票	集中于有固定收益的有价证券,如国债、公司债等
投资策略	风险偏好型,充分集中资本,扩大投资额,来获取更多的收益	强调用多元化投资组合来分散风险,投资策略比较稳健
资产分布	现金资产较低	注定投资组合多样化,因此持有较多现金资产
派息情况	很少向投资者派发红利,经常将股息重新投入市场	按时派发股息,满足投资者对收益的要求

3. 平衡型基金

平衡型基金是既追求长期资本增值,又追求当期收入的基金。这类基金主要投资于债券、优先股和部分普通股,这些有价证券在投资组合中有比较稳定的比例,一般是把资产总额的 25%～50% 用于优先股和债券,其余的用于普通股投资。其投资风险和收益介于成长型基金和收入型基金之间。

(四) 按投资对象不同分类

按照投资对象来划分,证券投资基金可分为股票基金、债券基金、混合基金和货币市场基金。

1. 股票基金

股票基金是指投资于股票的资金,这是当代各国最广泛的一种基金形式。根据中国证监会对基金类别的分类标准,60% 以上的基金资产投资于股票的为股票基金。

股票基金大部分资产投在普通股票上。其投资目标在于追求资本利得和长期资本增值。投在普通股票上的基金称为普通股票基金,投在优先股票上的基金称为优先股票基金。投在普通股票上的基金,按照投资分散化程度又可分为一般普通股票基金和专门股票基金。一般普通股票基金分散投资于各类股票,在股票基金中占多数。专门股票基金是指把资金投资于某个部门、行业、地区或者具有某种特殊性的股票上的基金。比较典型的如大盘股票基金和小盘股票基金、行业基金等。

2. 债券基金

债券基金是指主要投资于债券的资金,其规模仅次于股票基金。根据中国证监会对基金类别的分类标准,80% 以上的基金资产投资于债券的为债券基金。在债券基金中,根据资产组合的久期长短,还可以进一步分为普通债券基金和中短债基金。中短债基金的资产组合久期一般低于 3 年。债券基金是基金管理公司为稳健投资者设计的。它的投资风险是比较低的,因为不论是政府发行的债券,还是公司发行的债券,不仅要按照规定付息,而且最终还要归还本金。但是风险低的投资工具,其回报率往往也低,所以债券基金的回报率一般比股票基金低。

3. 混合基金

混合基金是指同时以股票、债券、货币市场工具为投资对象的基金。根据中国证监会对基金类别的分类标准,投资于股票、债券和货币市场工具,但股票投资和债券投资的比例不符合股票基金、债券基金规定的为混合基金。根据股票、债券投资比例以及投资策略的不同,混合基金又可分为偏股型基金、偏债型基金、配置型基金等多种类型。

4. 货币市场基金

货币市场基金是指主要投资于大额可转让定期存单、银行承兑汇票、商业本票等货币市场工具的证券投资基金。由于货币市场是一个低风险、流动性高的市场,因此货币市场基金具有流动性强、安全性高、投资成本低、收益较高的特点,这类基金与银行金融机构的各种现金投资工具相比,其收益率较高而风险较小。在发达国家中,货币市场基金在基金资产规模中占很大比重。

（五）投资基金的其他类型

投资基金除以上四种基本的分类外,还有其他几种类型。

1. 对冲基金

对冲基金(Hedge Fund)起源于 20 世纪 50 年代初的美国,意为风险对冲过的基金,其操作的宗旨在于利用期货、期权等金融衍生产品以及对相关联的不同股票进行实买空卖、风险对冲的操作技巧,在一定程度上规避和化解投资风险。比如基金经理在购入一种股票后,同时购入这种股票的一定价位和时效的看跌期权,这样,基金持有的股票跌价风险得到对冲。

2. 套利基金

套利基金(Hedge Fund)是一种利用套利技巧进行投资的基金。它经常是利用两个证券市场上某种证券的差价,或利用同一市场某种商品或有价证券的现货价和期货价之差进行套利。有时也利用金融市场上的汇率差异进行套利。

3. 伞形基金

伞形基金(Umbrella Funds)是在一个母基金之下再设立若干个子基金,各个子基金依据不同的投资方针和投资目标进行独立的投资决策。其最大特点是在母基金内部可以为投资者提供多种投资选择,较低或不收转换费用,能方便投资者根据市场行情的变化,选择和转换不同的子基金。

4. 基金中的基金

基金中的基金(Funds of Funds),是以本身或其他基金单位为投资对象的基金,其选择面比伞形基金更广,风险也进一步分散。

（六）特殊基金

1. ETF 基金

交易型开放式指数基金,通常又被称为交易所交易基金(Exchange Traded Funds,ETF),

是一种在交易所上市交易的、基金份额可变的开放式基金。它综合了封闭式基金和开放式基金的优点,投资者既可以在二级市场买卖 ETF 份额,又可以向基金管理公司申购或赎回 ETF 份额,但申购赎回必须以一揽子股票(或有少量现金)换取基金份额或者以基金份额换回一揽子股票(或有少量现金)。由于同时存在二级市场交易和申购赎回机制,投资者可以在 ETF 二级市场交易价格与基金单位净值之间存在差价时进行套利交易。

ETF 在本质上是开放式基金,与现有开放式基金没什么本质的区别。但它有自己三个方面的鲜明个性:

(1) 它可以在交易所挂牌买卖,投资者可以像交易单个股票、封闭式基金那样在证券交易所直接买卖 ETF 份额。

(2) ETF 基本是指数型的开放式基金,但与现有的指数型开放式基金相比,其最大优势在于,它是在交易所挂牌的,交易非常便利。

(3) ETF 基金申购赎回采用实物申购机制,投资者只能用与指数对应的一揽子股票申购或者赎回 ETF,而不是现有开放式基金的以现金申购赎回。

2. LOF 基金

LOF 基金,全称是"Listed Open-Ended Fund",缩写为 LOF,称为"上市型开放式基金"。这种基金在发行结束后,投资者既可以在指定网点申购与赎回基金份额,也可以在交易所买卖该基金。投资者如果是在指定网点申购的基金份额,想要上网抛出,须办理一定的转托管手续;同样,如果是在交易所网上买进的基金份额,想要在指定网点赎回,也要办理一定的转托管手续。

上市型开放式基金主要特点有以下三点:

(1) 上市型开放式基金本质上仍是开放式基金,基金份额总额不固定,基金份额可以在基金合同约定的时间和场所申购、赎回。

(2) 上市型开放式基金发售结合了银行等代销机构与深交所交易网络二者的销售优势。银行等代销机构网点仍沿用现行的营业柜台销售方式,深交所交易系统则采用通行的新股上网定价发行方式。

(3) 上市型开放式基金获准在证交所上市交易后,投资者既可以选择在银行等代销机构按当日收市的基金份额净值申购、赎回基金份额,也可以选择在证交所各会员证券营业部按撮合成交价买卖基金份额。基金在银行等代销机构的申购、赎回操作程序与普通开放式基金相同。上市开放式基金在证交所的交易方式和程序则与封闭式基金基本一致。

3. LOF 与 ETF 的区别与联系

上市型开放式基金(LOF)与交易所交易基金(ETF)是一个比较容易混淆的概念。它们都具备开放式基金可申购、赎回和份额可在场内交易的特点。但实际上两者存在本质区别。

ETF 指可在交易所交易的基金。ETF 通常采用完全被动式管理方法,以拟合某一指数为目标。它为投资者同时提供了交易所交易以及申购、赎回两种交易方式:一方面,与封闭式基金一样,投资者可以在交易所买卖 ETF,而且可以像股票一样卖空和进行保证金交易(如果该市场允许股票交易采用这两种形式);另一方面,与开放式基金一样,投资者可以申购和赎回 ETF,但在申购和赎回时,ETF 与投资者交换的是基金份额和"一揽子"股票。ETF 具有税收优势、成本优势和交易灵活的特点。

LOF 是对开放式基金交易方式的创新,其更具现实意义的一面在于:一方面,LOF 为"封转开"提供技术手段。对于封闭转开放,LOF 继承了封闭式基金特点,增加投资者退出方式的解决方案,对于封闭式基金采取 LOF 完成封闭转开放,不仅是基金交易方式的合理转型,也是开放式基金对封闭式基金的合理继承;另一方面,LOF 的场内交易减少了赎回压力。此外,LOF 为基金公司增加销售渠道,缓解银行的销售瓶颈。

LOF 与 ETF 相同之处是同时具备了场外和场内的交易方式,二者同时为投资者提供了套利的可能。此外,LOF 与目前的开放式基金不同之处在于它增加了场内交易带来的交易灵活性。

二者区别表现在:首先,ETF 本质上是指数型的开放式基金,是被动管理型基金,而 LOF 则是普通的开放式基金增加了交易所的交易方式,它可能是指数型基金,也可能是主动管理型基金;其次,在申购和赎回时,ETF 与投资者交换的是基金份额和"一揽子"股票,而 LOF 则是与投资者交换现金;再次,在一级市场上,即申购赎回时,ETF 的投资者一般是较大型的投资者,如机构投资者和规模较大的个人投资者,而 LOF 则没有限定;最后,在二级市场的净值报价上,ETF 每 15 秒钟提供一个基金净值报价,而 LOF 则是一天提供一个基金净值报价。

第二节　证券投资基金的发起与设立

一、封闭式基金的募集与交易

封闭式基金(Closed-end Funds)又称为固定型投资基金,是指基金的发起人在设立基金时,限定了基金单位的发行总额,筹集到这个总额后,基金即宣告成立,并进行封闭,在一定时期内不再接受新的投资。基金单位的流通采取在证券交易所上市的办法,投资者日后买卖基金单位,都必须通过证券经纪商在二级市场上进行竞价交易。

(一)封闭式基金的交易特点

封闭式基金一经成立就进入封闭期,在封闭期内基金规模不变,投资者不能进行申购和赎回,只能在二级市场上进行交易,这个交易费用来回是 0.5%,相对于股票型开放式基金 1.5%的申购费和 0.5%的赎回费要低很多。由于封闭式基金不存在赎回风险,基金经理不用像开放式基金那样追逐短期利益,可以全力投入操作,也能进行较长期的价值投资。同时,对于目前快到期的封闭式基金来说,目前最大的投资机会是可以利用折价率进行到期套利。

在我国,封闭式基金一般是折价交易,所以投资者可以利用这部分折价进行到期套利。例如,在 2018 年年底前到期的封闭式基金的折价率平均在 20%左右,假设投资者现在同时购买净值为 1 的开放式基金和净值为 1 元、折价率为 20%的封闭式基金,由于开放式基金是按净值进行申购和赎回,所以投资者的成本为 1 元,而对于封闭式基金来说,投资者的成本仅为 0.8元,投资者将两只基金持有到期,由于现在封闭式基金转开放已有先例,两只基金均按净值赎回,假设净值没有任何增长,开放式基金依旧按 1 元赎回,投资者的收益为 0 元,而封闭式基金也按 1 元赎回,投资者的收益为 25%[$=(1-0.8)\div0.8$],这就是封闭式基金的到期套利收益。

但是对于封闭式基金来说,它的净值是每周公布一次,因此,信息透明度不如开放式基金,同时,对于那些到期时间还很长的大盘封闭式基金来说,可能面临进一步的折价风险。这是封闭式基金的特点。

(二) 封闭式基金的开户

由于封闭式基金成立之后不能赎回,除了成立之时投资者可以在基金公司指定的单位购买之外,整个封闭期都只能在二级市场上进行交易,直到到期日。封闭式基金发行结束后,不能按基金净值买卖,投资者可委托券商(证券公司)在证券交易所按市价(二级市场)买卖。

(三) 封闭式基金的交易规则

封闭式基金进入封闭期后就可能通过证券公司在证券交易所按市价(二级市场)买卖了。

(1) 基金单位的买卖遵循"公开、公平、公正"的"三公"原则和"价格优先、时间优先"的原则。

(2) 以标准手数为单位进行集中无纸化交易,电脑自动撮合,跟踪过户。

(3) 基金单位的价格以基金单位资产净值为基础,受市场供求关系的影响而波动,行情即时揭示。报价单位:最小报价 0.001 元。

(4) 竞价方式采用集合竞价和连续竞价两种方式。

(5) 涨跌限制:实行 10% 涨跌停限制。

(6) 交收:采用 T+1 模式。

(7) 基金单位的交易成本相对低廉:以我国为例,交易佣金收取成交金额的 2.5‰,不足 5元按照 5 元收取。过户费方面,只有上海交易所收取成交面值的 0.5‰,深证交易所不收过户费;两个市场目前都不收印花税。

具体交易流程如图 8-1 所示。

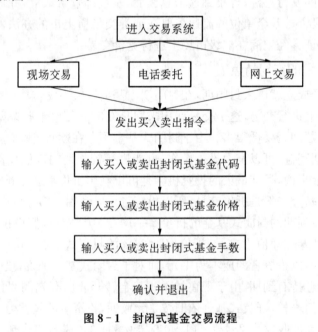

图 8-1 封闭式基金交易流程

二、开放式基金的募集与交易

(一)开放式基金的内涵和特点

开放式基金(Open-end Funds)又称共同基金,是指基金发起人在设立基金时,基金单位或者股份总规模不固定,可视投资者的需求,随时向投资者出售基金单位或者股份,并可以应投资者的要求赎回发行在外的基金单位或者股份的一种基金运作方式。投资者既可以通过基金销售机构买基金使得基金资产和规模由此相应的增加,也可以将所持有的基金份额卖给基金并收回现金使得基金资产和规模相应地减少。

开放式基金规模不是固定不变的,而是可以随时根据市场供求情况发行新份额或被投资人赎回的投资基金。开放式基金不上市交易,它既可以由基金公司直销;也可以由基金公司的代理机构,如商业银行或证券营业部等代销;还可以通过基金公司的网站在网上进行申购和赎回,而且费用还可以优惠,基金单位可随时向投资者出售,也可应投资者要求买回。开放式基金一般不在交易所挂牌交易,它通过基金管理公司及其指定的代销网点销售,银行是开放式基金最常用的代理销售渠道。投资者可以到银行网点办理开放式基金的申购和赎回。

(二)开放式基金的交易方式

开放式基金一般是场外交易。因其规模是"开放"的,在基金存续期内其规模是变动的,除了法规允许自基金成立日始基金成立满3个月期间,依基金契约和招募说明书规定,可只接受申购不办理赎回外,其余时间如无特别原因,应在每个交易日接受投资者的申购与赎回。因此,开放式基金的交易方式为场外交易,在投资者与基金管理人或其代理人之间进行交易,投资者可至基金管理公司或其代理机构的营业网点进行基金券的买卖,办理基金单位的随时申购与赎回。

(三)开放式基金的认购、申购、赎回

投资者在开放式基金募集期间,基金尚未成立时购买基金单位的过程称为认购。通常认购价为基金单位面值(1元)加上一定的销售费用。

在基金成立后,投资者通过基金管理公司或其销售代理机构申请购买基金单位的过程称为申购。申购基金单位的金额是以申购日的基金单位资产净值为基础计算的。

依据国内基金管理公司已披露的开放式基金方案来看,首期募集规模一般都有一个上限。在首次募集期内,若最后一天的认购份额加上在此之前的认购份额超过规定的上限时,则投资者只能按比例进行公平分摊,无法足额认购。开放式基金除规定有认购价格外,通常还规定有最低认购额。目前,我国开放式基金的最低认购金额一般为1 000元人民币。根据有关法律和基金契约的规定,对单一投资者持有基金的总份额还有一定的限制,如不得超过本基金总份额的10%等。

投资者为变现其基金资产,将手持基金单位按一定价格卖给基金管理人,并收回现金的过程称为赎回。赎回金额是以当日的单位基金资产净值为基础计算的。

开放式基金赎回方面的限制,主要是对巨额赎回的限制。根据《开放式证券投资基金试点办法》的规定,开放式基金单个开放日中,基金净赎回申请超过基金总份额的10%时,将被视为巨额赎回。巨额赎回申请发生时,基金管理人在当日接受赎回比例不低于基金总

份额的 10% 的前提下,基金管理人根据情况可以给予赎回,也可以拒绝这部分的赎回,被拒绝赎回的部分可延迟至下一个开放日办理,并以该开放日当日的基金资产净值为依据计算赎回金额。

(四) 开放式基金的交易价格

开放式基金的交易价格即为申购、赎回价格。

基金的申购价格,是指基金申购申请日当天每份基金单位净资产值再加上一定比例的申购费所形成的价格,它是投资者申购每份基金时所要付出的实际金额。

基金的赎回价格,是指基金赎回申请日当天每份基金单位净资产值再减去一定比例的赎回费所形成的价格,它是投资者赎回每份基金时可实际得到的金额。

一般来讲,不同基金的认购费率是不同的,股票型基金的认购费大多在 1%~1.5%,债券型基金的认购费在 1%,货币型基金一般认购费为 0,申购费率不得超过申购金额的 5%。

案例:一位投资人有 100 万元用来申购开放式基金,假定申购的费率为 2%,单位基金净值为 1.5 元。那么,其申购价格 $=1.5×(1+2\%)=1.53$(元);申购单位数 $=100÷1.53=65.359$(万基金单位)。

同样,假如一位投资人要赎回 100 万份基金单位,假定赎回的费率为 1%,单位基金净值为 1.5 元,那么,赎回价格 $=1.5×(1-1\%)=1.485$(元);赎回金额 $=100×1.485=148.5$(万元)。

三、交易型开放式指数基金(ETF)的募集与交易

交易型开放式指数基金又称交易所交易基金(Exchange Traded Funds),是一种在交易所上市交易的、基金份额可变的一种开放式基金。这种基金是一种既可以在场外市场进行基金份额申购赎回,又可以在交易所进行基金份额交易,并通过份额转托管机制将场外市场与场内市场有机地联系在一起的一种新的基金运作方式。它是我国对证券投资基金的一种本土化创新。其特点是组合透明度高、管理费用低、交易便利、资金效率高、交易成本低、参与资金门槛低。

(一) 被动操作的指数型基金

与普通的指数基金相比,ETF 有以下几点不同:

(1) 申购赎回方式不同。ETF 主要通过场内购买,与股票一样,100 份起买,而在场外,则需要至少 100 万元资金才可买入。普通指数基金(LOF 除外)则可以在场外买入,起价 1 000 元。

(2) 价格形成机制不同。ETF 在场内每天有很多动态价格,交易也是以动态价格交易;而普通指数基金(LOF 除外)每天只有一个价格,以该价格交易。

(3) 跟踪误差不同。ETF 由于不需保留 5% 的现金以应对赎回,跟踪指数的误差比一般的指数基金更小。

(4) 在费率方面,ETF 的年管理费远远低于积极管理的股票型开放式基金,也比传统的指数基金低出许多。

(5) ETF 的透明度远远高于传统开放式基金,在实践中通常每日开 ETF 市前基金管理人都会公布 ETF 的投资组合结构,而传统基金一般每季度公布一次投资组合。

（二）独特的实物申购赎回机制

所谓实物申购赎回机制，是指投资者向基金管理公司申购 ETF，需要拿这只 ETF 指定的"一揽子"股票来换取；赎回时得到的不是现金，而是相应的"一揽子"股票；如果想变现，需要再卖出这些股票（见图 8 - 2）。

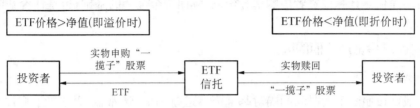

图 8 - 2 ETF 实物申购赎回机制

实物申购赎回机制是 ETF 最大的特色，使 ETF 省却了用现金购买股票以及为应付赎回卖出股票的环节。此外，ETF 有"最小申购、赎回份额"规定，只有大的投资者才能参与 ETF 一级市场的"实物申购赎回"。

综合案例 8 - 1

ETF 的风险转嫁

目前 A 股市场上有 50ETF、红利 ETF 等，分别包含长江电力 600900 和云天化 600096。

长江电力因整体上市于 2008 年 5 月 7 日开始停牌，停牌当日长电收盘价 14.65 元，上证指数 3 733.50 点；云天化因重大资产重组于 2008 年 3 月 21 日开始停牌，停牌当日收盘价 62.00 元，上证指数 3 796.58 点。

停牌 1 年零 10 天的长江电力和停牌接近 8 个月的云天化复盘时市场上证指数为 1 900 点，如果这两只股票再次开盘，连续遭遇几个跌停的可行性很大。很多机构都重仓持有这两只股票，他们明知开盘后风险巨大，但苦于其长期停牌，无从转手。

在长江电力和云天化停牌的时间里，部分大额持有这两只股票的机构以买入"一揽子"股票申购上证 50ETF 再卖出的方式，间接将长江电力和云天化变现，从而将复牌补跌风险转嫁给上证 50ETF，成功地把长期停牌的长电和云天化给转移出去了。

第三节　证券投资基金的运作与管理

一、基金的估值

（一）基金资产估值的概念

基金资产估值是指通过对基金所拥有的全部资产及所有负债按一定的原则和方法进行估算，进而确定基金资产公允价值的过程。

基金资产总值是指基金全部资产的价值总和。从基金资产中扣除基金所有负债即是基金

资产净值。基金资产净值除以基金当前的总份额,就是基金份额净值。用公式表示为:

$$基金资产净值=基金资产-基金负债$$

$$基金份额净值=\frac{基金资产净值}{基金总份额}$$

基金份额净值是计算投资者申购基金份额、赎回资金金额的基础,也是评价基金投资业绩的基础指标之一。

(二)影响基金资产估值的因素

1.估值频率

基金一般都按照固定的时间间隔对基金资产进行估值,通常监管法规会规定一个最小的估值频率。对开放式基金来说,估值的时间通常与开放申购、赎回的时间一致。目前我国开放式基金于每个交易日估值,并于次日公告基金份额净值。封闭式基金每周披露一次基金份额净值,但每个交易日也进行估值。

海外的基金多数也是每个交易日估值,但也有一部分基金是每周估值一次,有的甚至每半个月、每月估值一次。基金估值的频率是由基金的组织形式、投资对象的特点等因素决定的,并在相关的发行法律文件中明确。

2.交易价格

基金只投资于交易活跃的证券时,对其资产进行估值较为容易。这种情况下,市场交易价格是可接受的,也是可信的,直接采用市场交易价格就可以对基金资产估值。

当基金投资于交易不活跃的证券时,资产估值问题则要复杂得多。在这种情况下,基金持有的证券要么没有交易价格,要么交易价格不可信。比如我国银行间债券市场就会经常出现以下情况:某些证券品种交易次数很少,或者根本就没有交易;某些品种开始时有交易,但交易越来越少,甚至有些出现严重问题的股票,由于涨跌停板的限制,一些股票会接连几个交易日封于涨跌停位置。在上述情况下对基金资产进行估值就需要非常慎重,其中证券资产的流动性是非常关键的因素。

3.价格操纵及滥估问题

在对基金资产估值时有可能会出现价格操纵和滥估问题。例如,某债券流动性很差,基金管理人可以连续少量买入以"制造"出较高的价格,从而提高基金的业绩,这就是价格操纵。

当对流动性差的证券及问题证券进行估值时需要有主观判断,对基金来讲,其主观判断是由基金管理人做出,这就为滥估提供了机会。

因此,要避免基金资产估值时出现价格操纵及滥估现象,需要监管当局颁布更为详细的估值规则来规范估值行为,或者由独立的第三方进行估值。如果基金管理人通过估值技术获得所持有证券的公允价值,基金托管人应对管理人所采用的估值技术的科学性、合理性、合法性等方面进行审查,以保证通过估值技术获得的估值结果是公允的。

4.估值方法的一致性及公开性

估值方法的一致性是指基金在进行资产估值时均应采取同样的估值方法,遵守同样的估值规则。

估值方法的公开性是指基金采用的估值方法需要在法定募集文件中公开披露。假若基金变更了估值方法,也需要及时进行披露。

(三)我国基金资产估值实务操作

2006年财政部颁布了新的企业会计准则体系,2006年11月26日中国证监会下发了《关于基金管理公司及证券投资基金执行〈企业会计准则〉的通知》(证监会计字〔2006〕23号),规定证券投资基金自2007年7月1日起执行新的《企业会计准则》。为规范基金各类投资品种的估值业务,确保基金执行新会计准则后及时、准确地进行基金份额净值计价,更好地保护基金份额持有人的合法权益,中国证监会发布了《关于证券投资基金执行〈企业会计准则〉估值业务及份额净值计价有关事项的通知》,对基金资产的估值做了明确规定。2008年9月12日,中国证监会发布了《关于进一步规范证券投资基金估值业务的指导意见》,对基金估值业务,特别是长期停牌股票等没有市价的投资品种的估值等问题做了进一步规范。

1. 估值程序

(1)基金份额净值是按照每个开放日闭市后,基金资产净值除以当日基金份额的余额数量计算。

(2)基金日常估值由基金管理人进行。基金管理人每个工作日对基金资产估值后,将基金份额净值结果发给基金托管人。

(3)基金托管人按基金合同规定的估值方法、时间、程序对基金管理人的计算结果进行复核,复核无误后,签章返回给基金管理人,由基金管理人对外公布,并由基金注册登记机构根据确认的基金份额净值计算申购、赎回数额。月末、年中和年末估值复核与基金会计账目的核对同时进行。

2. 估值的基本原则

(1)对存在活跃市场的投资品种,如估值日有市价的,应采用市价确定公允价值。估值日无市价,但最近交易日后经济环境未发生重大变化的,应采用最近交易市价确定公允价值。估值日无市价,且最近交易日后经济环境发生了重大变化的,应参考类似投资品种的现行市价及重大变化因素,调整最近交易市价,确定公允价值。有充足证据表明最近交易市价不能真实反映公允价值的,应对最近交易的市价进行调整,确定公允价值。

(2)对不存在活跃市场的投资品种,应采用市场参与者普遍认同的,且被以往市场实际交易价格验证具有可靠性的估值技术确定公允价值。运用估值技术得出的结果,应反映估值日在公平条件下进行正常商业交易所采用的交易价格。采用估值技术确定公允价值时,应尽可能使用市场参与者在定价时考虑的所有市场参数,并应通过定期校验,确保估值技术的有效性。

(3)有充足理由表明按以上估值原则仍不能客观反映相关投资品种公允价值的,基金管理公司应根据具体情况与托管银行进行商定,按最能恰当反映公允价值的价格估值。

二、基金的利润分配

基金的收入主要来自股息、利息、红利及资本利得。这些收入扣除支付的相关费用(如基金管理人的管理费;基金托管人的托管费;基金合同生效后的信息披露费用;基金合同生效后的会计师费和律师费;基金份额持有人大会费用;基金的证券交易费用等)后即为基金利润,归基金的投资人所有。但不同国家和地区对投资基金的利润分配方式均有不同的要求。

美国有关法律规定，基金至少将利润的 95％分配给投资人，分配比例和方式因基金的形态不同而有所区别。货币市场基金的利润为利息收入，每月分配一次；债券基金则每月或每季分配一次；其他基金通常每年分配一次。

我国《证券投资基金运作管理办法》规定，封闭式基金的收益分配，每年不得少于一次，封闭式基金年度收益分配比例不得低于基金年度已实现收益的 90％。开放式基金的基金合同应当约定每年基金收益分配的最高次数和基金收益分配的最低比例。基金收益分配应当采用现金方式。开放式基金的基金份额持有人可以事先选择将所获分配的现金收益按照基金合同有关基金份额申购的约定转为基金份额；基金份额持有人事先未做出选择的，基金管理人应当支付现金。

（一）基金利润及与其相关的财务指标

1. 基金利润

基金利润是指基金在一定会计期间的经营成果。利润包括收入减去费用后的净额、直接计入当期利润的利得和损失等。基金收入是基金资产在运作过程中所产生的各种收入，基金收入来源主要包括利息收入、投资收益以及其他收入。基金资产估值引起的资产价值变动作为公允价值变动损益计入当期损益。

（1）利息收入。

利息收入指基金经营活动中因债券投资、银行存款、结算备付金、存出保证金、按买入返售协议融出资金等而实现的利息收入等。

（2）投资收益。

投资收益是指基金经营活动中因买卖股票、债券、资产支持证券、基金等实现的差价收益，因股票、基金投资等获得的股利收益，以及衍生工具投资产生的相关损益，如卖出或放弃权证、权证行权等实现的损益等。

（3）其他收入。

其他收入是指除上述收入以外的其他各项收入，包括赎回费扣除基本手续费后的余额、手续费返还、ETF 替代损益，以及基金管理人等机构为弥补基金财产损失而支付给基金的赔偿款项等。这些收入项目一般根据发生的实际金额确认。

（4）公允价值变动损益。

公允价值变动损益指基金持有的采用公允价值模式计量的交易性金融资产、交易性金融负债等公允价值变动形成的应计入当期损益的利得或损失，并于估值日对基金资产按公允价值估值时予以确认。

2. 与基金利润有关的财务指标

根据目前的有关规定，以下几个指标与基金利润有关：

（1）本期利润。

本期利润是基金在一定时期内全部损益的总和，包括计入当期损益的公允价值变动损益。该指标既包括了基金已经实现的损益，也包括了未实现的估值增值或减值，是一个能够全面反映基金在一定时期内经营成果的指标。

（2）本期已实现收益。

该指标指基金本期利息收入、投资收益、其他收入（不含公允价值变动收益）扣除相关费用后的余额，是将本期利润扣除本期公允价值变动损益后的余额。

（3）期末可供分配利润。

该指标是指期末可供基金进行利润分配的金额。由于基金本期利润包括已实现和未实现两部分，如果期末未分配利润的未实现部分为正数，则期末可供分配利润的金额为期末未分配利润的已实现部分；如果期末未分配利润的未实现部分为负数，则期末可供分配利润的金额为期末未分配利润（已实现部分扣减未实现部分）。

（4）未分配利润。

未分配利润是基金进行利润分配后的剩余额。未分配利润将转入下期分配。

（二）基金利润分配

1. 基金利润分配对基金份额净值的影响

基金进行利润分配会导致基金份额净值的下降。例如，一只基金在分配前的份额净值是1.23元，假设每份基金分配0.05元，在进行分配后基金的份额净值将会下降到1.18元。尽管基金的份额净值下降了，并不意味着投资者有投资损失。假设一个基金投资者在该基金中拥有1 000份的基金投资，分配前该投资者在该基金中的投资价值为1 230元（＝1 000×1.23），分配后该投资者获得了50元（＝1 000×0.05）的现金分红，其在该基金上的投资价值为1 180元（＝100×1.18），与现金分红合计仍为1 230元，因此分配前后的价值不变。

2. 封闭式基金的利润分配

根据《证券投资基金运作管理办法》有关规定，封闭式基金的利润分配，每年不得少于一次，封闭式基金年度利润分配比例不得低于基金年度已实现利润的90%。

封闭式基金当年利润应先弥补上一年度亏损，然后才可进行当年分配。封闭式基金一般采用现金方式分红。

3. 开放式基金的利润分配

我国开放式基金按规定需在基金合同中约定每年基金利润分配的最多次数和基金利润分配的最低比例。利润分配比例一般以期末可供分配利润为基准计算。

开放式基金的分红方式有两种：

（1）现金分红方式。根据基金利润情况，基金管理人以投资者持有基金单位数量的多少，将利润分配给投资者。这是基金分配最普遍的形式。

（2）分红再投资转换为基金份额。分红再投资转换为基金份额是指将应分配的净利润按除息后的份额净值折算为等值的新的基金份额进行基金分配。

根据有关规定，基金分配应当采用现金方式。开放式基金的基金份额持有人可以事先选择将所获分配的现金利润，按照基金合同有关基金份额申购的约定转为基金份额。基金份额持有人事先未做出选择的，基金管理人应当支付现金。

4. 货币市场基金的利润分配

《货币市场基金管理暂行规定》第九条规定："对于每日按照面值进行报价的货币市场基金，可以在基金合同中将收益分配的方式约定为红利再投资，并应当每日进行收益分配。"

2005 年 3 月 25 日中国证监会下发的《关于货币市场基金投资等相关问题的通知》（证监基金字〔2005〕41 号）规定："当日申购的基金份额自下一个工作日起享有基金的分配权益，当日赎回的基金份额自下一个工作日起不享有基金的分配权益。"

具体而言，货币市场基金每周五进行分配时，将同时分配周六和周日的利润；每周一至周四进行分配时，则仅对当日利润进行分配。投资者于周五申购或转换转入的基金份额不享有周五和周六、周日的利润，投资者于周五赎回或转换转出的基金份额享有周五和周六、周日的利润。例如，假设投资者在 2018 年 12 月 21 日（周五）申购了份额，那么基金将从 12 月 24 日（周一）开始计算其权益。如果在 12 月 21 日（周五）赎回了份额，那么除了享有 12 月 21 日（周五）的利润之外，还同时享有 12 月 22 日（周六）和 12 月 23 日（周日）的利润，但不再享受 12 月 24 日的利润。

节假日的利润计算基本与在周五申购或赎回的情况相同。投资者在法定节假日前最后一个开放日的利润将与整个节假日期间的利润合并后于法定节假日最后一日进行分配。法定节假日结束后第一个开放日起的分配规则同日常情况下的分配规则一样。投资者于法定节假日前最后一个开放日申购或转换转入的基金份额不享有该日和整个节假日期间的利润，投资者于法定节假日前最后一个开放日赎回或转换转出的基金份额享有该日和整个节假日期间的利润。假定 10 月 1 日至 7 日为法定休假日，10 月 8 日是节后第一个工作日，假设投资者在 9 月 28 日（周五，节前最后一个工作日）申购了基金份额，那么基金利润将会从 9 月 28 日起开始计算；如果投资者在 2018 年 9 月 28 日赎回了基金份额，那么投资者将享有直至 10 月 7 日内该基金的利润。

三、基金的信息披露

投资基金的信息披露是指基金管理公司必须按有关规定，定期或不定期地公布基金的经营情况、投资组合以及各类财务报表等资料，以便提示投资者基金的投资风险，引导投资者做出相应的决策，同时也有利于监管当局更好地实施基金监管。

基金信息披露可以分为募集发行时的信息披露、运作中的信息披露以及临时不定期的重要信息披露三个层次。基金监管当局对各个层次的信息披露都有不同的要求，尤其是对基金的中期和年度报表要求更为严格。通常，基金所公布的有关资料和报告都有规范的格式，基金监管当局要求基金管理公司按照规定的格式发布基金的信息，以便对其进行审查和管理，同时也便于投资者比较和选择不同的基金。基金管理人、基金托管人是基金信息披露的主要义务人。

我国内地投资基金成立初期，由于没有出台专门的法律法规，很多基金的投资运作都比较混乱，也几乎没有信息披露这一说法。直到 1997 年《证券投资基金管理暂行办法》颁布以后，基金的信息披露才有章可依、有规可循。《暂行办法》以及第五号实施准则明确规定了我国证券投资基金信息披露的三个层次，并以附件的形式规定了披露文件的格式。

1998 年后设立的新基金都依照上述法规的规定，向投资者公布有关信息或文件资料，并将其呈交证监会备审。2004 年 7 月《证券投资基金信息披露管理办法》以及随后的关于基金信息披露的各项《编报准则》和《内容与格式准则》等颁布与实施，标志着我国内地证券投资基金的信息披露进入了一个新的发展阶段，向着更加规范、更符合实际的方向发展。

目前我国内地已经初步建立了证券投资基金信息披露的制度，但基金在信息披露的具体操作上还存在一些问题,比如披露的时间滞后以及关联交易的披露等,有待进一步解决。

依据我国《证券投资基金法》的第六十二条以及《证券投资基金信息披露管理办法》中的有关规定,我国证券投资基金的信息披露通常包括以下三个方面的内容:一是基金募集发行时的信息披露,主要是基金的发行公告和招募文件;二是基金投资运作中定期的信息披露,主要是为了让投资者充分了解基金的经营业绩、基金资产的增值情况以及基金的投资组合是否符合基金事先承诺的投资方向;三是基金的临时公告,当发生一些对基金产生重大影响的事件时,基金必须按规定将相关内容予以公告。上述三方面内容中,以基金运作期间的各项定期报告为最重要的信息披露内容。

(一)基金募集信息披露

基金合同、基金招募说明书和基金托管协议是基金募集期间的三大信息披露文件。

1. 基金合同

基金合同是约定基金管理人、基金托管人和基金份额持有人权利义务关系的重要法律文件。投资者缴纳基金份额认购款项时,即表明其对基金合同的承认和接受,此时基金合同成立。

基金合同的主要披露事项有:

(1)募集基金的目的和基金名称。

(2)基金管理人、基金托管人的名称和住所。

(3)基金运作方式。

(4)封闭式基金的基金份额总额和基金合同期限,或者开放式基金的最低募集份额总额。

(5)确定基金份额发售日期、价格和费用的原则。

(6)基金份额持有人、基金管理人和基金托管人的权利、义务。

(7)基金份额持有人大会召集、议事及表决的程序和规则。

(8)基金份额发售、交易、申购、赎回的程序、时间、地点、费用计算方式以及给付赎回款项的时间和方式。

(9)基金收益分配原则、执行方式。

(10)作为基金管理人、基金托管人报酬的管理费、托管费的提取、支付方式与比例。

(11)与基金财产管理、运用有关的其他费用的提取、支付方式。

(12)基金财产的投资方向和投资限制。

(13)基金资产净值的计算方法和公告方式。

(14)基金募集未达到法定要求的处理方式。

(15)基金合同解除和终止的事由、程序以及基金财产清算方式。

(16)争议解决方式。

2. 基金招募说明书

基金招募说明书是基金管理人为发售基金份额而依法制作的,供投资者了解管理人基本情况、说明基金募集有关事宜、指导投资者认购基金份额的规范性文件。其编制原则是,基金管理人应将所有对投资者做出投资判断有重大影响的信息予以充分披露,以便投资者更好地做出投资决策。

招募说明书的主要披露事项:

（1）招募说明书摘要。

（2）基金募集申请的核准文件名称和核准日期。

（3）基金管理人、基金托管人的基本情况。

（4）基金份额的发售日期、价格、费用和期限。

（5）基金份额的发售方式、发售机构及登记机构名称。

（6）基金份额申购、赎回的场所、时间、程序、数额与价格，拒绝或暂停接受申购、暂停赎回或延缓支付、巨额赎回的安排等。

（7）基金的投资目标、投资方向、投资策略、业绩比较基准、投资限制。

（8）基金资产的估值。

（9）基金管理人、基金托管人报酬及其他基金运作费用的费率水平、收取方式。

（10）基金认购费、申购费、赎回费、转换费的费率水平、计算公式、收取方式。

（11）出具法律意见书的律师事务所和审计基金财产的会计师事务所的名称和住所。

（12）风险警示内容。

（13）基金合同和基金托管协议的内容摘要。

3. 基金托管协议

基金托管协议是基金管理人和基金托管人签订的协议，主要目的在于明确双方在基金财产保管、投资运作、净值计算、收益分配、信息披露及相互监督等事宜中的权利、义务及职责，确保基金财产的安全，保护基金份额持有人的合法权益。

基金托管协议包含两类重要信息。第一，基金管理人和基金托管人之间的相互监督和核查。例如，基金托管人应依据法律法规和基金合同的约定，对基金投资对象、投资范围、投融资比例、投资禁止行为、基金参与银行间市场的信用风险控制等进行监督；基金管理人应对基金托管人履行账户开设、净值复核、清算交收等托管职责情况等进行核查。第二，协议当事人权责约定中事关持有人权益的重要事项。例如，当事人在净值计算和复核中重要环节的权责，包括管理人与托管人依法自行商定估值方法的情形和程序、管理人或托管人发现估值未能维护持有人权益时的处理、估值错误时的处理及责任认定等。

（二）基金运作信息披露

基金定期的信息披露是为了让基金持有人及时了解基金的经营状况，以帮助正确选择继续持有或转让、赎回基金份额。我国规定，证券投资基金定期披露的信息主要包括以下内容：中期报告、年度报告、投资组合公告、资产净值公告以及更新的招募说明书（对于开放式基金而言），这些报告或文件应在规定时间内在证监会指定的媒体上予以公告。

1. 中期报告

基金管理人应当于每个会计年度的前 6 个月结束后 60 日内编制完成中期报告，并刊登在中国证监会指定的全国性报刊上，同时一式五份分别报送证监会和基金上市的证券交易所备案。基金的中期报告主要应披露报告期间基金管理人运作基金资产所取得的业绩、基金的资产负债情况、分配预案以及其他重大事项。中期报告的内容与格式应当符合《中期报告的内容与格式》的规定。

2. 年度报告

基金管理人应当在每个基金会计年度结束后 90 日内编制完成年度报告，并刊登在中国证监会指定的全国性报刊上,同时一式五份分别报送证监会和基金上市的证券交易所备案。基金的年度报告主要应披露报告期间基金管理人运作基金资产所取得的业绩、基金的资产负债情况、收益分配及其他重大事项。基金年度报告的内容与格式应当符合《年度报告的内容与格式》的规定,其中财务报告应当经过审计。

基金年度报告的主要内容如下:

(1) 基金管理人和托管人在年度报告中的责任。

基金管理人是基金年度报告的编制者和披露义务人,因此,管理人及其董事应保证年度报告的真实、准确和完整,承诺其中不存在虚假记载、误导性陈述或重大遗漏,并就其保证承担个别及连带责任。为了进一步保障基金信息质量,法规规定基金年度报告应经 2/3 以上独立董事签字同意,并由董事长签发;如个别董事对年度报告内容的真实、准确、完整无法保证或存在异议,应当单独陈述理由和发表意见;未参会董事应当单独列示其姓名。

托管人在年度报告披露中的责任主要是一些与托管职责相关的披露责任,包括负责复核年报、半年报中的财务会计资料等内容,并出具托管人报告等。

(2) 正文与摘要的披露。

为满足不同类型投资者的信息需求,提高基金信息的使用效率,目前基金年报采用在管理人网站上披露正文、在指定报刊上披露摘要两种方式。基金管理人披露的正文信息应力求充分、详尽,摘要应力求简要揭示重要的基金信息。

相对于正文,摘要在基金简介、报表附注、投资组合报告等部分进行了较大程度的简化。这样,普通投资者通过阅读摘要即可获取重要信息,而专业投资者通过阅读正文可获得更为详细的信息。

(3) 关于年度报告中的"重要提示"。

为明确信息披露义务人的责任,提醒投资者注意投资风险,目前法规规定应在年度报告的扉页做出以下提示:管理人和托管人的披露责任、管理人管理和运用基金资产的原则、投资风险提示、年度报告中注册会计师出具非标准无保留意见的提示。

(4) 基金财务指标的披露。

基金年度报告一般应披露以下财务指标:本期已实现收益、本期利润、加权平均基金份额本期利润、本期加权平均净值利润率、本期基金份额净值增长率、期末可供分配利润、期末可供分配基金份额利润、期末资产净值、期末基金份额净值和基金份额累计净值增长率等。

在上述指标中,本期基金份额净值增长指标是目前较为合理的评价基金业绩表现的指标。投资者通过将基金净值增长指标与同期基金业绩比较基准收益率进行比较,可以了解基金实际运作与基金合同规定基准的差异程度,判断基金的实际投资风格。

(5) 基金净值表现的披露。

基金资产净值信息是基金资产运作成果的集中体现。由于基金的主要经营活动是证券投资,因此,其资产运作情况主要表现为证券资产的利息收入、投资收益和公允价值变动损益,具体又反映到基金资产净值的波动上。投资者通过考察较长历史阶段内基金净值增长率的波动,可以了解基金产品的长期收益情况和风险程度。基金咨询与评级机构通过对基金净值表现信息进行整理加工和评价,不仅可以向投资者提供有用的决策信息,而且将对管理人形成压力和动力,促使其诚信经营、科学管理。可见,基金净值表现信息对于保护投资者利益具有十分重要的意义。目前,法规要求在基金年度报告、半年度报告、季度报告中以图表形式披露基金的净值表现。具体要求见表8-2。

表 8-2　基金披露内容

披露项目	年度报告	半年度报告	季度报告
列表显示过往特定期间基金净值增长率及同期业绩比较基准收益率	列表显示过往 3 个月、6 个月、1 年、3 年、5 年、自基金合同生效起至今特定期间基金净值增长率及同期业绩比较基准收益率	列表显示过往 1 个月、3 个月、6 个月、1 年、3 年、自基金合同生效起至今特定期间基金净值增长率及同期业绩比较基准收益率	列表显示本季度基金份额净值增长率及同期业绩比较基准收益率
图示基金合同生效以来份额净值变动与同期业绩比较基准的变动	折线图显示基金自合同生效以来基金份额净值的变动情况,并与同期业绩比较基准的变动进行比较		
图示基金年净值增长率及同期业绩比较基准的收益率	柱状图显示基金过往 5 年(成立不满 5 年的,图示基金自合同生效以来)每年的净值增长率,并与同期业绩比较基准的收益率进行比较	无	无

（6）管理人报告的披露。

管理人报告是基金管理人就报告期内管理职责履行情况等事项向投资者进行的汇报。具体内容包括管理人及基金经理情况简介,报告期内基金运作遵规守信情况说明,报告期内公平交易情况说明,报告期内基金的投资策略和业绩表现说明,管理人对宏观经济、证券市场及行业走势的展望,管理人内部监察稽核工作情况,报告期内基金估值程序等事项说明,报告期内基金利润分配情况说明及对会计师事务所出具非标准审计报告所涉事项的说明等。

（7）基金财务会计报告的编制与披露。

基金财务报表的编制与披露。基金财务报表包括报告期末及其前一个年度末的比较式资产负债表、该两年度的比较式利润表、该两年度的比较式所有者权益(基金净值)变动表。

财务报表附注的披露。报表附注的披露内容主要包括基金基本情况、会计报表的编制基础、遵循会计准则及其他有关规定的声明、重要会计政策和会计估计、会计政策和会计估计变更以及差错更正的说明、税项、重要报表项目的说明、或有事项、资产负债表日后事项的说明、关联方关系及其交易、利润分配情况、期末基金持有的流通受限证券、金融工具风险及管理等。基金财务报表附注主要是对报表内未提供的或披露不详尽的内容做进一步的解释说明。

（8）基金投资组合报告的披露。

基金年度报告中的投资组合报告应披露以下信息:期末基金资产组合、期末按行业分类的股票投资组合、期末按市值占基金资产净值比例大小排序的所有股票明细、报告期内股票投资组合的重大变动、期末按券种分类的债券投资组合、期末按市值占基金资产净值比例大小排序的前 5 名债券明细、投资组合报告附注等。

基金股票投资组合重大变动的披露内容包括报告期内累计买入、累计卖出价值超出期初基金资产净值 2%(报告期内基金合同生效的基金,采用期末基金资产净值的 2%)的股票明细;对累计买入、累计卖出价值前 20 名的股票价值低于 2%的,应披露至少前 20 名的股票明细;整个报告期内买入股票的成本总额及卖出股票的收入总额。披露该信息的意义主要在于反映报告期内基金的一些重大投资行为。

（9）基金持有人信息的披露。

基金年度报告披露的基金持有人信息主要有：

① 上市基金前 10 名持有人的名称、持有份额及占总份额的比例。

② 持有人结构，包括机构投资者、个人投资者持有的基金份额及占总份额的比例。

③ 持有人户数、户均持有基金份额。

当期末基金管理公司的基金从业人员持有开放式基金时，年度报告还将披露公司所有基金从业人员投资基金的总量及占基金总份额的比例。

（10）开放式基金份额变动的披露。

基金规模的变化在一定程度上反映了市场对基金的认同度，而且不同规模基金的运作和抗风险能力也不同，这是影响投资者进行投资决策的重要因素。为此，法规要求在年度报告中披露开放式基金合同生效日的基金份额总额、报告期内基金份额的变动情况（包括期初基金份额总额、期末基金份额总额、期间基金总申购份额、期间基金总赎回份额、期间基金拆分变动份额）。报告期内基金合同生效的基金，应披露自基金合同生效以来基金份额的变动情况。

3. 投资组合公告

根据有关规定，基金应每季度公布一次投资组合情况，经基金托管人复核后于公告截止日后 15 个工作日内公布，同时分别报送证监会和基金上市的证券交易所备案。投资组合公告的内容一般包括基金投资在股票和债券上的金额比例、基金重仓持有的股票名称和持有数量、本期新增和本期剔除的股票名称以及基金投资的行业分布情况、按券种分类的债券投资组合、前 5 名债券明细等。投资组合公告的内容与格式应当符合《基金投资组合公告的内容与格式》的规定。

（1）基金投资组合报告在披露报告期内股票投资组合的重大变动时，应列示：

① 报告期内累计买入、累计卖出价值超出期初基金资产净值 2%（报告期内基金合同生效的基金，采用期末基金资产净值的 2%）的股票明细，至少应披露累计买入、累计卖出价值前 20 名的股票明细。具体包括股票代码、股票名称、本期累计买入金额或累计卖出金额、占期初（或期末）基金资产净值的比例。

② 整个报告期内买入股票的成本总额及卖出股票的收入总额。

（2）基金投资组合报告在披露债券投资组合时，应按券种（主要包括国债、金融债、企业债、可转债等）列示债券投资的市值及合计、市值占基金资产净值比例及合计。

（3）基金投资组合在披露按市值占基金资产净值比例大小排序的债券明细时，至少应列示债券名称、市值、市值占基金资产净值比例。

4. 基金资产净值公告

封闭式基金应每周至少公布一次资产净值。基金管理人应于每次公告截止日后第 1 个工作日计算并公告基金资产净值及每一基金单位资产净值，同时分别报送证监会和上市的证券交易所备案。基金管理人在计算基金资产净值时，基金所持股票应当按照公告截止日当日平均价计算。

开放式基金在首次募集成立后、正式开放申购赎回之前，一般至少每周披露一次资产净值和份额净值,正式开放申购赎回后,应每个工作日公布一次资产净值,并披露公告截止日前1个工作日每一基金份额的资产净值。

5.更新的招募说明书

开放式基金成立后,基金管理人应于基金合同生效后每6个月结束后的30日内编制并公告更新的招募说明书,并应在公告时间前15日内报证监会审核。更新的招募说明书的内容包括基金简介、经营业绩、投资组合、重要事项变更和其他应披露事项等。

(三)基金临时信息披露

基金在运作过程中,可能会遇到某些影响基金持有人权益及基金股份的交易价格的重要事项,对于这些重要事项,有关信息披露义务人应当于第一时间报告证监会及基金上市的证券交易所,并编制临时报告书,经上市的证券交易所核准后予以公告,同时报证监会。

如果预期某种信息可能对基金份额持有人权益或基金份额的价格产生重大影响,则该信息为重大信息,相关事件为重大事件,信息披露义务人应当在重大事件发生之日起两日内编制并披露临时报告书。

四、基金的监管

(一)我国基金监管模式

基金监管就是指监管部门运用法律的、经济的以及必要的行政手段,对基金市场参与者行为进行的监督与管理。

我国基金监管机构主要包括中国证监会及其派出机构、证券交易所以及基金业自律组织。对于商业银行所从事的基金业务,由中国银监会与中国证监会共同行使监管职责。监管对象主要包括基金管理公司和基金托管银行,还有基金代销机构、基金评级机构、会计师事务所等相关服务机构等。监管内容则主要包括基金管理公司的设立、变更和终止、基金托管银行的资格审核、基金的募集与设立、基金投资交易、申购与赎回等。

基金监管的目标是一切基金监管活动的出发点。国际证监会组织(IOSCO)于1998年制定的《证券监管目标与原则》中规定,证券监管的目标主要有三个:一是保护投资者;二是保证市场的公平、效率和透明;三是降低系统风险。这三个目标同样适用于基金监管。

(二)基金监管机构及内容

我国境内的基金监管可以分为三个层次:国务院证券监督管理机构的监管,中国证券业协会的自律性管理和证券交易所的一线监管(属于自律监管)。《证券投资基金法》明确规定,除对基金托管人的资格核准及监管工作由国务院证券监督管理机构和国务院银行业监督管理机构共同负责外,国务院证券监督管理机构依法对证券投资基金活动实施监督管理。中国证监会在各地的派出机构根据中国证监会的授权对当地的基金市场履行监管的职责。基金业的行业自律管理由中国证券业协会具体负责组织实施,证券交易所则对基金的上市、基金的投资交易行为履行一线监管的职责。

1.中国证券监督管理委员会的监管

中国证监会对证券投资基金的监管包括对基金管理公司、基金托管人和证券投资基金设立申请的核准以及对已设立基金管理公司、基金托管人和证券投资基金的日常监管。

我国证监会对证券投资基金的监管的主要内容包括以下几点：

(1) 制定法规。1997 年 11 月,中国证监会颁布了《证券投资基金管理暂行办法》,并先后制定了一系列配套的实施准则,对基金契约、托管协议、招募说明书、管理公司章程和从业人员管理等进行严格的规范。2000 年 10 月,中国证监会颁布了《开放式证券投资基金试点办法》。2001 年 5 月发布了《外资参股基金管理公司设立规则》和《关于申请设立基金管理公司若干问题的通知》。2001 年 6 月发布了《关于规范证券投资基金运作中证券交易行为的通知》。2004 年 3 月以来,为配合《证券投资基金法》的实施,中国证监会发布了《证券投资基金信息披露管理办法》等一系列行政法规,并根据基金业的发展变化,不断出台新的行政法规以规范基金业。2012 年 9 月 20 日,中国证监会公布《证券投资基金管理公司管理办法》,规范了基金管理公司的设立,基金管理公司的变更、解散,基金管理公司子公司及分支机构的设立、变更、撤销,基金管理公司的治理和经营,监督管理等内容,自 2012 年 11 月 1 日起施行。2020 年 3 月,公布《证券投资基金管理公司管理办法(2020 年修订)》。这些法规都为基金业的健康、有序发展创造了良好的法规环境。

(2) 资格审查在内的市场准入监管。对证券投资基金运营机构实行严格的资格管理,包括资格认定、资格年检、资格核销等内容,通过市场准入和退出机制的建立,保证基金投资者资金的安全。这也可称为市场准入监管。例如,对基金管理公司和基金的设立、商业银行的基金托管资格实行审批制;对基金从业人员进行严格的资格审查与认定,基金管理人和基金托管人的高级管理人员、基金经理等人员必须通过专门的考试并具备任职资格,才能从事基金管理业务。此外,中国证监会还要求基金管理公司和基金托管人对其员工进行持续的业务培训和职业道德培训。

(3) 日常持续监管。日常持续监管一般是对基金从业机构日常经营活动、基金运作各环节、相关人员从业行为等监管。具体如下:

① 信息披露监管。制定严格的基金信息披露制度,对信息披露的内容与格式做了明确规定,要求基金严格履行定期公告及重大事项临时公告义务。其中,定期公告包括基金净值日报、周报(封闭式基金)、季报、中报和年报;在出现可能对基金投资者利益产生重大影响的事项时,有关基金管理人、托管人还须进行临时公告。目前,我国境内的基金信息披露体系已与国际惯例基本接轨。

② 督促基金管理人建立完善内控制度。通过制定一系列措施,对基金管理公司内控制度的建立和完善予以规范。主要包括要求基金管理人与其股东在人员、资产和运作等方面严格独立;严格限制基金管理人自有资金的运用范围;要求基金管理人制定和执行有效的、高标准的业务规程;基金投资要有科学的研究、决策、执行程序;防范内幕交易和不正当关联交易等风险;基金管理人内部设立独立于业务的监察稽核部;督察长拥有充分的监察稽核权力,专职检查、监督公司及员工遵守各项法规和公司制度的情况。

此外,中国证监会还会同中国银监会,对托管银行的基金托管业务实施严格监管。对基金托管人的监管主要包括商业银行从事基金托管业务必须符合《证券投资基金法》规定的条件,并经中国证监会和中国银监会批准;基金托管银行应设立独立的托管部门专门从事基金托管业务;托管部门内部人员从业资格和任职资格、机构设置、技术配备和管理制度等应符合有关规定。

2. 中国证券业协会的自律性管理

我国证券业协会是证券业的自律性组织。中国证券业协会正式成立于 1991 年 8 月 28

日,是依法注册的、具有独立法人地位的、由经营证券业务的金融机构自愿组成的行业性自律组织。它的设立是为了加强证券业之间的联系、协调、合作和自我管理,以利于证券市场的健康发展。

协会的自律监管是基金监管的重要一环,行业自律监管也是在实践中逐渐摸索出适合中国国情的自律监管模式。最初证券投资基金行业是以相对松散的基金业联席会议的形式开展自律工作的。1999 年 12 月,当时的 10 家基金管理公司和 5 家商业银行基金托管部共同签署了《证券投资基金行业公约》。随着基金管理公司的增加和基金市场的发展,2001 年 8 月 28 日,中国证券业协会基金公会成立。基金公会在加强行业自律、协调辅导、服务会员等方面做了很多工作。2002 年 12 月 4 日,中国证券业协会证券投资基金业委员会成立,承接原基金公会职能和任务。

(1) 证券投资基金业委员会的职责与作用。

证券投资基金业委员会是中国证券业协会内设的由专业人士组成的议事机构。委员会的主要职责是调查、收集、反映业内意见和建议;研究、论证业内相关政策与方案;草拟或审议证券投资基金业务有关规则、执业标准、工作指引和自律公约;协助开展业内教育培训、国际交流与合作等,其宗旨是推动业务创新,完善行业自律,维护会员合法权益,集中全行业的智慧和资源,为基金业的发展服务。

(2) 自律监管的方式与内容。

自律监管的核心内容是从业人员资格管理、诚信建设和后续培训。基金行业自律监管的方式主要是通过制订切实可行的工作计划,大力开展基金业宣传活动,树立行业形象,正确引导社会公众对基金市场的认识;建立行业教育培训体系,全面提高基金从业人员素质;加大研究力度,对关系基金业发展的重点、难点、热点问题进行深入研究,促进基金业的健康发展。自律监管的核心内容是从业人员资格管理。从 2001 年起,基金从业人员资格管理的职能已从中国证监会移交全中国证券业协会。协会对基金从业人员的从业资格认定、教材撰写、考试命题及违规处理等进行全面管理。随着市场和行业的发展,更多的适宜由自律机构承担的监管性职能将逐步移交给协会,协会也要根据市场的要求和会员的需要实施完善协会职能的具体化措施。

3. 证券交易所的一线监管

证券交易所最基本的功能有两个:一是提供交易市场,二是维护市场秩序。从基本功能出发,证券交易所对基金的监管相应地表现为对基金上市的管理和对基金投资行为的监管。

(1) 证券交易所对基金上市的管理。

我国沪、深交易所均制定了《证券投资基金上市规则》,对在证券交易所挂牌上市的封闭式证券投资基金的上市条件、上市申请、上市公告书、信息披露的原则和要求、上市费用等做出了详细规定,如规定基金持有人不少于 100 人、基金管理人至少每 3 个月公告一次基金的投资组合等。证券交易所通过制定基金上市规则,为投资者买卖基金提供了一个高效的交易市场,有利于对基金交易行为进行规范管理。

(2) 证券交易所对基金投资的监管。

《证券交易所管理办法》规定,证券交易所应当保证其业务规则得到切实执行,对违反业务规则的行为要及时处理。对国家有关法律、法规、规章、政策中规定的有关证券交易的违法违规行为,证券交易所负有发现、制止和上报的责任,并有权在职责范围内予以查处。同时《证券交易所管理办法》还要求,证券交易所应当建立符合证券市场监管和实时监控要求的计算机系统,并设立负责证券市场监管工作的专门机构。中国证监会可以要求证券交易所之间建立以市场监管为目的的信息交换制度和联合监管制度,共同监管跨市场的不正当交易行为,以控制市场风险。

第四节　证券投资基金的绩效评估

一、基金绩效评估的影响因素

(一)外部因素

1. 基金规模

一般来说,小型基金由于费用相对较高,在实际操作中风险承受能力较小,对投资者而言具有较高的风险。在美国的基金市场上,厌恶风险的人们似乎都回避 5 000 万美元以下的基金,一般认为投资 1 000 万美元以下的基金是不明智的。不过,较大型的股票投资基金对市场变化做出的反应较为迟钝。比如一个拥有 200 亿美元资产的基金,想把其中的 1% 投资于一个颇有增长潜力的小公司,可能会遇到一个问题,即这家小公司没有那么多的股份出卖,而且巨额的资金买卖股票必将会大幅度影响该股的股价,这对收益可能会造成冲击。小规模的基金在投资这类小公司的股票时,相比之下就具有优势。对那些追求高回报,也敢冒高风险的投资者来说,可以考虑那些小一点的基金,尤其是那些大型基金家族的组成部分或是由一家大型基金管理公司管理的小型基金。

2. 基金经理人的背景和任期长短

目前国际上证券投资基金的经理,分为两种模式:小组制和单经理制。在前一种情况,由于重大决策都是由一组管理者做出的,因此这些决策受个人的性格、偏好等方面的因素影响就小一些,风险也就会相对小一些。而在后一种情况,这也是大多数基金的情况,投资者在投资之前就应该对经理人有一个明确的了解。投资者可以查阅有关专业报纸杂志或者直接向基金管理公司查阅,以便更多地了解他们的个人情况,包括管理风格。有数据显示,随着基金经理任期的增长,经风险调整后的收益和基金的资产随着任期的增加而增加。

3. 基金费用

在证券投资基金操作过程中,会产生一些费用,投资者在投资之前应将这些费用因素考虑在内。高的费用并不意味着可以给投资者带来高的收益,或者可以给投资者提供优质的服务。因此,投资者在选择证券投资基金的时候,必须仔细查阅其公开说明及相关资料,明确其所有收费情况,特别是一些隐性的费用支出。

(二)内部因素

1. 基金的投资周转率

基金的投资周转率即买卖其持有有价证券的频率,具体又可以分为股票周转率和债券周转率。投资周转率是一项显示基金投资战略的重要指标。周转率低,表明基金管理公司有一种长期投资倾向;周转率高,短期投资倾向占主导地位。周转率高的基金交易成本显然要高于那些周转率低的基金。如果证券市场正处于上升期,投资收益可能会大于交易成本,此时周转率高是有利的;反之,如果证券市场处于衰退期,低周转率策略较为有利。基金的股票周转率也反映了证券市场本身的牛熊转换。一般而言,在熊市中,基金的资产周转率较低,而在牛市中,基金的资产周转率明显上升。

2. 现金流量

对于开放式基金而言,现金流量一般指投资于基金的现金净增长,也就是说申购基金的现金超出赎回基金现金的部分,或称净申购资金。现金流量在证券投资基金总资产中所占比重对选择基金的投资者来说,是一个非常重要的评价指标。

20 世纪 60 年代末期,美国共同基金分析专家阿兰·波普通过研究发现,现金流量这一指标与证券投资基金的业绩有着密切的关系。当某一基金有大量的现金注入时,基金的运作呈现良好的发展势头,基金的业绩也呈上升态势;但是,如果这种大量的现金注入停止,基金业绩的上升势态也随之停止,甚至还有下降的趋势。究其原因,可以发现:① 基金的管理者使用新的现金流量扩充了现有的资金头寸。这种上升的投资需求对基金本身来说是利好消息,有利于刺激基金所投资股票的价格上涨,尤其是对那些小盘股来说,效果比较明显。② 基金可以扩充发展机会,因为管理者可以不必卖出原有股票来筹集发展资金,它可以用新注入的资金来做新的投资组合。③ 当股市正处于牛市最高峰的时候,大量的现金流入可以作为接踵而来的熊市的缓冲器。因为基金有充足的资金进行其他投资,而不必为套牢或割肉而担忧。

需要说明的一点是,对开放式基金而言,大规模现金流量的负增长应当引起投资者的警惕,这种现象意味着投资者不断从基金中撤出,或者出于对基金的业绩不满,或者由于基金的费用率增加,或者由于其他消极因素。这样就会迫使经理人采取一些可能会造成损失的应急措施,基金会因此萎缩,基金管理人可能会失去信心,基金的费用率也会因此而上升。

3. 基金的资产结构

基金配置债券、现金和股票的比例对风险防范有积极的作用,特别是在中国股票市场波动较大、系统风险高的情况下,投资债券市场就显得相对稳健。经验表明,中国的股票市场和债券市场收益呈一种负相关的关系。由于资金在两个市场间相互流动,股票市场火爆时,债券市场低迷;而债券市场火爆时,股票市场低迷。各证券投资基金经理人在这两种市场里的不断进出,反映了各基金管理人的投资风险和趋势。

4. 基金投资的行业结构

在我国目前的情况下,不同行业具有不同的收益,人们对这些不同行业的预期也存在较大的差异。将资金在朝阳产业与夕阳产业之间、成熟型产业与成长型产业之间合理配置同样可以起到防范风险、提高收益的作用。

5. 基金投资的股票结构

证券投资基金在市场运作中的主要投资方式是组合投资。根据现代组合投资理论,系统风险无法通过购买多种证券来化解,而非系统风险可以通过证券投资的多样化来规避。因此评判证券投资基金进行投资组合的目的就是使非系统风险降至最小。投资者可以根据各基金公布的投资组合,有效地分析和追踪基金的重仓股和股票结构,判断基金管理者的管理水平和投资理念,从而进一步了解基金的投资战略。

6.基金投资的时间结构

在投资策略上,各个证券投资基金在坚持中、长线持股的同时,都在及时根据整个市场大势的变化对所持有股票进行必要的减持、增持和变换调整。但在具体的转换,调查研究与投资战术运用上,各基金在不同时期和不同的条件下存在许多差异。

通过进行投资结构的时间调整,不仅可以降低非系统风险,更重要的是还可以在一定程度上化解系统风险。一般系统风险对市场总体的影响是有时间限制的,过了这段时间,系统风险便暂时解除,因此根据市场大势或政策的起伏分散投资时机,将资金分散在几个月或更长时间可以在某种程度上避开系统风险。

二、基金绩效收益率衡量

时间加权收益率给出了基金经理人的绝对表现,但投资者却无法据此判断基金经理人业绩表现的优劣。基金表现的优劣只能通过相对表现才能做出评判。分组比较与基准比较是两个最主要的比较方法。

(一)分组比较法

分组比较就是根据资产配置的不同、风格的不同、投资区域的不同等,将具有可比性的相似基金放在一起进行业绩的相对比较,其结果常以排序、百分位、星号等形式给出。这种比较要比不分组的全域比较更能得出有意义的衡量结果。

分组比较的基本思路是,通过恰当的分组,尽可能地消除由于类型差异对基金经理人相对业绩所造成的不利影响。例如,由于股票市场周期性波动的影响,一段时间以来,增长型基金的表现普遍较好,而价值型基金的表现较差。如果将它们分在一组比较,价值型基金的相对表现就会普遍较差;反之,价值型基金的相对表现就会较好。这种由于市场原因而引起的业绩的相对变动将不利于对基金经理投资技巧高低的区分。

尽管分组比较目前仍然是最普遍、最直观、最受媒体欢迎的绩效评价方法,但该方法在应用上却存在一系列潜在的问题。第一,在如何分组上,要做到公平分组很困难,从而也就使比较的有效性受到质疑。第二,很多分组含义模糊,因此有时投资者并不清楚在与什么比较。第三,分组比较隐含地假设了同组基金具有相同的风险水平,但实际上同组基金之间的风险水平可能差异很大,未考虑风险调整因素的分组比较也就存在较大的问题。第四,如果一个投资者将自己所投资的基金与同组中中位基金的业绩进行比较,由于在比较之前,无法确定该基金的业绩,而且中位基金会不断变化,因此也就无法很好地比较。第五,投资者更关心的是基金是否达到了其投资目的,如果仅关注基金在同组的相对比较,将会偏离绩效评价的根本目的。

(二)基准比较法

基准比较法是通过给被评价的基金定义一个适当的基准组合,比较基金收益率与基准组合收益率的差异来对基金表现加以衡量的一种方法。基准组合是可投资的、未经管理的、与基金具有相同风格的组合,一个良好的基准组合应具有如下五个方面的特征:

(1)明确的组成成分,即构成组合的成分、证券的名称、权重是非常清晰的。

(2)可实际投资的,即可以通过投资基准组合来跟踪积极管理的组合。

(3)可衡量的,即指基准组合的收益率具有可计算性。

（4）适当的，即与被评价基金具有相同的风格与风险特征。

（5）预先确定的，即基准组合的构造先于被评估基金的设立。基准组合可以是全市场指数、风格指数，也可以是由不同指数复合而成的复合指数。

与分组比较法一样，基准比较法在实际应用中也存在一定的问题：一是在如何选取适合的指数上，投资者常常会无所适从，因为要从市场上已有的指数中选出一个与基金投资风格完全对应的指数非常困难。二是基准指数的风格可能由于其中股票性质的变化而发生变化。如价值指数中的股票，可能会变为成长型的股票，如果不进行定期调整，该指数就不适宜再作为衡量价值基金表现的基准继续使用。同样，基金的风格也可能随时间的变化而变化。三是基金经理常有与基准组合比赛的念头。这方面主要存在两种做法：一种是通过持有不包括在基准中的资产，尽力在业绩上超过基准组合的表现；另一种做法是尽力模仿基准组合，而不思进取。四是公开的市场指数并不包含现金余额，但基金在大多数情况下不可能进行全额投资，这也会为比较增加困难。五是公开的市场指数并不包含交易成本，而基金在投资中必定会有交易成本，也常常引起比较上的不公平。

三、风险调整绩效衡量方法

（一）对基金收益率进行风险调整的必要性

现代投资理论的研究表明，风险的大小在决定组合的表现上具有基础性的作用，这样直接以收益率的高低进行绩效的衡量就存在很大的问题。表现好的基金可能是由于所承担的风险较高使然，并不表明基金经理在投资上有较高的投资技巧；而表现差的基金可能是风险较小的基金，也并不必然表明基金经理的投资技巧不高。风险调整衡量指标的基本思路就是通过对收益加以风险调整，得到一个可以同时对收益与风险加以考虑的综合指标，以期能够排除风险因素对绩效评价的不利影响。

（二）三大经典风险调整收益衡量方法

1. 特雷诺指数

第一个风险调整衡量方法是由特雷诺（Troynor，1965）提出的，因此也就被人们称为特雷诺指数。特雷诺指数给出了基金份额系统风险的超额收益率。

用公式可表示为：

$$T_p = \frac{\overline{R}_p - \overline{R}_f}{\beta_p}$$

式中，T_p 为基金 P 的特雷诺指数；$\overline{R}_p$ 为考察期内基金 P 的平均回报率；$\overline{R}_f$ 为考察期内平均无风险收益率；β_p 为基金 P 的系统风险。

可以根据特雷诺指数对基金的绩效加以排序。特雷诺指数越大，基金的绩效表现越好。特雷诺指数用的是系统风险而不是全部风险，因此，当一项资产只是资产组合中的一部分时，特雷诺指数就可以作为衡量绩效表现的恰当指标加以应用。特雷诺指数的问题是无法衡量基金经理的风险分散程度。β 值并不会因为组合中所包含的证券数量的增加而降低，因此当基金分散程度提高时，特雷诺指数可能并不会变大。

2. 夏普指数

夏普指数是由诺贝尔经济学得主威廉·夏普于 1966 年提出的另一个风险调整衡量指标。夏普指数以标准差作为基金风险的度量,给出了基金份额标准差的超额收益率。用公式可表示为:

$$S_p = \frac{\overline{R}_p - \overline{R}_f}{\sigma_p}$$

式中,S_p 为夏普指数;$\overline{R}_p$ 为基金的平均收益率;$\overline{R}_f$ 为基金的平均无风险利率;σ_p 为基金的标准差。

可以根据夏普指数对基金绩效进行排序,夏普指数越大,绩效越好。夏普指数调整的是全部风险,因此,当某基金就是投资者的全部投资时,可以用夏普指数作为绩效衡量的适宜指标。

3. 詹森指数

詹森指数是由詹森(Jensen,1968,1969)在 CAPM 上发展出的一个风险调整差异衡量指标。根据 CAPM,在 SML 线上可以构建一个与施加积极管理的基金组合的系统风险相等的、由无风险资产与市场组合组成的消极投资组合。詹森认为将管理组合的实际收益率(R_p)与具有相同风险水平的消极(虚构)投资组合的期望收益率$[E(R_p)]$进行比较,两者之差可以作为绩效优劣的一种衡量标准,即:

$$\alpha_p = R_p - E(R_p)$$

实际应用中,对詹森指数的最佳估计可以通过下面的回归方程进行:

$$R_{pt} - R_{ft} = \hat{\alpha}_p + \hat{\beta}_p(R_{mt} - R_{ft})$$

或有:

$$\hat{\alpha}_p = R_p - [\overline{R}_f + (\overline{R}_m - \overline{R}_f)\hat{\beta}]$$

式中,R_{mt} 为市场指数收益率;R_{ft} 为无风险收益率;$\hat{\alpha}_p$ 为 α_p 的最小二乘估计;$\hat{\beta}_p$ 为 β_p 的最小二乘估计。

如果 $\hat{\alpha}_p = 0$,说明基金组合的收益率与处于同等风险水平的被动组合的收益率不存在显著差异,该基金的表现就被称为是中性的。只有成功地预测到市场变化或正确地选择股票,或同时具备这两种能力,施加积极管理的基金组合,才会获得超过 SML 线上相应组合的超常绩效表现,这时 $\hat{\alpha}_p > 0$;而 $\hat{\alpha}_p < 0$ 则表示基金的绩效表现不尽如人意。

(三)三种风险调整衡量方法的区别与联系

夏普指数与特雷诺指数给出的是单位风险的超额收益率,因而是一种比率衡量指标;而詹森指数给出的是差异收益率。比率衡量指标与差异衡量指标在对基金绩效的排序上有可能给出不同的结论。

1. 夏普指数与特雷诺指数尽管衡量的都是单位风险的收益率,但两者对风险的计量不同

夏普指数考虑的是总风险(以标准差衡量),而特雷诺指数考虑的是市场风险(以 β 值衡量)。当投资者将其大部分资金投资于一只基金时,那么他就会比较关心该基金的全部风

险,因此也就会将标准差作为对基金风险的适宜衡量指标。这时,适宜的衡量指标就应该是夏普指数。当投资者不仅仅投资于无风险证券和单一基金组合,所要评价的投资组合仅仅是该投资者全部投资的一个组成部分时,就会比较关注该组合的市场风险,在这种情况下,β 值会被认为是适当的风险度量指标,从而对基金绩效衡量的适宜指标就应该是特雷诺指数。

2. 夏普指数与特雷诺指数在对基金绩效的排序结论上有可能不一致

一般而言,当基金完全分散投资或高度分散,用夏普比率和特雷诺比率所进行的业绩排序是一致的。但当分散程度较差的组合与分散程度较好的组合进行比较时,用两个指标衡量的结果就可能不同。两种衡量方法评价结果的不同是由分散水平的不同引起的,一个分散程度差的组合的特雷诺指数可能很好,但夏普指数可能很差。此外,两者在对基金绩效表现是否优于市场指数的评判上也可能不一致。由于两者提供了关于业绩不同但相互补充的信息,因此应同时使用。

3. 特雷诺指数与詹森指数只考虑了绩效的深度,而夏普指数则同时考虑了绩效的深度与广度

基金组合的绩效可以从深度与广度两个方面进行。深度指的是基金经理所获得的超额回报的大小,而广度则对组合的分散程度加以考虑。组合的标准差会随着组合中证券数量的增加而减少,因此夏普指数可以同时对组合的深度与广度加以考察;那些分散程度不高的组合,其夏普指数会较低。相反,由于特雷诺指数与詹森指数对风险的考虑只涉及 β 值,而组合的 β 值并不会随着组合中证券数量的增加而减少,因此也就不能对绩效的广度做出考察。

4. 詹森指数要求用样本期内所有变量的样本数据进行回归计算

这与只用整个时期全部变量的平均收益率(投资组合、市场组合和无风险资产)的特雷诺指数和夏普指数是不一样的。

第五节 私募基金和私募股权投资基金

一、私募基金和私募股权投资基金的内涵

(一)私募基金

私募基金(Private Fund)是相对于公募而言,是指以非公开方式向特定投资者募集资金并以证券为投资对象的证券投资基金。私募基金是以大众传播以外的手段招募,发起人集合非公众性多元主体的资金设立投资基金,进行证券投资。和公募基金的区别在于不能公开宣传,其投资范围较为灵活,起点金额不一样。在我国一般指阳光私募基金。

私募基金的投资包括买卖股票、股权、债券、期货、期权、基金份额及投资合同约定的其他投资标的。

据中国证券投资基金业年报(2023)披露,截至 2022 年年末,自主发行且正在运作的私募基金 88 721 只,规模合计 5.04 亿元。从私募基金产品投资类型来看,股票类基金和混合类基

金是私募基金中最主要的组成部分,规模达到38 357.84亿元,占比88.88％,;固定收益类基金规模达到3 046.36亿元,占比7.06％;期货等衍生产品类基金规模1 488.73亿元,占比3.45％(见图8-3)。

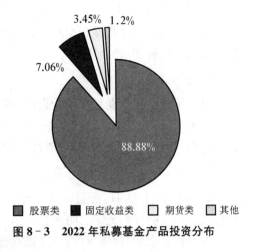

图8-3　2022年私募基金产品投资分布

(二)私募股权投资基金

私募股权投资基金是广义私募基金的一种,一般是指从事非上市公司股权投资的基金(Private Equity,PE)。其募集对象范围相对公募基金要窄,但是其募集对象都是资金实力雄厚、资本构成质量较高的机构或个人,这使得其募集的资金在质量和数量上不一定亚于公募基金。可以是个人投资者,也可以是机构投资者。

私募股权投资的风险一般较大。这首先源于其相对较长的投资周期。因此,私募股权基金想要获利,必须付出一定的努力,不仅要满足企业的融资需求,还要为企业带来利益,这注定是个长期的过程。再者,私募股权投资成本较高,这一点也加大了私募股权投资的风险。此外,私募股权基金投资风险大,还与股权投资的流通性较差有关。

股权投资不像证券投资可以直接在二级市场上买卖,其退出渠道有限,而有限的几种退出渠道在特定地域或特定时间也不一定很畅通。一般而言,PE成功退出一个被投资公司后,其获利可能是3～5倍,而在我国,这个数字可能是20～30倍。高额的回报,诱使巨额资本源源不断地涌入PE市场。

(三)两者的区别

私募证券投资基金和私募股权投资基金是私募基金里两种重要的类型,它们之间主要的区别在于投资方向和投资周期。

1.投资方向

私募证券投资基金的投资方向主要是二级市场,也就是股票、债券、期货等上市交易品种。而私募股权基金主要投资于非上市公司股权,通常是那些具备较强的成长潜力的中小型公司。

2.投资周期

私募证券基金投资二级市场上的股票非常简单快捷,如果遇上大蓝筹行情往往会持有几个月或大半年,遇到其他震荡市的时候,持有周期可能只有几个月甚至更短。而私募股权基金一般会投资一家未上市的初创公司,如果要增值转让,通常需要企业上市。投资周期少则3年,多则5～7年。

二、私募基金的运行

(一)私募基金的费用

投资者投资私募基金不仅要关心自己的盈利,还应关心投资私募的费用。一般的私募基金的费用主要有以下两项。

1. 基金交易费用

基金交易费用是指基金交易时发生的基本费用,一般有认购费用、申请购买费、赎回费用、私募基金转托管费、转换费用等。

2. 基金运营费

基金运营费是指在私募基金运作过程中所产生的费用,通常是从基金资产中扣除,可能有所减低价值。营运费有管理费、托管费、可持续销售费、证券交易费用、信息披露费用、与基金相关的会计师费和律师费等,一般都是按照国家的规定来收取。

(二)私募基金的投资门槛

2014 年 7 月 11 日,证监会正式公布《私募投资基金监督管理暂行办法》中对合格投资者单独列为一章明确的规定。明确私募基金的投资者金额不能低于 100 万元。

根据新要求的"合格投资者"应该具备相应的风险识别能力以及风险承担能力。投资于单只私募基金的金额不能低于 100 万元。投资者的个人净资产不能低于 1 000 万元以及个人的金融资产不能低于 300 万元,还有就是个人的最近三年平均年收入不能低于 50 万元。

因为考虑到企业年金、慈善基金、社保基金以及依法设立并且受到国务院金融监督管理机构监管的投资计划等机构投资者,均都具有比较强的风险识别能力和风险承受能力,私募基金管理人以及从业人员对其所管理的私募基金的充分了解,因此也被认可为合格的投资者。

(三)私募基金的监管

私募基金公司必须依法经营和接受国家的金融体系监管,纳入国家金融系统管理,确保国家金融体系健康运行。不允许存在法律体系监管以外的金融体系。

国家的金融监管和证券监管以及银监会,有权依法监督管理,国家的公检法司以及审计、统计机关有权依法获取或收集私募基金公司的经营管理信息数据,并依法进行数据信息保密,私募基金公司应积极与国家依法授权的管理机构网点配合,确保健康运营,并降低经营风险。

严格禁止任何私募基金公司或个人,以任何名义进行非法的私募基金行为。否则,将涉嫌洗钱、欺诈国家金融和扰乱金融秩序等违法违规违纪行为。

私募基金和私募基金公司的创立、营业、经营、营运、扩张、兼并、重组、破产倒闭、转让、主要高管变动等行为,必须依法向国家管理机构申报备案核准。

(四)私募基金的组织形态

在修订的《合伙企业法》正式实施之前,私募产品主要采取公司制或借道信托计划等方式,而有限合伙型基金和契约型基金均因缺乏相应的法律基础而无法单独存在。伴随着 2007 年修订后的《合伙企业法》正式出台、2013 年修订后的《基金法》正式实施以及 2014 年《私募投资基金监督管理暂行办法》正式出台,基金正式明确以公司制、契约制和合伙制作为组织形态。

1. 公司制

顾名思义,公司制私募股权投资基金就是法人制基金,主要根据《公司法》(2005 年修订)、《外商投资创业投资企业管理规定》(2003 年)、《创业投资企业管理暂行办法》(2005 年)等法律法规设立。在这种模式下,股东是出资人,也是投资的最终决策人,各自根据出资比例来分配投票权。公司制模式清晰易懂,也比较容易被出资人接受。

2. 契约制

契约型基金由基金投资者、基金管理人、基金托管人之间所签署的基金合同而设立,基金投资者的权利主要体现在基金合同的条款上,而基金合同条款的主要方面通常由基金法律所规范。

契约型基金也可称为信托型基金,通常是通过基金管理人发行基金份额的方式来募集资金。基金管理公司依据法律、法规和基金合同的规定负责基金的经营和管理运作;基金托管人则负责保管基金资产,执行管理人则负责基金资产,执行管理人的有关指令,办理基金名下的资金往来;资金的投资者通过购买基金份额,享有基金投资收益。

3. 合伙制

合伙制私募基金是指由普通合伙人和有限合伙人组成,普通合伙人即私募基金管理人,他们和不超过 49 人的有限合伙人共同组建一只私募基金。不同以往合伙制私募基金只能投资 PE 类投资,合伙制私募基金也能开设账户进行二级市场股票投资,按照《合伙企业法》的规定,有限合伙企业由 2 个以上 50 个以下合伙人设立,由至少一个普通合伙人(GP)和有限合伙人(LP)组成。普通合伙人对合伙企业债务承担无限连带责任,而有限合伙人不执行合伙事务,也不对外代表有限合伙企业,只以其认缴的出资额为限对合伙企业债务承担责任。

同时《合伙企业法》规定,普通合伙人可以劳务出资,而有限合伙人则不得以劳务出资。这一规定明确地承认了作为管理人的普通合伙人的智力资本的价值,体现了有限合伙制"有钱出钱、有力出力"的优势。

而在运行上,有限合伙制企业,不委托管理公司进行资金管理,直接由普通合伙人进行资产管理和运作企业事务。采取有限合伙制的主要优点有:

(1) 财产独立于各合伙人的个人财产,各合伙人权利义务更加明确,激励效果较好;

(2) 仅对合伙人进行征税,避免了双重征税。

(五)私募股权基金的管理过程

1. 基金的策划

(1) 分析市场机会。主要看是否存在足够多的潜在投资对象、是否存在通畅的退出渠道。

(2) 构建管理团队。PE 基金是人的事业,能否充分发现和利用市场机会,关键取决于有没有能够驾驭市场机会、实现投资目标的人才。

(3) 制订投资战略。

(4) 储备投资项目。通常最好的做法是在基金策划时,管理团队已经有备选的投资项目。这些项目符合基金的投资战略,并且所需资金与拟设基金的规模相匹配。

(5) 商业计划书。将策划的主要内容体现在商业计划书上面,这是基金募集时的主要法律文件——基金私募合同或有限合伙协议的基础,因此要能体现团队最大的优势和亮点。

2. 资金的募集和设立

(1) 基金私募备忘录。基金私募备忘录是为向潜在投资者介绍拟成立的有限合伙制基金的具体细节而准备的正式文件。备忘录一般会包括一个条款执行摘要,便于潜在投资者了解基金的拟投资情况,同时亦提供了对该基金主要条款的介绍。当然,备忘录将进一步受到基金合伙协议条款的约束。

备忘录的主要条款摘要一般包括基金的目的、基金的存续时间和规模、每个投资者最低出资承诺和出资期限、普通合伙人的出资承诺、投资理念和投资战略、管理费、税负分配、利润和损益分配、潜在风险、适用的法律法规等。

（2）市场环境与择时。市场环境好时，即使不具备投资经验和管理能力的基金也能得到融资；而市场环境变差时，即使拥有优良历史业绩的团队募集资金也不容易。

（3）营销途径。主要是机构投资者，包括公共和私人养老基金、捐赠基金、基金的基金保险公司等，当然也包括富有的个人。

（4）基金合同或有限合伙协议或公司章程。主要是安排管理者和投资者签订基金成立的正式法律文件。基金合同（信托模式下）、有限合伙协议（合伙模式下）、公司章程（公司制模式下）由基金参与各方——基金投资者、管理人、托管机构等签订，成为正式的法律文件，其主要内容为基金私募备忘录的正式版本。

3. 项目筛选

由于私募股权投资期限长、流动性低，投资者为了控制风险通常对投资对象设定以下要求：

（1）优质的管理。优质的管理对不参与企业管理的私募股权投资者来说尤其重要。

（2）至少有 2～3 年良好的经营记录、有潜在的成长性和巨大的潜在市场、有令人信服的发展战略规划，核心是能提供稳定的现金流。

（3）行业和企业规模的要求。不同的私募股权投资者对行业和规模的侧重各有不同，一般会从投资组合分散风险的角度来考察某项投资对其投资组合的意义。

（4）估值和预期投资回报的要求。由于投资标的股权不像在公开市场那么容易退出，私募股权投资者对预期投资回报的要求比较高，至少要高于投资同行业上市公司的回报率。

（5）若干年后上市的可能性，一般私募股权投资者在进入之时就必须考虑退出，而上市是首先考虑的退出形式。

4. 尽职调查

尽职调查（Due Diligence），也称谨慎性调查，是指私募股权投资者在与目标企业达成初步合作意向后，经协商一致，投资者对目标企业一切与本次投资有关的事项进行现场调查、资料分析的一系列活动，主要包括财务尽职调查和法律尽职调查。

（1）财务尽职调查。

财务尽职调查指由财务专业人员针对目标企业中与投资有关的财务状况的审阅及分析等，具体而言包括被投资企业会计主体的基本情况、财务组织、薪酬制度、会计政策以及税费政策等方面。在调查过程中，财务专业人员一般会用到以下一些基本方法：

① 审阅。通过对财务报表及其他财务资料审阅，发现关键及重大财务因素。

② 分析性程序。通过对各种渠道获得的资料进行趋势分析、结构分析等，发现异常及重大问题。

③ 访谈。与企业内部各层级管理人员和各职能人员以及中介机构（会计师事务所等）进行充分沟通。

④ 小组内部沟通。私募股权的调查小组成员来自不同背景及专业，其相互沟通也是达成调查目的的方法。

由于财务尽职调查与一般审计的目的不同，因此财务尽职调查一般不采用函证、实物盘点、数据复算等财务审计方法，而更多使用趋势分析、结构分析等分析工具。财务尽职调查可以充分揭示企业的财务风险或危机；分析企业盈利能力、现金流量，预测企业的未来前景。私募股权机构了解预备投资企业的资产负债、内部控制、经营管理的真实情况，是下一步投资及整合方案设计、交易谈判、投资决策不可或缺的基础。

（2）法律尽职调查。

法律尽职调查主要包括下列几点：

① 被投资企业章程中的各项条款。尤其对重要的决定（如增资、合并或资产出售须经持有多少比例以上股权的股东同意才能进行的规定）要予以充分的注意，以避免收购过程中受到阻碍；应注意章程中是否有特别投票权的规定和限制（如规定了某位股东在某项事项上的一票否决权等）；应对股东大会及董事会的会议记录加以审查。

② 被投资企业主要财产情况。了解其所有权归属、对外投资情况及公司财产投保范围。该公司若有租赁资产则应注意租赁对收购后的运营是否有利。

③ 被投资企业全部的对外书面合同，包括知识产权许可或转让、租赁、代理、借贷、技术授权等重要合同。特别注意在控制权改变后合同是否能够继续有效。在债务方面，审查被投资企业的一切债务关系，注意其偿还期限、利率及债权人对收购行为是否有限制。其他问题，如公司与供应商或代理销售商之间的权利义务、公司与员工之间的雇佣合同及有关工资福利待遇的规定等，也须予以注意。

④ 被投资企业过去所涉及的以及将来可能涉及的诉讼案件。弄清这些诉讼案件是否会影响到目前和将来的利益。

在收购前，私募股权基金通过商业计划书及项目初审可以获得一些信息，但缺少被投资企业的详细资料。通过实施尽职调查可以弥补私募股权基金与企业家在信息上的不对称，并使得私募股权机构了解拟投资企业存在哪些风险，承担这些风险将成为未来双方在谈判收购价格时的重要内容。若发现企业的风险难以承担时，私募股权基金可能会主动放弃投资行为。

5. 目标企业价值评估

企业价值评估的目标是通过合理的评估方法确定企业的内在价值（Intrinsic Value）或称公允价值（Fair Market Value）。这是基金投资中最重要的环节之一，企业估值是决定交易价格的基础，并对投资收益有着决定性的影响。估值的一般方法有：

（1）收益法（Income Approach）。

收益法是通过将企业预期收益资本化或折现以确定企业价值的估值方法，也是最常使用的资产定价方法之一。

（2）市场法（Market Approach）。

市场法是将估值对象与可做参考的同类企业在市场上已有的相似交易案例等进行比较，以确定估值对象价值的方法。

（3）资产基础法或成本法（Asset-based Approach or Cost Approach）。

资产基础法或成本法是指在合理评估企业各项资产价值和负债的基础上,将企业的全部资产和负债进行加总,从而确定估值对象价值的方法。

(4) 实物期权法(Real Options Approach)。

实物期权是指以金融期权为参照,为企业管理者提供了如何在不确定性环境下进行战略投资决策的思路和方法。企业投资项目的价值来自目前企业所拥有资产的使用,再加上一个对未来投资机会的选择权价值。

6. 交易设计

经过投资决策确定要对目标企业投资之后,即着手安排投资方案。方案设计包括估值定价、确定合同条款清单、进入企业后的董事会席位、否决权和其他公司治理问题、税收安排、退出策略、提交投资委员会审批等步骤。由于投资方和引资方的出发点和利益不同,双方经常在估值和合同条款清单的谈判中产生分歧。解决这些分歧的技术要求高,所以不仅需要谈判技巧,还需要会计师和律师等中介机构的协助。另外,PE 投资者一般不会一次性注入所有投资,而是采取分期投入的方式,每次投资以企业达到事先设定的目标(如财务指标等)为前提。

7. 投资经营管理

私募股权基金有别于传统金融机构的最重要特征之一,是往往具有在投资之后介入企业经营管理的意愿和能力。实施积极有效的监管是降低投资风险的必要手段,但有效的监管需要人力和财力的投入,会增加投资者的成本,因此不同的基金会有不同的监管程度,包括采取有效的报告制度和监控制度、参与重大决策、进行战略指导等。PE 投资者还会利用其关系网络和渠道帮助被投资公司进入新市场、寻找战略伙伴以发挥协同效应、降低成本等方式来提高目标企业的收益。另外,为满足目标企业未来公开发行证券或国际并购的要求,PE 投资者往往会帮其建立合适的法律构架和管理体系。

8. 退出

过一段时间的运作,基金可以在合适的时刻选择将自己持有的股份转让,使投资获得最大限度的回报。主要退出形式有以下几种:

(1) 公开上市(IPO)。

一般来说,IPO 是私募股权基金最理想的退出方式。因为与其他退出方式相比较,IPO 方式具有以下优势:第一,提高公司的市场价值,为企业发展筹集更多资金,并极大增强了原有股份的流动性;第二,提高了企业的信誉和知名度,有利于企业进一步发展,PE 机构本身的声誉也可以获得很大提升;第三,企业成功上市使企业管理层、核心骨干等获得了可观的资本收益,并可以建立以上市公司股权为基础的持续激励机制。

(2) 并购。

与 IPO 相比,持股企业被并购的最大优势就是私募股权基金可以迅速地拿到现金或可流通证券,实现一次性完全退出,剩余风险很小或几乎没有。由于收购方可通过兼并获取协同效应,PE 投资者通常要求在收购价格上支付溢价。同时,通过并购退出的交易费用等成本也大大低于 IPO 方式,适用于各种类型和规模的公司,较少受资本规模、经营年限、连续盈利等方面的约束,因而比 IPO 简便快捷。当然,私募股权基金的退出收益率明显小于 IPO。

（3）回购。

回购是指被投资企业出资购买私募股权基金所持有的股权，主要包括管理层收购、员工收购等。由于以被并购方式退出很可能会影响企业的经营独立性，使得管理层丧失对企业的控制权，因此股份回购方式较好地克服了并购方式所存在的缺陷，对于被投资企业的管理层和骨干员工来说比较有利。

（4）产权出售。

产权出售也可称为产权交易退出，是指私募股权基金通过产权交易市场或产权交易机构将所投资企业的股权转让出去的过程。产权交易市场是未上市企业进行股权转让的场所，因其产权交易的门槛比 IPO 低得多，限制条件少，交易灵活，资金退出方便，所以成为私募股权的重要退出方式之一。

（5）清算退出。

作为私募股权的最后选择，以清算方式退出是痛苦的，相对于其他的退出方式，它通常会给私募股权基金带来损失。但在很多情况下这是必须断然采取的方案，因为如果私募股权基金不能及时抽身退出，只能带来更大的损失。对于 PE 基金来说，一旦发现所投资企业成长太慢、不能给予预期的回报，就要果断撤出、确认投资失败。其过程需要按照有关法律规定，组织股东、有关专业人员和单位成立清算组，对企业进行破产清算。

专栏 8-1

我国基金业发展的 4 个历史阶段

1. 早期探索阶段

从 1992 年至 1997 年 11 月 14 日《证券投资基金管理暂行办法》（以下简称《暂行办法》）颁布之前为我国基金业发展的早期探索阶段。1992 年 11 月，我国国内第一家比较规范的投资基金——淄博乡镇企业投资基金（简称"淄博基金"）正式设立，它的设立揭开了投资基金业发展的序幕。淄博基金为公司型封闭式基金，募集资金为 1 亿元人民币，于 1993 年 8 月在上海证券交易所挂牌上市。但基金发展过程中的不规范性和积累的一些其他问题逐步暴露出来，大部分的基金资产状况逐渐趋于恶化。从 1993 年下半年起，中国基金业的发展陷于停滞状态。

2. 封闭式基金发展阶段

1997 年 11 月 14 日，国务院证券管理委员会颁布了《暂行办法》，为我国基金业的规范发展奠定了法律基础。1998 年 3 月 27 日，经中国证监会批准，新成立的南方基金管理公司和国泰基金管理公司分别发起设立了规模均为 20 亿元的两只封闭式基金——"基金开元"和"基金金泰"，由此拉开了中国证券投资基金试点的序幕。截至 2001 年 9 月开放式基金推出之前，我国共有 47 只封闭式基金，规模达 689 亿份。

3. 开放式基金发展阶段

2000 年 10 月 8 日，中国证监会发布了《开放式证券投资基金试点办法》。2001 年 9 月，我国第一只开放式基金——"华安创新"诞生，使我国基金业发展实现了从封闭式基金到开放式基金的历史性跨越。

4. 规范发展阶段

在这个阶段，基金产品创新也在快速进行。2006 年至 2007 年这一波大牛市，让基金行业声名鹊起，是第一次让普罗大众认识到基金这个行业。基金行业整体迎来了一次规模"井喷"。截至

2007年年末,业内一共有59家基金公司,资产净值达到32 766亿元。

5. 多元发展期

2008年1月1日,《基金管理公司特定客户资产管理业务试点办法》的正式施行,赋予公募基金开展专户业务的资格,即基金公司不仅有公募牌照,也有私募牌照。2012年,《证券投资基金管理公司子公司管理暂行规定》出台,允许公募基金设立各类业务的控股子公司。自此,基金公司逐步走上多元化发展道路。截至2012年年底,一共有77家基金公司成立。虽然基金公司数量增加了,但是经历了2008年大熊市后的股市疲软期,公募基金的管理规模反而是缩水的,2012年年末资产净值只剩下28 661亿元。得益于多元化发展,专户业务规模贡献了1 923亿元,管理社保基金和企业年金业务,分别为3 779亿元和1 863亿元。总的加起来,基金公司的业务总规模是36 226亿元。

6. 混业"井喷"期

2013年6月,《基金法》的修订,基金行业的监管大幅放松。整个金融业都是趋向于放松和混业的。基金行业实现了规模"井喷",各个业务都出现爆发性增长,比如货币基金、委外通道,分级产品和子公司非标业务。2015年,监管放开个人成立基金公司,个人系基金公司出现后,基金公司数量更是快速增加。截至2017年年底,基金公司增长到113家,年末公募基金资产净值115 997亿元。但是2013至2017年,经历了股票市场的暴涨和股灾,又经历了最长债券牛市和债灾,在规模激增的同时,也暴露出各种风险。2017年年底,"资管新规"征求意见稿出台,标志着基金行业混业"井喷"期结束。

7. 规范重塑期

2018年4月"资管新规"的发布标志着整个基金业进入转折点,通过规范整改,基金公司的专户业务面临整改,规模收缩;特定客户资产管理子公司业务规模更加锐减。但公募基金受限不多,其规模跃居"资管七雄"之首,在2023年年中,公募基金业务已超过银行和银行理财业务。虽然基金业发展迅猛,但是前途依旧充满着各种考验。

▶ 重要概念

投资基金　开放式基金　封闭式基金　伞型基金　指数基金　对冲基金　ETF基金
LOF基金　基金管理人　基金托管人　基金份额净值　特雷诺指数　夏普指数
詹森指数

▶ 复习思考题

1. 简述证券投资基金的特征。

2. 简述公司型基金和契约型基金、开放式基金和封闭式基金的区别。

3. 一位投资人有100万元用来申购开放式基金,假定申购的费率为2%,单位基金净值为1.5元。如果采用前端收费,申购价格和申购数量分别是多少?如果采用后端收费,申购价格和申购数量分别是多少?假如该投资人持有半年后决定赎回,此时单位基金净值为1.8元,假定赎回的费率为1%,那么该投资者采用前端收费和后端收费的损益情况如何?

4. 简述我国基金信息披露制度的内容。

5. 举例说明基金利润分配对基金份额净值会产生何种影响。

6. 简述特雷诺指数、夏普指数与詹森指数的原理,并说说它们之间的区别与联系。

7. 如何评估基金的收益水平?

第九章 金融衍生品

本章概要

　　金融衍生品的发展历程并不长,但衍生产品市场的市值和交易金额已经大大超过证券现货市场,这要归功于投资银行业一直以来不断致力于金融衍生品新品种的开发,进而极大程度地推进了衍生产品的市场规模。投资银行专家们在各种金融基础工具上开发出远期、期货、期权、互换等多种金融衍生产品。目前,衍生产品交易作为一个投资银行的创新业务,已经逐步成为投资银行的主要业务项目之一,并且为投资银行带来了丰厚的利润回报。

　　本章主要介绍了金融衍生产品的概念、功能、种类以及投资银行在金融衍生品市场的地位与作用。其中重点详细介绍了远期、期货、期权以及互换这四大金融衍生产品的概念和交易过程。

学习目标

- 掌握金融衍生品的特点与功能;
- 了解投资银行在金融衍生品市场中的作用;
- 理解远期、期货、期权与互换的概念和交易过程。

教学思政目标

　　1. 引导学生认识到专业知识的重要性,理解专业技能是投资的利器,培养学生的科学思维和市场敏锐的洞察力。

　　2. 通过教学,让学生意识到金融的正常运转事关国计民生,从业者不仅要有底线思维,更要爱岗敬业,自觉、自主地提升专业技能和服务质量,要求学生具有高尚的职业操守。

第一节　金融衍生品概述

一、金融衍生品的产生及其内涵

(一)金融衍生品的产生

　　在20世纪60年代布雷顿森林体系崩溃以及70年代两次全球性通货膨胀的大背景下,经济环境急剧变化导致经济活动中的不确定性增强,为应对各类价格的大幅波动,各种金融衍生产品便应运而生。随着马科维茨的资产组合理论以及莫迪里格尼与米勒的MM理论的提出,定量化的分析思想为在金融衍生产品中进行套期保值决策提供了良好的理论支撑。现如今，能够进行套期保值的金融工具和交易技术已经有了长足的发展，比如远期、期货、期权和互换等金融衍生品，已经深受金融市场交易者的青睐。这些金融衍生产品除了可以用来进行套期保值外，还具有资产组合、价格发现和投机等多种功能。

（二）金融衍生品的内涵及其特点

衍生产品（Derivatives）是指从原生事物中派生出来的事物。金融衍生产品也称金融衍生工具，是与基础金融产品相对应的一个概念，指建立在基础产品或基础变量之上，其价格随基础金融产品的价格（或数值）变动的派生金融产品。

由于金融衍生产品是从基础金融工具上演变、发展而来，因此金融衍生产品还具有一些有别于基础金融工具的特点。

（1）金融衍生工具交易的对象并不是标的资产，而是对这些标的资产在未来某种条件下处置的权利和义务，这些权利和义务以契约形式存在，构成所谓的产品。

（2）金融衍生工具交易是在现时对标的资产未来可能产生的结果进行交易。交易结果要在未来时刻才能确定盈亏。

（3）保证金交易，即金融衍生工具只要支付一定比例的保证金就可以进行全额交易，不需要实际上的本金转移。合约的执行一般也采用现金差价结算的方式进行，只有在到期日以实物交割方式履行的合约才需要买方交足货款。

（4）杠杆效应。由于金融衍生工具能做保证金交易，所以可以使用较少成本获得现货市场上需较多资金才能完成的交易，保证金越低，杠杆效应越大，风险也越大。

二、金融衍生品的功能

金融衍生品的主要功能表现在以下两个方面。

（一）衍生品的正影响

1. 规避风险功能

风险是客观存在的，不同的投资者其风险偏好及风险承受能力不一样，这就产生了转移风险的需求。金融衍生工具最基本的经济功能就是转移价格风险，这是通过套期保值来实现的，即利用现货市场和期货市场的价格差异，在现货市场上和期货市场上做相反的一笔交易，从而在两个市场之间建立起一种互相冲抵的机制来锁定价格，以规避价格波动所带来的风险，进而达到保值的目的。正是金融衍生工具有规避风险的功能，才吸引了越来越多的投资者，这也是金融衍生工具赖以存在、发展的基础。

2. 价格发现功能

金融衍生工具交易尤其场内交易，是由众多投资者在交易所进行公开竞价，形成的价格反映了对该商品价格有影响的所有可获得的信息和不同买主与卖主的预期，这就在相当程度上体现出了未来价格的走势，使真正的未来价格得以发现，通过交易所类似拍卖方式的公开竞价，形成了市场均衡价格。又由于金融衍生工具市场与基础市场具有高度相关性，因而提高了整个市场的效率。

3. 提高信息透明度

金融衍生工具的价格发现功能可以降低信息的不对称性。金融市场上的信息不对称是指当事人双方都有一些只有自己知道的私人信息,这种私人信息是指影响当事人双方交易利益的一些信息,并非任何信息。金融衍生工具的交易市场吸引了大量的市场参与者,他们根据基础市场的供求情况,对金融衍生工具的未来价格趋势做出判断和预期,从而做出自己的交易报价。金融衍生工具市场参与者尽可能地收集来自各方面的信息,使这些信息迅速地体现在金融衍生工具的价格波动上,因而金融衍生工具的价格发现也有利于提高信息透明度。

4. 套利

套利是指利用不同市场或不同形式的同类或相似金融产品的价格差异牟利。金融衍生工具市场存在大量具有内在联系的金融产品,在通常情况下,一种产品总可以通过其他产品分解或组合得到。因此,相关产品的价格应该存在对应的数量关系,如果某种产品的价格偏离这种数量关系时,总可以低价买进某种产品、高价卖出相关产品,从而获取价差。

5. 降低融资成本

与传统的融资方式相比,衍生工具可以把企业在不同市场的各种不同的有利因素有机地联系起来,形成最佳的融资条件,从而减少融资成本,如互换的最大作用就是能降低筹资成本。

（二）衍生品的负影响

虽然金融衍生工具具有以上功能,但它同时是一柄"双刃剑",运用不适当也会带来一系列问题。首先,金融衍生工具虽然可以用来套期保值,但是投资者也可以利用金融衍生工具来进行投机活动,给整个金融系统带来新的风险。其次,金融衍生工具的杠杆效应使得金融衍生工具对基础证券价格变动极为敏感,基础证券的轻微价格变动会在金融衍生工具上形成放大效应。再次,许多金融衍生工具设计上实用性较差,不完善特性明显,投资者难以理解和把握,存在操作失误的可能性。最后,金融衍生工具集中度过高,影响面较大,一旦某一环节出现危机,将会形成影响全局的"多米诺骨牌效应"。

三、金融衍生品的类别

目前国际上金融创新活动十分活跃,导致金融衍生产品种类繁多。从基本的分类来看,金融衍生产品主要有以下三种分类方法。

（一）根据产品形态分类,分为期货、远期、期权和互换四大类

这种分类也是最常见的分类方法。远期合约（Forward Contracts,Forwards）是交易双方约定在未来的某一确定时间,以确定的价格买卖一定数量的某种金融资产的合约。合约规定交易的标的物、有效期和交割时的执行价格等内容,是一种保值工具,是必须履行的协议。

期货合约（Futures）是期货交易所制定的标准化合约。期货与现货完全不同,现货是实实在在可以交易的货（商品）,期货主要不是货,而是以某种大众产品（如棉花、大豆、石油等）及金融资产（如股票、债券等）为标的的标准化可交易合约。因此,这个标的物可以是某种商品（如黄金、原油、农产品）,也可以是金融工具。

远期合约和期货合约都是交易双方约定在未来某一特定时间、以某一特定价格、买卖某一特定数量和质量的资产的交易形式。远期合约是根据买卖双方的特殊需求由买卖双方自行签订的合约。期货合约对合约到期日及其买卖的资产种类、数量、质量做出了统一规定。因此,期货交易流动性较高,远期交易流动性较低。远期和期货的区别表现为以下

几个方面：

（1）交易对象不同。期货交易的对象是标准化合约，远期交易的对象主要是实物商品。

（2）功能作用不同。期货交易的主要功能之一是发现价格；远期交易中的合同缺乏流动性，所以不具备发现价格的功能。

（3）履约方式不同。期货交易有实物交割和对冲平仓两种履约方式；远期交易最终的履约方式是实物交收。

（4）信用风险不同。期货交易实行每日无负债结算制度，信用风险很小；远期交易从交易达成到最终实物交割有很长一段时间，此间市场会发生各种变化，任何不利于履约的行为都可能出现，信用风险很大。

（5）保证金制度不同。期货交易有特定的保证金制度；远期交易是否收取或收多少保证金由交易双方私下商定。

（6）交易场所不同。期货交易在有组织的交易所内进行公开交易，受法律监管；远期是私人合约，不受任何管制。

期权交易（Option Contracts）是买卖权利的交易。期权合约规定了在某一特定时间、以某一特定价格买卖某一特定种类、数量、质量标的资产的权利。期权合同有在交易所上市的标准化合同，也有在柜台交易的非标准化合同。

互换合约（Swap Contracts）是一种为交易双方签订的在未来某一时期相互交换某种资产的合约，也常常称之为掉期。更为准确地说，互换合约是当事人之间签订的在未来某一期间相互交换他们认为具有相等经济价值的现金流的合约。互换中较为常见的是利率互换合约和货币互换合约。互换合约中规定的交换货币是同种货币，则为利率互换；不同种货币，则为货币互换。

（二）根据标的资产分类，分为股票类衍生品、利率类衍生品、汇率类衍生品、商品类衍生品

如果再加以细分，股票类衍生品又包括由具体的股票直接产生的衍生品（如股票期货、期权合约等）和由股票组成的股票指数产生的期货和期权合约。

利率类衍生品又可以分为以短期存款利率为代表的短期利率类衍生品（如利率期货、利率远期等）和以长期债券利率为代表的长期利率类衍生品（如债券期货、期权合约）。

货币类衍生品包括由不同币种之间的比值产生的衍生品。

商品类衍生品包括由各类大宗实物商品产生的衍生品。

（三）根据交易方法分类，分为场内交易和场外交易

场内交易即是通常所说的交易所交易，指所有的供求方集中在交易所进行的竞价方式的交易。

场外交易就是柜台交易，指交易双方直接成为交易对手的交易方式，其参与者仅限于信用度高的客户。

四、金融衍生品市场中的投资银行

随着投资银行的不断发展，投资银行的业务从一级市场的债券承销、股票承销到二级市场股票交易、经纪业务以及企业并购业务、风险管理业务、基金管理业务、风险投资业务、咨询服

务等,现代投资银行的业务范围在不断扩大,投资银行风险影响也越来越大。20 世纪 70 年代以来,国际金融环境的新变化主要表现在金融自由化、金融证券化、金融国际化和全球一体化,而金融风险的新特征则表现为多样化、复杂化和日益严重化。在整个世界范围内尤其在西方发达国家,掀起了一股金融创新的浪潮。在这一浪潮中,最为引人注目的莫过于形形色色的各种金融衍生产品的大量涌现。金融衍生产品和该市场的发展离不开以投资银行为主体的金融机构的参与和推动。投资银行参与金融衍生产品市场的方式主要有:① 为满足市场需要,进行金融创新,开发新的金融衍生产品;② 积极参与衍生产品的交易;③ 充当做市商,维持衍生产品的市场流动性;④ 充当经纪商,辅助客户进行衍生产品的交易和结算。

投资银行参与金融衍生产品主要基于以下几点的考虑:

(1) 衍生产品业务作为一种表外业务,有利于投资银行绕开金融当局一些资产负债管理的规则,因为它既不影响资产负债表状况,又能为银行带来手续费等各项收入。

(2) 由于市场竞争日趋激烈,投资银行的经纪和承销业务的边际利润持续下降,投资银行可利用衍生产品进行自营买卖,成为实现高盈利增长的途径之一。

(3) 投资银行掌握下的国际金融资本追逐全球范围的高收益,所以经常通过多种金融投资方式跨国流动,当进入陌生的、不确定因素甚多的新兴市场,需要衍生产品来保障国际金融资本运动的安全性。

投资银行与衍生产品及其市场的发展是相辅相成的,投资银行对衍生产品及其市场产生巨大的推动作用,同时衍生产品市场也为投资银行带来可观的收入回报。

第二节　金融衍生品的类别及其交易

一、远期合约及其交易

远期合约是买卖双方签订的一份合约,它规定在将来某个时间买卖双方以一定价格交割某项资产。远期合约的特点是买卖双方在合约签订之日就规定了未来交割的时间、交割的价格以及交割的资产,这个资产一般称为标的资产,交割的时间称为交割日,事先确定的价格称为交割价。远期合约与期货合约相比,更加灵活,它是一种非标准化的合约。

远期合约是现金交易,买方和卖方达成协议在未来的某一特定 FI 期交割一定质量和数量的商品。价格可以预先确定或在交割时确定。

远期合约是场外交易,交易双方都存在风险。如果即期价格低于远期价格,市场状况被描述为正向市场或溢价。如果即期价格高于远期价格,市场状况被描述为反向市场或差价。

远期合约中标的资产的购买方称为多头(Long Position),而卖方称为空头(Short Position)。如果在远期合约到期日,标的资产的价格比远期合约规定的交割价要高,多头就会得到正的收益,而空头将会承担相应的损失;反之,空头将获利而多头承受损失。

如果以 ST 代表远期合约交割时的现货价格,K 代表远期合约中规定的特定交割价格,在远期合约到期日,多头方的收益为 ST-K,空头方的收益为 K-ST。

二、金融期货及其交易

（一）期货合约的定义

期货合约是一种交易双方就在将来约定时间按当前确定的价格买卖一定数量的某种金融资产或金融指标而达成的协议。

（二）期货合约的特点

1. 强制性

每一份合约都有买卖双方当事人，合约的执行对买卖双方都具有强制性。当合约到期时，期货合约的卖方必须按合约规定交货，合约的买方则必须付款购货。在实际操作中，很少有人选择把合约持有到期而进行实际交割，大多数合约都通过数额相等、方向相反的交易冲抵掉了。

2. 标准化

期货交易大多是交易所组织的交易，因此，期货合约具有标准化的特点，合约有明确的要素规定，如数量、交割日、交割价、合约标的物及标的物的质量。

3. 标的物限制

期货合约的标的物可以是政府债券、通货、股票指数、短期利率，但不能是个别企业的股票，因为企业股票的发行数量不足以支撑期货交易。

（三）期货合约的类型

1. 利率期货

利率期货是指以债券类证券为标的物的期货合约，它能够回避银行利率波动所带来的证券价格变动的风险。利率期货一般可分为短期利率期货和长期利率期货，前者大多以银行同业拆借市场 3 月期利率为标的物，后者大多以 5 年期以上长期债券利率为标的物。

2. 货币期货

货币期货又称外汇期货，是以汇率为标的物的期货合约，用来回避汇率风险。货币期货是适应各国从事对外贸易和国际金融业务的需要而产生的。目前，货币期货交易已经成为一种世界性的交易品种，国际上货币期货合约所涉及的主要货币有美元、日元、英镑、欧元、瑞士法郎等。

3. 股票指数期货

股票指数期货是以股票指数为标的物的期货合约。利用股指期货进行套期保值的原理是根据股票指数和股票价格的同方向趋势，在股票的现货市场和股票指数的期货市场上做相反的操作来抵消股价变动的风险。股票指数期货不涉及股票本身的交割，其价格根据股票指数计算，合约以现金清算形式进行交割。

（四）期货交易制度

1. 保证金制度

保证金制度是期货交易的一大特点，在期货交易中任何交易者必须按照其买卖期货合约价值的一定比例（通常为5％～10％）缴纳资金，用于结算和保证履约。

保证金又分为结算准备金和交易保证金。结算准备金是指会员为了交易结算，在交易所专用结算账户中预先准备的资金，是未被合约占用的保证金。交易保证金是指会员在交易所专用结算账户中确保合约履行的资金，是已被合约占用的保证金。

2. 逐日盯市制度

逐日盯市制度是指每日交易结束后，交易所按当日结算价结算所有合约的盈亏、交易保证金及手续费、税金等费用，对应收应付的所有款项同时划转，相应增加或减少会员的结算准备金。

3. 涨跌停板制度

涨跌停板制度是指期货合约在一个交易日中的交易价格波动不得超过规定的涨跌幅度。通常以上一交易日的结算价为基准，也就是说，合约上一交易日的结算价加上允许的最大涨幅构成当日价格上涨上线，称为涨停板；合约上一交易日的结算价减去允许的最大跌幅构成当日价格下跌下线，称为跌停板。涨跌停板制度可在一定程度上控制结算风险，保证保证金制度的顺利执行。

4. 持仓限额制度

持仓限额制度是指交易所规定会员或客户可以持有的，按单边计算的某一合约投机头寸的最大数额。该项制度的目的在于防范操纵市场价格的行为和防止期货市场风险过度集中于少数投资者。

5. 大户报告制度

大户报告制度指当会员或客户某种持仓合约的投机头寸达到交易所对其规定投机头寸持仓量的80％以上时，会员或客户应向交易所报告其资金情况、头寸情况等，客户须通过经纪会员报告。该项制度目的在于防范大户操纵市场、控制市场风险。

6. 交割制度

交割是指合约到期时，按照期货交易所的规则和程序，交易双方通过该合约所载标的物所有权的转移，了结到期未平仓合约的过程。一般来说，商品期货以实物交割为主，金融期货以现金交割为主。

7. 强行平仓制度

强行平仓制度是指当会员、客户违规时，交易所对有关持仓实行平仓的一种强制措施。它是交易所控制风险的手段之一。我国交易所规定应予强行平仓有以下几种情况：

（1）会员结算准备金余额小于零，并未能在规定时限内补足的；

（2）持仓量超出其限额规定的；

（3）因违规受到交易所强行平仓处罚的；

（4）根据交易所的紧急措施应予强行平仓的；

（5）其他应予强行平仓的。

8. 风险准备金制度

风险准备金制度是为了维护期货市场正常运行提供财务担保和弥补因不可预见的风险带

来的亏损而提取的专项资金制度。我国规定期货交易所从自己收取的会员交易手续费中提取一定比例的资金,作为确保交易所担保履约的备付金制度。

9. 信息披露制度

信息披露制度是交易所即时、每日、每周、每月向会员、投资者和社会公众提供期货交易信息的制度。信息内容包括价格、成交量、成交金额、持仓量、仓单数、申请交割数等。

几种主要金融期货介绍

一、利率期货

利率期货是指利率期货市场的参与者根据自己所处的空头或多头状况,以及对利率走势的预测,通过买进和卖出利率期货以防范利率风险或者投机获利。

利率期货合约最早于1975年10月由芝加哥期货交易所推出,在此之后利率期货交易得到迅速发展。虽然利率期货的产生较之外汇期货晚了三年多,但发展速度却比外汇期货快得多,应用范围也远较外汇期货广泛。在期货交易比较发达的国家和地区,利率期货早已超过农产品期货而成为成交量最大的一个类别。在美国,利率期货的成交量甚至已占到整个期货交易总量的一半以上。

利率期货发展历程上具有里程碑意义的一个重要事件是,1977年8月22日,美国长期国库券期货合约在芝加哥期货交易所上市。这一合约获得了空前的成功,成为世界上交易量最大的一个合约。此前的政府国民抵押贷款协会抵押凭证期货合约,虽然是长期利率期货,但由于交割对象单一、流动性较差,不能完全满足市场的需要。而长期国库券则信用等级高,流动性强,对利率变动的敏感度高,且交割简便,成为市场的首选品种,甚至美国财政部发行新的长期国库券时,都刻意选择在长期国库券期货合约的交易日进行。继美国推出国债期货之后,其他国家和地区也纷纷以其本国的长期公债为标的,推出各自的长期国债期货。其中,比较成功的有英国、法国、德国、日本等。

利率期货价格与实际利率呈反方向变动,即利率越高,债券期货价格越低,此时做空头交易;利率越低,债券期货价格越高,此时做多头交易。

例如,某金融机构某年1月购进100万美元的3个月期国库券,并准备3月份出售套现另投资于其他证券,为防止因利率上升导致收入减少,决定通过利率期货保值(见表9-1)。

表9-1 利率期货交易

日期	现货市场	期货市场
1月10日	市场利率12%,按此利率100万美元的TB若在3月份出售,可得资金为: 100×(1−12%×3/12)=97(万美元)	卖出3月份交割的美元TB期货合约一份(100万美元),合约价为88,价值: 100×(1−12%×3/12)=97(万美元)
3月10日	市场利率13%,按此利率出售100万美元TB,得资金: 100×(1−13%×3/12)=96.75(万美元)	买进3月份交割的美元TB期货合约一份平仓,合约价86.5,价值: 100×(1−13.5%×3/12)=96.625(万美元)
盈亏	−0.25万美元	+0.375万美元

通过以上操作,在期货市场的盈利可以抵消现货市场的亏损,达到套期保值的目的。

二、股指期货

股指期货是指以股票指数变动为标的物的期货合约。其特点表现为:① 期货合约有到期日,不能无限期持有;② 期货合约是保证金交易,必须每日结算;③ 期货合约可以卖空;④ 市场的流动性较高;⑤ 股指期货实行现金交割方式;⑥ 一般说来,股指期货市场是专注于根据宏观经济资料进行的买卖,而现货市场则专注于根据个别公司状况进行的买卖;⑦ 股指期货实行 T+0 交易,而股票实行 T+1 交易。

例题:一种名为 MMI 的股指期货,每份 MMI 合约价格为每点 250 美元,若股指从 300 跌为 275,则每份合约损益为 −6 250 美元[=250×(275−300)]。

一个人持有 1 000 万美元的股票,为防止股票价格下跌,同时卖出 160 份 MMI 期货合约,股指为 300。如果股价下跌使其持有的股票价值降为 910 万美元,则股票市场亏损 90 万美元;期货市场上,股指降为 275,在卖出期货合约的同时买入 160 份 MMI 合约,交割平仓后获利 100 万美元(=6 250×160)。这样,通过股指期货可以得到 10 万美元(=100−90)的收益,已达到保值目的。

三、金融期权及其交易

(一) 期权的定义

金融期权是由买卖双方订立合约,规定由买方支付给卖方一定金额的权利金后,即赋予卖方在规定时间内按照双方事先约定的价格购买或出售一定数量的某种金融资产的权利。对于买方而言,通过支付一定数额的期权费给卖方,金融期权合约赋予他一种权利,这种权利可以在合约有效期内行使,也可以放弃。对于卖方而言,通过从买方处收取一定数额的期权费,而承担了在买方行使权利时履行期权合约的义务。

期权是一种比较特殊的金融衍生工具,它交易的对象既非物质商品,又非价值商品,而是一种权利。

(二) 期权与期货的区别

期货合约是双方必须执行的义务,对买卖双方都有强制性。期权是以卖方的义务和买方的权利构成的,期权合约的执行,只对卖方是强制性的,对买方不具有强制性。

(三) 期权的种类

根据期权合约所规定的主要条款不同,可以把期权合约分为不同的类型,这里主要介绍两种分类标准下的期权合约。

1. 根据履约的灵活性划分,期权合约可分欧洲期权和美洲期权两类

(1) 欧式期权。欧式期权是期权持有者只有在到期日才可以宣布执行或不执行其权利。

(2) 美式期权。美式期权是指期权持有者在合约有效期内的任何一天都可以宣布执行或不执行其权利。在期权交易中,大多采用美式期权形式。

2. 按合约规定的权利来划分,期权合约可分为买进期权和卖出期权

(1) 买进期权(Call Option)。买进期权又叫看涨期权,买进期权赋予合约购买者按约定的价格在约定的日期购买一定数量金融资产或金融指标的权利。预期价格上涨的人可购买买

进期权,预期价格下跌的人可卖出买进期权。

(2) 卖出期权(Put Option)。卖出期权又叫看跌期权,卖出期权赋予合约购买者按约定价格在约定时期出售金融资产或金融指标的权利。预期价格下跌的人可购买卖出期权,预期价格上升的人可卖出卖出期权。

 专栏9-2

期 权 案 例

某种股票3月15日市场价格每股20元,某投资者以每股4元的期权费买进3个月内每股22元的协定价格的A公司股票的看涨期权,总计买进100股。① 如果3个月内A公司股票价格一直低于22元(如为21元);② A公司股票市价在22元到26元(如为24元);③ 如果A公司股票上涨到26元以上(如为29元)。这三种情况下投资者该作何选择?

(1) 如果买方行权,则花费2 600元(=22×100+4×100),卖出得资金2 100元(=21×100),投资者亏损500元,则投资者不行权。

(2) 如果买方行权,则花费2 600元(=22×100+4×100),卖出可得资金2 400元(=24×100),投资者亏损200元。但如果投资者不行权,投资者仍需缴纳400元期权费。相比之下,投资者行权可以减少亏损额,则投资者行权。

(3) 如果买方行权,则花费2 600元(=22×100+4×100),卖出可得资金2 900元(=29×100),投资者获利300元,则投资者行权。

根据案例可画出看涨期权买方、卖方收益图(见图9-1)。

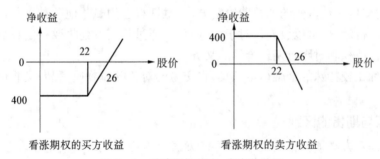

图9-1 看涨期权买方、卖方收益图

 专栏9-3

股 票 期 权 交 易 管 理 办 法
(2022年12月30日证监会公告征求意见稿)

第一条 为了规范股票期权交易,维护股票期权市场秩序,防范市场风险,保护股票期权交易各方的合法权益,促进资本市场健康发展,根据《期货和衍生品法》《证券法》《期货交易管理条例》《证券公司监督管理条例》等有关法律法规,制定本办法。

第二条 任何单位和个人从事股票期权交易及其相关活动,应当遵守本办法。

本办法所称股票期权交易,是指采用公开的集中交易方式或者中国证券监督管理委员会(以下简称中国证监会)批准的其他方式进行的以股票期权合约为交易标的的交易活动。

本办法所称股票期权合约,是指由证券交易所统一制定的、约定买方有权在将来特定时间按照特定价格买入或者卖出约定股票、跟踪股票指数的交易型开放式指数基金份额等标的证券的标准化合约。

第三条 从事股票期权交易活动,应当遵守法律、行政法规和国家有关规定,遵循公开、公平、公正的原则,禁止欺诈、操纵市场和内幕交易的行为。参与股票期权交易的各方具有平等的法律地位,应当遵守自愿、有偿、诚实信用的原则。

第四条 中国证监会对股票期权市场实行集中统一的监督管理。证券交易所、证券登记结算机构、相关行业协会按照章程及业务规则,分别对股票期权交易活动及经营机构实行自律管理。

第五条 证券交易所经中国证监会批准可以开展股票期权交易。股票期权合约品种的上市应当符合中国证监会的规定,由证券交易所依法报经中国证监会注册。股票期权合约品种的中止上市、恢复上市、终止上市应当向中国证监会备案。股票期权合约品种应当具有经济价值以及充分的现货交易基础,市场竞争充分,可供交割量充足,不易被操纵,适于进行股票期权交易,符合社会公共利益。

第六条 证券登记结算机构经中国证监会批准可以履行在证券交易所开展的股票期权交易的结算职能,并承担相应法律责任。证券登记结算机构作为中央对手方,是股票期权结算参与3人(以下简称结算参与人)的共同对手方,进行净额结算,并按照货银对付原则实施期权行权结算,为股票期权交易提供集中履约保障。

第七条 证券公司可以从事股票期权经纪业务、自营业务、做市业务,期货公司可以从事股票期权经纪业务、做市业务、接受交易者委托开展与股票期权备兑开仓以及行权相关的标的证券买卖业务和经中国证监会核准的其他业务。

证券公司、期货公司等股票期权经营机构(以下简称经营机构)依法从事前款规定的股票期权相关业务,应当遵守法律、行政法规以及中国证监会的相关规定,具体办法由中国证监会另行制定。

第八条 股票期权交易可以实行做市商制度。股票期权做市商(以下简称做市商)应当依据证券交易所的相关业务规则,承担为股票期权合约提供双边报价等义务,并享有相应的权利。

做市商从事做市业务,应当严格遵守法律法规、行政规章和证券交易所有关规定;建立健全信息隔离制度,防范做市业务与其他业务之间的利益冲突;不得利用从事做市业务的机会,进行内幕交易、操纵市场等违法违规行为,或者谋取其他不正当利益。

第九条 中国证券投资者保护基金有限责任公司、中国期货市场监控中心有限责任公司作为保证金安全存管监控机构,依照有关规定分别负责对证券公司、期货公司开展股票期权业务涉及的交易者资金安全存管实施监控。

第十条 证券交易所、证券登记结算机构应当根据各自职责,分别制定股票期权交易、结算规则及相应实施细则。交易规则和结算规则的制定或者修改应当报中国证监会批准。实施细则的制定或者修改应当征求中国证监会意见,并在正式发布实施前,报告中国证监会。经营机构、结算参与人、交易者以及其他股票期权交易参与主体应当遵守证券交易所、证券登记结算机构及保证金安全存管监控机构的业务规则。

第十一条 股票期权交易实行交易者适当性制度。

交易者可以分为普通交易者和专业交易者。专业交易者的标准由中国证监会规定。证券交易所应当按照中国证监会相关规定制定股票期权交易者的具体标准和实施指引。交易者参与股票期权交易,应当对股票期权产品及市场环境的变化自主承担风险。

第十二条 经营机构应当按照证券交易所交易者适当性管理要求对交易者的身份和风险承受能力进行审慎评估,根据交易者的风险承受和风险识别能力决定是否推荐其参与股票期权交易,并应当事先对产品、服务以及可能影响交易者权利义务的信息进行恰当说明,充分揭示风险,经交易者签署风险揭示书后,与交易者签订经纪合同,不得误导、欺诈交易者。

经纪合同中应当包括经营机构对交易者采取的风险管理措施、交易者出现交收违约或者保证金不足情形的处理方式以及强行平仓和行权操作等事项。经营机构应当对交易者与其发生纠纷时的处理规则和程序、交易者投诉的方式和渠道以及交易者权益保障等事项进行说明和公示。

第十三条 经营机构从事股票期权经纪业务,接受交易者委托,以自己的名义为交易者进行股票期权交易,交易结果由交易者承担。

第十四条 证券登记结算机构负责交易者期权合约账户的统一管理。经营机构应当根据交易者的申请,按照证券登记结算机构业务规则为交易者开立期权合约账户。证券登记结算机构负责统一为经营机构分配、发放交易者期权合约账户号码。

经营机构应当明确提示交易者如实提供开户信息。交易者应当如实申报开户材料,不得采用虚假申报等手段规避交易者适当性制度要求。交易者期权合约账户应当与其人民币普通股票账户的相关注册信息一致。

第十五条 股票期权买方应当支付权利金。股票期权卖方收取权利金,并应当根据证券交易所、证券登记结算机构的规定缴纳保证金。保证金以现金、证券交易所及证券登记结算机构认可的证券方式缴纳。

经营机构向交易者收取的保证金以及交易者存放于经营机构的权利金、行权资金,属于交易者所有,除按照相关规定可划转的情形外,严禁挪作他用。

第十六条 证券公司应当在存管银行开设交易者股票期权保证金账户,用于存放交易者股票期权交易的权利金、行权资金、以现金形式提交的保证金。

期货公司应当将交易者股票期权交易的权利金、行权资金、以现金形式提交的保证金存放于期货保证金账户。期货公司接受交易者委托开展与股票期权备兑开仓以及行权相关的标的证券买卖业务的,还应当在存管银行单独开立相关现货资金账户。

经营机构应当对向交易者收取的资金实行分账管理,妥善记载单个交易者的资金明细数据,并且与经营机构自有资金、证券现货交易结算资金实行分户管理,相关资金的划转应当符合中国证监会相关规定。

第十七条 结算参与人应当根据相关业务规则的规定,在证券登记结算机构开立股票期权资金保证金账户,用于存放结算参与人股票期权交易的权利金、行权资金、以现金形式提交的保证金。证券登记结算机构应当对结算参与人存放的交易者股票期权交易的权利金、行权资金、以现金形式提交的保证金与结算参与人存放的自有资金实行分户管理。

结算参与人可以根据相关业务规则的规定,在证券登记结算机构开立股票期权证券保证金账户,用于存放以证券形式提交的保证金,具体事宜由证券交易所、证券登记结算机构另行规定。

第十八条 股票期权买方有权决定在合约规定期间内是否行权。股票期权买方提出行权时,股票期权卖方应当按照有关规定履行相应义务。交易者可以根据证券交易所业务规则的规定,采用自有资金、证券或依法借入的资金、证券进行行权结算。

经营机构可以在经纪合同中与交易者约定为其提供协议行权服务。提供协议行权服务的,经营机构应当在经纪合同中对触发条件、行权数量、操作流程以及该项服务可能产生的风险等内容进行详细约定并向交易者作充分说明,经营机构还应当对该项服务的实际操作流程进行记录,相关记录保存期限不得少于 20 年。

股票期权合约到期前,经营机构应当采取网络、电话、短信、电子邮件或者其他适当方式中的至少一种提醒交易者妥善处理股票期权交易持仓,并对提醒情况进行记录,相关记录保存期限不得少于 20 年。

第十九条 股票期权交易实行当日无负债结算制度。

证券登记结算机构应当在当日及时将结算结果通知结算参与人,结算参与人据此对交易者进行结算,并应当将结算结果按照与交易者约定的方式及时通知交易者。交易者应当及时查询并妥善处理自己的交易持仓。

第二十条 结算参与人出现保证金不足、交收违约情形的,证券登记结算机构有权按照业务规则的规定,对其采取直接扣款,处置结算参与人期权保证金,暂不交付并处置其应收证券、资金或者担保证券,扣划其自营证券,收取违约金等措施。

交易者出现保证金不足、交收违约情形的,经营机构可以根据相关业务规则及经纪合同的规定,对其采取处置交易者期权保证金,暂不交付并处置其应收证券、资金或者担保证券,收取违约金等措施。结算参与人可以委托证券登记结算机构将暂不交付给交易者的证券划付至结算参与人的证券处置账户内进行处置。

第二十一条 证券交易所开展股票期权交易活动,应当建立保证金、涨跌停板、持仓限额、套期保值管理、大户持仓报告、风险准备金、风险警示制度以及中国证监会规定的其他风险管理制度,并在业务规则中明确上市公司董事、监事、高级管理人员以及持股达到一定比例的股东等相关主体从事股票期权交易的规范要求。

证券登记结算机构开展股票期权交易活动,应当建立保证金、当日无负债结算、强行平仓、结算担保金、风险准备金以及中国证监会规定的其他风险管理制度。证券交易所、证券登记结算机构建立相同的风险管理制度的,应当在业务规则中明确各自的职责分工。经营机构应当遵守中国证监会、证券交易所、证券登记结算机构以及行业自律组织规定的风险管理制度,建立健全并严格执行股票期权业务合规管理及风险管理制度,保障交易者保证金的存管安全,按照规定提取、管理和使用风险准备金,按照证券交易所的规定,向其报告大户名单、交易、持仓和保证金等情况。

第二十二条 证券交易所应当履行自律管理职责,监督程序化交易相关活动,保障交易所系统安全,维护市场正常交易秩序。证券交易所应当建立健全程序化交易报告制度,明确报告内容、方式、时限等,并根据程序化交易发展情况及时予以完善。

第二十三条 股票期权交易实行交易者实际控制关系报备管理制度。证券交易所应当在业务规则中明确实际控制关系账户的具体认定情形、认定程序和报备要求等内容。

第二十四条 结算参与人的保证金不足且未在证券登记结算机构规定时间内追加保证金或者自行平仓的,证券登记结算机构应当按照《期货和衍生品法》《期货交易管理条例》以及业务规则的规定将该结算参与人负责结算的合约强行平仓。

交易者保证金不足且未在经营机构规定时间内追加保证金或者自行平仓的,经营机构应当按照《期货和衍生品法》《期货交易管理条例》、相关业务规则以及经纪合同的规定将该交易者的合约强行平仓。因强行平仓发生的有关费用和损失由相关主体根据相关业务规则、经纪合同的规定承担。

第二十五条 当出现不可抗力、技术系统故障、操纵市场等异常情况,影响股票期权交易正常秩序时,证券交易所可以按照业务规则,单独或者会同证券登记结算机构采取下列紧急措施:

1. 调整保证金;

2. 调整涨跌停板幅度;

3. 调整经营机构或者交易者的交易限额或持仓限额标准;

4. 限制经营机构或交易者开仓,或要求其限期平仓;

5.强行平仓;

6.暂时停止股票期权合约的交易;

7.其他紧急措施。

异常情况消失后,证券交易所应当及时取消紧急措施。出现第一款所述情形,导致或者可能导致股票期权重大结算风险时,证券登记结算机构可以按照业务规则规定的权限和程序,决定采取限制出金或入金、强行平仓或其他紧急措施。

证券交易所、证券登记结算机构根据本条规定采取上述措施,应当立即报告中国证监会、向市场公告,并积极协助、配合对方履行相应职责。因采取上述措施发生的有关费用、损失,由相关主体根据相关业务规则、经纪合同的规定承担。

第二十六条 证券交易所、证券登记结算机构、保证金安全存管监控机构应当根据各自职责,建立股票期权市场与其他证券、期货等相关市场以及监管机构之间的信息共享、市场监测、风险控制、打击违法违规等协作机制。

证券交易所、证券登记结算机构、保证金安全存管监控机构发现股票期权交易活动中存在违法违规行为的,应当及时向中国证监会报告,并按照有关规定通报派出机构。

第二十七条 任何单位或者个人不得编造、传播有关股票期权交易的虚假信息或者误导性信息扰乱市场秩序,不得通过《期货和衍生品法》第十二条规定的手段操纵股票期权市场,不得利用《期货和衍生品法》第十四条规定的内幕信息、相关标的证券市场的内幕信息以及其他未公开信息从事股票期权交易,或者向他人泄露上述信息、使他人利用上述信息从事股票期权交易。任何单位或者个人不得通过操纵股票期权市场等手段操纵相关标的证券市场,不得利用股票期权市场的内幕信息从事相关标的证券交易,或者向他人泄露上述信息、使他人利用上述信息从事相关标的证券交易。

第二十八条 证券交易所、证券登记结算机构开展股票期权交易与结算业务时,相关业务活动依照《期货和衍生品法》《期货交易管理条例》关于期货交易场所开展期货交易的有关监管要求和法律责任执行。

除法律法规及中国证监会另有规定外,证券公司从事股票期权经纪业务时,相关业务活动参照适用期货公司从事期货经纪业务的有关监管要求和法律责任;期货公司接受交易者委托从事与股票期权备兑开仓以及行权相关的标的证券买卖业务时,相关业务活动参照适用证券公司从事证券经纪业务的有关监管要求和法律责任。

第二十九条 任何单位或者个人违反期货法律、法规、规章以及本办法,中国证监会及其派出机构按照《期货和衍生品法》《期货交易管理条例》以及中国证监会的相关规定对其采取责令改正、监管谈话、出具警示函等监管措施;应当给予处罚的,按照《期货和衍生品法》《期货交易管理条例》以及中国证监会的相关规定进行处罚;涉嫌犯罪的,依法移送司法机关追究刑事责任。任何单位或者个人违反本办法第二十七条第二款的规定,操纵相关标的证券市场或者进行相关标的证券内幕交易的,中国证监会及其派出机构按照《证券法》以及中国证监会的相关规定对其采取责令改正、监管谈话、出具警示函等监管措施;应当给予处罚的,按照《证券法》以及中国证监会的相关规定进行处罚;涉嫌犯罪的,依法移送司法机关追究刑事责任。任何单位或者个人违反本办法以及《期货和衍生品法》《期货交易管理条例》的规定,在股票期权交易中从事违法违规行为,给交易者造成损失的,应当依法承担赔偿责任。

第三十条 本办法下列用语具有如下含义:

1.保证金安全存管监控机构,是指中国证券投资者保护基金有限责任公司、中国期货市场监控中心有限责任公司或者中国证监会批准的其他保证金安全存管监控机构。

2. 股票期权经营机构,是指经中国证监会核准经营股票期权业务的证券公司、期货公司等金融机构。

3. 股票期权结算参与人,是指具有证券登记结算机构股票期权结算业务结算参与人资格的机构。

4. 做市商,是指为上市交易的股票期权合约提供双边持续报价或者双边回应报价等服务的机构。

5. 权利金,是指股票期权买方向卖方支付的用于购买股票期权合约的资金。

6. 保证金,是指用于结算和保证股票期权合约履行的现金或者证券。

7. 期权合约账户,是指经营机构按照证券登记结算机构业务规则,为交易者开立的用于股票期权合约交易、行权申报及记录交易者持有的股票期权合约及其变动情况的账户。

8. 股票期权买方,是指持有股票期权合约权利仓的交易者。权利仓指股票期权合约买入开仓形成的持仓头寸。

9. 股票期权卖方,是指持有股票期权合约义务仓的交易者。义务仓指股票期权合约卖出开仓形成的持仓头寸。

10. 行权,是指股票期权合约买方按照规定行使权利,以行权价格买入或者卖出约定标的证券,或者按照规定结算价格进行现金差价结算。

11. 协议行权,是指经营机构根据合同约定为交易者提供的行权申报及相关服务,具体服务内容和各自权利义务由经营机构与交易者在经纪合同中进行约定。

12. 行权价格,是指股票期权合约中约定的在行权时买入、卖出约定标的证券或者用于计算行权价差的价格。

13. 结算,包括对股票期权交易双方的日常交易结算和行权结算。日常交易结算是指股票期权日常交易的资金清算与交收,行权结算是指股票期权行权的资金清算与交收以及标的证券的清算与交割。股票期权日常交易结算与行权结算中的资金交收与标的证券交割统称为交收。

14. 备兑开仓,是指交易者事先交存足额合约标的作为将来行权结算所应交付的证券,并据此卖出相应数量的认购期权。

15. 认购期权,是指买方有权在将来特定时间以特定价格买入约定数量合约标的的期权合约。

16. 认沽期权,是指买方有权在将来特定时间以特定价格卖出约定数量合约标的的期权合约。

17. 其他未公开信息,是指除标的证券市场内幕信息以外、对标的证券的市场价格有重大影响且尚未公开的下列信息:

(1) 证券交易场所、存管银行、证券资产托管机构、证券登记结算机构、依法设立的证券市场监测监控机构在经营、监控过程中形成或获取的证券交易、证券持有状况、资金数量等相关信息;

(2) 证券期货经营机构、公募基金管理人、商业银行、保险公司、信托公司、社保基金、私募证券投资基金等金融机构的证券投资相关信息;

(3) 政府主管部门、监管机构或者有关单位,制定或作出的可能对证券交易价格发生重大影响的政策或者决定;

(4) 中国证监会认定的其他信息。

第三十一条 其他交易场所经中国证监会批准可以开展股票期权交易,具体业务规范参照本办法的有关规定执行。

第三十二条 本办法自×年×月×日起施行。2015 年 1 月 9 日发布的《股票期权交易试点管理办法》同时废止。

四、金融互换及其交易

(一)金融互换的内涵及特点

互换是指两个或两个以上的当事人,通过达成互换协议,在约定的时间内,交换货币、利率等金融资产的支付款项(现金流)的交易行为。互换起源于 20 世纪 70 年代英国和美国的平行贷款。由于当时英国国际收支恶化,政府实行外汇管制限制资金外流,故一些企业采取了平行贷款策略来应对当时情况。

(二)金融互换的种类

互换主要可以分为两大类:利率互换和货币互换。

利率互换是指互换双方根据约定的名义本金交换现金流的行为,双方持有的币种、总值和期限都相同,一方现金流以固定利率计算,另一方现金流以浮动利率计算。互换双方各自为对方还息,而不发生本金的交换。世界上第一笔利率互换发生在 1981 年,美国花旗银行和大陆伊利诺斯公司进行的 7 年期美元债券固定利率与浮动利率的互换。

货币互换交换的是货币,双方借款的总值、期限、计息方法都相同,但是币种不同,双方根据互换协议,按期为对方借入的货币偿还本金和利息。使用的汇率一般为即期汇率。可以简单地理解为,利率互换是相同货币间的债务互换,而货币互换是不同货币间的债务互换。世界上第一笔真正的货币互换发生在 1981 年,在所罗门兄弟公司的协调下,世界银行发行债券所筹集到的 2.9 亿美元与 IBM 公司发行债券筹集到的等值德国马克和瑞士法郎进行了互换。

利率互换案例

有 A、B 两家公司在筹集固定利率资金和浮动利率资金时的成本分别如表 9-2 所示,利用相对优势理论,进行利率互换。

表 9-2　A、B 公司资金筹集成本表

资金筹集	A 公司	B 公司	A 对 B 的绝对成本
直接筹集固定利率资金的成本	10%	12%	2%
直接筹集浮动利率资金的成本	LIBOR+0.5%	LIBOR+0.75%	0.25%

在互换协议的安排下,A、B 分别筹集相同金额的各自具有相对优势的资金,然后 A 公司向 B 公司支付利率为 LIBOR+0.25% 的利息,B 公司向 A 公司支付利率为 11% 的利息(见图 9-2)。

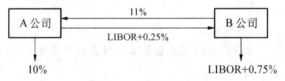

图 9-2　利率互换协议

互换后,A 公司获得资金的成本为:

$10\%+LIBOR+0.25\%-11\%=LIBOR-0.75\%$

B 公司获得资金的成本为:

$LIBOR+0.75\%+11\%-(LIBOR+0.25\%)=11.5\%$

利率互换前后成本变化如表 9-3 所示。

表 9-3 利率互换前后成本变化表

	A 公司	B 公司
互换前成本	LIBOR+0.5%	12%
互换后成本	LIBOR-0.75%	11.5%
节省	1.25%	0.5%

综合案例 9-1

中信泰富金融衍生业务巨额亏损

一、事件回顾

2008 年 10 月 20 日,中信泰富有限公司(香港交易所代码:00267,下简称中信泰富)发布公告称,该公司与银行签订的澳元累计目标可赎回远期合约(AUD Target Redemption Forward),由于澳元大幅的贬值,已经跌破锁定汇价,造成 155 亿港元亏损额。

2009 年 3 月 26 日,中信泰富年度业绩报告显示,2008 年公司业绩出现净亏损,亏损金额为 126.62 亿港元,造成此次中信泰富巨额亏损的主要原因正是其庞大的外汇亏损。报告指出,2008 年公司外汇合同所导致的变现市场公允值税后亏损金额为 146.32 亿元。若别除该项亏损,中信泰富去年可盈利 19.7 亿元。

二、套期保值与高杠杆投机

从中信泰富的官方声明中我们看到,公司试图将其金融衍生品投资归属于套期保值。据中信泰富发布的公告称,为对冲澳元升值风险,锁定公司在澳洲铁矿项目的开支成本,中信泰富与香港的银行签订了四份杠杆式外汇买卖合约,其中让中信泰富损失最为惨重的是"含敲出障碍期权及看跌期权的澳元/美元远期合约"与"含敲出障碍及看跌期权的欧元—澳元/美元双外汇累计远期合约"。根据合约规定,公司须每月以固定价格用美元兑换澳元,合约 2010 年 10 月期满。双方约定汇率 1:0.87。如果澳元汇率上涨,在涨到一定幅度,合约自动终止前,中信泰富可以赚取与市场汇率的差价,这意味着盈利上限是一定的,相关机构计算中信泰富最高赚取为 5 350 万美元;但一旦澳元汇率下跌,中信泰富不仅要支付差价损失,还要按照合同约定加倍买入澳元,也就是说,损失不仅没有底线,更会成倍放大,最高损失可达 94.4 亿澳元。这类被统称为累计期权的金融衍生工具,在中信泰富一案曝光前,已经有市场人士向参与的企业提出预警,因为专业的投资者在签署这类风险极其不对称的合约时会做出相应的对冲安排,将下行风险锁定,而非专业的企业投资者,常常低估了外汇衍生品市场的凶险程度。

外汇衍生产品可以避险保值,可以投机获利,可能降低风险,也可能蒙受风险,那么中信泰富这一衍生品投资行为究竟是套期保值还是投机呢?

根据相关资料显示:首先,中信泰富的澳元开支预算仅为 16 亿澳元,与这项交易所需要的 94 亿澳元的数目相差甚远;其次,若是仅以套期保值为目的,可选择的范围非常广,如果是简单的远期期货或外汇互换合约,不仅定价简单,而且作为衍生品的对冲准备很适合,而中信泰富选择的却是复杂的累计期权;最后,虽然公司最高可赚得5 000余万美元,但根据合约规定,当澳元上涨即中信泰富盈利时,交易对手可以通过"敲出障碍期权"来取消合约,可见这完全不能行使套期保值的功能。由以上三点可以推断,中信泰富做的是高杠杆投机,而非套期保值。

▶▶ 重要概念

　　金融衍生品　套期保值　金融期货　金融期权　金融互换

▶▶ 复习思考题

1. 试比较远期合约与金融期货之间的异同点。
2. 简述金融衍生品的功能。
3. 如何用期货合约进行套期保值?
4. 投资银行通过何种方式参与金融衍生产品市场?

第十章　投资银行的创新业务

本 章 概 要

　　创新是投资银行业发展的原动力,可以说投资银行的发展史是一部不断创新产品、开辟业务的开拓史。正是由于具有不断创新精神的投资银行人才,才使得投资银行能够不断丰富产品线,进而挖掘证券市场的广度和深度,提高证券市场的效率,拓展投资银行的业务范围,为投资银行培养新的业务增长点。

　　本章主要介绍投资银行的四大创新业务,包括风险投资、项目融资、资产管理以及资产证券化。分别详细阐述了各项业务的内涵与特征、运作流程、面临的风险以及投资银行在四项创新业务中的作用。

学 习 目 标

- 理解风险投资的内涵及特征;
- 理解投资银行在风险投资中的作用;
- 了解项目融资的内涵及特征;
- 熟悉项目融资模式;
- 了解资产管理业务的内涵及类别;
- 了解我国的资产管理业务;
- 理解资产证券化的内涵及其运作流程;
- 理解资产证券化的风险及其控制。

教 学 思 政 目 标

　　1. 使学生理解公平交易是金融稳定和发展的基石。通过案例分析等教学方法介绍经纪人在委托或代理活动中的机会主义行为增加了诸多的交易成本,影响了金融市场的效率,严重的可引起金融市场的动荡,如巴林银行的倒闭等。

　　2. 金融创新是一把"双刃剑",培养学生一分为二地看待投机在证券市场中的作用,培养学生辩证思考的能力。

　　3. 围绕国家战略,培养学生投资布局与时俱进的意识,将投资跟科技创新相结合,激发学生的爱国主义情怀,以资本方式驱动我国自主研发能力提升及产业升级。

第一节　风险投资

一、风险投资的内涵及其特征

（一）风险投资的内涵

风险投资（Venture Capital，VC），简称风投，又称为创业投资。目前对风险投资这一概念的理解和界定还存在着许多不确定性，如美国风险投资协会（National Venture Capital Association，NVCA）强调风险投资是一种权益资本；欧洲风险投资协会指出风险投资是一种由专门的投资公司向具有巨大发展潜力的成长型、扩张型或重组型的未上市企业提供资金并辅之以管理参与的投资行为。不论哪种定义，都体现出风险投资的本质内涵是一种针对新兴创业企业的专家管理型资本的投资活动。因此，完整的风险投资的概念可以定义为：风险投资是对新兴的创业企业，尤其是高科技创业企业提供资本支持，并对所投资企业进行培育和辅导，在企业成长到相对成熟阶段后退出投资以实现自身资本增值的一种特定形态金融资本的投资活动。这一定义包含了三层意思：① 从投资对象来看，风险投资主要是投资于还未上市的新兴创业企业，尤其是高科技创业企业，而不是投资于相对成熟的企业；② 风险投资不同于单纯的投资行为，它不仅为创业企业提供资金支持，而且提供特有的对企业经营管理的支持性服务；③ 与长期持有所投资企业股权以获取股息为目的的普通资本不同，风险投资在创业企业发育成长到相对成熟后就退出投资，以实现自身的资本增值为目的。

（二）风险投资的基本要素

从世界各国风险投资的产生和发展的实践来看，创业家、证券公司、保险公司、银行业、大企业、风险投资机构和政府等因素在其中发挥了重要作用。从投融资的角度，这些基本要素可以按照投资主体和投资客体来进行划分。

1. 风险投资的主体

风险投资运行的主体由在风险投资中提供资金的投资者和风险投资机构组成。从各国情况来看，风险投资者多种多样，可以是国家、机构、个人，其中主要有家庭和个人、养老基金、保险公司、证券公司、商业银行、大公司和政府。

风险投资机构是联系投资者与风险企业，负责具体运作风险资金的组织。风险投资机构往往由精通金融、证券、投资、会计、保险、法律和科技的专家组成，这些从事风险投资活动的职业金融家在国外一般称之为"风险投资家"。风险投资家是其中的灵魂人物，很多都是由工程技术人员转型而来的，如美国著名的风险投资公司克莱因纳—伯金斯的主要合伙人之一乔依，原来就是太阳（Sun）公司的主管。在西方发达国家，虽然风险投资机构的名称、组织形式各异，但对风险资金的运作管理模式大同小异，通常是将分散的风险投资者的资金集中起来，投入风险企业，并通过参与管理、辅助经营，将风险企业培育到相对成熟后退出投资，以实现高的资本增值收益。

2. 风险投资的客体

风险投资的客体是指风险资本的需求方，即从事创业活动的中小企业。国外一般将接受风险投资的企业称为"风险企业"或者"创业企业"。风险企业一般指的是未上市的企业,当然,也包括一些虽然已经上市但后来在经营上遇到重大问题又通过风险资本对其进行重组和管理而"二次创业"的公司。能够进入风险资本家视野的往往是技术含量高、成长性强、市场前景好的项目或企业。这些创业家通常是某项技术的持有者和风险企业的创始人。风险投资与风险企业的发展是相辅相成的,没有大量可供选择的风险企业的创建和可供转化的好项目,就没有对风险投资的大量需求,也就谈不上风险投资的发展。当然,如果没有风险投资为风险企业提供资金、技术和管理等支持,也就不会有大量中小型风险企业的发展和壮大。

3. 中介机构

中介机构包括一般中介机构和特殊中介机构。一般中介机构主要有会计师事务所、律师事务所、资产评估事务所、项目评估机构、信用评级机构;特殊中介机构主要包括标准认证机构、知识产权估值机构、专业性融资担保机构、新企业孵化器、行业协会等。

（三）风险投资的特征

风险投资具有一般投资活动所具有的共性,又有一般投资所没有的特性。概括起来,风险投资主要有以下几个特征。

1. 投资对象主要是高新技术和高成长潜力的中小企业

一般而言,风险投资就是对高风险项目或企业的投资,这些往往具有开拓性和创新性的项目或企业主要存在于高科技领域。风险投资所追求的目标就是将高科技成果产业化、商品化后所能获取的高额回报。当然,风险投资并不只局限于高科技企业,风险投资真正寻找的是能带来较大投资回报的高成长性项目。近年来,传统产业中的一些企业由于创造出了满足市场需求的升级换代产品或技术,或者新的商业模式而具有高成长的潜力,也成为风险投资关注的领域。因此,风险投资的投资对象不仅需要具有创新能力,更要有巨大的成长潜力。

2. 具有高风险和高收益性

风险投资是一种高风险的投资行为,其高风险性是与风险投资的投资对象相联系的。风险投资的对象主要是具有高成长潜力的中小型创业企业,尤其是刚刚起步的高新技术企业。高新技术企业是建立在创新科学研究成果和新技术应用的基础上,一项新的科技成果转化为一种新产品,中间要经过技术研究、产品研制、中间试验、扩大生产、市场销售等诸多环节,每一环节都有失败的危险,因而具有很多不确定性因素。据国外风险投资公司估计,即使在发达国家风险企业的成功率也只有 20％～30％。

投资的高风险性,客观上使风险投资家对风险项目的选择、决策和经营非常谨慎,他们不奢望每一个风险投资项目都能成功,因而在风险投资领域中就存在所谓"大拇指定律"(Rule of Thumb),即如果风险投资 1 年投资 10 家企业,在 5 年左右的发展过程中,会有 3 家失败;有 3 家会停滞不前并最终被收购;有 3 家公司能够上市,并有不错的业绩;只有 1 家企业成长迅速并且上市后被投资者看好,成为耀眼的明星企业。这家企业的市值在上市后产生数十倍甚至上百倍增长,给投资者带来巨额回报。这家明星企业就成为"大拇指定律"中的"大拇指"。

以谷歌为例,在其发展初期,世界著名的两家风险投资企业——红杉资本和 KPCB 都分别投资了 1 250 万美元,各占 10％的股份。谷歌于 2004 年 8 月 19 日以每股 85 美元首次公开上市(IPO),其后股价一路飙升,红杉资本和 KPCB 都选择在高位售出了部分股票,这两家投资企业在售股当时分别获利大约 38 亿美元和 35 亿美元。而剩下的未抛售股票,按当时 350 美元的股价计算分别值 13 亿美元和 8.8 亿美元。也就是说,红杉资本投资谷歌获利至少约 51 亿美元,回报率高达 408 倍。KPCB 投资谷歌至少获利 44 亿美元,相当于初始投资 1 250 万美元的 354 倍。谷歌就是这两家风险投资机构的"大拇指"。

3. 属于长期性的私募股权资本

风险投资属于中长期战略性投资。风险投资往往在风险企业创立之初就开始投入,在一个成功的投资项目中,从技术开发、产品研制、试制、正式投入扩大生产,销售并盈利,从生产销售规模进一步扩大到企业股票上市,投资者经过较长时间才能收回投资、获得收益。从投入到退出少则需要 3~5 年,多则需要 7~10 年,而且在此期间还要不断地对有成长潜力的企业进行后续的投资。风险投资是一种私募权益投资,和其他金融投资相比,风险投资流动性较差。若退出机制不畅,撤资将非常困难。

4. 具有分段投资、组合投资、联合投资的特点

风险投资具有分段投资(Stage Investment)的特点。一般情况下,风险资本家不会像一般投资者将资金全部一次性投入风险企业,而是严格进行预算管理,随着企业的发展不断地分期分批投入。风险资本家每期只提供确保企业发展到下一阶段的资金,在对风险企业经营状况和发展潜力进行调查评估的基础上,再决定后期是否进一步投资及后续投资的安排。这样做既可以有效地规避风险,又有利于资金的周转。分段投资使得风险投资家可以定期对被投资企业进行阶段性再评估,形成对创业者的有效约束,减少因决策不当造成的潜在损失。

与证券投资基金一样,风险投资也是一种组合投资(Portfolio Investment),只不过投资对象不是有价证券,而是不同的风险企业。风险投资机构通常将资金投放在多个不同的风险企业,通过在成功的风险企业上获得高回报来补偿失败项目的损失,以分散风险。正是分段投资和组合投资的特征使得风险资本通过不断投入和不断退出,持续地寻求新的投资机会,以促进风险投资不断发展。

风险投资还施行联合投资(Joint Investment,也称为 Syndication),即对一个项目,通常是联合其他风险投资者一起来投资,这样不仅能利益共享、风险共担,还可以发挥集体智慧的力量,由各个风险投资者从各自不同的角度评价风险企业,从而提高决策的准确性。

5. 风险投资家一般都参与被投资企业的经营管理并提供增值服务

风险投资者与一般投资者不同,他们不仅提供资金,还利用其经验、知识和广泛的社会关系去帮助创业企业,花费很大精力帮助这些企业改造组织结构、制定战略和业务发展方向、加强财务管理、配备领导成员等。风险投资家们为企业出谋划策,提供多种咨询建议,调动自己有利的资源,尽可能地帮助企业管理层解决实际运营中的问题与困难。

(四) 风险投资的功能

(1) 科技事业发展的"推进器"。风险投资活动促进了科技成果转化,支持了科技事业发展。

(2) 未来经济增长点的"培育器"。在现代市场经济中,风险投资活动对整个世界经济未来增长点的发现和培育起到了很大的作用。

（3）政府资金投入的"放大器"。政府利用风险投资机构向高新技术产业投入资金,经过风险投资家的有效运作,会吸引更多的非政府部门投资者提供资金,使实际投入的资金放大。

（4）投资风险的"调节器"。风险资本来源是多元化或分散化的,这使得风险投资的高风险分散到了许多投资主体身上;风险资本以组合方式投资,能够分散和降低风险投资公司的整体投资风险,进而有效降低各投资主体所承担的风险,并使承担了高风险的投资主体获得较高的回报。

（5）新企业的"孵化器"。有了风险资本对新建企业的扶持,才使新企业得以"孵化",踏上创业之路。而且,也正是因为有了风险投资家参与风险企业的经营管理,这些企业更有可能获得成功。

二、风险投资基金的运作流程

风险投资基金的运作流程包括项目寻找与评估、投资决策、投资管理以及投资退出四个环节。

（一）项目寻找与评估

1. 项目来源

一般情况下,一个风险投资公司每年会收到大量的业务计划书,如何在众多项目中以较低的成本和较快的速度获得好的项目是关键。也就是说,基金经理需要在充分利用本公司资源的同时积极整合内外部资源,建立多元化的项目来源渠道。主要的项目来源渠道有自有渠道、中介渠道、品牌渠道。自有渠道是指通过社会自由人员的关系对搜集来的各种分析按投资信息和论坛会议进行分析;中介渠道是借助银行、券商等相关业务伙伴或者律师事务所、会计师事务所等专业机构来获取信息;品牌渠道是指积极建设公司在创业投资方面的品牌形象和市场知名度。

通过这三大主要项目来源渠道获取信息的质量存在一定的差异。一般来说,通过业务伙伴及专业机构、公司等平台获得项目信息的质量较高。

2. 尽职调查

在收到创业项目的基础资料后,首先需要根据基金的投资风格和投资方向要求,对项目进行初评,判断是否符合基金的投资政策。然后,基金经理需要做进一步研究,对创业项目进行全面的尽职调查（Due Diligence）,以便于更全面地了解项目未来的发展前景,包括但不限于企业的背景与历史、企业所在的产业、企业的营销、财务状况和财务资料、研究开发（R&D）计划等。尽职调查对于项目投资决策的意义非常大。尽职调查能够帮助创投基金了解项目企业的情况,减少双方的信息不对称;对单据文件的核查本身就是一个保存和整理证据的过程,是做好投资决策的必要条件。尽职调查涉及创业企业的运营、规章制度、合规、财务等多个方面,其中财务会计情况、经营情况以及法律情况这三部分是调查重点。

尽职调查的目的在于,核实已经搜集到的资料,评估投资和经营计划的时间进度,评估销售和财务预测的可行性,发现可能的经营风险和财务风险。

3. 价值评估

完成对企业的尽职调查之后,需要根据尽职调查所得到的项目企业历史业绩和预期盈利等信息对项目企业进行价值评估。无论是项目投资还是退出,价值评估都是最为关键的一步。一般来说,对创业企业的价值评估方法主要有现金流折现法和价格乘数法。前者通过预测企业未来的收益并采用合适的折现率对未来现金流进行折现加总得到企业价值;而后者通过在市场上选取各个方面有可比性的可比公司,针对一个或几个价格影响因素(价格乘数)进行比较调整,最终确定企业价值。

(二)投资决策

经过对项目企业的净值调查和价值评估,风险投资机构会就是否投资、占项目公司股份比例以及使用什么金融工具完成投资等内容和项目企业进行合同条款的谈判。风险投资机构在谈判中的主要关注点是如何在获得良好回报的同时控制风险,保证顺利退出等。而创业企业更加关心企业的股份安排和风投机构入股能带来的增值服务。双方谈判的主要内容为所采用金融工具的种类、组合及项目企业未来的资本结构,对项目企业的估值,企业控制权安排,下一步融资安排,风投机构退出方式,投资时限等。双方达成一致后,签订投资合同。

(三)投资管理

在风险投资的辅导阶段中,风险投资公司在提供了资金融通之后,通常需要担当董事或监事的职责。他们在经营政策、理财咨询、技术层次、人事组织等各方面,给予企业许多的实践意见参考,持续地扮演顾问的角色。此外,在很多情况下,投资人作为外部董事具备丰富的经验,拥有在培育公司成长和鉴别管理层素质方面的丰富的经验和专业素养以及极为广泛的外部关系,在市场拓展融资安排、内部架构、发展战略等各个维度为项目企业提供增值服务。他们提供给风险企业的各种意见和咨询,一方面能够弥补企业管理经验缺乏的弱点;另一方面能够提高企业的经营绩效和内在价值,最终提高风险资本的回报。

(四)投资退出

风险投资公司对高科技企业进行投资并参与管理的根本目的和动机不是为了谋求对企业的控股和经营,而是为了获取高额投资回报。当高科技企业从高成长阶段开始步入稳定成熟期后,风险投资家就应当考虑从高科技企业中退出。

风险投资的退出方式主要有公开上市(IPO)、股权协议转让(并购)、回购和破产清算等四种方式。各种退出方式的具体优缺点如表 10-1 所示。

表 10-1　风险投资的退出方式

退出方式	优　点	缺　点
公开上市(IPO)	高收益,有利于企业再融资	费用高、程序复杂、风险大、耗时长
股权协议转让(并购)	方便快捷、费用低	收益低、不易找到接盘人
回购	保证本金,不会大幅损失	很难对管理层起到激励作用
破产清算	通过清算收回剩余资产	

一般来说,当风险企业处于高成长阶段时,企业规模仍然较小,财务状况也不稳定,通常不能达到上市要求。当企业步入成熟稳定期后,企业规模已扩张到一定程度,这个时期企业可以考虑采用通过 IPO 的方式来进一步筹集企业发展所需要的资金,同时风险资本也达到退出风险企业的目的。协议转让是指风险投资者将股份出售给第三方,又称为"二次出售"。当然,如

果是被其他企业兼并或收购(M&A)和企业管理层收购(MBO)也统称为股权转让。风投机构还可以在和被投资的创业企业在投资合同中约定回购条款,在企业没有达到上市条件或者出现了投资合同的规定,触发回购事项,由企业或者其他创业股东按约定条件回购。公司破产清算当然是风险资本投入者最不愿看见的一种结果,只有当风险投资失败,风险资本需要用于下一个循环,风险投资者不得已才会使用这种方式收回部分投资。

综上,完整的投资风险系统包括供给系统、组织系统、需求系统和退出系统(见图10-1)。

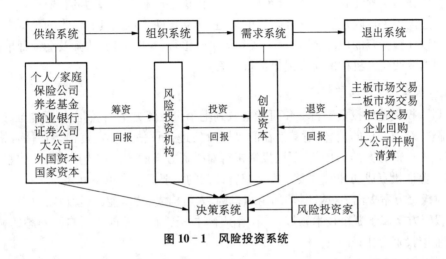

图 10-1 风险投资系统

三、投资银行在风险投资中的作用

一般来说,投资银行的主要职能是对在证券交易所上市的证券进行包销买卖或投资。对于那些构想期的风险企业而言,它们因为具有较大的风险,不符合上市的条件。但是,它们同样需要资金来发展,把科技成果转化为生产力。于是,提供风险资本的外部投资者便应运而生。在这样的背景下,投资银行也逐步开始涉足风险投资领域,它既可以作为风险资本投资者对风险企业进行投资,也可以通过设立单独的风险投资公司或设立管理风险投资基金参与风险企业的融资和管理。风险投资业的兴起与繁荣,为投资银行介入风险投资提供了前所未有的业务机会,把业务触角伸向风险投资领域,开展以直接投资为代表的资本业务已成为投资银行未来发展的趋势。

首先,现代投资银行大多资本实力雄厚,拥有全球性的庞大组织,具有强大的项目搜寻能力。其次,投资银行通过证券咨询业务、资本中介业务、财务顾问业务等传统业务积累了专业的产业知识、项目撮合、评估及管理技能,在风险投资成败中扮演关键角色的人力资本上积累深厚。投资银行的人力资源是参与风险投资的重要优势。国际一流的投资银行花费巨资吸引各行业的优秀人才,并进行培养和奖励。这些人员具有不同的文化教育背景和技术专长,熟悉国际金融规则和操作方式,能够时刻跟踪各国宏观经济与商业技术领域,有效地实施数额巨大的金融交易。通过丰富的人才优势,投资银行在风险企业的财务管理、收购兼并等方面显现出卓尔不群的实力。

在参与风险投资的运作中,虽然投资银行具备上述优势,但是出于风险性、收益性与安全性的综合考虑,投资银行的决策比起一般风险投资过程要更为谨慎和明确。

（一）严格选择投资对象

1. 收集投资方案

投资银行在筹集到用于风险投资的资金后,最重要的工作就是决定选择哪一个项目进行投资。投资方案的取得一般有五个来源:

(1) 风险企业毛遂自荐;

(2) 投资银行选择专长的产业,并组成一个团体探寻产业中有潜力的企业;

(3) 通过国内外风险投资者交互投资的渠道,建立长期稳定且具有潜力的投资方案来源;

(4) 由以往被投资的风险企业、个人或其他投资银行、金融机构、律师及会计师推荐;

(5) 根据专业研究机构的研究成果进行决策。

2. 评判风险授资企业的标准

从事风险投资业的投资银行一年可能会收到上千份投资方案,它们必须反复推敲,深入调查,严格筛选,获取必要的信息,对其潜在的投资价值进行评估。被投资银行评估合格出资支持的方案仅占全部方案的0.1%。所以投资银行对投资方案的选择相当严格,因为挑选高质量的企业对于保证投资成功非常重要。投资银行评判的主要标准有以下几条:

(1) 对投资方案提出人(或团体)的组织机构、人员构成、技术能力、管理能力进行考察;

(2) 投资方案属于哪个技术领域,一般情况下,投资银行更偏向于对自己熟悉的科技领域与风险企业家投资合作;

(3) 风险创业者的人格特质;

(4) 项目的技术可行性与市场预测;

(5) 企业的财务状况等。

3. 筛选项目

投资银行进行项目的筛选大约分为三个阶段:

第一阶段,筛选是根据投资银行最基本的投资条件、投资领域做出抉择。这一阶段的选择既粗放又挑剔,粗放是因为对于不符合基本要求的申请一律放弃,连细节也不再过问;挑剔则因为对小节,如填表格式、书写顺序等一丝不苟。从事风险投资的投资银行大多实现了投资领域的专业化,如有的专长于计算机软件,有些则倾向于生物工程等。不在其投资范围内的申请方案一般予以驳回。这一阶段的淘汰率约90%。

第二阶段,审查企业规划中的主要假设条件。一般又有一半被筛选掉。

第三阶段,要进行一系列严格的一丝不苟的审查。这种审查认真仔细,囊括企业资金申请方案的全部细节,如与企业管理人员电话会谈或面谈,调查市场状况、材料来源、信誉状况,咨询律师、会计师、资产评估师和其他专职人员。这一段时间最长,工作细,是做出投资选择的关键阶段。这一阶段又叫"审慎调查"或"充分的审慎"。经过第三阶段筛选后,投资银行选定投资对象,即风险企业。

（二）提供风险资市

经过方案的筛选评估,确定投资方案以后,投资银行就要组织投资,在投资前先要确定投资结构,即确定投资的类型和数量。投资银行为风险企业投入的权益资本一般占资本总额的1/3,即投资银行拥有投资对象全部股份的30%以上。在投资方案和投资结构均确定以后,投资银行就要与被选中的投资方案的代表商议并讨论投资协议的具体条款,这些条款会影响投资银行对风险企业经营的干预能力。协议书的主要内容有:

(1) 被投资企业最终产品的基本指标及未来发展;

(2) 风险资本投入者取得投资权益的方式和保证条款;

(3) 风险资本投入者参与风险企业经营管理的程序和具体范围;

(4) 企业股权转让或出售的控制、企业股票上市、股权转移的时机、方式等;

(5) 双方违约的处理方式;

(6) 其他双方认为需要写入协议的条款。

在投资协议的商议中,财务结构和治理结构的确定是一个关键因素。首先,财务方面的核心问题是风险资本投资者所占的股权份额。股权份额的确定通常采用现金流量折现法,即计算出企业在未来某个时点的价值,并按照一定的回报率确定原先企业所有者的权益。企业价值一般是企业的税后利润或现金流量乘以某个乘数。回报率因投资类型的不同而不同,早期风险企业的回报率为15%,而较为成熟企业的回报率为25%左右。其次,公司治理结构的问题有两个,即企业管理层的激励和投资银行对企业的控制程度,特别是在企业经营发生困难的时候。投资者和风险企业管理人员的信息不对称会产生潜在的"道德风险",即管理层以投资者受损为代价谋求自己的利益。这就需要投资银行通过一系列机制协调管理层和投资者之间的关系。这些机制可以分为两大类:第一类是对经营业绩的激励,包括给予管理层一定的股份,确定投资者股权的性质,以及管理层的雇佣合同等;第二类是对企业的直接控制,包括在董事会中的席位,表决权的分配和控制追加融资等。

（三）参与企业管理

投资银行投入企业的虽然是权益资本,但是它们真正的目的并不是为了获取企业的所有权。所有的风险投资家进行风险投资的目的都是要企业获得增长和收益。为了在风险资本退出时获取高额回报,为了保证投入资金的安全性,投资银行并非简单地将资金投入风险企业中,它们在加强监控风险企业投资的同时,也积极地参与企业的管理。通过在董事会的席位和其他非正式的渠道,投资银行控制并扶持风险企业的发展。

参与董事会的活动是投资银行加强对风险企业控制的一个重要方面。投资银行在向风险企业投入资金的同时,也将自己的人员或代表安排到公司董事会中。它们不仅参加董事会的日常工作,而且始终尽心尽力。它们对董事会的参与一方面加强了对该公司的直接控制,另一方面也及时地掌握企业的情报、动态、趋势。

在完成投资以后,投资银行不仅要监控企业,还要向企业提供一系列咨询顾问服务以及参加企业各级决策。通过向企业管理层提供帮助,使企业"增值"是投资银行所派董事区别于其他外部董事的主要方面。在监控和管理企业方面,投资银行帮助风险企业设计高级管理人员的收入结构,必要时撤换管理人并安排外部融资,解决经营中出现的问题,以及制定公司的长期发展战略。这对于新兴的高新技术企业至关重要,因为这些企业虽然技术尖端,但领导班子往往不健全,这时投资银行的介入是他们成功的关键。

（四）设计成功的退出机制

可行的退出机制是风险资本成功退出的关键。因为风险资本的根本目的和动机,就是为了获得高额投资回报。没有高回报的吸引和诱惑,风险资本市场就无从发展。无论是以何种形式成立的风险资本,只有通过合适的退出渠道,以现金或可流通的证券作为回报收回投资,才可能实现资本的增值。对于投资银行而言也不例外。

1. 公开上市

公开上市通常能实现企业价值的最大化,同时企业又有了不断筹集资金的渠道,是一种优先考虑的退出方式。在美国风险投资业的发展过程中,IPO曾经是最常采用的方式之一,不但股票公开发行是资本市场对企业以往经营业绩的一种承认,可以起到一定程度的"示范效应",而且由于这种方式保持了企业的独立性,也受到企业管理层的欢迎。

2. 股权转让

风险企业成绩平平,甚至经营失败的事例也不少。对于这些经营不好的风险性企业,投资银行一般采取促使并帮助其相互合并、股权收购等方式以改善企业财务状况,获得重新发展的机会。对于此类上市希望不大的风险企业,风投机构常常会寻找愿意接收的下家,尽早收回投资的本金,防止出现大的亏损。另一种股权转让的渠道是MBO,即风险企业管理层回购风险投资者的股权。MBO通常事先签订强制性的回购条款和确定股权价值的计算方法。对于投资银行在风险企业的少数股权而言,事先签订回购条款是必要的。但是对大部分投资银行而言,回购通常只是一种候补性质的退出方式,并在投资不成功时才采用。

3. 并购

随着发达国家第五次兼并浪潮的开始,股权出售的方式越来越得到风险资本家的青睐。尤其是被其他企业兼并和收购的M&A方式,由于费用低廉,执行过程简单,风险资本能够在较短时间回收,近年来在数量上逐年增多。对于产能过剩的行业来说,整合并购、产业结构优化升级是必经之路。由于IPO渠道不畅、行业整合逐步加速以及国内经济的进一步发展,预计未来几年并购将迎来热潮,风投通过并购热潮退出的案例会越来越多。

4. 清算退出

在经营失败和兼并收购也无法退出的情况下,需要对风险企业进行破产清算,风险投资公司按比例分得剩余收益。但是,企业清算通常导致项目投资收益率为负,而且法律程序烦琐。据统计,美国的风险投资项目大约有20%~30%是完全失败的,有60%遭遇不同程度的挫折,只有5%~10%的项目是成功的。失败的项目以及部分受到挫折的项目只能以公司清算的方式退出风险投资。目前,以清算方式退出的风险投资大约占创业投资总额的32%,而收回的资金大约只占原始投入的64%。在投资失败时及时通过公司清算的方式回收投资,可以将损失尽可能地减少。公司清算的意义在于:避免风险投资对没有前途的项目投入过大,届时将更多的资本变成坏账呆账,过多损耗资本;同时,也只有通过大量痛苦的清算退出,风险投资基金才能在众多的高风险项目中积累宝贵的经验教训,寻求真正的市场机会。

四、我国风险投资基金的发展

1997年11月,国务院证券委颁布了《证券投资基金管理暂行办法》。它对于培养风险投资人,尤其是为风险投资筹集资金来源的多元化渠道提供了依据。风险投资基金作为基金,同其他投资基金并无两样。其主要不同之处在于:一是其投资的对象为高风险的高科技创新企业,失败率较高,一般在60%~80%,而成功率只有5%~20%,因此这就要求基金的规模足够大,使得风险投资基金能同时投资于多个风险项目,从而通过其中的一个或几个项目的成功来弥补在其他风险项目上的损失并获取收益;二是基金常采取与其他风险投资公司联合投资的方法,以分散风险;三是基金在决策上经常当机立断,敢于取舍。

在风险企业从无到有、从小到大的发展过程中,风险投资基金不仅为其提供资金,而且对其公司治理结构的影响甚大。风险投资基金的治理方式有如下几种。

(一)通过金融契约对风险企业进行监管

在风险企业的董事会中,风险投资基金会要求更多的决策权,并同企业制定相应的监管契约,这使得风险投资基金不仅仅是一个传统意义上的投资者,它更是一个想要而且能够为企业经营发展出谋划策的股东。然而,企业的契约监督也不是十全十美的,原因就在于契约的不完备性。

(二)通过分阶段投资对风险企业进行监管

风险投资的轮数与风险企业生命周期密切相关。当投资项目的净现值为负的时候,分阶段投资使得风险投资基金保留了放弃投资的权力,同时也激励了企业家更加努力地工作。这实际上使得风险投资基金获得了一个有价期权。

(三)通过董事会对风险企业进行监管

在此种形式的监管中,风险投资基金与普通机构投资者有所不同。大多数机构投资者在董事会中没有席位,他们所关心的只是董事会的组成结构、CEO 与管理人员之间的工作关系及其维护董事会的独立性。风险投资基金则不同,它更偏向于作为董事会里的一个重要股东。

(四)通过与管理者的密切联系对风险企业实行监管

风险投资基金除了参与股东大会,每年还要花一部分时间与风险企业的管理层接触交流。尤其是在企业的成长期,风险投资基金要花大量的时间雇用和挑选管理团队、改良企业资本结构和制订商业计划,因为处于成长期企业的经营管理水平相对于技术来说十分匮乏。

综合案例 10-1

阿里巴巴的商业发展

1999 年,马云决定在杭州创办一家可以为全世界中小企业服务的电子商务站点,于是便开启了他和他的创业团队的一次轰轰烈烈的创业之旅。

阿里巴巴诞生于马云位于杭州湖畔花园的家里,依靠着创业团队初始集资的 50 万元建立起了阿里巴巴网站。因为美国的《商业周刊》和英文版的《南华早报》最早主动报道了马云和他的阿里巴巴,令这个默默无闻的小网站开始在国外有了一定的名气。可这时公司却遇到了发展中的瓶颈期:公司没有钱了。后来由于财务官蔡崇信的关系他得到了一笔 500 万美元的"天使基金",这才让马云喘了一口气。更令马云意想不到的是,日本软银总裁孙正义注意到了他和阿里巴巴。在 1999 年的秋天,孙正义约见了马云并向阿里巴巴投资了 2 000 万美元。2004 年 2 月 17 日,阿里巴巴再获 8 200 万美元的巨额战略投资。2005 年 8 月,雅虎、软银再向阿里巴巴投资数亿美元。

2007 年 11 月 6 日,全球最大的 B2B 公司阿里巴巴在中国香港联交所正式挂牌上市,开始登上全球资本市场的舞台。随后阿里巴巴以280亿美元的市值超过百度、腾讯,成为中国市值最大的互联网公司。

作为阿里巴巴集团的两大股东,雅虎和软银在阿里巴巴上市当天就在账面上获得了巨额回报。阿里巴巴招股说明书上显示,软银持有阿里巴巴集团29.3%的股份,而在行使完超额配售权之后,阿里巴巴集团还拥有阿里巴巴公司72.8%的控股权。由此推算,软银间接持有阿里巴巴21.33%的股份。到收盘时,阿里巴巴股价达到39.5港元。软银间接持有的阿里巴巴股权价值55.45亿美元。再加上2005年雅虎入股时曾套现1.8亿美元,软银投资阿里巴巴的回报率已高达71倍。

然而一些风险投资商却错过了最好的投资回报期。从阿里巴巴集团的第三轮融资开始,早期的一些风险投资商已经开始陆续套现。1999年阿里巴巴创办之初的天使投资高盛集团因战略调整,退出了中国风险投资市场。此后包括富达等在内的风险投资商陆续套现。到阿里巴巴上市之前,只有软银一家风险投资商还一直在阿里巴巴的股份中占据主要地位,其他风险投资商已经全部退出。因此,软银成为对阿里巴巴风险投资的最大赢家。

第二节 项目融资

一、项目融资的内涵及其特征

(一)项目融资的内涵

项目融资(Project Financing)是近些年兴起的一种融资手段,是一种以项目未来的现金流量和项目本身的资产价值为偿还债务的担保条件,以银行贷款为主要资金来源,以对项目发起人无追索权或只有有限追索权为特征的特殊融资方式。

(二)项目融资的特征

(1)参与主体多元性,一般至少有项目发起人、项目主体和贷款方参加。

(2)资金提供方主要依靠项目自身的资产和未来现金流量作为资金偿还的保证。

(3)项目融资是一种无追索权或有限追索权的融资方式,即如果将来项目无力偿还借贷资金,债权人只能获得项目本身的收入与资产,而对项目发起人的其他资产无权染指。

(三)项目融资同其他融资的差别

1. 有限追索或无追索

在其他融资方式中,投资者向金融机构的贷款尽管是用于项目,但是债务人是投资者而不是项目,整个投资者的资产都可能用于提供担保或偿还债务;也就是说债权人对债务有完全的追索权,即使项目失败也必须由投资者还贷,因而贷款的风险对金融机构来讲相对较小。

在项目融资中,投资者只承担有限的债务责任,贷款银行一般在贷款的某个特定阶段(如项目的建设期)或特定范围可以对投资者实行追索,而一旦项目达到完工标准,贷款将变成无追索。

2. 融资风险分散，担保结构复杂

由于项目融资资金需求量大，风险高，所以往往由多家金融机构参与提供资金，并通过书面协议明确各贷款银行承担风险的程度，一般还会形成结构严谨而复杂的担保体系。

3. 融资比例大，融资成本高

项目融资主要考虑项目未来能否产生足够的现金流量偿还贷款以及项目自身风险等因素，对投资者投入的权益资本金数量没有太多要求，因此绝大部分资金是依靠银行贷款来筹集的，在某些项目中甚至可以做到 100％的融资。

由于项目融资风险高，融资结构、担保体系复杂，参与方较多，因此前期需要做大量协议签署、风险分担、咨询顾问的工作，需要发生各种融资顾问费、成本费、承诺费、律师费等。另外，由于风险的因素，项目融资的利息一般也要高出同等条件抵押贷款的利息，这些都导致项目融资同其他融资方式相比融资成本较高。

4. 实现资产负债表外融资

项目的债务不表现在投资者公司的资产负债表中，而是在表外业务中。资产负债表外融资对于项目投资者的价值在于使某些财力有限的公司能够从事更多的投资，特别是一个公司在从事超过自身资产规模的投资时，这种融资方式的价值就会充分体现出来。

二、项目融资模式

（一）BOT 模式

BOT 模式是指国内外投资人或财团作为项目发起人，从某个国家的地方政府获得基础设施项目的建设和运营特许权，然后组建项目公司，负责项目建设的融资、设计、建造和运营。BOT 融资方式是私营企业参与基础设施建设，向社会提供公共服务的一种方式。BOT 方式在不同的国家有不同称谓，我国一般称其为"特许权"。以 BOT 方式融资的优越性主要有以下几个方面：首先，减少项目对政府财政预算的影响，使政府能在自有资金不足的情况下，仍能上马一些基建项目。政府可以集中资源，对那些不被投资者看好但又对地方政府有重大战略意义的项目进行投资。BOT 融资不构成政府外债，可以提高政府的信用，政府也不必为偿还债务而苦恼。其次，把私营企业中的效率引入公用项目，可以极大提高项目建设质量并加快项目建设进度。同时，政府将全部项目风险转移给了私营发起人。第三，吸引外国投资并引进国外的先进技术和管理方法，对地方的经济发展会产生积极的影响。BOT 投资方式主要用于建设收费公路、发电厂、铁路、废水处理设施和城市地铁等基础设施项目。

BOT 很重要，除了上述的普通模式，BOT 还有 20 多种演化模式，比较常见的有 BOO（建设—经营—拥有）、BT（建设—转让）、TOT（转让—经营—转让）、BOOT（建设—经营—拥有—转让）、BLT（建设—租赁—转让）、BTO（建设—转让—经营）等。

（二）TOT 融资

TOT（Transfer-Operate-Transfer）是"移交—经营—移交"的简称，指政府与投资者签订特许经营协议后，把已经投产运行的可收益公共设施项目移交给民间投资者经营，凭借该设施在未来若干年内的收益，一次性地从投资者手中融得一笔资金，用于建设新的基础设施项目；特许经营期满后，投资者再把该设施无偿移交给政府管理。

TOT 方式与 BOT 方式是有明显的区别的,它不需要直接由投资者投资建设基础设施,因此避开了基础设施建设过程中产生的大量风险和矛盾,比较容易使政府与投资者达成一致。TOT 方式主要适用于交通基础设施的建设。

国外出现一种将 TOT 与 BOT 项目融资模式结合起来但以 BOT 为主的融资模式,叫作 TBT。在 TBT 模式中,TOT 的实施是辅助性的,采用它主要是为了促成 BOT。TBT 有两种方式:一是公营机构通过 TOT 方式有偿转让已建设施的经营权,融得资金后将这笔资金入股 BOT 项目公司,参与新建 BOT 项目的建设与经营,直至最后收回经营权。二是无偿转让,即公营机构将已建设施的经营权以 TOT 方式无偿转让给投资者,但条件是与 BOT 项目公司按一个递增的比例分享拟建项目建成后的经营收益。两种模式中,前一种比较少见。

长期以来,我国交通基础设施的发展严重滞后于国民经济的发展,资金短缺与投资需求的矛盾十分突出,TOT 方式为缓解我国交通基础设施建设资金供需矛盾找到一条现实出路,可以加快交通基础设施的建设和发展。

(三) PPP 融资模式

PFI 模式和 PPP 模式是近几年国外发展得很快的两种民资介入公共投资领域的模式,虽然在我国尚处于起步阶段,但是具有很好的借鉴作用,也是我国公共投资领域投融资体制改革的一个发展方向。

PPP(Public Private Partnership),即公共部门与私人企业合作模式,是公共基础设施的一种项目融资模式。在该模式下,鼓励私人企业与政府进行合作,参与公共基础设施的建设。

PPP 中文意思是:公共、民营、伙伴;其模式的构架是:从公共事业的需求出发,利用民营资源的产业化优势,通过政府与民营企业双方合作,共同开发、投资建设,并维护运营公共事业的合作模式,即政府与民营经济在公共领域的合作伙伴关系。通过这种合作形式,合作各方可以达到与预期单独行动相比更为有利的结果。合作各方参与某个项目时,政府并不是把项目的责任全部转移给私人企业,而是由参与合作的各方共同承担责任和融资风险。这是一项世界性课题,已被国家计委、科技部、联合国开发计划署三方会议正式批准纳入正在执行的我国地方 21 世纪议程能力建设项目。

(四) PFI 融资模式

PFI 的根本在于政府从私人处购买服务,目前这种方式多用于社会福利性质的建设项目,不难看出这种方式多被那些硬件基础设施相对已经较为完善的发达国家采用。比较而言,发展中国家由于经济水平的限制,将更多的资源投入能直接或间接产生经济效益的地方,而这些基础设施在国民生产中的重要性很难使政府放弃其最终所有权。

PFI 项目在发达国家的应用领域总是有一定的侧重,以日本和英国为例,从数量上看,日本的侧重领域由高到低为社会福利、环境保护和基础设施,英国则为社会福利、基础设施和环境保护;从资金投入上看,日本在基础设施、社会福利、环境保护三个领域仅占英国的 7%、52% 和 1%,可见其规模与英国相比要小得多。当前在英国 PFI 项目非常多样,最大型的项目来自国防部,如空对空加油罐计划、军事飞行培训计划、机场服务支持等。更多的典型项目是相对小额的设施建设,如教育或民用建筑物、警察局、医院能源管理或公路照明,较大一点的包括公路、监狱和医院用楼等。

（五）ABS 融资模式

ABS 融资模式即资产收益证券化融资（Asset-backed Securitization）。它是以项目资产可以带来的预期收益为保证，通过一套提高信用等级计划在资本市场发行债券来募集资金的一种项目融资方式。具体运作过程是：① 组建一个特别目标公司。② 目标公司选择能进行资产证券化融资的对象。③ 以合同、协议等方式将政府项目未来现金收入的权利转让给目标公司。④ 目标公司直接在资本市场发行债券募集资金或者由目标公司信用担保，由其他机构组织发行，并将募集到的资金用于项目建设。⑤ 目标公司通过项目资产的现金流入清偿债券本息。

很多国家和地区将 ABS 融资方式重点用于交通运输部门的铁路、公路、港口、机场、桥梁、隧道建设项目，能源部门的电力、煤气、天然气基本设施建设项目，公共事业部门的医疗卫生、供水、供电和电信网络等公共设施建设项目，并取得了很好的效果。

三、投资银行在项目融资中的作用

项目融资是指对需要大规模资金的项目所安排的融资。投资银行在项目融资中起着关键的作用，主要表现在：

（1）为政府投资建设项目提供灵活多样的融资，满足政府在基金安排方面的特殊需要。各国对政府预算的规模以及政府借债的种类和数量都有严格的规定，这些规定限制了政府在金融市场上借贷的能力。假设政府求助于充当融资顾问职能的投资银行，通过设计适当的融资方案，灵活地处理债务对政府预算或者借债的限制或影响，就可以使一些经济效益较好的基础设施、能源、交通项目比较便利地筹得建设资金。

（2）为超过项目投资者自身投资能力的大型项目提供融资。项目投资者通过项目的投资活动和经营活动获得投资利益和其他收益。通常情况下，大型项目上亿元的投资远远超出了投资者自身的投资实力。由于投资银行的介入，项目投资者仅仅提供部分股本资金，或提供某种形式的信用支持，通过有限追索贷款方式，就可方便地筹集到大量建设资金。当然，项目投资者到底需要承担多大的责任和义务，需要提供什么性质的担保以及金额、时间等，需视项目的经济强度和贷款银行的要求，通过投资银行的游说、协商谈判等加以确定。

（3）为贷款银行寻找合适的贷款对象，最大限度地保证贷款资金的安全。投资银行凭借其拥有的人才、技术、资金等优势，解决单个贷款银行的项目融资问题，可以组织几家商业银行为项目提供贷款，也可以几十家金融机构所组成的集团贷款方式进行项目融资，减少和分散每一家在项目中的风险。

（4）对项目风险的评估防范提供准确的报告，以帮助贷款银行和项目投资者科学地回避风险。对各种类型项目风险的分析评价，是投资银行为项目提供融资服务的重要内容。西方一些擅长项目融资的投资银行，如美国的摩根士丹利、银行家信托公司等都具有自身特色的项目风险评估模型系统，为项目现金流量模型分析的实用性、综合性和有效性提供了简捷快速的计算手段。

第三节　资产管理

一、资产管理业务的内涵及类别

（一）投资银行资产管理业务的内涵

近几年来，中国资本市场中的资产管理业务（Asset Management）风生水起，发展迅速。无论是证券公司、期货公司还是基金管理公司，几乎都在大力发展资产管理业务，因此有必要了解和掌握投资银行的资产管理业务。

投资银行的资产管理业务，是指投资银行作为资产管理人，依照相关法律法规接受客户合法资产的委托，与客户签订资产管理合同，根据合同约定的方式、条件以及要求，在证券市场上对委托资产进行经营管理，以实现资产的保值增值的一项金融服务，体现了资产所有者和投资银行之间的委托—代理关系。

投资银行发展资产管理业务，一方面是其经历证券承销代理和自营业务的蓬勃发展后进一步拓展业务渠道并增强盈利能力的需要；另一方面，这也是证券市场发展到一定阶段后，专业分化以及投资者广泛参与的必然结果。随着金融市场的逐步成熟、客户要求的提升和市场上同质化竞争的不断加剧，传统服务已经不能满足投资银行的发展需求，利润也在降低。因此，为拓宽业务渠道、增强盈利能力，寻求创新将是不二的选择。而当今市场上，普通的投资者并不具备专业的投资理财相关知识，寻求专业的投资机构助其理财成为一条优选路径。而投资银行由于自身的优势，成了资产管理业务的核心金融机构。

受人之托，代人理财——资产管理业务中体现的是一种委托—代理关系。于投资者而言，资产管理业务提供了一个专业的投资渠道；于投资银行而言，它提供了委托佣金。资产管理的主要对象一般是货币、证券等金融资产，但其范围也可延伸到非金融性的实物资产。从理论上来讲，资产管理可以涵盖一切形式的资产，包括现金资产、证券资产、股权资产、债权资产和实物资产等。

在成熟的证券市场上，资产管理业务已经成为投资银行的一项核心业务，因其庞大的市场规模、带动相关业务发展的能力而受到投资银行的高度重视。但在我国证券市场上，资产管理业务还是一项比较新的业务。虽然在我国投资银行已在资产管理业务领域开始展开，资产管理的规模也日益增加，但是，无论是制度上对资产管理的法律法规构建，还是投资银行对资产管理业务的重视程度和把握能力，都还有待大力提高。

（二）资产管理的基本类型和品种创新

根据收益方式的不同，资产管理业务可以分为完全代理型资产管理和风险共担型资产管理。

1. 完全代理型资产管理

这是指委托资产管理人（受托人）只负责对委托资产的管理与运作而不对委托人资产的收益做出保证。委托资产的收益与损失完全由委托人承担，受托人在向委托人收取管理费用的前提下，再根据委托资产的经营业绩提取适当的业绩回报。

2. 风险共担型资产管理

这是指委托资产管理人根据证券市场的平均收益率并且结合自身的资产管理水平和风险承受能力对委托人资产的年收益率做出适当的许诺。管理人运用委托资产投资产生超出保证收益率部分的收益将由受托人单独享有或与委托人共同分享。

二、资产管理业务的运营管理

（一）资产管理业务的组织模式

投资银行开展资产管理业务有两种模式可以选择：一种是由投资银行设立资产管理部门独立开展资产管理业务；另一种是由投资银行组建资产管理子公司，开展资产管理业务。在本书中，我们所说的投资银行资产管理业务主要是指第一种。在我国，证券公司也大多选择第一种模式来开展资产管理业务。资产管理部门的主要职责是负责客户资产委托管理业务，设计资产管理计划并进行推广发行及经营操作。此外，他们还需要客户提供投资咨询服务。

根据工作性质和任务的不同，资产管理部门组织机构一般包括投资部、客户部、研究综合管理部。在投资决策中，采取逐级授权制，资产管理部在公司分管领导的主管下，统一行使委托资产管理职能，资产管理部经理在其授权的范围内决定投资方式和投资规模，同时向下属进行必要的授权，而重大投资决策由证券公司的投资决策委员会集体决定。投资部负责投资工作，包括对投资品种和市场进行基础性研究、投资产品的开发与确定、制订和实施投资项目并对之进行实时监控。投资部下设若干个投资经理，在部门总经理的领导下全权负责投资管理部某项业务的开展。遇有重大投资决策时，应由各个投资经理、部门总经理等组成的联席会议集体决定，必要时交由公司投资决策委员会决定。每一位投资经理领导一个投资小组，具体负责一个或者多个投资品种的研究和操作。小组内的其他成员由投资经理直接领导，负责协助投资经理进行研究和投资工作。

客户部是市场营销的管理部门，其工作包括建立和管理营销网络、推介业务品种、投资咨询顾问和资产委托管理协议的签署、客户资产台账管理以及整合内部资源，向客户提供全面的服务。部门经理在资产管理总部的领导下全权负责市场开发和对机构客户的业务开展。

研究部负责进行证券池的构建，对证券池中的证券品种进行跟踪研究，以及提交投资策略、行业及个股研究报告，并负责理财产品、营销模式与流程的设计。

综合部负责部门的行政、统计和公司内部其他部门的组织协调工作。部门内设结算、统计、文秘、信息服务等岗位。

（二）资产管理业务的管理体系

国际主流投资银行都在组织架构上将资产管理业务独立开来，实现资产管理业务风险与其他业务风险有效分开，避免了风险的传导和扩散效应。而国内的资产管理子公司的设立浪潮也成为热点，东方证券的资产管理子公司已在 2010 年 7 月底成立。

从资产管理业务的角度考虑，是否设立独立的子公司，决策的首要问题是成本问题。据测算，若资产管理业务要独立核算，其管理规模起码要达到 100 亿元以上，子公司才能赚 1 亿元，勉强能够实现保本。如果这项测算结果符合现实情况，那么资产管理子公司的设立，不仅很难在资产管理行业造成结构性的变化，而且相应的证券公司也将是少数。从证券公司的角度考虑，是否设立独立的子公司，是资产管理业务模块是否具备明晰的盈利模式的问题。借鉴国外的情况来看,资产管理的主要业务模式在国内均不具备开展条件,进行资产管理产品设计则受到监管机构的制约。从国内的现实看,资产管理行业内规模与业绩是两大基石,而证券公司资产管理的规模尚小,业绩优势不足。再加上业务本身对母体的严重依赖,以上情况均显示证券公司资产管理现有的盈利状况无法实现独立运营。从资产管理行业的角度考虑,目前证券公司在与基金竞争时存在明显的制度约束,这使得美好的行业发展前景与业务发展现实严重背离。比如,增加产品类型、降低产品门槛、减少产品限制等问题均有赖于证监会机构部推动,这不是证券公司自身能够决定的制度现状。在此情况下,证券公司资产管理的行业地位难以获得跃升,证券公司资产管理业务未来盈利模式也将受到显著制约。

(三)资产管理业务的操作步骤

1. 审查申请

作为投资银行资产管理业务的第一个环节,投资银行在这一环节中要对客户的资格进行审查,要求客户提供相应的文件,并结合有关的法律限制决定是否接受其委托。委托人可以是自然人,也可以是机构。个人委托人应具有完全的民事行为能力,机构委托人必须合法设立并有效存续,对其所委托的资产具有合法所有权,一般还必须达到受托人要求的一定数额。

2. 签订协议

经审查资格合格后,投资银行将与客户签订资产委托管理协议。双方协议中将对委托资金的数额、委托期限、收益分配、双方权利义务等做出具体规定。

3. 管理运作

在客户资金到位后,投资银行便依照协议开始运作。通常,投资银行都通过建立专门的附属机构来管理投资者委托的资产。投资银行在资产管理过程中,应该做到专户管理、单独核算,不得挪用客户资金,不得骗取客户收益。同时,投资银行还应该遵守法律法规,防范投资风险。

4. 返还本金及收益

委托期满后,按照资产委托管理协议条例,在扣除受托人应得的管理费和报酬后,将本金和收益返还给委托人。假若在委托期内由于资产管理人的身体等状况发生了重大变化,无法继续履行契约规定的应尽义务时,从保护委托人利益的角度出发,委托人有权利要求更换管理人。原则上新的资产管理人应该无条件地承担原管理人的义务,将委托理财契约执行到底。一般来说,导致契约条款修改的主要原因是国家政策和市场环境发生重大变化使得部分契约条款无法执行。当出现以下情况之一时,资产委托人从保护自身利益的角度出发可以与资产管理人提前解除委托管理关系:

(1)委托资产出现严重亏损(具体比例由双方协商确定);

(2)资产管理人出现解散、依法被撤销、破产等不可抗力情况;

(3)管理人被证券监管部门撤销委托理财业务资格;

(4)管理人严重违反资产管理契约。

(四)资产管理业务的风险控制

一般来说,投资银行的资产管理业务中存在的风险主要有法律风险、市场风险、信用风险、道德风险、投资风险、管理风险以及不可抗力风险等。下面就几种重要的风险的防范与控制做出解释。

1. 法律风险

资产管理业务的法律风险是指在业务的开展过程中,由于合同内容不符合有关法律法规或必要条款缺失所引起的董事责任、行政责任乃至刑事责任。在投资银行的资产管理业务中,有效的控制及管理可以防止法律风险的发生。重要的风险有两种:

一是委托人主体资格及委托资金性质的风险。根据有关法律法规规定,证券公司受托业务委托人应为非银行企业法人、社团法人和自然人,并规定不得接受下列委托人的委托:① 未经法定监护人代理或允许的未成年人;② 被宣告破产而未复权的企业;③ 被宣告全部或者部分资产冻结的企业;④ 不能提供该法人或机构出具的授权证明的法人或其他机构;⑤ 法律法规禁止将其资产投入证券市场的企业法人或机构。

二是合同风险。① 签订受托业务合同应严格按照公司合同签订流程办理;② 合同内容应符合国家有关法律法规的规定;③ 合同必要条款必须齐全并经公司法律顾问审定;④ 合同双方应由法人或其授权代表签字。合同中有关收益的问题,中国证监会明确规定不得向客户承诺收益。控制原则是当规范与规模发生矛盾时应舍弃后者。

2. 市场风险

市场风险是指由于市场波动而引发的风险,主要是指资产管理机构在进行投资或资产运营过程中面临的金融市场风险以及由此带来的公司财务风险。市场风险由系统性风险和非系统性风险两部分组成。由于不同的证券品种之间的风险因素各不相同,通过组建投资组合可以有效降低非系统性风险。从理论上来讲,当投资组合就是证券市场组合时,该投资组合即可以完全化解投资的非系统性风险。因此,以投资多元化的方式来消除非系统性风险是必不可少的。同时,投资比例管理也是控制市场风险的有效手段,以避免集中投资的风险,又防止资产管理机构控制上市公司。同时投资比例的限制有助于稳定市场,防范资产管理机构大规模买卖单一股票致使股份产生过度波动,甚至进行不当操纵。

在资产管理业务的市场风险控制中事先防范和事中监控固然重要,但是并不能从根本上避免市场风险的发生,因而建立一个有效的风险补偿机制便有着十分重要的意义。因此,在开展资产管理业务的同时,应从每年的税后利润或资产管理业务收入中提取适当的资产管理风险准备金,以应对意外风险的发生。

3. 信用风险

信用风险是指资产管理人自有资产与其受托资产之间的比例以及由与此相关的信用交易而引发的风险。通常状况下,证券公司能够获得客户的委托主要依赖于两种资源:① 投资经理人的业务能力及其在业内的声誉;② 公司自有资本金实力。前者是无形资产,后者是有形资产,这两种资产共同承担了投资管理人的信用基础。由于许多资产管理人在委托合同中向委托人承诺承担投资亏损的风险,其风险相当于以自有资本作为保证金的信用交易。一旦市场发生系统性风险,或管理人投资决策失误,运营风险兑现很有可能导致资产管理人的信用危机并由此引发金融债务链条的断裂。

防范信用风险最根本的措施在于规范经营。资产管理人要准确判断自身的履约信用能力,深入了解机构客户和个人客户的信用能力,把握宏观经济走势,防范系统性风险导致的客户信用崩塌,防止过度抵押使得抵押物受流动性不足的影响而促成信用风险的爆发。

4. 管理风险

管理风险是指在业务运行过程中由于业务流程的不严密或制约机制不完善而造成的资金风险或交易错误而造成的投资损失。关键点有以下几个方面：

（1）账户风险管理。包括受托业务的股东账户、资金账户属委托人所有，账户的开立和撤销均需符合公司的有关规定；股东账户、资金账户的开户资料由营业部、委托资产管理总部分别妥善保管，委托资产管理总部登记账户的开户、销户情况，编制在用账户清单，记录资金账号、股东代码、股东名称、开户地点、账户用途等，并在公司计财部备案；股东账户所有人（委托人）应出具"账户确认书"授权委托资产管理总部在受托期间使用其账户。

（2）资金风险管理。包括资金转入：委托资金在合同规定的时间内，由委托人的银行账户转入公司的资金账户，受托资产管理总部确认登记并向计财部提供营业部名称及账户；资金转出：当合同到期或一方要求提前解除合同时，按照合同的约定处理账户中的资金，办理相应的资金转出手续。客户的资金应划回该客户指定的银行账户，公司的佣金收入转入公司指定账户；委托资产管理总部分别指定专人负责资金划转的全过程。

（五）我国关于投资银行资产管理业务的规定与规范

1. 基本业务规范

证券公司开展资产管理业务，应指定专人向客户如实披露证券公司的业务资格，全面准确地介绍集合计划的相关内容，并应当充分揭示各种风险。证券公司、资产托管机构和客户应当在资产管理合同中明确约定自有资金参与、退出的条件、程序、风险揭示和信息披露等事项，合同约定承担责任的自有资金，还应当对金额做出约定。证券公司应当采取措施，有效防范利益冲突，保护客户利益。

2. 风险控制

证券公司开展资产管理业务，应当在资产管理合同中明确规定，由客户自行承担投资风险。证券公司应当向客户如实披露其客户资产管理业务资质、管理能力和业绩等情况，并应当充分揭示市场风险，证券公司因丧失客户资产管理业务资格给客户带来的法律风险，以及其他投资风险。

在签订资产管理合同之前，证券公司应当了解客户身份、财产与收入状况、风险承受能力以及投资偏好等基本情况；客户应当如实提供相关信息。证券公司及代理推广机构应当采取有效措施使客户详尽了解集合资产管理计划的特性、风险等情况及客户的权利、义务，但不得通过广播、电视、报刊及其他公共媒体推广集合资产管理计划。

证券公司、托管机构应当至少每3个月向客户提供一次准确、完整的资产管理报告、资产托管报告，对报告期内客户资产的配置状况、价值变动等情况做出详细说明。

3. 客户资产托管

证券公司办理定向资产管理业务，应当保证客户资产与其自有资产、不同客户的资产相互独立，对不同客户的资产分别设置账户，独立核算，分账管理。办理集合资产管理业务，应当保证集合资产管理计划资产与其自有资产、集合资产管理计划资产与其他客户的资产、不同集合资产管理计划的资产相互独立，单独设置账户，独立核算，分账管理。

资产托管机构有权随时查询资产管理业务的经营运作情况，并应当定期核对资产管理业务资产的情况，防止出现挪用或者遗失情况。

三、我国的资产管理业务

（一）我国投资银行资产管理业务的分类

根据中国证监会的分类规定，我国投资银行可以开展的资产管理业务主要分为三类，分别是定向资产管理业务、集合资产管理业务和专项资产管理业务。

1. 定向资产管理业务

定向资产管理业务是指证券公司接受单一客户的委托，这里所指的客户可以是自然人、法人或者依法成立的其他组织，委托资产可以是现金、债券、资产支持证券、证券投资基金、股票、金融衍生产品或者中国证监会允许的其他金融资产。证券公司办理定向资产管理业务，接受单个客户的资产净值不得低于人民币 100 万元。由于定向资产管理实行"一对一"的服务，可以针对客户的个性化需要提出有针对性的理财方案。

定向资产管理业务是证券公司的传统业务之一。目前，定向资产管理业务主要包括银证信类（SOT）、票据类、特定收益权类、委托贷款类、银行间市场类定向资产管理业务等。证券公司定向资产管理业务结合了银行、券商、信托、保险等多种金融机构的优势，通过有效的金融创新，实现金融服务于实体经济的目标。

2. 集合资产管理业务

集合资产管理业务是指证券公司为多个客户办理统一账户的资产管理。为办理集合资产管理业务，证券公司要设立集合资产管理计划，与客户签订集合资产管理合同，将客户的资产交由具有客户交易结算资金法人存管业务资格的商业银行或者中国证监会认可的其他机构进行托管，通过专门账户为客户提供资产管理服务。证券公司办理集合资产管理业务，只能接受货币资金形式的资产。集合资产管理计划应当面向合格投资者推广，合格投资者累计不得超过 200 人。合格投资者是指具备相应风险识别能力和承担所投资集合资产管理计划风险能力的单位或个人，个人或者家庭金融资产合计不低于 100 万元人民币；公司、企业等机构净资产不低于 1 000 万元人民币。

根据相关规定，集合资产管理计划可分为限定性集合资产管理计划和非限定性集合资产管理计划。限定性集合资产管理计划资产应当主要用于投资国债、国家重点建设债券、债券型证券投资基金、在证券交易所上市的企业债券、其他信用度高且流动性强的固定收益类金融产品；投资于业绩优良、成长性高、流动性强的股票等权益类证券以及股票型证券投资基金的资产，不得超过该计划资产净值的 20%，并应当遵循分散投资风险的原则。

而非限定性集合资产管理计划的投资范围由集合资产管理合同约定，不受上述规定限制。在实践中，非限定性集合资产管理计划的投资范围包括中国证监会批准成立发行的各类开放式证券投资基金（包含 ETF、LOF、QDII 等）、封闭式证券投资基金、股票（包括新股申购和配售等）、现金类资产（包括银行存款、货币市场基金、央行票据、到期日在一年以内的政府债券等）、固定收益类资产（包括国债、企业债、公司债、可转换债券）以及中国证监会允许投资的其他金融工具。

（二）我国投资银行资产管理业务存在的问题及原因

虽然我国投资银行资产管理业务的实践自证券市场产生以来就已开始，但该项业务的迅速发展并未经历太长时间。因此,资产管理在我国还是一个较新的业务,各方面对资产管理的认识和实践都尚处于较低的层面,在业务的开展过程中还存在着很多的问题。

1. 产品定位不明确,资产规模增长缓慢

由于证券公司经纪业务的存在,按理说其资产管理产品在销售渠道上应有比基金公司更大的优势。然而,证券公司资产管理业务却发展缓慢,这与资管产品的定位不明确有关。首先,证券公司资产管理业务品种有限,产品设计与公募基金趋同化,与中高端客户的需求不相匹配。其次,集合理财目前有门槛规定,一般限定性产品为5万元,非限定性产品为10万元。而基金既可发行门槛很低、适合普通投资者的公募基金,又可发行针对高端投资者的专户、"一对多"产品,实现了对投资者的全覆盖。再次,销售方式上定位错误,按照规定,投资者购买证券公司集合理财产品必须要柜台办理,而基金则可以通过电子网络交易,这给投资者投资集合理财产品带来很大的不便。最后,国内证券公司资管部门在人才建设、经验积累等方面并没有与快速发展的业务相匹配,造成绝大部分集合产品收益率低,缺乏吸引力。

2. 产品品种单一,客户需求难以满足

当前,证券公司资产管理产品销售渠道主要是银行与自身营业部。总体上,银行客户较为保守,偏好本金上有一定保证的固定收益类产品;而证券公司客户偏好风险,并期望能够得到相应的风险回报。在投资领域被圈定的条件下,用单一产品应对不同风险偏好的客户需求,使券商资产管理无法彰显其优势,特别是难以满足高净值客户的个性化的理财需求。目前大部分证券公司集合产品明显创新不足,存在产品线不够丰富,风格雷同,同质化明显等问题。

3. 销售渠道狭窄,营销创新受制于人

我国证券公司资产管理业务产品的销售主要通过银行与营业部两种方式,规模小的证券公司的资产管理业务销售则主要依于银行。这造成了我国券商销售渠道普遍较为单一。

我国证券公司的资管产品除了销售渠道狭窄之外,在营销手段方面的创新也难以开展。由于银行在资管产品销售方面具有很大的主动权,证券公司若要求银行在营销管理上实施创新与改良,银行可能因考虑成本因素而不予采纳,营销创新只能限于自身的营业部。

4. 宣传模式单一,资产管理业务创新受法律制约

证监会规定,严禁通过广播、电视、报刊及其他公共媒体推广集合资产管理计划。证券公司只能采用私募方式发行产品,不能广泛吸引投资者的注意。公众对于证券公司资产管理业务还没有清楚的认知,优良的投资收益也只能通过"口口相传"的方式达到宣传的效用。另外,根据现有的法律法规,凡是没有明确规定可投资的品种均不能投资,这限制了券商集合理财产品的投资范围,也影响了投资收益。此外,证券公司的自营账户资产管理业务下的集合账户和定向账户之间均不得出现反向交易。这虽在一定程度上能够防止不同产品间的利益输送,但也使得不同产品间的不同投资策略的可操作性变差。因此,不完善的法律制度,客观上对资管产品的创新形成了障碍,而这一点目前已得到监管层的重视。

(三)我国投资银行资产管理业务的应对策略及规范

作为一种新兴的业务,资产管理在我国投资银行业务拓展中具有广阔的发展前景。其巨大的市场需求和丰厚的利润空间给我国投资银行带来了一次难得的发展机遇,应珍惜和把握良好的机遇,发掘自身的优势,拓展业务范围,深化业务层次,为自身的资本壮大创造条件。

1. 要从战略经营的高度开拓资产管理业务

我国资产管理业务的快速拓展和层次、效率的逐步提高，既能给投资银行开辟新的利润增长点，同时也能为其发展带来广阔的空间。数万亿的国有存量资产和数十万亿元的银行储蓄存款的增值需求，还有企业和事业单位、社保基金、保险基金及住房公积金等机构的理财需求，都将逐步成为未来资产管理业务的客户主体，资产管理业务发展前景诱人，商机无限；同时，随着我国证券市场的不断成熟，投资银行面临传统业务的萎缩和利润空间的下降，急需开拓新兴业务。

因此，投资银行应从经营战略的高度去大力拓展资产管理业务，将其作为提升业务层次、拓展业务领域的一个重要战略。

2. 在规范运作的基础上发展资产管理业务

相当多的投资者认为，在国内市场投资理念应得到低风险的高回报。而我国开展资产管理业务的机构面对恶性的业务竞争环境，为了实现发展资产管理业务的目标，不得不迎合投资者非理性的需求和奢望，主动或被动地开展保本甚至保底的理财业务形式，且承诺条件呈现竞相提高的趋势。但是，目前国内投资银行资产管理业务投资范围局限在证券交易所挂牌交易的证券品种，投资领域市场容量有限、股票流通市值小、上市公司业绩差等先天缺陷，连同信息披露不充分、操纵价格现象严重、法人治理不完善等非规范现状，难以满足大规模资金合规进行投资运作的基本要求，更没有发达的债券市场、指数期货、利率交易等保值、做空工具和套利机制，这就使得采用保本或保底理财运作缺乏基础条件。这种仅靠投资银行的勇气和客户的运气来支撑的违规业务操作，背后所潜伏的风险很大，一些投资银行由于违规进行委托理财导致面临被清算危机的状况已经在我国出现。因此，规范发展资产管理业务是投资银行生存和发展的基本保证。

3. 加快业务管理结构的完善，加强专业人才的培养

资产管理业务不同于自营业务，更有别于经纪业务。投资者需求的多样性、委托资金的时限性和资产管理人与客户的互动性等特征对投资银行的组织、人才提出了很高的要求。客户对委托理财的期望是实现资产收益率的最大化，为了满足这一内在要求，投资银行需要拥有具备丰富投资专业知识和投资技巧及具备丰富的投资经验和敏锐的判断力的专业人才，而我国投资银行在这方面的人才还非常缺乏，特别是能够进行产品创新、投资组合创新和营销管理方面的人才。在业务管理结构方面，资产管理业务不仅要实现资金、账户、人员的独立分设，还要求资产管理部与财务部、证券营业部、法律部等部门严密配合，保障产品开发、协议签署、账户管理、资金划拨投资运作和客户服务等各个业务环节顺畅执行，有效防范差错、设备系统故障和道德风险，只有这样才能保证整个委托理财业务安全运作，促进该项业务良性发展。因此只有加快业务管理结构的完善，加强专业人才的培养，投资银行资产管理业务才能具备迅速扩大的条件。

4. 增强创新意识，树立品牌优势

创新是委托理财业务的生命源泉。在资产管理业务中，投资银行面对的委托人各种各样，需求也各不相同，这就要求投资银行不断推出新的资产管理品种以满足客户不同层次的需求。同样，投资银行业务的品牌也非常重要，资产管理业务尤其如此。品牌往往是拓展业务的重要

手段,优秀品牌产生的品牌效应能使业务迅速拓展和集中,这是由资本的趋利因素决定的。因此,从长远考虑,投资银行应将创新和品牌作为资产管理业务发展的动力和突破口。

总之,尽管我国投资银行资产管理业务的发展时间较短,刚走向规范发展阶段,但投资银行发展资产管理业务的客观条件和现实需求正在逐步形成,并呈现出十分乐观的发展前景。投资银行面对这个快速发展的机遇,应及时调整自身的发展战略,整合各种资源条件,做好充分准备来迎接机遇和应对挑战。

综合案例 10-2

海通稳健增值型集合资产管理计划

一、名称和类型

本计划名称为海通稳健增值型集合资产管理计划,属于非限定性集合资产管理计划。

二、投资目标

通过有效的风险控制,力争在本集合资产管理计划运作期间,实现集合资产的稳健增值。

三、投资理念

投资与风险控制并重,坚持审慎投资,精选各类证券和适度主动把握市场时机,将中国经济稳步增长带来的财富转化为集合资产的稳健增值。

四、主要特点

(1)安全性高。管理人在本计划管理中,以控制风险为核心,通过动态调整固定收益类资产和权益类资产的配置比例,优化本计划资产组合,降低系统性风险,以提高本计划资产的安全性。在整个投资管理过程中,管理人一方面在研究、决策、投资、交易等各个环节严格执行投资管理与风险控制制度;另一方面通过"海通资产管理技术系统"(IT平台)对投资管理风险进行物化控制,从而在投资管理过程中实现人机结合的全程风险监控,以保障有关策略的有效实施。

(2)预期收益合理。在投资管理过程中,管理人将充分发挥海通证券的综合性优势和投资团队的专业性优势,根据市场的变化和本计划资产的收益情况对投资组合进行动态调整,以使投资组合不断优化,最大限度地为委托人实现合理收益。

(3)流动性适度。本计划通过有限封闭与开放相结合的方式,为委托人提供适度流动性,同时也有助于有关投资策略的有效实施,使委托人资产在安全性、收益性以及流动性等方面达到最佳平衡。

(4)收益共享,风险共担。本计划设有管理人特别参与条款,管理人以自有资金参与本计划,并承诺在本计划存续期内不提前退出。管理人将与委托人按照持有本计划份额的比例共享收益和共担风险。

(5)委托人利益优先。管理人承诺,在本计划第一年封闭期结束日,当集合资产的资产净值年增长率低于一年期银行定期存款利率(税后)时管理人将不收取管理费,已计提管理费全部返还计划持有人。这充分体现管理人将委托人利益放在首要地位和管理人对管理好本计划的信心。

五、投资比例

(1)固定收益类金融产品占集合计划资产净值的投资比例为:0~90%;

(2)权益类金融产品占集合计划资产净值的投资比例为:0~65%;

(3)货币市场基金占集合计划资产净值的投资比例为:0~95%;

(4)现金或到期日在一年以内的政府债券占集合计划资产净值的投资比例为:不低于5%。

六、最高规模（总份额）

本计划推广期最高募集规模为人民币 20 亿元（含管理人参与份额）。管理人在推广期最后一日以自有资金按照所有委托人（除管理人外）参与本金总和 3％的比例参与本计划。

在开放期，本计划最高规模为 30 亿元（含管理人参与份额）。

七、存续期间

本集合计划存续期三年，自本计划正式成立之日起，三年后的对应月对应日为结束日，结束日为非工作日的，非工作日后的第一个工作日视为结束日。存续期满后，不再展期。

八、封闭期和开放期

本集合计划存续期第一年为封闭期，自本计划正式成立之日起，一年后的对应月对应日为封闭期到期日，到期日为非工作日的，非工作日后的第一个工作日视为封闭期到期日。

本集合计划存续期第二年和第三年为开放期。

九、计划单位面值、参与价格

每份计划的单位面值为人民币 1.00 元。在推广期内，每份集合计划的参与价格为单位面值。

委托人在开放期参与本集合计划时，以参与申请日集合计划每份额净值作为参与价格。每份额净值在当天收市后计算，并在 T＋1 日通告。遇意外情况，可以适当延迟计算或通告。

十、最低参与金额

最低参与金额：人民币 10 万元；超过 10 万元，以 1 000 元为一个单位。

十一、相关费率

种 类	期 间	费 率
认购	推广期	免费
	开放期	0.4％，当参与金额＜100 万元
		0.3％，当 100 万元≤参与金额＜500 万元
		0.2％，当 500 万元≤参与金额＜1 000 万元
		0.1％，当参与金额≥1 000 万元
赎回	封闭期	不能赎回
	开放期	0.2％，当持有期限＜6 个月
		0.1％，当 6 个月≤持有期限＜1 年
		0％，当 1 年≤持有期限
托管费	封闭期	0.18％
	开放期	0.18％
管理费	封闭期	1.0％，但封闭期结束日，资产净值年增长率高于同期一年期银行定期存款利率（税后）时，管理人才收取 1％的管理费，否则将不收取管理费，已计提的管理费全额返还给计划持有人
	开放期	1.0％

第四节　资产证券化

一、资产证券化的内涵及其特征

（一）资产证券化的内涵

1. 广义的定义

美国学者加德纳（Gardener，1991）把金融过程分为以市场为基础的信用中介和以银行等金融机构为基础的信用中介两大类，也就是我们通常理解的直接融资和间接融资两种融资方式，并将以市场为基础的信用中介即直接融资理解为资产证券化（Asset Securitization）。这是一种覆盖范围比较广泛的定义，几乎包括了各种直接融资方式，把有别于间接融资（银行融资）的直接融资全部当作资产证券化，尽管从法理上来说，这样做并无不妥，然而金融实践界对资产证券化的定义更多地建立在狭义理解的基础之上。

2. 狭义的定义

美国证券交易委员会在 2005 年 1 月发布的《资产支持证券规则》中，对资产证券化做了如下定义：资产证券化是一种融资技术，即将缺乏流动性的资产（大多数情况下）进行组合并转化为一种更自由地在资本市场上发行和出售的融资工具，证券化是描述这种融资技术的通常使用的术语。有"证券化之父"之称的美国耶鲁大学弗兰克·法博齐教授（Frank J. Fabozzi）对资产证券化所下的定义是，资产证券化可以被广泛地定义为一个过程，通过这个过程将具有共同特征的贷款、消费者分期付款合同、租约、应收账款和其他缺乏流动性的资产包装成可以市场化的、具有投资特征的附息证券。

综上所述，资产证券化是指把缺乏流动性，但具有未来现金流量的资产汇集起来，通过结构性重组，将其转变为可以在金融市场上出售和流通的证券，据以融通资金的过程，这也是国内学者使用较广泛的定义。

在证券化交易过程中，原始权益人（发起人）将资产出售给为证券化目的而成立的特设载体（发行人），发行人以此资产所产生的现金流作为抵押，向投资者发行可以在二级市场上流通的资产支持证券，用以购买原始权益人所转让的资产，特设载体的受托人以拥有的转让资产所产生的现金流量支付投资者。

资产证券化的核心内容就是现金流分析。被证券化的资产可以采取多种形式，但这些基础资产必须具备一个先决条件——能产生可预见的未来现金流。表面上资产证券化似乎是以资产为支撑，但实际上却是以资产所产生的现金流为支撑的，这是资产证券化的本质和精髓。资产证券化所证券化的不是资产本身，而是资产所产生的现金流。因此，基础资产的现金流分析也就成为资产证券化的核心。

（二）资产证券化的特征

典型的资产证券化与传统的融资方式比较具有如下的特征。

1. 资产证券化是一种收入导向型融资方式

传统的融资方式是依赖于资金需求者本身的资信能力来融资的。投资者在决定是否进行投资或提供贷款时,主要依据的是资金需求方的资产、负债、利润和现金流状况而对公司拥有的某些特定资产的质量关注较少。但是,资产证券化融资方式则主要是依赖于支持证券化资产的质量和现金流状况,外来的投资者可以完全撇开发行公司的经营业绩来决定是否进行投资。

正是由于资产证券化是一种收入导向型的融资方式,所以在实际中就能使一些比较特殊的公司顺利地得到所需的资金。例如,某公司总体经营状况是不佳的,可它其中的个项目经营状况非常好,按常例它将很难获得资金,但是如果利用资产证券化它就可以融通到资金。在具体的操作中,它将项目的一些资产作为支持,以项目的未来现金流作为保证,发行证券即可。

2. 资产证券化的无追索的融资方式

这个特征实际上是资产证券化之所以称为资产证券化的主要原因。具体是指,融资者将其资产出售给中介机构,由中介机构进行包装、重组,以发行证券的方式进一步出售给投资者;在这个过程中,当融资者售出其资产之后就与资产不发生任何的联系了,所有的与售出资产相关的权利和义务都转移到中介机构,这就是资产证券化中"资产真实出售"的原则。很明显,如果支持证券化的资产是真实出售的,那么融资者今后的经营业绩将不再影响售出的资产,即使融资者破产也一样。但是,非真实出售的资产转移行为在企业破产时是可以追索的。

3. 资产证券化的结构性融资方式

在西方,结构性融资方式是一个非常庞大的融资方式,特别是当代金融工程学的飞速发展更是刺激了结构性融资比例的上升,股票期权、各种互换工具、资产证券化等都属于结构性融资的方式。资产证券化融资的核心是构建严谨、有效的交易结构。这种交易结构把资产的偿付能力与原始权益人的资信能力分割开来,以保证即使原始权益人破产也与资产证券化的运作无关。同时这一结构能使发起人利用金融担保公司的信用级别来改善资产支持证券的发行条件并充分享受政府的税收优惠。

4. 资产证券化的表外融资方式

这一方式使证券化资产项目的资产或负债不反映在原始权益人的资产负债表中,最多只以某种说明的形式反映在公司的资产负债表的注释中。因为它以正式销售的方式将证券化资产从原始权益人的资产负债表中剔除并确认收益和损失,原始权益人已放弃了对这些资产的控制权。如果一个企业顺利地进行了资产证券化,将会有效地提高公司财务指标,这对许多企业来说都是有很大的吸引力的。

5. 资产证券化的低成本的融资方式

资产支持证券利用成熟的交易结构和信用增级手段改善了证券发行条件,可以使发行利率相应降低;同时,它不需要其他权益的支持,财务费用较低。因此,虽然其支出费用种类较多,但因其融资交易额大,故其费用比例相对较低。

二、资产证券化的运作流程

在说明了资产证券化内涵及其特征后,我们简单介绍一下资产证券化流程运作的五个步骤。

（一）构建可证券化资产组合

发起人首先根据自身的融资需要，衡量借款人信用，评估抵押担保的价值，预测资产现金流量，并根据资产证券化目标确定资产池规模，将资产进行组合，构成资产池。

（二）将资产组合出售给特殊目的机构（SPV）

资产出售是发起人把经组合的金融资产（债权）卖给 SPV 的行为。资产出售须以买卖双方已签订的金融资产书面担保协议为依据。出售时卖方拥有对标的资产的全部权利，买方要对标的资产支付对价。这些是在必要时买方对卖方强制行使资产权利必不可少的条件。有三种售卖形式。

1. 债务更新

债务更新（Novation）即先行终止发起人与资产债务人之间的原合约，再由 SPV 与债务人之间按原合约还款条件订立一份新合约来替换原来的债务合约，从而把发起人与资产债务人之间的债权债务关系转换为 SPV 与债务人之间的债权债务关系。债务更新一般用于债权组合涉及少数债务人的情况，如涉及的债务人较多则少有使用。

2. 转让

转让（Assignment）亦称让与，是指通过一定的法律手续把待转让资产项下的债权转让给 SPV，发起人与资产债务人的原合同无须变更、终止。在通常情况下，资产权利的转移要以书面形式通知资产债务人，否则，资产债务人会享有终止债务支付的权利。就证券化而言，在美国可以基于合同法的精神执行。根据美国合同法的精神，只要作为原始权利人的发起人与作为新权利人的 SPV 达成转让协议，转让可以不需要借款人的同意或通知借款人。

我国 1986 年颁布的《中华人民共和国民法通则》规定，合同一方将合同的权利、义务全部或部分转让给第三人，应当取得合同另一方的同意，并不得牟利。由于证券化过程中发起人一般会有一定的盈利空间，因此违背了《民法通则》中债权转让不得牟利的规定。但我国 1999 年颁布的新《合同法》对债权转让做出了新的规定，其中不再有禁止牟利的条文。因为《合同法》是民法的特别法，法律适用又遵循特别法优于一般法的原则，所以资产证券化的债权转让方式在我国不存在法律障碍。转让是一种手续简单的转移方式，也是证券化过程中最常用的资产出售方式。

3. 从属参与

在从属参与（Sub-participation）方式下，SPV 与资产债务人之间无合同关系，发起人与资产债务人之间的原债务合约继续保持有效。资产也不必从发起人转移给 SPV，而是由 SPV 先行发行资产证券，取得投资者贷款，再转贷给发起人，转贷金额等同于资产组合金额。投资者向 SPV 的贷款以及 SPV 向发起人的贷款都附有追索权。SPV 偿还贷款的资金来源于资产组合产生的收入。

从属参与实际上属于担保融资，这一资产转移方式在我国并不存在法律障碍。但从属参与没有将 SPV 和发起人的破产风险隔离，也就是说，投资者获得的偿付会受发起人破产风险的影响。

无论采取何种形式，资产的出售均要能确保有关法庭判定为"真实销售"，而这也恰恰是法律制度安排的难点，因为资产证券化的特殊结构安排，资产转移过程是"真实销售"还是抵押融资难以判定。各国对"真实销售"的认定采取了两种不同的模式：一种是形式判断模式，一种是实质判断模式。

形式判断模式遵从法律奉行的形式主义传统，认为如果一个合同的字面条款表明双方具有销售意图，则法律传统上应当承认其销售的效力，除非双方具有规避法律的意图，这是《合同法》的一项基本原则，即当事人意思自治的原则。在英国、加拿大以及德国等很多国家，均采用了这种"形式优于实质"的判断标准。在这种"形式优于实质"的判断下，资产转移的重新定性风险无疑被极大地降低了，但这种降低在便利转移交易双方的同时是否损害了其他相关主体的利益，成为各方争论的焦点。

实质判断模式强调对交易的真实经济含义的审核，采用了"实质优于形式"的方式来对交易行为是否属于真实销售进行定性，并注意保护交易相关的其他利益人，美国的立法采取了这种模式。尽管美国《统一商法典》承认出售与担保的区分，但是该法并没有规定如何区分这两种交易，而是把区分的任务交给了法院，由于各地法院在审判中形成了不同的案例，在这方面的法律出现了混乱的局面，使得资产证券化在运作中缺乏明确的引导，资产证券化的结构设计成了一种具有高度不确定性的"走钢丝"行为。

（三）资产组合的信用增级和信用评级

SPV获得了资产组合的产权凭证后，需要引入其他信用，以便分担和降低风险。通过信用增级，能够极大地提升资产的信用水平，从而吸引更多的投资者，并相应降低融资成本，同时满足发行人在会计、监管和融资目标方面的需求。由于前一阶段的真实销售通过明晰风险已经向证券化资产提供了一个稳定的信用基础，因此，引入额外信用也就变得容易得多。信用增级的手段主要可以分为内部增级和外部增级。

信用增级后的资产组合拥有了可证券化的信用基础后，还必须由特定的信用评级机构对资产组合的最终市场信用做出评定，以便据此对该金融产品进行定价和发行，并为投资者提供风险评定的依据。

（四）证券的发售和资产转让支付

一般说来，资产证券化中发行的证券主要有债券、优先股、信托受益权证等。如果特殊目的载体被建构成公司，则大多会发行债券或优先股。而信托类的特殊目的载体则发行债券或者信托受益权证。各类证券又可以细分为若干档次和类型。

SPV出于其超然的市场地位，不能直接从事资产支持证券的发行和销售，而是由投资银行负责这项活动。资产支持证券的发行可以通过公开发售的方式进行，也可以通过私募的方式进行，或者以两种方式同时进行。私募指针对特定对象、采取特定方式、接受特定规范的证券发行方式，与公开发行相对应。特定对象指拥有相当资产或收入的机构或个人，具备足够投资经验的人，了解发行人有关信息、能够自我保护的人。特定方式主要涉及禁止性规范，指不得有一般性的广告或公开劝诱的行为。特定规范指的是法律在信息提供、转售限制、向主管机关报告备查等方面对证券私募发行提出的要求。

资产证券化原则上通过公募方式推销，以实现在广泛范围融资的效果。如采取公开发行方式，可以考虑采取簿记建档方式，随市场发展状况，逐渐转为招标发行。原因在于，资产支持证券为市场新品种，不为市场所知，采取路演向潜在投资者推介，根据簿记建档情况确定利率，比采用债券发行系统招标有一定的弹性。

在一国资产证券化开展的初期,鉴于资产支持证券具有较强的特殊性,需要进一步的实践才能成长为像股票那样完全标准化的融资工具,并且资产证券化也具有可根据投资者需求量身定做的特性,也可以考虑采取私募方式。从国际实践看,香港按揭证券公司初期发行的抵押支持证券是向私人配售(定向发行),采用"背对背结构"(Back-to-back Structure)方式,即发出的证券由原卖出贷款的银行买进,对银行来讲,这样做的好处是将50%风险权重的贷款资产转换为20%风险权重的证券,有利于提高资本充足率,同时证券也被视为流动资产。从1999年开始,已采取这种结构发行了三笔抵押支持证券,共28.7亿港元。

我国《信贷资产证券化试点管理办法》中规定了资产支持证券既可在全国银行间债券市场公开发行,也可向投资者定向发行,定向发行资产支持证券可免于信用评级,定向发行的资产支持证券只能在认购人之间转让。资产支持证券的承销可采用协议承销和招标承销等方式。此外,2005年6月15日,中国人民银行发布《中国人民银行公告》,还对每次资产支持证券的发行规模进行了限定。具体要求是,每期资产支持证券的实际发行额应不少于人民币5亿元,同期各档次资产支持证券的实际发行额应不少于人民币2亿元,资产支持证券应以现券买卖的方式在银行间债券市场交易流通。

(五)资产售后管理和服务

发起人指定一家资产管理公司管理资产池,负责收取、记录由资产池产生的现金收入,并将现金收入存入受托管理人的收款专户。受托管理人按约定收取资产池现金流量,并按期向投资者支付本息,向专业服务机构支付服务费。由资产池产生的收入在还本付息、支付各项服务费之后,若有剩余,按协议规定在发起人和特殊目的载体之间进行分配。服务人是专门负责资产证券化后的运行管理工作的机构。

综上,资产证券化的运作如图10-2所示。

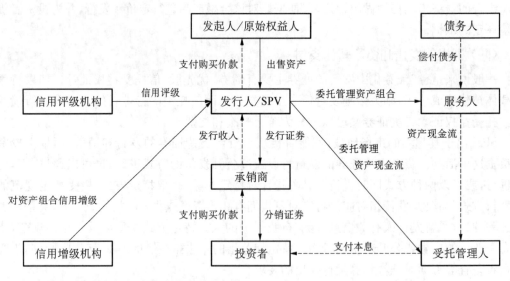

注:实线表示当事人行为关系;虚线表示现金流。

图10-2 资产证券化运作图

三、资产证券化的风险及其控制

从表现形式来看,我国资产证券化具有以下几种风险:

(1) 评级及信用风险。现阶段我国的信用评级业务还处于一个很不成熟的状态,还需依靠国外的信用评级机构。这样就容易导致两个方面的问题:一是垄断,由于垄断了评级业务,国外评级机构会提高价格,从而增加了资产证券化的成本。二是真实性,国外的评级机构对中国的国情不是太了解,所以评级结果的科学性无法保证。

(2) 监督管理风险。从我国目前的情况来看,资产证券化主要面向抵押借款业务,因此主要考察银行业的监督管理风险。银行业如果跨行业经营,有可能出现资本金充足率及业务整合等问题,进而导致相应的风险。

(3) 法律风险。我国资产证券化起步晚,因此相关的立法工作还有待完善,另一方面是信息披露制度不完善。虽然相关监管部门制定了披露规则,用以明确不同部门的职责,要求受托人确保信息真实、完整并对此负责,但是目前还缺乏系统完整的信息披露制度和法律体系。

(4) 财务风险。资产证券化是一种全新的企业融资模式,而融资是财务管理的一个重要职能,因此如果没有合适的财务管理模式与之相适应,就会出现一系列财务风险,利率、利率波动率、偿还期、资本市场运行状况都会对资产证券化的定价产生影响。

虽然资产证券化具有诸多风险,但是从长期来看,规范发展资产证券化还是非常有必要的,因此要对资产证券化的风险进行控制。

(1) 培育并发展评级机构。我们有必要加快发展自己的评级机构。首先是规范建设相应的评级监管体系,应该用立法的形式对监管部门的职责加以明确,并赋予其相应的权力;完善法律法规,就信用评级机构的市场准入机制以及退出机制做出规定,严格按照法律的规定来开展相关业务。其次应该扶持民族品牌评级机构的发展,应该鼓励和引导国内金融与评级机构的业务往来,扩大评级业务的市场需求。

(2) 规范发展资产评估方法和会计、税收制度。在目前资产评估所面临的新形势下,我们应该建立起以评估基本规范和相应实施细则为主要内容的资产评估方法。相关部门应该根据资产证券化的要求,充分考虑未来发展的新形势和新情况,制定并推进适用于资产证券化的特有会计制度。在税收方面,应该根据资产证券化发展的需要制定相关的税收优惠政策,以降低资产证券化的成本,促进其良性发展。

(3) 加强立法工作,完善相应的法律体系。针对资产证券化所面临的法律风险,可以通过人大制定专门的法律以规范资产证券化的实施,政府部门可以据此制定相应的行政法规,以明确参与各方的组织形式、资产池的组合、收益分配等,并加以规范和引导。

(4) 规范资产证券化参与各方的运作。对于监督管理风险来说,应当规范资产证券化参与者各方,特别是受托机构(银行业)的运作。监管部门可以结合风控机制和内控机制,理清外部监管和内部控制的定位,建立并健全金融机构的约束及自律机制。同时还要切实提高管理层的业务水平和个人素质,确保各项业务的正常运行。

四、投资银行在资产证券化中的作用

资产证券化是由原始权益人、特设机构、信用评级机构、信用增级机构、投资者等多方共同参与的结构性交易过程。在这一过程中,投资银行是资产证券化运作体系中最为主要的角色

之一,它可以起如下多种作用。

(一)投资银行在资产证券化中充当SPV的角色

如上所述,当证券化的原始资产不实行真实出售和破产隔离时,投资银行就可以充当SPV的角色,对证券化资产实行单独管理,并负责原始资产的转移和保管,证券的发行和管理,以及负责整个资产证券化运行。这种方式通常被称为"类信托"的方式。

(二)投资银行在资产证券化中起承销商作用

证券承销业务是投资银行最传统、最基础的业务之一。投资银行在这一方面较其他金融机构有着得天独厚的优势。百年来证券市场发行承销的经历使投资银行拥有了大批熟悉证券设计、包装、发行及售后服务业务的专业人员,形成了一整套证券发行的运作模式与体系,积累了一大批客户群,形成了自身的品牌优势。在西方,有著名的投资银行负责承销的证券本身就是信誉的象征。因此,由投资银行出任资产支持证券的承销人,可充分利用投资银行在资本、人员、经验上的优势,提高整个资产证券化流程的效率,同时投资银行的自身品牌优势也是一种潜在的信用增级。

(三)投资银行可以充当信用增级机构,进行信用改造及提升

资产证券化是一种同产权融资完全不同的资产融资技术,其投资利益能否得到有效保护与实现主要取决于证券化资产的信用担保,一旦资产债务人发生违约、拖欠或债务偿付期不一致都会给投资者带来损失。因此,证券化的金融资产存在着较大的信用风险与流动性风险。为此,必须寻找一个信用增级机构运用破产隔离、原始权益人提供超额抵押和建立差额账户及金融担保等方式进行信用增级,以吸引更多投资者,提高融资效率。当投资银行作为资产证券化的原始权益人时,它可通过对自身证券化资产提供超额抵押等方式进行信用增级,从而充当信用增级者的角色。除此之外,由于大型的投资银行资金实力强、规模大、信誉高,其也可以第三方的身份,通过向证券化资产提供信用担保,保证及时偿付投资者的本金及利息,从而扮演资产证券化信用增级者的角色。

(四)投资银行可以充当资产证券化过程的财务顾问

在不少场合,投资银行会经常以企业财务顾问的身份出现,指导企业的资产运营。当它们在对企业整体资产状况进行调查,发现企业存在着一定的资产证券化融资需求并存在着可证券化的合适资产时,它们便会向企业提出进行资产证券化运营的相关建议,并帮助企业设计和参与资产证券化过程。此时它们便充当了纯粹的企业财务顾问角色。

(五)投资银行可以分散和规避风险

资产池降低了资产组合中的非系统性风险;将卖方的信用和流动性等风险转移和分散到资本市场;通过划分风险档次,将不同信用级别的资产证券匹配给不同风险偏好的投资人。

综合案例 10-3

建元2005-1个人住房抵押贷款证券化信托

建元2005-1个人住房抵押贷款证券化信托,由中信信托投资有限责任公司(下称"中信信托")作为发行人和受托机构。本次发行的ABS不代表发起机构的负债,发起机构除了承担可能在

《信托合同》等资产证券化相关法律文件中所承诺的义务和责任外,不为信贷资产证券化活动中可能产生的其他损失承担义务和责任,投资机构的追索权仅限于信托财产。

本次资产支持证券(ABS)发行总金额共计 3 016 683 138 元,分为两个层次:优先级 ABS 和次级 ABS。优先级 ABS 分为三级,第一级为 A 级 ABS,其总面值为人民币 26.7 亿元;第二级为 B 级 ABS,总面值为人民币 2.036 亿元;第三级为 C 级 ABS,总面值为人民币 0.528 亿元。次级 ABS 的总面值为人民币 0.905 亿元。利息和本金支付的优先次序均为:A 级资产支持证券、B 级资产支持证券、C 级资产支持证券和次级资产支持证券。

优先级 ABS 将由受托机构在全国银行间债券市场上向投资机构发售。次级 ABS 由受托机构向发起机构建行定向发行。A 级和 B 级的 ABS 获准在全国银行间债券市场上市后,将在全国银行间债券市场进行交易;C 级 ABS 按照央行的相应规定进行转让;次级 ABS 不进行转让交易。本次 ABS 的法定最终到期日是 2037 年 11 月 26 日。由中诚信国际评级公司对该 ABS 的评估结果为:A 级 ABS 为“AAA”,B 级 ABS 为“A”,C 级 ABS 为“BBB”,次级 ABS 为无评级。

该产品选择了 7 天回购利率作为利率基准,具体如下规定:优先级 ABS 的票面利率为优先级 ABS 基准利率加上相应级别的优先级 ABS 基本利差,优先级 ABS 基准利率为中国外汇交易中心(同业拆借中心)每天公布的 7 天回购加权利率 20 个交易日的算术平均值,各优先级 ABS 基本利差通过簿记建档集中配售的方式予以确定。优先级 ABS 基准利率按月浮动,按月付息。

优先级 ABS 首个计息期间所采用基准利率为:自 2005 年 12 月某日往前 20 个交易日的 7 天回购加权利率的算术平均值,该数值保留两位小数,多于两位小数四舍五入。首个计息期间适用的资产池加权平均贷款利率为 5.31%。以上规定说明此次 ABS 将在 12 月面世。该说明书在前言中开宗明义,申明了本次 ABS 各参与方的基本权利和义务,重申了作为 ABS 本质的真实出售和破产隔离原则在该次交易中的体现。

本次发行的 ABS 仅代表特定目的信托受益权的相应份额,不代表发起机构的负债,发起机构除了承担可能在《信托合同》等资产证券化相关法律文件中所承诺的义务和责任外,不为信贷资产证券化活动中可能产生的其他损失承担义务和责任。ABS 也不是受托机构的负债,受托机构以信托财产为限向投资机构承担支付 ABS 收益的义务。贷款服务机构、交易管理机构和资金保管机构分别根据有关合同履行受托管理职责,并不表明其为信贷资产证券化活动中可能产生的损失承担义务和责任。

▶▶ 重要概念

风险投资　风险企业　项目融资　资产管理业务　资产证券化

▶▶ 复习思考题

1. 如何认识风险投资对我国经济发展的作用?

2. 分析投资银行在风险投资中的作用。

3. 试述项目融资都有哪些融资模式。

4. 试述资产管理业务主要有哪些类别。

5. 资产证券化的基本结构如何?包括哪些主要的当事人?画图说明。

参考文献

［1］Kuhn，Robert L.，TheLibrary of Investment Banking（Seven Volumes），Dow Jones-Irwin Press，1990.

［2］Fleuriet，Michei. Investment Banking Explained：An Insider's Guide to the Industry. New York：McGraw-Hill，2008.

［3］David P. Stowell Investment Banking in 2008（A）：Rise and Fall of the Bear［M］. Elsevier Inc.2018-Elsevier.

［4］Block，Ernest，Inside Investment Banking，Homewood Press，1992.

［5］Scott－Quinn，Brian，Investment Banking：Theory and Practice［J］. Euromoney Books，5.1995.

［6］理查斯.R.吉斯特著，郭浩译.金融体系中的投资银行［M］.北京：经济科学出版社，2002.

［7］何小锋，黄嵩.投资银行学［M］.2版.北京：北京大学出版社，2008.

［8］李子白.投资银行学［M］.北京：清华大学出版社，2005.

［9］罗伯特.J.希勒著，何正云译.终结次贷危机［M］.北京：中信出版社，2008.

［10］中国证券业协会.证券投资基金［M］.北京：中国财政经济出版社，2009.

［11］中国证券业协会.证券交易［M］.北京：中国财政经济出版社，2001.

［12］中国证券业协会.证券市场基础知识［M］.北京：中国财政经济出版社，2008.

［13］中国证券业协会.证券发行与承销［M］.北京：中国财政经济出版社，2009.

［14］陆岷峰，张越.从华尔街金融风暴看我国投资银行业务发展［J］.哈尔滨金融高等专科学校学报，2009(2).

［15］张超英，翟祥辉.资产证券化——原理、实务、实例［M］.北京：经济科学出版社，1998.

［16］李雅丽，孙娟.我国券商机构业务：现状、问题及发展趋势［J］.郑州航空工业管理学院学报，2018(08).

［17］谷留锋.投资银行学课程理论框架构建分析［J］.金融理论与教学，2017(10).

［18］李凤云，崔博.投资银行——理论与案例［M］.北京：清华大学出版社，2011.

［19］任淮秀.投资银行业务与经营［M］.4版.北京：中国人民大学出版社，2014.

［20］阮青松，余萍.投资银行学精讲［M］.2版.大连：东北财经大学出版社，2013.

［21］黄亚均，谢联胜.投资银行理论与实务［M］.北京：高等教育出版社，2007.

［22］马晓军.投资银行学理论与案例［M］.2版.北京：机械工业出版社，2017.

［23］何小锋，黄嵩.投资银行学［M］.北京：北京大学出版社，2008.

［24］中国证券业监督管理委员会，http：//www.csrc.gov.cn.

［25］中国证券业协会，http：//www.sac.net.cn.

［26］中国证券投资基金协会，http：//www.amac.org.cn.